高等学校执行政府会计制度：
实践解读与实务案例

主 编 叶青松 任 燕
副主编 孙开宝 王春晖

苏州大学出版社

图书在版编目(CIP)数据

高等学校执行政府会计制度：实践解读与实务案例/叶青松，任燕主编. --苏州：苏州大学出版社，2023.7
ISBN 978-7-5672-4245-6

Ⅰ.①高… Ⅱ.①叶…②任… Ⅲ.①高等学校-单位预算会计-会计制度-中国 Ⅳ.①G647.5

中国国家版本馆 CIP 数据核字(2023)第 000500 号

高等学校执行政府会计制度：实践解读与实务案例

主　　编　叶青松　任　燕
责任编辑　王　亮
助理编辑　王晓磊
装帧设计　吴　钰

苏州大学出版社出版发行
(地址：苏州市十梓街1号　邮编：215006)
苏州市深广印刷有限公司印装
(地址：苏州市高新区浒关工业园青花路6号2号楼　邮编：215151)

开本 787 mm × 1 092 mm　1/16　印张 23.75　字数 578 千
2023 年 7 月第 1 版　2023 年 7 月第 1 次印刷
ISBN 978-7-5672-4245-6　定价：79.00 元

图书若有印装错误，本社负责调换
苏州大学出版社营销部　电话：0512 - 67481020
苏州大学出版社网址　http://www.sudapress.com
苏州大学出版社邮箱　sdcbs@suda.edu.cn

前言

自2019年1月1日起，高等学校正式执行政府会计制度，全面实施政府会计核算。为规范高等学校（简称高校）会计确认、计量、记录和披露等会计核算工作行为，编者根据《中华人民共和国会计法》《中华人民共和国预算法》《会计基础工作规范》《政府会计准则》《政府会计制度》《高等学校执行〈政府会计制度——行政事业单位会计科目和报表〉的补充规定》《政府会计准则制度解释》等有关法规，系统归纳案例学校政府会计核算实践，以提升会计核算工作效率和会计核算信息质量。

本书是在南京工业大学（简称学校）政府会计核算规范手册基础上，整理、提升并融合江苏部分高校政府会计核算实践编写而成的。学校作为江苏省省属高校实施政府会计制度试点单位，通过参加培训、内部研讨，精准识别学校各项经济业务活动，整理归纳不同业务内涵、相关管理制度、报销政策，以及政府会计确认、计量和记录等账务处理工作，顺利完成政府会计制度实施衔接试点及经验推广工作。2019年起，学校为建立透明化、标准化的政府会计核算体系，不断巩固政府会计制度改革成效，根据新修订的《会计基础工作规范》要求，结合《行政事业单位内部控制规范（试行）》《江苏省省属高校内部控制规范指引》等，不断吸收兄弟高校实践成果，整理形成学校政府会计核算规范手册，有效规范学校政府会计核算工作。整个工作以业务为起点，以业财融合为主线，以会计核算规范化促进业务管理规范化为目标，体现了持续精准化、精细化学校政府会计核算工作的特色。

本书紧紧围绕提升高校会计核算效率和会计核算信息质量的目标，以会计核算规范化和透明化为导向，以政府会计准则制度为基础，以主要经济业务为主线，通过业务内涵界定、业务管理要求和核算制度解读等形式，建立健全学校内部会计核算工作规范体系，以保证会计核算工作质量。

本书共7章，以高校会计核算工作中的实际业务界定为切入点，通过主要业务活动实践、政府会计核算制度解读、实际业务会计核算举例，深入展示政府财务会计和预算会计适度分离又相互衔接的"平行记账"核算新体系，实现会计核算规范化和业务管理规范化的融合发展。本书具有以下三个特点。

第一，内容全面，体系合理。本书是对高校实施政府会计制度的一次实践总结，不仅涵盖了政府会计准则制度最新规定，而且涵盖了高校会计核算的主要经济业务事项，由点及面、由浅至深，从高校会计业务模块出发，从业务概述入手，进而循序渐进地细化到具体的科目和典型业务核算，体现了会计核算融入业务管理，促进业务管理的思想。

第二，案例翔实，操作性强。本书将会计核算与业务管理相融合，选用高校实际经济业务活动，梳理了业务内涵，附带了丰富的案例，增加了大量的提示性解释，有利于高校会计实务工作者更加透彻地理解会计核算背后的业务处理逻辑和实践操作逻辑。本书主要面向高校财务人员，用于指导财务人员按制度、流程、标准完成报账审核和会计核算确认、计量、记录等工作，确保财务报账及会计核算处理的一致性，提升会计核算质量。

第三，形式活泼，易读易懂。本书以政府会计准则制度为基础，从业务类型、工作流程、实务操作入手，通过表格、图片和分录等方式对业务进行了详尽的介绍，可帮助广大高校财务工作者理解高校各项业务与财务的关系，理解会计核算背后的业务管理和程序管控，从会计核算视角理解和把握业财融合的重要性。

本书层次分明、条理清晰、重点突出，不仅可作为高校会计实务工作者的指导用书，亦可作为高校加强内部会计核算规范化、标准化建设的参考书。同时，也可供有兴趣从事政府会计工作的学生参考。

本书由南京工业大学计划财务处叶青松处长、南京九洲会计咨询有限公司任燕总裁担任主编，淮阴工学院财务处孙开宝处长、南京医科大学财会处王春晖处长担任副主编。其中，叶青松负责总纲、第一章、第二章的撰写及统稿，任燕负责全书案例部分的审核与整理，孙开宝负责全书账务处理解读的审核与整理，王春晖负责全书业务概述部分的审核整理。南京工业大学计划财务处毛艳茹负责第三章的撰写，王慧敏负责第四章和第五章的撰写，陈琳负责第六章的撰写，丁其根负责第七章的撰写，杨磊负责全书案例图表的整理等。南京工业大学计划财务处丁锦、江苏、贾雪莲、杨丹丹、倪彤彤、丁静等同志参与了本书业务概述、业务管理、会计核算案例等资料的收集与整理工作。囿于篇幅，本书仅包含主要业务会计核算部分，未包含会计报表编报等内容。

特别感谢江苏省教育厅二级巡视员、财务与资产处周亚君处长，江苏省财政厅会计处黄春育处长的大力支持，感谢常熟理工学院财务处盛中民处长和南京工业职业技术大学审计处毛成银处长给予的指导和帮助。同时，非常感谢苏州大学出版社王亮老师在本书编写过程中的反复指导与修改、鼓励与支持。本书成稿过程中参考了相关研究资料和辅导用书并加以借鉴，在此向相关作者致以诚挚的谢意！

由于编者水平有限，且主要基于案例学校政府会计核算实践编写，书中难免存在疏漏和不妥之处，恳请读者给予批评指正！

编写组

2023 年 3 月

Contents 目录

第一章　政府会计概述

第一节　政府会计体系 / 1
第二节　政府会计核算模式 / 4
第三节　高校实施政府会计核算概况 / 6

第二章　会计核算基础设置

第一节　会计科目设置 / 9
第二节　项目和部门核算设置 / 12
第三节　资金来源核算设置 / 16
第四节　平行记账核算设置 / 17
第五节　会计核算岗位设置 / 19
第六节　会计核算凭证管理 / 20

第三章　资产类业务核算

第一节　基本概述 / 23
第二节　货币资金业务核算 / 25
第三节　应收及预付类业务核算 / 43
第四节　存货类业务核算 / 56
第五节　投资业务核算 / 66
第六节　固定资产业务核算 / 78
第七节　在建工程业务核算 / 88
第八节　无形资产业务核算 / 97
第九节　其他资产类业务核算 / 104

第四章　负债类业务核算

第一节　基本概述 / 114
第二节　银行借款业务核算 / 116

第三节 应缴税费业务核算 / 121
第四节 应缴财政款业务核算 / 128
第五节 应付职工薪酬业务核算 / 132
第六节 应付及预收款项业务核算 / 135
第七节 其他应付款业务核算 / 147

第五章　收入类业务核算

第一节 基本概述 / 161
第二节 财政拨款收入业务核算 / 167
第三节 教育事业收入业务核算 / 171
第四节 科研事业收入业务核算 / 176
第五节 上级补助收入业务核算 / 184
第六节 附属单位上缴收入业务核算 / 186
第七节 经营收入业务核算 / 189
第八节 债务预算收入业务的核算 / 191
第九节 非同级财政拨款收入核算 / 192
第十节 投资收益业务核算 / 194
第十一节 捐赠收入业务核算 / 197
第十二节 利息收入业务核算 / 200
第十三节 租金收入业务核算 / 202
第十四节 其他收入业务核算 / 205

第六章　费用支出类业务核算

第一节 基本概述 / 209
第二节 支出用途分类业务核算 / 214
第三节 支出经济分类业务核算 / 236

第七章　年末结转类业务核算

第一节 基本概述 / 307
第二节 净资产年末结转业务核算 / 310
第三节 预算结转及分配类业务核算 / 326
第四节 年终结账工作 / 345

附　录

附录一 政府会计准则制度大事记 / 352
附录二 学校会计科目设置 / 354
附录三 学校支出经济分类明细科目设置 / 367

第一章 政府会计概述

自 2019 年 1 月 1 日起，高等学校（以下简称"高校"）正式执行政府会计制度，全面实施政府会计核算。为规范高校会计确认、计量、记录和披露等会计核算行为，编者根据《中华人民共和国会计法》《中华人民共和国预算法》《会计基础工作规范》《政府会计准则》《政府会计制度》《高等学校执行〈政府会计制度——行政事业单位会计科目和报表〉的补充规定》《政府会计准则制度解释》等有关规定，系统归纳案例学校政府会计核算实践，为其他高校建立健全政府会计核算规范提供借鉴，以提升会计核算工作效率和会计核算信息质量，增强会计核算信息的实效性，实现政府会计改革目标。

本章主要介绍我国政府会计体系、政府会计核算模式及高校执行政府会计准则制度的特殊需求等。限于篇幅原因，不对政府会计改革背景、历程、改革目标、改革成效等进行论述。

第一节 政府会计体系

我国现行会计制度体系分为企业会计准则制度、政府会计准则制度、民间非营利组织会计制度、工会会计制度、农民专业合作社会计制度、财政总预算会计制度等。随着权责发生制政府综合财务报告制度改革的实施，政府会计准则制度体系越来越健全。按照改革方案，我国力争在 2020 年前基本建立具有中国特色的政府会计准则制度体系和权责发生制政府财务报告制度。目前，我国政府会计标准体系采用了"准则+制度+解释"的模式，包括政府会计基本准则、政府会计具体准则及应用指南、政府会计制度及补充规定、政府会计准则制度解释、政府成本会计指引等（表 1-1）。

表 1-1 我国政府会计准则制度体系

政府会计准则制度体系	规范内容
政府会计基本准则	主要对政府会计目标，会计主体，会计信息质量，会计核算基础，会计要素定义、确认和计量原则等进行规定
政府会计具体准则	主要对政府会计主体发生的经济业务或事项的会计处理原则、具体经济业务或事项的会计确认、计量和报告等进行规定
政府会计具体准则应用指南	主要对具体准则的实际应用进行操作性规定

续表

政府会计准则制度体系	规范内容
政府会计制度	主要对政府会计科目及其使用说明、会计报表格式及其编制说明等进行规定
政府会计制度补充规定	主要对高等学校、中小学校、医院等政府会计主体执行政府会计制度的特殊事项进行会计处理规定
政府会计准则制度解释	主要对政府会计主体在执行政府会计准则制度过程中的特殊事项会计处理进行解释性规定
政府成本会计指引	围绕执行政府会计准则制度且开展成本核算工作的事业单位,主要对其成本核算对象、成本项目和范围、成本归集与分配等成本核算过程进行规定

一、政府会计基本准则、具体准则及应用指南

1. 政府会计基本准则

2015年10月,财政部令第78号——《政府会计准则——基本准则》(简称《基本准则》)印发。《基本准则》主要用于规范政府会计目标、政府会计主体、政府会计信息质量要求、政府会计核算基础,以及政府会计要素、确认和计量原则等基本事项。

政府会计主体包括各级政府、各部门、各单位。各部门、各单位是指与本级政府财政部门直接或者间接发生预算拨款关系的国家机关、军队、政党组织、社会团体、事业单位和其他单位。其中,军队已纳入企业财务管理体系的单位和执行《民间非营利组织会计制度》的社会团体,不适用《基本准则》。

政府会计由预算会计和财务会计构成。预算会计,是指以收付实现制为基础对政府会计主体预算执行过程中发生的全部收入和全部支出进行会计核算,主要反映和监督预算收支执行情况的会计。财务会计,是指以权责发生制为基础对政府会计主体发生的各项经济业务或者事项进行会计核算,主要反映和监督政府会计主体财务状况、运行情况和现金流量等的会计。

政府会计主体应当编制决算报告和财务报告。决算报告综合反映政府会计主体预算收支的年度执行结果,包括决算报表和决算分析等相关信息。财务报告反映政府会计主体公共受托责任的履行情况,提供与政府的财务状况、运行情况(含运行成本)和现金流量等有关的信息,包括财务报表和财务分析等。

政府财务报告包括政府综合财务报告和政府部门财务报告。政府综合财务报告是指由政府财政部门编制的,反映各级政府整体财务状况、运行情况和财政中长期可持续性的报告。政府部门财务报告是指政府各部门、各单位按规定编制的财务报告。

2. 政府会计具体准则及应用指南

自2016年7月以来,财政部累计印发10项具体准则,涵盖存货、固定资产、无形资产、投资、公共基础设施、政府储备物资、会计调整、负债、财务报表编制和列报、政府和社会资本合作项目合同等。此外,财政部还补充印发了《〈政府会计准则第3号——固

定资产〉应用指南》《〈政府会计准则第 10 号——政府和社会资本合作项目合同〉应用指南》，分别对固定资产、政府和社会资本合作（PPP）项目合同等具体经济业务或事项的会计确认、计量和报告等进行了规定。

二、政府会计制度及补充规定、准则制度解释

1. 政府会计制度及补充规定

2017 年 10 月，财政部印发《政府会计制度——行政事业单位会计科目和报表》（简称《政府会计制度》），适用于各级各类行政单位和事业单位。各行政事业单位会计核算应当具备财务会计与预算会计双重功能，实现财务会计与预算会计适度分离并相互衔接，全面、清晰反映单位财务信息和预算执行信息。对于纳入部门预算管理的现金收支业务，在采用财务会计核算的同时应当进行预算会计核算；对于其他业务，仅需进行财务会计核算。

2018 年 8 月，财政部印发《关于高等学校执行〈政府会计制度——行政事业单位会计科目和报表〉的补充规定》（以下简称《补充规定》）和《关于高等学校执行〈政府会计制度——行政事业单位会计科目和报表〉的衔接规定》（以下简称《衔接规定》）。以上规定要求高等学校应当在新制度规定的"事业收入""事业预算收入""业务活动费用""单位管理费用""事业支出"等科目下设置明细科目；应当设置"留本基金"明细科目；对因公房出售形成的公共维修基金（个人缴纳部分），应通过"受托代理负债"科目进行核算。

2. 政府会计准则制度解释

为进一步健全和完善政府会计准则制度，确保政府会计准则制度有效实施，自 2019 年 7 月以来，财政部已印发《政府会计准则制度解释第 1 号》《政府会计准则制度解释第 2 号》《政府会计准则制度解释第 3 号》《政府会计准则制度解释第 4 号》《政府会计准则制度解释第 5 号》，分别对政府会计主体范围、事业单位长期股权投资、单位售房款等业务的会计处理、账务处理、核算范围等进行规定。

三、政府成本会计

为促进事业单位加强成本核算工作，提升单位内部管理水平和运行效率，夯实绩效管理基础，2019 年 12 月，财政部印发《事业单位成本核算基本指引》（以下简称《指引》），指出成本核算是指单位对实现其职能目标过程中实际发生的各种耗费按照确定的成本核算对象和成本项目进行归集、分配，计算确定各成本核算对象的总成本、单位成本等，并向有关使用者提供成本信息的活动。《指引》还对成本核算过程中的成本核算对象、成本项目和范围、成本归集和分配等处理程序及方法等进行了规定。

综上，截至 2022 年底，我国已制定和印发了 1 项基本准则、10 项具体准则、2 项具体准则应用指南、1 项政府会计制度、7 个特殊行业执行政府会计制度补充规定、11 项新旧衔接规定、5 项准则制度解释，以及《事业单位成本核算基本指引》、《事业单位成本核

算具体指引——公立医院》和《事业单位成本核算具体指引——高等学校》等规范性文件，详见附录一。

第二节 政府会计核算模式

政府会计准则制度构建了财务会计与预算会计适度分离又相互衔接的会计核算模式，实现了政府会计"双功能、双基础、双报告"的改革创新。政府会计准则制度要求：属于财务会计要素事项的，登记财务会计科目和编制政府财务报告；属于预算会计要素事项的，登记预算会计科目和编制决算报告。

提示：建立规范的政府会计核算体系，实现会计核算的标准化、透明化，不仅有助于从会计核算视角规范学校经济业务活动，而且能强化会计核算与监督，提高会计信息质量，增强会计信息效用，发挥会计核算在保障和促进学校事业发展中的基础性作用。

一、政府会计核算基础

《基本准则》规定政府会计体系由预算会计和财务会计构成。预算会计实行收付实现制，财务会计实行权责发生制。

收付实现制，是指以现金的实际收付为标志来确定本期收入和支出的会计核算基础。凡在当期实际收到的现金收入和支出，均应作为当期的收入和支出；凡是不属于当期的现金收入和支出，均不应当作为当期的收入和支出。

权责发生制，是指以取得收取款项的权利或支付款项的义务为标志来确定本期收入和费用的会计核算基础。凡是当期已经实现的收入和已经发生的或应当负担的费用，不论款项是否收付，都应当作为当期的收入和费用；凡是不属于当期的收入和费用，即使款项已在当期收付，也不应当作为当期的收入和费用。

二、政府会计要素

按照政府财务会计与预算会计适度分离又相互衔接的会计核算模式，财务会计通过资产、负债、净资产、收入和费用五类会计要素进行财务会计核算并编制财务报告，预算会计通过预算收入、预算支出和预算结余三个会计要素进行预算会计核算并编制决算报告。

1. 政府财务会计要素

政府财务会计要素包括资产、负债、净资产、收入、费用。

资产是指政府会计主体过去的经济业务或者事项形成的、由政府会计主体控制的、预期能够产生服务潜力或者带来经济利益流入的经济资源，分为流动资产和非流动资产。负债是指政府会计主体过去的经济业务或者事项形成的、预期会导致经济资源流出政府会计主体的现时义务，分为流动负债和非流动负债。净资产是指政府会计主体资产扣除负债后的净额。收入是指报告期内导致政府会计主体净资产增加的、含有服务潜力或者经济利益的经济资源的流入。费用是指报告期内导致政府会计主体净资产减少的、含有服务潜力或者经济利益的经济资源的流出。

2. 政府预算会计要素

政府预算会计要素包括预算收入、预算支出、预算结余。

预算收入是指政府会计主体在预算年度内依法取得的并纳入预算管理的现金流入。预算支出是指政府会计主体在预算年度内依法发生并纳入预算管理的现金流出。预算结余是指政府会计主体预算年度内预算收入扣除预算支出后的资金余额,以及历年滚存的资金余额。预算结余包括结余资金和结转资金。其中,结余资金是指年度预算执行终了,预算收入实际完成数扣除预算支出和结转资金后剩余的资金,包括财政拨款结余资金、非财政拨款结余资金、专用结余资金和其他结余资金。结转资金是指预算安排项目的支出年终尚未执行完毕或者因故未执行,且下年需要按原用途继续使用的资金,包括财政拨款结转资金和非财政拨款结转资金。

三、政府会计"平行记账"核算

根据政府财务会计与预算会计适度分离又相互衔接的会计核算模式要求,政府会计主体在实施政府会计核算时需要进行"平行记账"核算,确保在同一会计核算体系中实现财务会计核算和预算会计核算的"并行"。

1. "适度分离"核算

政府会计核算体系要将财务会计和预算会计分离,将财务报告和决算报告分离,要能分别反映政府会计主体的财务信息和预算执行信息,能从核算基础、会计要素、会计科目及报表编报等方面实现财务会计和预算会计的相对独立、自成体系,即实现政府会计的"双功能、双基础、双报告"。

(1)"双功能",是指政府会计由财务会计和预算会计组成,在同一会计核算体系中实现财务会计和预算会计双重功能。

(2)"双基础",是指财务会计采用权责发生制,预算会计采用收付实现制。

(3)"双报告",是指政府会计主体应当同时编制财务报告和决算报告,并且明确两种报告的内容和信息使用者范围。

2. "相互衔接"核算

政府会计主体应在同一会计核算系统和账套中实现财务会计核算和预算会计核算,形成财务报告和决算报告,共同反映政府会计主体的财务信息和预算信息,即"平行记账"核算。

(1)"平行记账",是指对纳入部门预决算管理的现金收支业务,在进行财务会计核算的同时也应进行预算会计核算,其他业务仅需进行财务会计核算。"平行记账"核算分为四种情况:一是同时进行财务会计核算和预算会计核算,如收到财政拨款,财务会计进行财政拨款收入核算,预算会计进行财政拨款预算收入核算;二是先进行财务会计核算,后进行预算会计核算,如应收各项收入款项时,财务会计先确认事业收入,收到款项时,预算会计再确认事业预算收入核算;三是只进行预算会计核算不进行财务会计核算,如收到银行贷款资金时，预算会计进行债务预算收入核算，财务会计不做收入核算；四是只进行财务会计核算不进行预算会计核算，如收到各类需要退回的押金、保证金时，财务会计进行其他应付款核算，预算会计不处理。

（2）本期预算结余和本期盈余差异。政府会计主体通过"本期预算结余和本期盈余差异调节表"，反映财务会计和预算会计因核算基础和核算范围不同而产生的本年预算结余和本年盈余差异，体现了财务会计和预算会计间的"适度分离又相互衔接"的会计核算逻辑。

第三节 高校实施政府会计核算概况

政府会计准则制度从政府会计主体共性角度，对行政事业单位通用业务或共性业务和事项的会计处理、财务报告、决算报告编报等进行了统一规范。《补充规定》和《政府会计准则制度解释》等进一步细化规范高校会计业务处理，以满足高校相关会计信息使用者的需要。高校在执行政府会计准则制度、实施政府会计核算时，既要以政府会计准则制度为依据，又要充分考虑高校组织特性，包括教学科研活动、经济业务活动及内部组织架构设置、内外政策制度规定等。

一、高校组织特性

高校作为松散联合的非营利学术组织，相对其他行政事业单位来说，既有公共组织、非营利性组织及科学研究组织的特征，又具有营利性组织的部分特征，涉及的利益主体、经济业务活动更为多元，会计核算也就更为复杂。

1. **高校收入的特性**

充足的经费不仅是高校正常运行的基本条件，也是保障高等教育发展的重要财力资源。我国高校收入来源主要包括财政拨款收入、教育事业收入（主要是学费收入）、科研事业收入、经营收入、非同级财政拨款收入和其他收入等。不同收入来源又区分为财政性资金收入和非财政性资金收入、基本支出和项目支出等属性，不同来源的收入须遵循不同的使用管理要求，需要按照收入来源、收入属性等进行多维度核算。

2. **高校支出的特性**

高校承担着人才培养、科学研究和社会服务等职能。在现行部门预算管理制度下，高校资金支出按照资金属性划分为基本支出和项目支出、财政资金支出和非财政资金支出等；按照支出功能划分为教育事业支出、科研事业支出、行政管理支出、后勤保障支出、经营支出等；按照支出经济划分为工资福利支出、商品和服务支出、对个人和家庭的补助、资本性支出等。高校支出的多维度划分及差异化管理特性，需要高校对各项支出进行多维度核算。

3. **高校成果的特性**

人才培养和科学研究是高校两大主要职能，也是高校主要的产出成果。人才培养成果主要体现为毕业的本、硕、博学生。科学研究成果主要体现为科技成果和科技服务等，包括各类文章、著作等。不论是人才培养成果还是科学研究成果，都不易计量和衡量，缺乏可参考的市场交易价格，相应成本费用也不易比较，相应的成本费用核算就比较复杂。

二、高校实施政府会计核算的规定

2018年8月，财政部印发《关于高等学校执行〈政府会计制度——行政事业单位会计科目和报表〉的补充规定》和《关于高等学校执行〈政府会计制度——行政事业单位会计科目和报表〉的衔接规定》，在《政府会计制度》的基础上，结合高校履行人才培养、科学研究、社会服务等职能中的业务实际，对高校会计要素确认、计量、记录和披露等进行补充规定，从而提高其执行政府会计核算的适用性。

1. 科目设置

高校是以人才培养、科学研究为主要职能的学术组织，要结合其组织特性，对高校开展的教育、科研等经济活动收支进行单独确认、计量、记录与披露。

（1）财务会计方面，在"事业收入"科目下设置"教育事业收入"和"科研事业收入"明细科目，在"业务活动费用"科目下设置"教育费用"和"科研费用"明细科目，在"单位管理费用"下设置"行政管理费用""后勤保障费用""离退休费用"等明细科目。

（2）预算会计方面，在"事业预算收入"科目下设置"教育事业预算收入"和"科研事业预算收入"明细科目，在"事业支出"科目下设置"教育事业支出""科研事业支出""行政管理支出""后勤保障支出""离退休支出""其他事业支出"明细科目。

2. 科目核算

随着高校经费收支呈现多元化、复杂化趋势，高校需要通过精细化会计核算，完成经费收支业务的确认、计量、记录与披露。为此，在科目设置的基础上，还需要进一步从科目核算内容与流程上明确高校特殊业务核算规范。《补充规定》对高校留本基金业务、受托代理业务、受托加工业务、计提和使用项目间接费用或管理费业务、附属单位工资返还业务、出资成立非企业法人业务等特殊业务的会计核算进行了特别规定。

（1）高校留本的奖助基金核算，在"专用基金"科目下设置"留本基金/本金"和"留本基金/收益"明细科目，在"留本基金/本金"明细科目下再设置"已投资"和"未投资"两个明细科目。

（2）高校科研事业收入核算，凡以合同完成进度确认科研事业收入时，应当根据业务实质，选择累计实际发生的合同成本占合同预计总成本的比例、已经完成的合同工作量占合同预计总工作量的比例、已经完成的时间占合同期限的比例、实际测定的完工进度等指标，合理确定合同完成进度。

3. 项目核算

高校由多元利益主体组成：一是内部经济活动责任主体繁多，涉及学校、学院、职能部门、课题项目组、教师个体等；二是内部经济活动种类复杂，有教学、科研等产生的经济活动，也有人才引进、招生就业等产生的经济事项。实际操作中，高校普遍实施项目化管理,通过项目化实现责任中心管理。因此在科目核算基础上,项目化辅助核算也扮演着重要角色。一方面,项目核算要与科目核算保持密切联系,要通过科目和项目的关联设置实现彼此在会计核算上的衔接;另一方面,核算项目要与预算项目、国库资金来源指标项目等保持关联,及时跟进项目活动预算执行信息和财务信息。

4. 资金核算

高校资金由财政拨款收入、教育事业收入、科研事业收入和其他收入等构成,资金来源性质包括"财政基本支出资金""财政项目支出资金""非财政基本支出资金""非财政项目支出资金"等。在国库集中支付政策下,财政预算执行进度直接体现为财政预算国库资金支付进度。为此,高校须开展资金来源核算,在政府会计核算中体现资金来源和使用上的变化,凸显国库资金支付与预算执行进度间的对应关系。

5. 核算流程和手续

高校业务事项繁杂、类型丰富,政策制度管理要求严格,须在资金报销审核与账务入账处理中梳理并明确不同经费项目、不同报销事项的办理程序、审批手续和相应的原始证明材料,体现高校政府会计核算规范化水平。

综上所述,高校因其组织特性和经济活动、经济主体的复杂多元等特征,在政府会计核算实施过程中不可简单复制政府会计共性制度规定和经验做法。高校在实际执行政府会计核算中,要充分结合高校组织特点和自身特色,满足高校政府会计核算特性要求,因地制宜地分析高校业务活动类型,建立健全高校政府会计核算规范,真正发挥政府会计核算在服务和保障高校高质量发展中的作用。

提示: 高质量的会计核算工作要求会计人员不仅要精通政府会计准则和制度等相关规定,还需要全面掌握会计核算事项对应的业务流程、政策规定、管理要求、审批手续、证明材料等。后者在实操中往往更为重要,因为按照会计"实质重于形式"和"谨慎性"原则,为确保特定事项的确认、计量、记录、披露,包括款项支付等细节无误,就需要满足既定的管理程序,履行审批手续,提供证明材料,通过在流程中凸显政策的规范、公开、透明,约束部门负责人和业务经办人严格遵循规定,促进日常会计核算工作的规范化。会计核算的规范化能够促进经济活动业务事项处理的规范化,进而促进财务管理规范化、标准化和科学化。

第二章 会计核算基础设置

由于办学条件和资源禀赋等差异，各高校对经济业务的理解和账务处理不尽相同，在会计核算处理设置上也各不相同。为进一步规范和统一高校政府会计核算，提高会计核算工作质量和效率，提升高校会计信息质量，编者根据《中华人民共和国会计法》《中华人民共和国预算法》《会计基础工作规范》及政府会计准则制度等有关规定，围绕会计科目、项目和部门、资金来源、平行记账规则、会计核算岗位、会计核算凭证管理等六大会计核算基础设置，整理高校实施政府会计核算的基础设置规范和案例学校实践资料。限于篇幅原因，本基础设置仅侧重于高校实施政府会计核算，不涉及授权审批设置、政府财务报告和部门决算编报等内容。

第一节 会计科目设置

根据《政府会计制度——行政事业单位会计科目和报表》《补充规定》《衔接规定》中有关会计科目体系，以及《政府收支分类科目》中有关收入分类科目、支出功能分类科目和部门预算支出经济分类科目体系，结合高校实际业务活动内容和会计核算需要，科学构建高校政府会计核算科目体系。

目前，为有效实现政府财务会计和预算会计适度分离又相互衔接的"平行记账"核算，学校政府会计核算科目设置主要包括政府会计科目、部门预算支出经济分类科目和辅助核算支出经济科目，由它们共同组成完整的政府会计核算科目体系。

一、政府会计科目分类设置

2017年10月24日，财政部印发《政府会计制度》，主要列出了财务会计和预算会计两类共计103个一级会计科目。其中，财务会计下设资产类、负债类、净资产类、收入类、费用类等5个要素，共77个一级科目；预算会计下设预算收入类、预算支出类和预算结余类等3个要素，共26个一级科目。

高校财务会计科目和预算会计科目设置应与《政府会计制度》和《补充规定》有关科目编码保持一致，二级及以下明细科目设置可根据高校实际情况增减或合并。高校在设置会计科目时，应兼顾对外信息公开和对内加强资产、负债及收支管理与核算的需要，强化科目设置的统一性、规范性和个性化。

其中，预算会计有关"基本支出和项目支出""财政支出和非财政支出"等明细科目设置与核算需要，可通过核算项目设置和资金来源核算设置实现（具体见第二章第二节项目和部门核算设置及第三节资金来源核算设置）。

案例学校政府会计核算科目体系设置见附录二。其他高校可结合自身业务和事项、内部管理要求设置明细科目，以满足明细核算、辅助核算和会计信息提供的需要。

二、部门预算支出经济分类科目设置

按照《2021年政府收支分类科目》中有关部门预算支出经济分类科目设置的规定，预算支出下设工资福利支出、商品和服务支出、对个人和家庭的补助支出、债务利息及费用支出、资本性支出（基本建设）、资本性支出和其他支出等"类"级科目。每"类"支出经济科目下，再根据具体用途分设不同的"款"级支出经济分类明细科目，如"工资福利支出"下设"基本工资""津贴补贴""奖金"等"款"级科目。

高校支出经济分类科目应根据《政府收支分类科目》的要求，结合高校内部核算管理需求设置，尤其要对"款"级科目做进一步细化。

提示：① 高校政府财务会计科目和预算会计科目的一级、二级明细科目编码应符合《政府会计制度》和《补充规定》中的科目编码规定，如"4101.01#事业收入/教育事业收入""5001.01 业务活动费用/教育费用"等一级、二级科目设置。② 支出经济科目设置及编码应严格执行《政府收支分类科目》中的部门预算支出经济分类科目及编码。为细化内部管理，高校可在支出经济科目"款"级明细科目下进一步设置明细科目，如"302.99#商品和服务支出/其他商品和服务支出"下可细化设置"302.99.01#文献资料信息费""302.99.02#知识产权费"等。③ 高校在"平行记账"核算时，应关注财务会计科目与支出经济分类科目的对应关系，例如在"资产""负债"科目核算中的固定资产核算时，存在固定资产分类、财务会计固定资产明细科目分类、预算会计支出经济分类科目分类的对应问题（具体见第六章"费用支出类业务核算"相关内容）。

三、辅助核算支出经济科目设置

根据《政府会计制度》有关财务会计费用科目明细核算要求，高校相关费用科目应按照"工资福利费用""商品和服务费用""对个人和家庭的补助费用""对企业补助费用""固定资产折旧费""无形资产摊销费""计提专用基金费"等成本项目设置明细科目。除"固定资产折旧费""无形资产摊销费""计提专用基金费"等与支出经济分类科目不一致外，"工资福利费用""商品和服务费用""对个人和家庭的补助费用""对企业补助费用"等费用明细科目与支出经济分类科目均存在相似性，为保持一致性，直接使用支出经济分类科目。因此，特增设"固定资产折旧费""无形资产摊销费""计提专用基金费"等特设支出经济科目，以增强高校在财务会计与预算会计"平行记账"核算上的呼应。

案例学校支出经济科目（含特设支出经济科目）设置表见附录三。其他高校可结合自身业务和事项、内部管理要求设置支出经济明细科目，以满足明细核算、决算编报和会计信息提供的需要。

提示：为有效实现政府财务会计和预算会计间自动"触发""平行记账"核算，一是将政府会计科目设置和支出经济分类科目（含辅助核算支出经济科目）设置分离，将原组成政府财务会计费用明细科目和预算会计支出明细科目的支出经济科目独立出来，单独形成支出经济分类科目设置。二是建立财务会计和预算会计间的收支对应关系，即按照"平行记账"核算规则，梳理财务会计科目和预算会计科目间的对应关系，如财务会计"长期借款"科目，就对应预算会计"债务预算收入"科目等。三是通过"支出经济分类科目"的独立设置和对"收支对应关系"的梳理，实现由"财务会计科目＋支出经济分类科目"自动"触发"生成"预算会计科目＋支出经济分类科目"的核算过程。为此，后续核算举例中，财务会计科目和预算会计科目都完整展现"支出经济分类科目"。

四、政府会计核算科目组合

完整的政府会计核算科目由《政府会计制度》及《补充规定》的会计科目，政府收支分类中的支出经济分类科目，固定资产折旧、无形资产摊销等特设支出经济科目等组合而成，最终形成完整的政府会计核算科目体系结构。

高校政府会计核算科目组合体系设置组合见表2-1。

表2-1　高校政府会计核算科目组合体系设置组合表

项目		支出经济分类科目					特设支出经济科目			
		301 工资福利支出	302 商品和服务支出	303 对个人和家庭的补助	307 债务利息及费用支出	310 资本性支出	固定资产折旧费	无形资产摊销费	计提项目间接费用和管理费	计提专用基金费
财务会计科目	资产类		√		√	√				
	负债类		√		√					
	收入类									
	费用类	√	√	√	√		√	√	√	√
	净资产类									
预算会计科目	预算收入类									
	预算支出类	√	√	√	√	√				
	预算结余类									

第二节 项目和部门核算设置

项目管理与核算是高校会计核算的重要特点,做好项目下收支余额控制和支出结构控制非常重要。在预算编制与执行上,每个责任中心履行的经费收支责任体现为一个预算收支项目,统称为预算项目;在会计核算与信息披露上,责任中心履行的经费收支责任体现为会计核算时的经费收支项目,统称为核算项目。预算项目和核算项目之间存在对应关系,项目归类设置则是实现预算编制和核算控制的纽带。案例学校预算项目和核算项目略,但为直观体现学校项目化核算,核算实务中用了简化项目代码。

提示:有效实现预算、核算、结算和决算一体化管理,促进预算编报与会计核算、决算编报衔接,杜绝预算编报与会计核算、决算编报间的"脱节"现象,关键是要建立预算编报项目和会计核算项目间的对应关系。例如,高校支出预算分为人员支出类项目、基本运转支出类项目和特定发展支出类项目等三大类,每一类预算项目又可细分为具体支出预算项目。每一具体预算项目需要通过项目核算实施执行控制。可以说,部门预算编报的支出项目化为实现预算项目和核算项目间的有效衔接奠定了基础。

一、核算项目设置

(一) 项目设置基本原则

项目核算既能按《政府会计制度》有关规定提供必要的会计信息,又能减少不必要的会计明细科目数量与层次,还能有效实现对责任中心收支责任的核算控制。从责任中心角度看,"项目"可理解为责任中心从事经济业务事项的集合体,如"××培训项目",可包括培训费、培训场地租赁、培训讲课费等事项的经费收支。从明细科目角度看,"项目"又可理解为会计明细科目,如"商品和服务支出——培训费"下"××培训项目",反映"培训费"在不同培训项目上的支出情况。可以说,"项目"就是"干什么事、花什么钱"的一个管理综合体。

1. 扩展性原则

项目管理与项目设置要充分考虑高校经济事项的不断变化,要增强项目设置的扩展性,包括项目大类和具体项目,为未来预算管理、决算管理及新增项目留有发展空间。

2. 系统化原则

项目设置要坚持系统思维,在全面梳理和整合高校各项业务活动现状的基础上,按照人才培养、科学研究、社会服务、行政管理、后勤保障、应付代管等"事项"类别,设置人才培养类项目、科学研究类项目、社会服务类项目、行政管理类项目、后勤保障类项目、应付代管类项目等项目大类。每一项目大类又可进一步细化设置二级"事项"类别,如人才培养类项目下可进一步细化设置"教学实习类""教学差旅类"等项目类别,这些项目类别下包含一个个具体项目,承担具体"事项"履行的责任。

3. 融合性原则

核算项目设置要融合预算收支项目和内部责任中心划分等多项内容,以此实现会计核算、预算执行、责任控制三者的有效衔接。当前,高校部门预算按人员支出类项目、基本运转支出类项目和特定发展支出类项目三部分编制,每一支出预算项目大类又细分为具体的预算支出项目。为实现会计核算和预算编制与执行控制相衔接,相应的核算项目设置就需要融合预算项目设置,使核算项目设置与预算项目设置间保持"一对一""多对一""一对多"的对应关系,不宜出现"多对多"的关系。

(二) 项目大类设置

首先,高校核算项目可分为科目明细核算项目和责任中心控制核算项目两大类。其中,科目明细核算项目仅承担明细科目核算功能,项目核算能够减少明细科目的层级与数量。责任中心控制核算项目"事项"涉及经费收支控制核算功能,项目核算能够全面归集、反映和控制该"事项"经费收支余情况。

其次,高校核算项目又可分为收支对应控制项目和预算下达控制项目两类。收支对应控制项目主要是指通过项目内收入额度控制费用支出额度,以确保该项目费用支出不超过收入到款,该类项目可视为一个独立的"利润中心"管理。预算下达控制项目主要是指通过预算限额方式实现费用支出不超过预算限额的项目,该类项目可视为一个独立的"费用中心"或"投资中心"管理。

最后,高校核算项目还可分为科目项目和收支(预算)控制项目两类。其中,按照人才培养、科学研究、社会服务等职能,以及相应的人员支出、教学支出、科研支出、行政管理支出、后勤保障支出等支出分类,一般设置人才培养类项目、科学研究类项目、行政管理类项目、后勤保障类项目等项目大类,每一项目大类下又包括不同的具体项目。

(三) 具体项目设置

1. 项目代码设置

目前,案例学校具体项目代码由 9 位阿拉伯数字组成。其中,前三位数字为第一级,代表项目类型;第 4 和第 5 位数字为第二级,代表不同的部门单位;第 6 到第 9 位数字为第三级,代表具体项目的序列号。具体见表 2-2。

表 2-2 项目编码规则

序号	1	2	3	4	5	6	7	8	9
含义	项目类型			部门代码		序列编号			
举例	510			01		0001			
	国家自然科学基金类项目			化工学院		具体项目的序列号			

2. 项目控制信息设置

项目控制信息是指对项目特征的定义,反映项目的具体属性,包括项目起止期限、资金来源、使用的预算模板、预算控制方式(禁止超支等)、预算支出项控制数等信息。

3. 项目辅助信息设置

项目作为具体"事项"集,包含了诸多管理信息,如项目负责人、项目隶属部门、项目类型、项目主管部门、项目主管部门责任人等。以学校优势学科项目为例,其项目负责人可以设置为A（也可并列设置为A1、A2），项目隶属部门可以设置为B，项目主管部门（职能部门）可以设置为C，项目主管部门负责人可以设置为D，项目分管校领导可以设置为E。该类辅助信息不在项目编码上体现，属于管理控制信息。

提示：项目辅助信息有助于快速而便捷地查询、统计、汇总相关项目收支余信息。例如，按项目负责人搜索，可以全面汇总该负责人负责的所有项目执行情况；按项目大类搜索，可以快速掌握该项目大类下所有具体项目的收支余情况；按部门搜索，可以便捷地查询该部门下的所有项目收支余情况。

二、部门核算设置

为落实资源配置和管理责任，高校内部可划分为多种类、多目的、多层次的责任，要在会计主体下对各个责任单元通过项目化管理实现相对独立的经济核算，就需要借助部门核算。这些部门包括承担教学科研等任务的院（系、所、中心、实验室），为学术活动提供支持的教学辅助部门、行政管理部门，以及提供公共运行服务、师生生活服务的后勤部门等。

高校在会计核算过程中，应对内部责任中心的经费收支责任履约进行核算，为此需要将部门管理融入核算项目中，实现项目管理和部门管理的衔接。一是在项目代码中直接体现部门设置，将部门代码嵌入项目代码中，通过项目代码清楚地反映该项目属于哪些部门；二是将部门管理嵌入项目辅助信息管理，通过项目辅助信息体现项目的部门管理。

为此，高校要根据学校内部机构岗位设置、内部责任划分、成本费用考核管理等，科学划分内部责任中心并进行部门化设置，通过部门编码等方式，实现预算项目、核算项目和责任中心（部门）间的有效对应。

三、项目支出控制管理

（一）项目收支限额控制

1. 纯明细科目核算类项目

该类项目通过科目余额直接控制，如按照投资单位设置的项目。每个被投资单位设置成一个项目，该项目就是按照单位设置的明细科目。该项目支出总额控制可通过科目余额进行。

2. 责任中心控制核算类项目

该类项目通过不同科目余额的加减计算进行控制。责任中心控制项目可细分为收支对应控制类项目和预算下达控制类项目，前者如同一个利润中心，需要对项目下的收支全负责，确保在"收入"限额内进行"支出"活动；后者如同一个投资中心或费用中心，需要在规定"预算"限额内完成投资目标。相应的项目核算又分为收支对应项目核算和预算下达项目核算，后者需要通过预算指标下达及结转进行核算控制。

备注：目前，学校预算下达控制类项目核算都是通过增设科目赋予其可开支的"限额"。条件成熟的情况下，也可实行完整的收支科目以实现限额控制，即将所有的财政拨款收入分解并分配到具体项目，为此校内执行预算编制时就需要明确不同项目事项所对应的资金来源，并严格执行。

（二）项目收支结构控制

不同的项目承担不同的"经济业务事项"经费收支控制职责，存在不同的经费支出范围和开支比例等问题，需要通过项目开支结构设置实现控制目标。例如，A 项目预算下达指标为 50 万元，其中 30 万元用于专用设备购置，10 万元用于劳务费发放，10 万元用于专用材料采购，则 A 项目的开支结构控制就需要通过项目下对应科目的开支比例或金额来实现。

提示：结合高校项目核算收支业务特点，为保证平行记账下项目余额的准确性，会计核算系统在预算模板设置模块新增不计入项目余额的预算项。目前，一般将预算会计科目设置为不计入项目余额的收支预算项。

四、项目科目核算关联设置

通过项目科目核算关联设置，可以在项目的预算下达控制或收支对应控制基础上，通过项目下可选择的会计科目设置，进一步限定项目经费开支范围，达到预算执行控制和便于核算控制的目标，确保预算执行符合预算编制要求。

在会计核算系统中进行项目科目核算关联设置，一是从会计科目设置出发，选择可以对应的项目；二是从项目出发，根据项目（预算）开支范围，选择对应的会计核算科目，包括明细支出经济科目。

总之，高校通过项目设置与项目科目核算关联设置，以及项目收支限额及结构控制设置等，可有效促进预算编制、预算执行、会计核算相衔接，达到多维核算与管理的目标。案例学校预算项目与核算项目对应关系举例见表 2-3。

表 2-3　预算项目和核算项目对应关系（举例）

序号	预算编报系统				会计核算系统			
	预算项目（或科目）代码	预算项目（或科目）名称	经费收支范围	责任管理部门	核算项目代码	核算项目名称	关联科目（财务会计）	责任执行部门
1	1×××	人员支出类项目	—	人事部门	—	—	—	—
2	2×××	基本运转支出类项目	—	各部门	—	—	—	—
3	21××	人才培养类项目	—	各部门	—	—	—	—

续表

序号	预算编报系统				会计核算系统			
	预算项目（或科目）代码	预算项目（或科目）名称	经费收支范围	责任管理部门	核算项目代码	核算项目名称	关联科目（财务会计）	责任执行部门
4	2101*	本科教学实验费	本科实验相关实验材料购置	实验室管理部门	301010001	化工学院实验费	500101教育费用+30218专用材料	化工学院
					301020001	材料学院实验费	同上	材料学院
5	2102*	本科教学实习费	本科实习相关交通费、住宿费、指导费等	教务部门	302010001	化工学院实习费	500101教育费用+30211差旅费+30239交通费等	化工学院
					302020001	材料学院实习费	同上	材料学院
					302030001	机械学院实习费	同上	机械学院
6	3×××	特定发展支出类项目	—	各部门	—	—	—	—

备注：项目代码中的"*"表示省略项目后面的部门信息和顺序信息等。

第三节 资金来源核算设置

在国库集中支付与收支两条线管理下，高校面临着财政资金支付与预算执行双管控要求，需要明确预算项目、核算项目和国库资金计划指标之间的对应关系，实现"干什么事"与"花什么钱"对应，有效保证国库资金支付和预算执行进度。

一、资金来源分项设置

高校资金来源按资金性质分为财政资金和非财政资金。财政资金又分为财政基本支出资金和财政项目支出资金，非财政资金同样可分为非财政基本支出资金和非财政项目支出资金。财政项目支出资金和非财政项目支出资金还可按照具体专项资金来源进一步细分。

高校资金来源按资金存在形态分为货币资金（银行存款）和国库资金。其中，国库资金又分为财政基本支出资金、财政项目支出资金（可以具体到项目资金）、财政专户基本支出资金、财政专户项目支出资金（可以具体到项目资金）等四大类项。每一类资金来源对应着不同的预算编制项目，进而对应不同的会计核算项目，从资金来源的角度实现预算收支平衡和控制预算收支进度。案例学校资金来源设置表略。

二、项目与资金来源关联设置

预算编制过程就是实现资金来源与预算项目最优配置的过程，体现着预算收支平衡及预算资金"专款专用"和"统筹使用"的协调配置程度，体现着"干什么事"应该"花什么钱"的逻辑关系。理论上，每个预算项目的资金来源应尽量唯一或最少化，做到一个核算项目或一类核算项目对应一种资金来源。但在实际操作中，尤其是在"集中财力办大事"的预算资金统筹配置下，普遍存在集合多种资金来源重点支持一个"事项"的现象，即一个核算项目关联多个资金来源，由此还带来了不同来源资金的优先使用问题。以案例学校学科建设项目为例，从资金来源看，它统筹了地方高水平大学建设专项、优势学科建设专项等内涵建设拨款资金和学校其他资金；从支持范围看，它涵盖学科人才引进、学科专业建设等方面支出，资金来源关联设置相对复杂。

建立核算项目与资金来源之间的关联关系至关重要，而关联关系的确定还受到预算项目编报的制约。因此，高校在关联核算项目与资金来源时，须同时梳理预算项目和核算项目、预算项目和资金来源的收支对应关系。可以说，在部门预算"一上""二上"编报与批复环节，都需要关注资金来源和预算项目在总额和结构上的平衡对应。

提示：高校进行资金来源核算设置，根本目的是提高财政预算资金执行进度，实现财政预算项目和财政预算资金支付的一一对应，减少人为支付选择时的串用。当核算项目与资金来源之间建立对应关系后，发生项目资金支付时，会计核算系统就能自动配置相应的资金来源，资金支付也必须在规定的资金来源项内选择。具体的资金来源设置可参阅各高校会计核算系统有关资金来源设置的操作手册。

第四节 平行记账核算设置

《政府会计制度》构建了财务会计和预算会计间适度分离又相互衔接的"平行记账"会计核算模式。高校对于纳入部门预决算管理的现金收支业务，在采用财务会计核算的同时应当进行预算会计核算；对于非纳入部门预决算管理的现金收支业务，仅需进行财务会计核算。

为有效实现"平行记账"核算，降低"平行记账"核算过程中的判断难度，提升核算判断的精准度和会计处理的效度，高校可利用现行会计核算信息系统有关"平行记账"自动"触发"功能，实施"平行记账"核算规则设置，实现政府财务会计核算自动"触发"生成预算会计核算。

提示：高校实施科目项目核算过程中，政府会计"平行记账"核算不仅涉及财务会计科目与预算会计科目间的"平行记账"核算，还涉及财务会计和预算会计的项目平行核算，也就是项目核算关联到财务会计和预算会计。为保证"平行记账"核算下项目余额的准确性，会计核算系统在项目余额控制设置模块中新增不计入项目余额的科目，将预算会计科目设置为不计入项目余额的收支控制项。

一、"平行记账"核算规则

根据"纳入预决算管理＋现金流入流出"两大"平行记账"核算基本判断规则，高校各项业务的政府财务会计核算与预算会计核算可简单归纳为如下三类。

（一）不纳入预决算管理的现金流入流出业务

高校实施政府会计"平行记账"核算过程中，首先应将不纳入预决算管理的业务区分出来。高校常见的不纳入预决算管理的现金流入流出业务主要包括：应缴财政款（如学费、住宿费、资产处置收入等）的收取与上缴，受托代理负债（如党费、团费、个人缴纳的住宅维修资金等）的资金收付、拨付等，各种押金和保证金等周转性往来款项资金收支，直接形成专用基金的资金收支，预收下年预算拨款资金，等等。该类业务在资金收付时，仅进行财务会计核算，不进行预算会计核算。

（二）纳入预决算管理的现金流入流出业务

1. 现金流入业务

该类现金流入业务最终都能形成"收入"或"预算收入"。一是直接现金流入，如收到财政拨款收入，财务会计确认"收入"核算的同时，预算会计确认"预算收入"核算。二是预收或应收现金流入，如预收科研到款或应收科研到款，前者预算会计先确认"科研事业预算收入"核算，后者财务会计先确认"科研事业收入"核算，二者在收入确认时点上存在一定时间性差异。三是收到短期或长期借款资金时，预算会计确认"债务预算收入"核算，财务会计不确认为"收入"，二者在收入确认范围上存在永久性差异。

2. 现金流出业务

该类现金流出业务最终都能形成预算会计"支出"。一是直接支付类业务，如货币资金支付固定资产购置等，财务会计确认"固定资产"核算，同时预算会计确认"支出"核算。二是延迟支付类业务，如各种应付账款、应付职工薪酬等，财务会计先确认资产或费用核算，待实际支付时，预算会计再确认"支出"核算。三是预先支付类业务，如各种出差暂付款等，暂付时，预算会计先确认"支出"核算，待实际报销时，财务会计再确认"费用"核算。

（三）非现金流入流出业务

1. 涉及预算管理要求的业务

该类业务虽未发生现金流入流出，但涉及预算管理规定。如计提项目间接费用或管理费、往来款项报销时的项目或用途（支出经济科目）发生变化等，都需要在进行财务会计核算的同时进行预算会计核算。

2. 不涉及预算管理要求的业务

该类业务不涉及预算管理要求，属于高校因成本费用管理要求而开展的业务，如高校固定资产累计折旧、无形资产累计摊销、坏账准备计提等在进行财务会计核算的同时不需进行预算会计核算。

提示：高校在实施政府会计"平行记账"核算实务过程中，一是通过科目核算直接判断哪些财务会计科目核算时应生成预算会计科目核算（如涉及"零余额账户用款额度"科目核算时），哪些不应生成预算会计科目核算（如涉及"固定资产累计折旧""坏账准备""受托代理资产""受托代理负债""应缴财政款"等科目核算时）；二是根据科目借贷方进行间接判断，例如，应收账款科目借方发生时，不生成预算会计核算，贷方发生时，一般生成预算会计核算；三是需要借助项目部门辅助核算对参考项目的预决算管理属性进行判断，凡不属于预决算管理范畴的项目核算，不应生成预算会计核算（如押金类往来项目涉及的资金收付，一般不生成预算会计核算）。

二、"平行记账"核算设置

高校业务种类多、数量大，实施政府会计"平行记账"核算时若单纯依靠人为判断，不仅会增加判断的难度和效率，还会增加会计核算量。为此，当前会计核算系统通过会计科目、核算项目、资金来源以及《政府收支分类科目》中支出经济分类科目等方面的对应关系设置，能够由财务会计记账分录自动"触发"生成预算会计记账分录的"平行记账"核算，实现政府会计"平行记账"核算的系统判断与自动"触发"生成预算会计核算。

提示：高校利用会计核算系统的"平行记账"自动"触发"功能，虽在一定程度上统一了"平行记账"核算规则，统一了不同审核记账人员的账务处理并提高了会计处理效率，但导致广大审核记账人员不再关注预算会计处理的准确性和适应性，有关预算会计"平行记账"核算完全依赖系统设置，这在一定程度上又降低了预算会计核算质量。

第五节 会计核算岗位设置

《会计基础工作规范》（简称《规范》）明确要求高校应建立会计人员岗位责任制度，包括会计人员的工作岗位设置，各会计工作岗位的职责、标准、人员和具体分工，以及相应的轮换办法、考核办法等。《规范》明确要求记账凭证必须包含填制凭证人员、记账人员、稽核人员、会计机构负责人、会计主管人员的签名或盖章；明确要求高校应当建立稽核制度，包括稽核工作的组织形式和具体分工，以及职责、权限等。随着"网约投递报账"核算及会计凭证电子化的发展，高校会计核算相关岗位设置发生了显著变化，建立适应政府会计"平行记账"核算模式和"网约投递报账"记账模式的会计核算岗位体系，是当前推进高校会计核算规范化建设的重要任务。

一、会计核算岗位设置

科学、规范、合理地进行会计核算岗位设置，对提高会计核算信息质量与会计核算工作效率、加强财会监督等具有十分重要的意义。随着"网约投递报账"核算服务模式的日益成熟和广泛运用，高校原有核算岗位设置及岗位职责、工作要求等发生了根本变化，亟待重新调整。

在传统的接单审核制单岗、复核稽核岗、出纳支付岗等会计核算核心岗位设置的基础上，陆续出现或分离设置现场（非网约）接单制单岗、网约报账接单初审岗（投递派单岗）、网约报账制单岗、复核岗、银行出纳岗、国库出纳岗、稽核岗、凭证装订岗、系统管理员岗、会计核算管理岗、咨询服务岗等岗位。同时，随着电子票据的使用和推广，为进一步方便会计凭证查询利用和强化财会监督管理，越来越多高校借助扫描识别技术实现会计凭证电子化，将原纸质凭证通过扫描转换成电子凭证，相应出现了会计凭证电子扫描岗等岗位。

不同高校因学校规模、财务机构设置及财务人员配置、财务部门职责及财务管理文化等因素差异，会计核算岗位设置可有所变化，部分岗位可以合并或兼任，但都需要满足不相容岗位分离原则，适应当前"互联网＋财务"的发展趋势。

二、会计核算岗位职责

明确不同岗位的职责对提高会计核算质量和会计核算工作效率具有基础性意义。在符合内部控制规范的前提下，应根据岗位设置和人员配备，合理划分和明确岗位职责，确保"分工不分家"，最大化提高工作效率。高校会计核算工作中，审核制单岗、复核稽核岗和出纳支付岗是三大核心岗位，其岗位职责随着"网约投递报账""管理型核算"和网银支付方式的运用而不断优化。

高校会计核算岗位设置应和会计核算工作事项、会计核算岗位人员业务能力等相匹配，确保人岗相适、动态调整。

第六节　会计核算凭证管理

《基本准则》指出，政府会计核算包括会计确认、计量、记录和报告各个环节，涵盖填制会计凭证、登记会计账簿、编制报告全过程。其中，填制会计凭证是会计核算的开始环节，也是极为重要的一个环节。会计凭证按来源分为原始凭证和记账凭证，记账凭证是根据原始凭证信息填制的。在实际工作中，当经济业务发生后，会计人员要根据记录经济业务的原始凭证编制记账凭证，再根据记账凭证登记会计账簿。因此，填制会计凭证既是会计基础工作规范的重要组成部分，也是会计核算工作的重要成果，加强会计凭证管理尤为重要。

一、记账凭证填制管理

记账凭证一般分为收款凭证、付款凭证和转账凭证三种。高校要结合自身经济业务特点和对经济业务管理的需要，合理选择和编制记账凭证。

1. 会计摘要的填制

记账凭证摘要是简明扼要地描述经济业务事项发生情况的文字概要，对经济业务的内容不仅要"摘"，更要摘其"要"。会计摘要在编制记账凭证中作用突出，其填写水平不仅反映会计核算工作的质量，更直接影响记账凭证会计核算信息的利用，包括后续查询、统计、稽核、审计等工作。为此，会计人员需要用高度凝练和准确无误的文字描述各项经济业务事项。

记账凭证摘要按照经济业务类型，可分为收付类经济业务事项摘要、内部转账类经济业务事项摘要、调账类经济业务事项摘要、差错更正类经济业务事项摘要等。

2. 会计分录的填制

在实际工作中，会计人员要根据原始凭证填制记账凭证。填写时，应根据经济业务所确认的会计分录填制到记账凭证上，包括借方或贷方的会计科目和金额。

《规范》也明确指出，记账凭证可以根据每一张原始凭证填制，或根据若干张同类原始凭证汇总填制，还可以根据原始凭证汇总表填制，但不得将不同内容和类别的原始凭证汇总填制在一张记账凭证上。为此，高校会计人员在填制记账凭证时，须根据经济业务类型确定会计分录，尽可能杜绝"多借多贷"会计分录发生，严格执行"一事一报""一事一单"。

二、原始凭证取得管理

原始凭证是填制记账凭证的依据，分为外来原始凭证和自制原始凭证。原始凭证必须载明凭证的名称，填制凭证的日期，填制凭证单位名称或填制人姓名，经办人员的签名或盖章，接受凭证单位名称，经济业务内容，数量、单价和金额等基本信息。

《规范》明确指出，从外单位取得的原始凭证，必须盖有填制单位的公章；从个人取得的原始凭证，必须有填制人员的签名或盖章。自制原始凭证必须有经办单位领导人或其指定人员的签名或盖章。对外开出的原始凭证，必须加盖本单位公章。

三、会计凭证归档管理

高校会计凭证分为纸质会计凭证和电子会计凭证，二者相应的传递和归档程序、方式都存在较大差异。随着会计信息化、智能化发展，现行的会计凭证归档须满足信息化时代会计信息查询和保管需求，确保会计信息安全和查询便捷。

1. 会计凭证传递

当前，高校全面实施"网约投递报账"。会计凭证传递涉及接收原始报销凭证、审核填制记账凭证、记账凭证顺号、记账凭证复核、根据记账凭证办理付款、付款回单粘贴、会计凭证稽核、会计凭证电子化扫描归档、纸质会计凭证装订、会计凭证归档等全过程，涉及不同岗位工作职责和工作要求。会计凭证传递的过程就是会计核算工作的履行过程，须以此细化相关工作职责和工作标准。

2. 会计凭证归档

会计凭证归档包括纸质凭证归档和电子凭证归档两方面。其中，纸质会计凭证归档须办理会计档案清册登记，并做好会计档案的保管和使用以及防火、防盗、防潮、防尘等工作。财务人员平时应按分工范围认真管理好有关会计凭证，包括所附原始凭证，同时，还须定期完成包括会计凭证在内的会计档案的整理、装订和归档。

提示：《会计基础工作规范》（2019年修订）规定，一是应当建立内部会计管理体系，明确会计部门及其会计机构负责人、会计主管人员的职责和权限，会计核算的组织形式等；二是应当建立会计人员岗位责任制度，明确会计人员的岗位设置、岗位职责、工作标准和具体分工；三是应当建立账务处理程序制度，明确会计科目及其明细科目的设置和使用，明确会计凭证审核要求和传递程序以及会计核算方法；四是应当建立内部牵制制度和内部稽核制度，明确组织分工，比如出纳岗位的职责和限制条件，稽核工作的职责和权限，审核会计凭证和复核会计账簿、会计报表的方法；五是应当建立原始记录管理制度，明确原始记录的内容和填制方法，原始记录的格式，原始记录的审核，原始记录填制人的责任，原始记录签署、传递、汇集的要求等。

第三章 资产类业务核算

第一节 基本概述

一、资产的概念

《政府会计准则——基本准则》第二十七条规定，资产是指政府会计主体过去的经济业务或者事项形成的，由政府会计主体控制的，预期能够产生服务潜力或者带来经济利益流入的经济资源。

高校资产是指高校过去的经济业务或者事项形成的，由高校控制的，预期能够产生服务潜力或者带来经济利益流入的经济资源。

高校资产按照流动性分为流动资产和非流动资产。流动资产是指预计在1年内（含1年）耗用或者可以变现的资产，主要包括货币资金、短期投资、应收及预付款项、存货等。非流动资产是指流动资产以外的资产，主要包括固定资产、在建工程、无形资产、长期投资、文物文化资产、长期待摊费用等。

二、资产管理

为加强高校国有资产管理，维护高校国有资产的安全和完整，合理配置和有效利用国有资产，保障和促进高校各项事业的发展，高校须根据《行政事业性国有资产管理条例》（国务院令738号）、《事业单位财务规则》（财政部令第108号）、《高等学校财务制度》（财教〔2022〕128号）、《江苏省省属高等学校国有资产管理实施办法》（苏教财〔2020〕6号）等规定，制定学校资产管理办法，重点加强对房屋、设备、家具、无形资产和对外投资等资产的管理。

1. 完善资产管理制度，明确资产管理职责

高校应建立健全单位资产管理制度，明确资产使用人和管理人的岗位责任，增强全员参与和重视资产管理的责任意识，完善组织机构和职责体系，建立责任考核机制，将资产的保值增值纳入部门考核范畴。

2. 完善资产配置控制，建立资产配置预算项目库

高校资产配置来源的多样性、资产使用的可重复性、学术专属性，决定着资产配置预算管理的重要性，它是资产合理配置、有效使用的第一关口。高校应当根据学校职能和事业发展的需要，结合资产存量、资产配置标准、绩效目标和财政承受能力配置资产，建立中长期资产配置需求库、更新更换库、使用运行维护库等，为资产配置预算管理提供基础保障。

3. 完善资产折旧摊销管理，实施资产绩效评价

高校资产一般分为单位自用资产和出租出借资产，前者主要为高校教学、科研以及相应的行政、后勤所用资产，后者主要是对外投资资产和出租出借资产等。高校应建立起以资产折旧为表现的价值补偿和绩效考核制度，通过固定资产折旧、无形资产摊销，实施资产占用使用绩效考核，促进资产占用使用部门不仅关注资产的安全完整，更关注资产的使用绩效状况。

4. 完善资产盘点管理，实施动态管控

当前，高校资产普遍存在着账账差异、账实不符等问题。高校应立足于资产清查成果，定期或者不定期对资产进行盘点、对账，将资产盘点、对账工作纳入领导干部任中或离任经济责任审计范畴。此外，还应通过抽查盘点实施动态管控，增强资产调配管理。

三、资产核算的确认和计量

1. 资产的确认

《政府会计准则——基本准则》第二十九条规定，符合资产定义的经济资源，在同时满足以下条件时，确认为高校资产：

（1）与该经济资源相关的服务潜力很可能实现或者经济利益很可能流入学校。

（2）该经济资源的成本或者价值能够可靠地计量。

2. 资产的计量

《政府会计准则——基本准则》第三十条规定，资产的计量属性主要包括历史成本、重置成本、现值、公允价值和名义金额。

（1）历史成本计量下，资产按照取得时支付的现金金额或者支付对价的公允价值计量。

（2）重置成本计量下，资产按照现在购买相同或者相似资产所需支付的现金金额计量。

（3）现值计量下，资产按照预计从其持续使用和最终处置中所产生的未来净现金流入量的折现金额计量。

（4）公允价值计量下，资产按照市场参与者在计量日发生的有序交易中，出售资产所能收到的价格计量。

（5）无法采用上述计量属性的，采用名义金额（人民币1元）计量。

高校在对资产进行计量时，一般采用历史成本计量。采用重置成本、现值、公允价值计量的，应当保证所确定的资产金额能够持续、可靠计量。

第二节 货币资金业务核算

高校货币资金业务包括库存现金、银行存款、零余额账户用款额度和其他货币资金等收支存业务。高校应按照内部控制不相容岗位相互分离设置原则配置出纳岗位，明确岗位职责和工作要求，如出纳不得兼任会计档案保管和收入、支出、债权、债务账目的登记工作，严禁一人保管收付款项所需的全部印章，强化网银支付密钥、复核密钥和管理密钥的分开保管。本节将财政应返还额度业务也视同货币资金业务进行核算与管理。

一、1001#库存现金

（一）业务概述

高校应当严格按照国家有关现金管理的规定收支现金，每日应结算库存现金结余额并与账面数核对，确保账款一致。随着"无现金支付"的推进，特别是银行卡转账支付和"网银"转账支付的普及，除特殊情况下为了应急或方便等需要使用现金支付结算外，一律通过"无现金网银转账支付"结算方式办理款项结算支付，包括银行支票、银行汇票、银行本票支付结算。

根据《现金管理暂行条例》《现金管理暂行条例实施细则》等相关管理规定，高校应建立健全收费管理制度、现金管理制度等，加强现金的收支管理，确保现金安全、完整。

1. 严格执行现金限额管理

库存现金的限额，是指为保证高校日常零星现金开支的需要，允许高校保留的最高库存现金额度。高校应严格执行库存现金限额管理，超过限额部分必须及时存入银行。

2. 严格控制现金开支范围

高校应严格按照《现金管理暂行条例》有关现金支付范围的规定，严控各类报销、学生奖助等支付现金。

3. 严格执行库存现金内部控制

高校应持续改进库存现金相关内部控制建设，完善库存现金管理制度，明确库存现金管理岗位职责，确保出纳和会计等不相容岗位分离，定期或不定期抽查盘点库存现金，杜绝私设"小金库"等。

（二）科目设置

高校应设置"1001#库存现金"科目，核算高校为了满足经济活动过程中零星支付需要而保留的现金。如有外币现金的，须按照外币和人民币分开明细核算。"库存现金"科目期末借方余额反映学校实际持有的库存现金。

目前，学校在"1001#库存现金"科目下设"1001.01#库存现金/自用现金""1001.02#库存现金/受托代理资产"两个二级明细科目。

（三）主要业务账务处理实践解读

（1）从银行等金融机构提取现金时，学校按照实际提取的金额，财务会计借记"库存现金"科目，贷记"银行存款"等科目；将现金存入银行等金融机构，学校按照实际存入的金额，财务会计借记"银行存款"等科目，贷记"库存现金"科目。因为未发生现金流入流出且库存现金和银行存款都属于"资金结存/货币资金"核算范畴，故预算会计不处理。

根据规定从单位零余额账户提取现金，学校按照提取现金数额，财务会计借记"库存现金"科目，贷记"零余额账户用款额度"科目。同时，根据实际提取金额，预算会计借记"资金结存/货币资金"科目，贷记"资金结存/零余额账户用款额度"科目。

（2）因开展教学科研等业务而收到现金时，学校按照实际收到的金额，财务会计借记"库存现金"科目，贷记"事业收入""经营收入""应收账款"等有关科目。同时，根据实际收到的现金金额，预算会计借记"资金结存/货币资金"科目，贷记"事业预算收入""经营预算收入"等科目。

因购买商品或服务等事项支出现金时，学校按照实际支出的金额，财务会计借记"业务活动费用""单位管理费用"等有关科目，贷记"库存现金"科目。同时，根据实际支付的金额及资金性质等，预算会计借记"事业支出"等科目，贷记"资金结存/货币资金"科目。

提示：①为实现财务会计和预算会计间的自动"触发"平行核算，学校会计核算系统将《政府收支分类科目》中的支出经济分类科目独立，通过在财务会计核算的同时选择支出经济分类科目的方式，实现财务会计核算和预算会计核算的对应，最终实现自动"触发""平行核算"。为此，部分财务会计科目就在会计核算时自动关联支出经济分类科目，从而生成支出经济分类科目的财务会计明细科目和预算会计明细科目。如报销办公费实际支付资金时，财务会计借记"业务活动费用/教育费用"+"商品和服务支出/办公费"等组合式明细科目，贷记"库存现金"等科目，同时自动"触发"生成预算会计借记"事业支出/教育事业支出"+"商品和服务支出/办公费"等组合式明细科目，贷记"资金结存"等科目。②因篇幅问题，主要业务账务处理实践解读中省略了支出经济明细科目。

（3）教职工因出差等事由暂借现金时，学校按照实际暂借的现金金额，财务会计借记"其他应收款"科目，贷记"库存现金"科目。同时，根据"其他应收款"业务核算的"平行记账"规则设置，假如在领取暂借款时自动"触发"生成预算会计核算，则预算会计按照借款用途，分别借记"事业支出""其他支出"等科目，贷记"资金结存/货币资金"科目；假如在暂借款报销时才自动"触发"生成预算会计核算，则此时预算会计不处理，待暂借款报销时生成预算会计核算。

提示：学校目前采用后期核销借款时再做预算会计处理的方式。

教职工出差报销时，学校按照实际报销的金额，财务会计借记"业务活动费用""单位管理费用"等科目；根据应退还现金或补支出现金金额，借记或贷记"库存现金"科目；根据原暂借款金额，贷记"其他应收款"科目。同时，根据"平行记账"核算规则，预算会计借记"事业支出"等科目，贷记"资金结存/货币资金"科目。

（4）收到外单位捐赠的现金时，学校根据实际收到的捐赠金额，财务会计借记"库存现金"科目，贷记"捐赠收入"科目。同时，根据实际收到的金额，预算会计借记"资金结存/货币资金"科目，贷记"捐赠预算收入"科目。

学校对外捐赠现金时，根据实际捐赠支出的金额，财务会计借记"其他费用"科目，贷记"库存现金"科目。同时，按照实际的捐赠支出，预算会计借记"其他支出"科目，贷记"资金结存/货币资金"科目。

（5）收到党团费等受托代理的现金时，学校按照实际收到的金额，财务会计借记"库存现金/受托代理资产"科目，贷记"受托代理负债"科目。预算会计不处理。

支付受托代理的现金时，学校根据实际支付的现金金额，财务会计借记"受托代理负债"科目，贷记"库存现金/受托代理资产"科目。预算会计不处理。

将库存的受托代理现金存入银行，需要相应存入受托代理银行账户，财务会计借记"银行存款/受托代理存款账户"科目，贷记"库存现金/受托代理资产"科目。从受托代理银行账户提取现金时，财务会计借记"库存现金/受托代理资产"科目，贷记"银行存款/受托代理存款账户"科目。预算会计不处理。

提示："受托代理资产""受托代理负债"不纳入预算管理，其发生现金流入流出时，不需要进行预算会计"平行记账"核算处理。

（四）主要业务会计核算实务举例

【例3-1】 提现。2月10日，学校××财务人员从银行基本账户3245#账户提取现金60 000元。（入账单据：银行支付回单、现金提取支票存根以及相应的签字）

摘要	财务会计	预算会计
提取现金	借：库存现金 60 000 贷：银行存款 60 000	不处理

【例3-2】 收现。2月11日，学校××教师经批准从学校医疗费469#项目中借住院费20 000元（领取转账支票），并通过现金方式缴纳借住院费押金6 000元（入学校押金类829#项目往来核算）。（入账单据：暂付款单、押金收取收据、转账支票存根）

摘要	财务会计	预算会计
××借住院费	借：其他应收款/医疗暂付/商品和服务支出/其他商品和服务支出/其他支出［469#项目］20 000 贷：银行存款 20 000	不处理
收××住院押金	借：库存现金 6 000 贷：其他应付款/押金暂存［829#项目］6 000	不处理

提示：为便于理解，实际业务会计核算举例中的部分核算科目包含了支出经济分类科目部分，但对支出经济分类科目核算的全面了解须参考第六章相关内容。

【例3-3】 借现。2月12日，学校××教师从所在学院教学差旅费319#项目中借差旅费9 000元（现金支付）。2月25日，该教师出差回来办理出差报销审批，实报金额

8 000元，现金退回1 000元。（入账单据：网约报销审批单及暂借款单、出差审批单、报销单及相关交通费、住宿费等票据及现金交款单等）

摘要	财务会计	预算会计
××借××（地名）差旅费	借：其他应收款/其他暂付/商品和服务支出/差旅费/国（境）内差旅［319#项目］9 000 　　贷：库存现金9 000	不处理
××出差××（地点）报销冲账	借：库存现金1 000 　　业务活动费用/教育费用/商品和服务支出/差旅费/国（境）内差旅［319#项目］8 000 　　贷：其他应收款/其他暂付/商品和服务支出/差旅费/国内差旅［319#项目］9 000	借：事业支出/教育事业支出/商品和服务支出/差旅费/国（境）内差旅［319#项目］8 000 　　贷：资金结存/货币资金8 000

【例3-4】 付现。2月13日，学校××学院办公室人员到超市购买办公用品，支付现金200元，从学院办公费401#项目中列支（办公用品直接报销、直接领用，不通过库存物品进行核算处理）。（入账单据：购买办公用品发票及清单、网约报销审批单）

摘要	财务会计	预算会计
××报××学院办公用品费	借：业务活动费用/教育费用/商品和服务支出/办公费［401#项目］200 　　贷：库存现金200	借：事业支出/教育事业支出/商品和服务支出/办公费［401#项目］200 　　贷：资金结存/货币资金200

【例3-5】 收到受托代理现金。2月14日，学校收到××学院学生党员缴纳的党费（经确认入学校党费835#项目核算），合计现金3 000元。（入账单据：缴款收据）

摘要	财务会计	预算会计
××缴××学院××月份学生党员党费	借：库存现金/受托代理资产3 000 　　贷：受托代理负债［835#项目］3 000	不处理

【例3-6】 现金溢余。2月28日，学校月末现金盘点时发现现金溢余1 000元（经确认入学校其他收入713#项目核算）。（入账单据：盘点表及相关审批单、说明等）

摘要	财务会计	预算会计
××盘点现金溢余	借：库存现金1 000 　　贷：待处理财产损溢［713#项目］1 000	借：资金结存/货币资金1 000 　　贷：其他预算收入［713#项目］1 000

（1）经查，以上现金溢余应支付给××（人员或单位），报经财务部门负责人审批后支付。

摘要	财务会计	预算会计
盘点现金溢余经查应支付给××	借：待处理财产损溢［713#项目］1 000 　　贷：其他应付款 1 000	不处理
实际支付时	借：其他应付款 1 000 　　贷：库存现金 1 000	借：其他预算收入［713#项目］1 000 　　贷：资金结存 1 000

（2）经查，以上现金溢余无法查明原因，报经财务部门负责人审批后，计入学校收入。

摘要	财务会计	预算会计
现金盘点溢余无法查明原因	借：待处理财产损溢［713#项目］1 000 　　贷：其他收入［713#项目］1 000	不处理

【例3-7】 现金短缺。2月28日，学校月末现金盘点时发现现金短缺1 000元（经确认入学校公共支出421#项目核算）。（入账单据：盘点表及相关说明、审批单等）

摘要	财务会计	预算会计
现金盘点短缺	借：待处理财产损溢［421#项目］1 000 　　贷：库存现金 1 000	借：其他支出/现金盘亏损失［421#项目］1 000 　　贷：资金结存/货币资金 1 000

（1）经查，以上现金短缺应由××负责赔偿或补偿。

摘要	财务会计	预算会计
应收××盘点现金短缺款	借：其他应收款［421#项目］1 000 　　贷：待处理财产损溢［421#项目］1 000	不处理
收××现金盘点短缺款	借：库存现金 1 000 　　贷：其他应收款［421#项目］1 000	借：资金结存 1 000 　　贷：其他支出/现金盘亏损失［421#项目］1 000

（2）经查，以上现金短缺无法查明原因，报经财务部门负责人审批后，由学校承担。

摘要	财务会计	预算会计
现金盘点短缺无法查明原因	借：资产处置费用［421#项目］1000 　　贷：待处理资产损溢［421#项目］1 000	不处理

二、1002#银行存款

（一）业务概述

银行存款是指高校存入银行或其他金融机构的各种存款。银行存款按照流动性，分为活期存款和定期存款。定期存款按照存放期限又分为3个月存款、6个月存款、1年期存款、2年期存款等。

1. 账户开立管理

高校银行存款账户包括基本存款账户、一般存款账户和专用存款账户。高校应严格执行银行账户管理，严格按照规定的审批权限和程序开立、变更和撤销银行账户，不准出租、出借或转让银行账户，应及时进行银行账户的报批、备案、年检等工作。

2. 银行对账管理

高校应当严格按照国家有关支付结算办法的规定办理银行存款收支业务，严格执行银行存款按月对账管理，由出纳岗位之外的人员负责银行对账，定期与"银行对账单"核对，按月编制"银行存款余额调节表"，逐笔查明原因并进行处理。

3. 资金存放管理

高校应加强银行账户存放资金管理，严格执行《关于进一步加强财政部门和预算单位资金存放管理的实施意见》（苏财库〔2017〕37号）有关规定。对于账户开立，一般采取集体决策方式选择开户银行；对于战略合作银行或定期资金存放等，一般采取竞争性方式选择账户开立银行或资金存放银行。

4. 资金结算管理

银行结算支付有银行支票、银行汇款、银行卡、信用卡、公务卡以及网银等结算支付方式或渠道。高校应当根据《人民币银行结算账户管理办法》《支付结算办法》《中华人民共和国票据法》等有关支付结算规定办理银行存款收支业务。

提示：目前，学校将七天通知存款纳入定期存款管理范畴。

（二）科目设置

高校应设置"1002#银行存款"科目，核算高校存入银行或其他金融机构的各种存款。高校应根据开户银行及银行账号、存款种类（定期或活期）、币种（外币或人民币）以及受托代理资金等设置明细科目。目前，学校在"1002#银行存款"下设"1002.01#银行存款/一般存款账户""1002.02#银行存款/定期存款账户""1002.03#银行存款/受托代理存款账户"。其中，"1002.01#银行存款/一般存款账户"科目下可再根据不同账户设置不同的明细科目。

提示："受托代理负债"的资金收付对应"银行存款/受托代理存款账户"，实际工作中，受托代理资产中的党团费等资金收付业务很难有独立银行账户进行管理，必然涉及受托代理货币资金和学校自有资金在银行账户上不能区分的问题。为此，需要定期对受托代理负债相关业务的资金收付进行整理，以确保"银行存款/受托代理存款账户"的货币资金余额与"受托代理负债"的货币资金余额相一致。实际工作中，一般通过银行账户的子账户进行管理。

（三）主要业务账务处理实践解读

（1）办理转账支票缴存银行或收到外单位汇入学校银行账户的款项时，如为应缴财政款，学校根据实际收取的数额，财务会计借记"银行存款"科目，贷记"应缴财政款"科目。预算会计不处理。

如款项直接留归学校使用，则财务会计借记"银行存款"科目，贷记"事业收入/教育事业收入""事业收入/科研事业收入"等有关科目。同时，根据实际收取留用的金额，预算会计借记"资金结存/货币资金"科目，贷记"事业预算收入/教育事业预算收入""事业预算收入/科研事业预算收入"等科目。

提示：① 通过 POS 刷卡机刷卡收款时，因刷卡入账时间和银行到款入账时间存在一定的时滞性，特别是存在多个 POS 刷卡机收款时。为保证及时入账核算和强化 POS 刷卡收款的核对，学校按照每个 POS 机每天刷卡金额实行往来核算，再根据银行到款入账单按日冲销对应往来金额，双方按照具体日期进行往来核销。收到 POS 机刷卡单据时，财务会计借记"其他应收款"科目（往来核销代码为当日日期），贷记"事业收入""其他收入""其他应付款"等科目，预算会计不处理。收到 POS 刷卡银行到款回单时，财务会计借记"银行存款"科目，贷记"其他应收款"科目（往来核销代码为当日日期），预算会计借记"资金结存/货币资金"科目，贷记"事业预算收入"等科目。② POS 刷卡机所收款，也可视为"其他货币资金"进行核算管理，通过"其他货币资金/POS 刷卡收款"明细科目进行核算。

（2）提取现金时，学校根据提现支票及交接现金手续，财务会计借记"库存现金"科目，贷记"银行存款"科目。缴存现金时，根据现金缴款单，财务会计借记"银行存款"科目，贷记"库存现金"科目。不涉及货币资金流入流出，预算会计不处理。

（3）通过网银支付、支票转账支付、汇款支付等支付方式支付物资或服务的相关费用时，学校按照实际支付的金额和用途，财务会计借记"业务活动费用""单位管理费用""固定资产""无形资产"等有关科目，贷记"银行存款"科目。同时，根据实际支付金额和用途，预算会计借记"事业支出"等科目，贷记"资金结存/货币资金"科目。涉及增值税业务的，相关账务处理参见"应交增值税"科目。

（4）以银行存款对外捐赠，学校按照实际捐出的金额，财务会计借记"其他费用/现金资产捐赠"科目，贷记"银行存款"科目。同时，根据实际捐出的金额，预算会计借记"其他支出/现金资产捐赠"科目，贷记"资金结存/货币资金"科目。

（5）收到受托代理的银行存款资金时，学校按照实际收到的金额，财务会计借记"银行存款/受托代理存款账户"科目，贷记"受托代理负债"科目。支付受托代理、代管的银行存款时，按照实际支付的金额，财务会计借记"受托代理负债"科目，贷记"银行存款/受托代理存款账户"科目。预算会计不处理。

备注：为便于受托代理银行存款使用核对，对于"银行存款/受托代理存款账户"应单独设立银行账户进行管理。平时使用时最好在该账户内收支，如发生其他账户收支，应按月进行资金调拨与账户调整，确保账款一致性。

（6）学校发生的外币业务，应当按照业务发生当日（或当期期初，下同）的即期汇率，将外币金额折算为人民币金额记账，并登记外币金额和汇率。

期末，各种外币账户的外币余额应当按照期末的即期汇率折算为人民币金额，作为外币账户期末人民币余额。调整后的各种外币账户人民币余额与原账面人民币余额的差额，作为汇兑损益计入相关支出或收入。

① 以外币购买物资、劳务等，学校按照购入当日的即期汇率将支付的外币或应支付的外币折算为人民币金额，财务会计借记"库存物品""固定资产""业务活动费用"等有关科目，贷记"银行存款"科目。同时，根据折算后的金额，预算会计借记"事业支

出"等有关科目,贷记"资金结存/货币资金"科目。

② 以外币收取相关款项等业务,学校按照收取款项或收入确认当日的即期汇率将收取的外币或应收取的外币折算为人民币金额,财务会计借记"银行存款"科目,贷记"事业收入"等有关科目。同时,根据折算金额,预算会计借记"资金结存/货币资金"科目,贷记"事业预算收入"等有关科目。

③ 期末,根据各外币账户按期末的即期汇率调整后的人民币余额与原账面人民币余额的差额,作为汇兑损益,财务会计借记或贷记"银行存款"科目,贷记"其他收入"相关科目或借记"其他支出"相关科目。同时,预算会计借记或贷记"资金结存/货币资金"科目,贷记"其他预算收入"相关科目或借记"其他预算支出"相关科目。

(四) 主要业务会计核算实务举例

【例3-8】 2月14日,学校银行一般存款账户1399#账户收到××公司到款4 000元,尚无老师认领,月末暂入学校未确认到款803#项目进行往来核算。(入账单据:银行贷款回单、未认领到款挂账明细表)

摘要	财务会计	预算会计
收××公司未确认到款	借:银行存款/一般存款账户/1399#账户 4 000 　　贷:其他应付款/未确认到款[803#项目] 4 000	不处理 (备注:根据"平行记账"核算设置,"其他应付款/未确认到款"视为周转性收款,不生成预算会计核算)

【例3-9】 2月15日,学校一般存款账户0514#账户收到××微生物研究所课题转拨款50 000元,经课题负责人认领开票后确认入512#项目核算。(入账单据:银行回单、到款通知单、行政事业单位资金往来结算票据)

摘要	财务会计	预算会计
收××微生物研究所××课题费	借:银行存款/一般存款账户/0514#账户 50 000 　　贷:事业收入/科研事业收入/纵向科研经费[512#项目] 50 000	借:资金结存/货币资金 50 000 　　贷:事业预算收入/科研事业预算收入/纵向科研经费[512#项目] 50 000

【例3-10】 2月16日,学院收到××学院学生××考试报名费900元(经确认入应缴财政881#项目核算),通过POS机刷卡收取(经确认暂入499#项目往来核算)。(入账单据:POS机刷卡单、收款收据)

摘要	财务会计	预算会计
收××学院××学生××课程考试报名费	借:其他应收款/其他暂付[499#项目] 900 　　贷:应缴财政款/应缴财政专户款/非税事业收入[881#项目] 900	不处理

【例3-11】 2月18日,学院收到【例3-10】POS机刷卡报名考试费900元,已入一般存款账户0514#账户。(入账单据:银行到款回单)

摘要	财务会计	预算会计
收××POS机刷卡报名考试款 冲收××学院学生××课程考试报名费	借：银行存款/一般存款账户/0514#账户 900 　　贷：其他应收款/其他暂付［499#项目］900	不处理

【例3-12】 2月20日，学校××学院××老师从学院教学实习费321#项目借差旅费10 000元，通过银行无现金3245#账户转账支付。（入账单据：网约借款单或暂付款单、银行支付回单）

摘要	财务会计	预算会计
××老师借××（城市名称）差旅费	借：其他应收款/其他暂付/商品和服务支出/差旅费/国（境）内差旅费［321#项目］10 000 　　贷：银行存款/一般存款账户/3245#账户 10 000	不处理

【例3-13】 2月18日，××老师从科研经费506#项目中购买××公司专用材料一批，合计15 000元，通过无现金3245#账户对公转账支付。（入账单据：网约报销单、材料发票、材料入库备案表、银行支付回单等）

摘要	财务会计	预算会计
××付××公司材料费	借：业务活动费用/科研费用/商品和服务支出/专用材料费［506#项目］15 000 　　贷：银行存款/一般存款账户/3245#账户 15 000	借：事业支出/科研事业支出/商品和服务支出/专用材料费［506#项目］15 000 　　贷：资金结存/货币资金 15 000

【例3-14】 2月20日，学校通过无现金3245#账户结算支付校内××租户××月份校园卡营业款38 000元（经确认入商户校园卡营业款810#项目核算）。（入账单据：一卡通结算单、银行支付回单）

摘要	财务会计	预算会计
结算支付××经营户××月校园卡营业款	借：其他应付款/校园卡/校园卡营业款［810#项目］38 000 　　贷：银行存款/一般存款账户/3245#账户 38 000	不处理 （备注：根据"平行记账"核算规则，校园卡营业款收支不纳入预算管理，不生成预算会计核算）

【例3-15】 2月20日，学校外币账户收到××学院××老师542#科研项目国际试验费8 783美元，2月22日结汇成人民币50 000元（假设应交增值税为2 000元）。（入账单据：结汇表、外币回单、银行到款回单、到款通知单、增值税发票）

摘要	财务会计	预算会计
收××老师××国际试验费	借：银行存款 50 000 　　贷：事业收入/科研事业收入/横向科研经费/科研增值税收入［542#项目］48 000 　　　　应交增值税 2 000	借：资金结存/货币资金 50 000 　　贷：事业预算收入/科研事业预算收入/横向科研经费/科研增值税收入［542#项目］50 000

【例3-16】 2月22日，学校后勤部门回收××校区××月份电费10 000元，存入学

校一般存款账户5242#银行账户（经确认入学校水电费402#项目核算）。（入账单据：银行支付回单、收据）

摘要	财务会计	预算会计
回收××校区××月份电费	借：银行存款/一般存款账户/5242#账户 10 000 　　贷：单位管理费用/后勤保障费用/商品和服务支出/电费［402#项目］10 000	借：资金结存/货币资金10 000 　　贷：事业支出/后勤保障支出/商品和服务支出/电费［402#项目］10 000

【例3-17】 3月21日，学校党费银行账户收到第一季度利息1 000元（入学校党费受托代理负债835#项目核算）。（入账单据：银行利息收入回单）

摘要	财务会计	预算会计
收党费账户第一季度利息	借：银行存款/受托代理存款账户1 000 　　贷：受托代理负债/党费［835#项目］1 000	不处理

【例3-18】 4月10日，学校支付1399#银行基本户回单箱手续费100元（入学校公共支出421#项目核算）。（入账单据：银行手续费支付回单）

摘要	财务会计	预算会计
付××银行4月回单箱手续费	借：其他费用/其他费用/商品和服务支出/手续费［421#项目］100 　　贷：银行存款/一般存款账户/1399#账户100	借：事业支出/其他事业支出/商品和服务支出/手续费［421#项目］100 　　贷：资金结存/货币资金100

提示：收到外单位汇入学校或者收到支付失败退回的款项，财务会计借记"银行存款"科目时，应根据银行回单上所示交易日期在系统"银行结算信息"的"单据号"处填写日期信息，以便于对账。若是本年度款项，应填写月和日，如6月20日，则为"0624"；若是以前年度款项，则填写年月日，如2018年12月1日，则为"20181201"。

三、1011#零余额账户用款额度

（一）业务概述

零余额账户用款额度是指财政部门根据高校部门预算批复下达的国库授权支付资金额度。国库支付分为直接支付和授权支付，直接支付是由财政部门直接支付到收款人或用款单位账户，授权支付是由高校根据财政授权后，自行开具支付令并通过"零余额账户用款额度"账户支付到收款人或用款单位账户。

为提高财政预算执行进度和确保财政资金"专款专用"，高校必须严格执行国库集中支付管理制度和零余额账户管理制度，确保零余额账户用款额度的支付结算完整和准确。

1. 对账管理

高校应建立健全国库集中支付对账制度，定期、及时核对各项财政（专户）国库资金支付。

2. 结算管理

零余额账户用款额度同银行存款一样具有支付结算功能，可办理转账、提现、委托收款、汇兑等支付结算业务。为此，高校应加强零余额账户用款额度的支付结算内部控制，防范资金支付风险。

3. 资金来源管理

根据部门预算有关预算项目和预算科目对应资金来源的批复规定，不论是财政直接支付还是授权支付，都必须严格按照项目对应资金来源办理支付，不得串用和套用财政资金，不断提高财政预算执行进度。

（二）科目设置

高校应设置"1011#零余额账户用款额度"科目，核算高校根据财政部门批复的用款计划收到和支用的零余额账户用款额度情况。

目前，学校为便于全面管理国库集中支付计划的申请、下达、使用、结存情况，不区分国库直接支付和授权支付，均通过"1011#零余额账户用款额度"科目核算，只通过分设"1011.01#零余额账户用款额度/直接支付"和"1011.02#零余额账户用款额度/授权支付"二级明细科目核算，学校"零余额账户用款额度"科目明细设置见表3-1。

表3-1　零余额账户用款额度科目明细表

科目代码	科目名称	核算要求
1011.01	零余额账户用款额度/直接支付	应严格按照财政批复项目及额度准确入账
1011.01.01	零余额账户用款额度/直接支付/预算内额度	应严格按照财政批复项目及额度准确入账
1011.01.02	零余额账户用款额度/直接支付/预算外额度	应严格按照财政批复项目及额度准确入账
1011.02	零余额账户用款额度/授权支付	应严格按照财政批复项目及额度准确入账
1011.02.01	零余额账户用款额度/授权支付/预算内额度	应严格按照财政批复项目及额度准确入账
1011.02.02	零余额账户用款额度/授权支付/预算外额度	应严格按照财政批复项目及额度准确入账

提示： 学校不区分财政直接支付方式和授权交付方式的支付核算差异，根据收到的"财政直接支付入账通知书"，财务会计借记"零余额账户用款额度/直接支付"科目，贷记"财政拨款收入"科目。支付时，财务会计借记"业务活动费用"等科目，贷记"零余额账户用款额度/直接支付"科目。

（三）主要业务账务处理实践解读

1. 收到用款计划时的财务处理

学校根据用款计划下达通知书所列数额，财务会计借记"零余额账户用款额度/授权支付（或直接支付）/预算内额度（或预算外额度）"等科目，贷记"财政拨款收入/一般公共预算拨款/基本支出拨款""财政拨款收入/一般公共预算拨款/项目支出拨款"等科目。同时，预算会计借记"资金结存/零余额账户用款额度"科目，贷记"财政拨款预算收入"等科目。

备注： 目前，学校不区分是授权支付还是直接支付，统一通过"零余额账户用款额度"科目核算财政拨款资金的下达与使用情况。按照"国库集中支付系统"所列基本支出和项目支出进行明细核算，尚未按照支出功能和支出经济分类科目等进行分类明细核算，年度决算直接根据"国库集中支付系统"对应的支出功能科目和支出经济科目进行汇总反映。

2. 按规定支用额度时的账务处理

按规定支用额度时，学校根据所购置的资产或所列支的费用金额，财务会计借记"固定资产""业务活动费用"等有关科目，贷记"零余额账户用款额度"科目。同时，根据实际支付金额，预算会计借记"事业支出"等有关科目，贷记"资金结存/零余额账户用款额度"科目。

提示：关于"暂借暂付款"的"平行记账"核算规则，目前存在三种情况，分别是在支付暂借暂付款时生成预算会计核算、在报销冲账时生成预算会计核算和不生成预算会计核算，但考虑到通过国库集中支付暂借暂付款的特殊性，对于通过国库集中支付的暂借暂付款业务，建议支付时生成预算会计核算，以保持部门决算与年度国库集中支付、学校预算会计账务处理的一致性。

按照规定，从国库资金向学校实有资金银行账户转回资金用于支付工资薪酬、公积金、学生奖助学金、个人所得税代扣代缴等时，财务会计借记"银行存款"科目，贷记"零余额账户用款额度"科目。同时，根据实际转回金额，预算会计借记"资金结存/货币资金"科目，贷记"资金结存/零余额账户用款额度"科目。

提示：关于个人所得税代扣代缴业务的核算详见第四章"负债类业务核算"相关内容。

3. 因购货退回等发生国库授权支付额度退回时的账务处理

（1）属于以前年度支付的款项，学校按照退回金额，财务会计借记"零余额账户用款额度"科目，贷记"以前年度盈余调整"等有关科目。同时，根据退回资金性质，预算会计借记"资金结存/零余额账户用款额度"科目，贷记"财政拨款结转/期初余额调整"等科目。

（2）属于本年度支付的款项，学校按照退回金额，财务会计借记"零余额账户用款额度"科目，贷记"业务活动费用""单位管理费用"等有关科目。同时，根据实际退回金额，预算会计借记"资金结存/零余额账户用款额度"科目，贷记"事业支出"等科目。

4. 年度终了时的账务处理

年度终了时，学校依据代理银行提供的对账单做注销额度的相关账务处理，财务会计借记"财政应返还额度/财政授权支付"科目，贷记"零余额账户用款额度"等科目。同时，根据注销金额，预算会计借记"资金结存/财政应返还额度"科目，贷记"资金结存/零余额账户用款额度"科目。

当本年度财政授权支付预算指标数大于零余额账户用款额度下达数时，学校根据未下达的用款额度，财务会计借记"财政应返还额度/财政授权支付"科目，贷记"财政拨款收入"科目。同时，按照未下达的用款额度，预算会计借记"资金结存/财政应返还额度"科目，贷记"财政拨款预算收入"科目。

下年初，学校依据代理银行提供的额度恢复到账通知书做恢复额度的相关账务处理，财务会计借记"零余额账户用款额度"科目,贷记"财政应返还额度/财政授权支付"科目。同时,根据恢复的额度,预算会计借记"资金结存/零余额账户用款额度"科目,贷记"资金结存/财政应返还额度"科目。

提示:因支付失败或购货退回等发生额度退回时,应根据财政授权支付退款通知书或者财政直接支付退款入账通知书,财务会计借记"零余额账户用款额度"科目,并在核算系统"银行结算信息"的"单据号"处填写通知书上所示支付日期,若是本年度款项,应填写月和日,若是以前年度款项,则填写年月日。

(四) 主要业务会计核算实务举例

1. 零余额账户用款额度下达

【例3-19】 2月22日,学校收到财政部门批复的2月份零余额账户用款额度980万元。其中,一般公共预算直接支付280万元,一般公共预算授权支付500万元,财政专户直接支付200万元。(入账单据:财政授权支付额度到款通知书、计划批复表)

摘要	财务会计	预算会计

收2月份预算内计划批复	借:零余额账户用款额度/直接支付/预算内额度 2 800 000
	  零余额账户用款额度/授权支付/预算内额度 5 000 000
	  贷:财政拨款收入 7 800 000
		借:资金结存/零余额账户用款额度 7 800 000
		  贷:财政拨款预算收入 7 800 000

收2月份财政专户预算外计划批复	借:零余额账户用款额度/直接支付/预算外额度 2 000 000
	  贷:事业收入/教育事业收入 2 000 000
		借:资金结存/零余额账户用款额度 2 000 000
		  贷:事业预算收入/教育事业预算收入 2 000 000

2. 日常报销支用额度

【例3-20】 2月23日,学校××学院在优势学科387#项目中报销一笔会议费20 000元,通过国库直接支付。(入账单据:报销单、会议审批单、发票、财政授权支付凭证等)

摘要	财务会计	预算会计

××报××会议费	借:业务活动费用/教育费用/商品和服务支出/会议费〔387#项目〕20 000
	  贷:零余额账户用款额度/直接支付/预算内额度 20 000
		借:事业支出/教育事业支出/商品和服务支出/会议费〔387#项目〕20 000
		  贷:资金结存/零余额账户用款额度 20 000

【例3-21】 2月21日,学校资产管理部门从设备维修费407#项目中支付××维保公司本年度电梯维修费35 000元,通过国库授权支付。(入账单据:报销单、发票、合同、财政授权支付凭证等)

摘要	财务会计	预算会计

××付××维保公司20××年电梯维修费	借:单位管理费用/后勤保障费用/商品和服务支出/维修(护)费/仪器设备维护费〔407#项目〕35 000
	  贷:零余额账户用款额度/授权支付/预算内额度 35 000
		借:事业支出/后勤保障支出/商品和服务支出/维修(护)费/仪器设备维修费〔407#项目〕35 000
		  贷:资金结存/零余额账户用款额度 35 000

3. 因支付错误等发生零余额账户用款额度退回

（1）本年度授权支付的款项退回。

【例3-22】 2月21日，学校原通过国库支付系统授权支付的××号记账凭证所购材料费2 000元，因银行账户信息有误，国库系统退回并重付。（入账单据：财政授权支付退款通知书、财政授权支付凭证）

摘要	财务会计	预算会计
××号支付退回×× （所退回的人名或者公司名称） ××号退回重付×× （所退回的人名或者公司名称）	借：零余额账户用款额度/授权支付/预算内额度 2 000 　　贷：零余额账户用款额度/授权支付/预算内额度 2 000	不处理

【例3-23】 2月23日，学院××老师通过国库支付系统授权支付优势学科387#项目所购专用材料发生退回，当年退回金额2 000元。（入账单据：国库授权退回计划单、专用材料退回签收单）

摘要	财务会计	预算会计
××购货退回	借：零余额账户用款额度/授权支付/预算内额度 2 000 　　贷：库存物品［387#项目］2 000	借：资金结存/零余额账户用款额度 2 000 　　贷：事业支出［387#项目］2 000

（2）以前年度零余额账户用款额度本年度退回。

【例3-24】 2月24日，原通过国库支付系统直接支付的××号记账凭证所购材料费1 000元，因银行账户信息有误，国库系统于次年初退回并重付。（入账单据：财政授权支付退款通知书、财政授权支付凭证）

摘要	财务会计	预算会计
××号凭证支付退回 （所退回的人名或者公司名称） ××号凭证退回重付 （所退回的人名或者公司名称）	借：零余额账户用款额度/授权支付/预算内额度 1 000 　　贷：零余额账户用款额度/授权支付/预算内额度 1 000	不处理

【例3-25】 2月25日，学校××老师通过国库支付系统授权支付优势学科387#项目所购置的材料，因产品质量原因发生退回，退回材料1 000元，相关款项已原渠道退回国库支付系统。（入账单据：货物退回签收单、国库授权退回通知书等）

摘要	财务会计	预算会计
20××年度 购货退回	借：零余额账户用款额度/授权支付/预算内额度 1 000 　　贷：库存物品［387#项目］1 000	借：资金结存/零余额账户用款额度 1 000 　　贷：财政拨款结余［387#项目］1 000

（3）以前年度零余额账户用款额度退回已挂账未支付，于本年度重新支付。

当年零余额账户用款额度退回且因各种原因导致无法重新支付时，均于该年年底通过退回重付项目核算，并于下年度开账后再重新办理支付。

【例3-26】 12月26日，学校××老师从学院教学实验费318#项目中报销印刷费

5 000元。因银行账户信息有误，国库支付系统授权支付退回，年底结账前对账发现未达账项。因结账需要，该批退回款项在次年办理重新支付。

① 12月底相关账务处理。（入账单据：财政授权支付退款通知书）

摘要	财务会计	预算会计
××号凭证支付退回（所退回的人名或者公司名称） ××号凭证退回挂账（所退回的人名或者公司名称）	借：零余额账户用款额度/授权支付/预算内额度 5 000 　　贷：其他应付款/其他应付款［318#项目］5 000	借：资金结存/零余额账户用款额度 5 000 　　贷：事业支出［318#项目］5 000

② 次年初，办理重新支付。（入账单据：原财政授权支付退款通知书复印件、财政授权支付凭证）

摘要	财务会计	预算会计
冲××号凭证××（所退回的人名或者公司名称）退回挂账 ××号凭证退回重付××（所退回的人名或者公司名称）	借：其他应付款/其他应付款［318#项目］5 000 　　贷：零余额账户用款额度/授权支付/预算内额度 5 000	借：事业支出［318#项目］5 000 　　贷：资金结存/零余额账户用款额度 5 000

四、1201#财政应返还额度

（一）业务概述

财政应返还额度是指实行国库集中支付的单位年终应收财政下年度返还的资金，即高校按照国库集中支付规定有关结转结余下年度继续使用的财政拨款计划和财政专户资金。其相关业务主要包括财政应返还额度增加、额度返还以及额度使用、额度注销、额度收回减少等事项。

提示：《政府会计准则制度解释第4号》规定，按照《国务院关于进一步深化预算管理制度改革的意见》（国发〔2021〕5号）规定，本年直接支付预算指标数大于当年财政直接支付实际支付数的差额，或本年度财政授权支付预算指标数大于零余额账户用款额度下达数的差额，市县级财政国库集中支付结余不再按权责发生制列支，相关单位年末不再进行上述账务处理。中央级和省级单位根据同级财政部门规范国库集中支付结余权责发生制列支的规定，相应进行会计处理。

（二）科目设置

高校应设置"1201#财政应返还额度"科目，核算实行国库集中支付的应收财政返还的资金额度，反映高校财政应返还额度的增减变动情况。学校按照国库集中支付方式以及国库资金来源分别设置"1201.01#财政应返还额度/财政直接支付""1201.02#财政应返还额度/财政授权支付"两个二级明细科目，以及"预算内额度""预算外额度"两个三级明细科目。

(三) 主要业务账务处理实践解读

1. 财政直接支付方式下的账务处理

年度终了，学校根据本年度财政拨款直接支付预算指标数与当年财政直接支付实际支出数的差额，财务会计借记"财政应返还额度/财政直接支付/预算内额度"科目，贷记"财政拨款收入"科目。同时，根据差额，预算会计借记"资金结存/财政应返还额度"科目，贷记"财政拨款预算收入"科目。

学校根据本年度财政专户拨款直接支付预算指标数与当年直接支付实际支出数的差额，财务会计借记"财政应返还额度/财政直接支付/预算外额度"科目，贷记"事业收入"科目。同时，根据差额，预算会计借记"资金结存/财政应返还额度"科目，贷记"事业预算收入"科目。

下年度恢复财政直接支付额度后，学校以财政直接支付方式发生实际支出时，财务会计借记"业务活动费用""固定资产"等有关科目，贷记"财政应返还额度"等科目。同时，根据实际支付金额和支付用途，预算会计借记"事业支出""经营支出"等有关科目，贷记"资金结存/财政应返还额度"科目。

提示：学校目前不区分直接支付和授权支付，直接通过"零余额账户用款额度"科目核算反映财政拨款计划和财政专户拨款资金的下达、申请、使用和结余情况。也就是不论是直接支付还是授权支付，学校收到用款计划批复后，财务会计借记"零余额账户用款额度/财政直接支付""零余额账户用款额度/财政授权支付"科目，贷记"财政拨款收入"或"事业收入"等科目。为此，对于财政直接支付方式下的"财政应返还额度"科目核算方式同财政授权支付方式。

2. 财政授权支付方式下的账务处理

年度终了，依据代理银行提供的对账单做注销额度处理，学校根据已下达未使用的财政拨款资金或财政专户资金结余，财务会计借记"财政应返还额度/财政授权支付"等科目，贷记"零余额账户用款额度"科目。同时，按照实际注销额度，预算会计借记"资金结存/财政应返还额度"等科目，贷记"资金结存/零余额账户用款额度"科目。

本年度财政授权支付预算指标数大于零余额账户用款额度下达数时，学校根据未下达的用款额度，区分财政拨款资金（预算内国库集中支付）和财政专户资金（预算外国库集中支付），财务会计借记"财政应返还额度/财政授权支付"等科目，贷记"财政拨款收入""事业收入"等科目。同时，按照未下达的用款额度，预算会计借记"资金结存/财政应返还额度"等科目，贷记"财政拨款预算收入""事业预算收入"等科目。

下年初，学校依据代理银行提供的额度恢复到账通知书做恢复额度账务处理，财务会计借记"零余额账户用款额度/财政授权支付"等科目，贷记"财政应返还额度/财政授权支付"等科目。同时，预算会计借记"资金结存/零余额账户用款额度"科目，贷记"资金结存/财政应返还额度"科目。

学校收到财政部门批复的上年末未下达的零余额账户用款额度时，财务会计借记"零余额账户用款额度"科目，贷记"财政应返还额度/财政授权支付"科目。同时，预算会计借记"资金结存/零余额账户用款额度"科目，贷记"资金结存/财政应返还额度"科目。

（四）主要业务会计核算实务举例

【例 3-27】 12 月 31 日，学校国库集中支付指标结余 200 万元，其中财政拨款结余 150 万元，分别是 A 项目结转 100 万元，B 项目结转 50 万元，全部为授权支付；财政专户资金结余 50 万元，其中 C 项目结转 30 万元，D 项目结转 20 万元，全部为直接支付。次年 1 月 15 日，国库集中支付系统显示以上结余指标全部恢复到可使用状态。

（1）结转各项目余额。根据国库支付系统显示的结余额度及项目分别入账。（入账单据：年底国库支付计划结余表及相关签批单等）

摘要	财务会计	预算会计
结转20××年国库集中支付拨款结余额	借：财政应返还额度/财政授权支付/预算内额度 1 500 000 　　　财政应返还额度/财政直接支付/预算外额度 500 000 　贷：零余额账户用款额度/财政授权支付/预算内额度 1 500 000 　　　零余额账户用款额度/财政直接支付/预算外额度 500 000	借：资金结存/财政应返还额度 2 000 000 　贷：资金结存/零余额账户用款额度 2 000 000

（2）次年 1 月 15 日财政应返还额度返还。根据国库支付系统相关指标计划下达。（入账单据：以前年度预算内/预算外结余指标下达表等）

摘要	财务会计	预算会计
返还20××年国库集中支付额度	借：零余额账户用款额度/财政授权支付/预算内额度 1 500 000 　　　零余额账户用款额度/财政直接支付/预算外额度 500 000 　贷：财政应返还额度/财政授权支付/预算内额度 1 500 000 　　　财政应返还额度/财政直接支付/预算外额度 500 000	借：资金结存/零余额账户用款额度 2 000 000 　贷：资金结存/财政应返还额度 2 000 000

五、1021#其他货币资金

（一）业务概述

其他货币资金主要是指高校的外埠存款、银行本票存款、银行汇票存款，以及微信、支付宝存款等。高校应加强其他货币资金管理，及时办理结算，对于逾期尚未办理结算的银行本票、汇票等，按规定及时清理，及时转回。

提示：根据《政府会计准则制度解释第 1 号》规定，高校通过支付宝、微信等方式取得相关收入时，对于尚未转入银行存款的支付宝、微信收付款等第三方支付平台账户的余额，应当通过"其他货币资金"科目核算。相应的支付宝、微信等款项收付业务也纳入其他货币资金进行核算与管理。

（二）科目设置

高校应设置"1021#其他货币资金"科目，核算高校各类外埠存款、银行本票存款、银行汇票存款,以及微信、支付宝存款等形式的其他货币资金。

学校在"1021#其他货币资金"科目下设"1021.01#其他货币资金/外埠存款""1021.02#其他货币资金/银行本票存款""1021.03#其他货币资金/银行汇票存款""1021.04#其他货币资金/微信支付宝存款"等明细科目。

提示:微信、支付宝存款等其他货币资金业务仅在月末或年末才使用,平时一般都是等微信、支付宝资金转入银行存款账户才办理入账。但在月末和年末,为及时全面反映学校各项收入情况,须在微信、支付宝资金尚未全部转入银行账户时就办理入账,此时需要通过"其他货币资金/微信支付宝存款"科目核算。

(三)主要业务账务处理实践解读

1. 外地开立银行账户的账务处理

学校在转入款项到外地银行账户时,财务会计借记"其他货币资金/外埠存款"科目,贷记"银行存款"科目。预算会计不处理。

外地业务经办人员根据授权动用外埠存款支付工资薪酬、劳务费、商品和服务款项等,学校按照支付数额及用途,财务会计借记"库存物品""业务活动费用"等科目,贷记"其他货币资金"科目。同时,根据实际支付金额和具体用途,预算会计借记"事业支出""经营支出"等科目,贷记"资金结存/货币资金"科目。

根据管理规定,学校将多余外埠存款转回学校银行存款账户时,财务会计借记"银行存款"科目,贷记"其他货币资金/外埠存款"科目。预算会计不处理。

2. 学校校园消费的账务处理

学校根据校园消费特点在微信、支付宝开立学费、住宿费等收款账户,约定"T+0"结算模式,微信、支付宝相关结算公司及时将款项转入学校指定银行账户。发生微信、支付宝收款行为时,学校根据学费、住宿费等收款单据,财务会计借记"其他货币资金/微信支付宝存款"科目,贷记"应缴财政款"等科目。预算会计不处理。

学校实际收到微信、支付宝结算款时,财务会计借记"银行存款"科目,贷记"其他货币资金/微信支付宝存款"科目。预算会计不处理。

其他货币资金及其他业务处理同上。

(四)主要业务会计核算实务举例

【例3-28】 5月份,学校××老师从优势学科387#项目中购买科研设备,需要开具银行汇票100 000元支付预付账款。(入账单据:暂借款网约单、银行汇票复印件、银行汇款回单等材料)

摘要	财务会计	预算会计
学校开具银行汇票	借:其他货币资金/银行汇票存款 100 000 　　贷:银行存款 100 000	不处理
××老师暂借银行汇票预付设备款	借:预付账款/设备采购预付款/资本性支出/专用设备购置[387#项目] 100 000 　　贷:其他货币资金/银行汇票存款 100 000	借:事业支出/科研事业支出/资本性支出/专用设备购置[387#项目] 100 000 　　贷:资金结存/货币资金 100 000

【例 3-29】 12 月 31 日，学校收到××学生通过微信支付方式缴纳学费 5 000 元，入应缴财政款 881#项目核算。(入账单据：学费收据等材料)

摘要	财务会计	预算会计
收××微信缴纳学费	借：其他货币资金/微信支付宝存款 5 000 贷：应缴财政款/应缴财政专户款/非税事业收入［881#项目］5 000	不处理

第三节 应收及预付类业务核算

高校在开展人才培养、科学研究以及社会服务活动过程中，必然面临与外部业务往来单位之间的资金结算情况，相应会产生应收及预付类结算业务。准确、及时、全面核算应收及预付类业务，是高校加强应收及预付类业务管理的重要基础。

一、1211#应收票据

(一) 业务概述

应收票据是指高校在对外提供科学研究与社会服务活动过程中销售产品、提供服务等而取得的商业汇票。商业汇票包括银行承兑汇票和商业承兑汇票。银行承兑汇票是由承兑银行开立存款账户的付款人签发，由银行承兑的汇票；商业承兑汇票是由银行以外的付款人承兑的汇票。

商业汇票最长期限为 6 个月。商业汇票按照是否计息分为不带息商业汇票和带息商业汇票。不带息商业汇票是指商业汇票到期时，承兑人按照票面金额向收款人或被背书人支付票款的票据；带息商业汇票是指商业汇票到期时，承兑人按照票据金额加按照票据约定利率计算的利息向收款人或被背书人支付票款的票据。

应收票据业务包括商业汇票取得、商业汇票贴现、商业汇票背书转让、商业汇票到期收款等。其中，商业汇票贴现是指将未到期的商业汇票背书后转让给银行，由银行在扣除贴现息后预先支付剩余款项的行为。

为保证应收票据会计核算信息的完整性，进一步加强应收票据过程管理，高校应当设置"应收票据备查簿"，逐笔登记每一应收票据的种类、号数、出票日期、到期日、票面金额、交易合同号和付款人、承兑人、背书人姓名或单位名称、背书转让日、贴现日期、贴现率和贴现净额、收款日期、收回金额和退票情况等信息资料。应收票据到期结清票款或退票后，应当在备查簿内逐笔注销。

提示：会计核算系统中可通过往来核算设置，按照单张承兑进行往来核算，设置不同核销代码（承兑汇票票据号形成的唯一核销代码）进行明细核算和管理。

(二) 科目设置

高校应设置"1211#应收票据"科目，主要核算高校取得的商业汇票增减变动情况，按照开出商业汇票的单位等进行往来明细核算。借方反映取得的商业汇票金额,贷方反映到期收回或背书转让的票面金额,期末借方余额反映学校持有的商业汇票票据金额。

(三) 主要业务账务处理实践解读

1. 因销售产品、提供科技服务等收到商业汇票时的账务处理

学校按照商业汇票的票面金额,财务会计借记"应收票据"科目;按照确认的收入金额,贷记"事业收入/教育事业收入""事业收入/科研事业收入"等明细科目;涉及增值税的,按照应缴增值税金额,贷记"应缴税费/应缴增值税"科目。预算会计不处理。

2. 持未到期的商业汇票向银行贴现时的账务处理

学校按照实际收到的金额(即扣除贴现息后的净额),财务会计借记"银行存款"科目;按照支付的贴息金额,借记"业务活动费用""经营费用"等科目;按照商业汇票的票面金额,贷记"应收票据"科目(无追索权)或"短期借款"科目(有追索权)。同时,按照商业汇票扣除贴现息的净额,预算会计借记"资金结存"科目,贷记"事业预算收入""经营预算收入"等科目(无追索权)或"债务预算收入"科目(有追索权)。

附追索权的商业汇票到期未发生追索事项时,学校按照商业汇票的票面金额,财务会计借记"短期借款"科目,贷记"应收票据"科目。预算会计不处理。

提示:商业汇票贴现业务的预算会计"平行记账"核算时,如按照贴现后的净收款进行预算会计处理,将导致按照商业汇票票面金额入账的财务会计收入和按照贴现净额入账的预算会计收入不一致。

3. 将持有的商业汇票背书转让以取得所购物资和服务等时的账务处理

学校按照取得物资、接受服务成本,财务会计借记"库存物品""固定资产""业务活动费用"等有关科目,按照商业汇票的票面金额,贷记"应收票据"科目,如有差额,借记或贷记"银行存款"等科目。同时,根据实际收取或支付的差额金额,预算会计借记或贷记"资金结存"科目,贷记"事业预算收入"或借记"事业支出"等科目。

提示:高校在背书转让商业汇票过程时,应视同能收到商业汇票票面金额,故按照政府会计"平行记账"核算规则,可以将应收票据视同资金,则收到商业汇票时,财务会计借记"应收票据"科目,贷记"事业收入"等科目。同时,预算会计借记"资金结存"科目,贷记"事业预算收入"等科目。商业汇票背书转让购买的固定资产时,财务会计借记"固定资产"等科目,贷记"应收票据"科目,预算会计借记"事业支出"等科目,贷记"资金结存"科目。为此,预算会计"资金结存"科目可增设"资金结存/商业汇票"明细科目。

4. 商业汇票到期时,应当根据以下情况分别处理

(1) 收回应收票据,学校按照实际收到的商业汇票票面金额,财务会计借记"银行存款"科目,贷记"应收票据"科目。同时,根据实际收到的金额,预算会计借记"资金结存"科目,贷记"事业预算收入"等科目。

(2) 因付款人无力支付票款,收到银行退回的商业承兑汇票、委托收款凭证、未付票款通知书或拒付款证明等时,学校按照商业汇票的票面金额,财务会计借记"应收账款"科目,贷记"应收票据"科目。因未发生现金流入,预算会计不处理。

提示:当前承兑汇票是电子承兑汇票,在收到商业承兑汇票时,财务会计借记"应收

票据"科目，同时在会计核算系统"辅助账核算信息"的"核销代码"处填入汇票号码的后8位，对于每张承兑汇票应做一笔应收票据登记。摘要应注明承兑汇票种类，比如"银承"，若是电子银行承兑汇票，摘要应注明"电子银承"。承兑汇票到期承兑后，根据之前填写的核销代码在会计核算系统中做冲销账务的处理。

（四）主要业务会计核算实务举例

【例3-30】 3月1日，学校××老师横向科研542#项目收到南京××集团开出的电子银行承兑汇票一张，票面金额10万元，并办理了横向科研到款入账。（入账单据：到款通知单、增值税发票、电子承兑汇票单及复印件）

摘要	财务会计	预算会计
收南京××集团技术服务费（电子银承）	借：应收票据［542#项目］100 000 　　贷：事业收入/科研事业收入/横向科研经费/科研增值税零税率收入［542#项目］100 000	不处理

【例3-31】 3月2日，学校××老师20万元的银行承兑汇票到期，银行出纳进行了承兑并收到了款项，同时支付了23元手续费，手续费从××老师横向科研542#项目列支。（入账单据：银行收款回单、银行手续费支付回单、手续费报销单等）

摘要	财务会计	预算会计
收南京××集团技术服务费 冲收南京××集团技术服务费（电子银承）	借：银行存款 200 000 　　贷：应收票据［542#项目］200 000	借：资金结存/货币资金 200 000 　　贷：事业预算收入/科研事业预算收入/横向科研经费/科研增值税零税率收入［542#项目］200 000
××付银行承兑汇票承兑手续费	借：业务活动费用/科研费用/商品和服务支出/其他商品和服务支出/其他支出［542#项目］23 　　贷：银行存款 23	借：事业支出/科研事业支出/商品和服务支出/其他商品和服务支出/其他支出［542#项目］23 　　贷：资金结存/货币资金 23

二、1212#应收账款

（一）业务概述

应收账款是指高校提供教育科研服务、销售产品等应收取的款项，以及因出租房产、出售处置资产等应收取的款项。

高校应收账款主要包括学校科研人员因接受企事业单位委托应收的各类科技开发、科技服务、科学研究等的科研项目款项，高校出租房屋、建筑物、设备、场地等资产应收取的各租金款项等。随着高校对外产学研合作的发展，高校经济活动的范围越来越广，加强应收账款管理就非常重要。

1. 合同管理

合同是高校加强应收账款管理最有效力的依据，高校应建立并完善合同管理制度，明确合同管理机构的职责，建立、完善合同台账制度，注意收集、记录、整理及保存相关凭证。高校应尽快启用合同管理系统，全面掌握项目合同审批及执行进展情况，降低应收账款坏账风险。

2. 账龄管理

高校应建立应收账款台账管理制度，对应收账款按项目、账龄、单位进行往来辅助管理；强化应收账款总额和笔数控制，定期统计应收账款金额、账龄及增减变动情况，及时反馈给相关部门和相关项目负责人。

3. 对账管理

高校应建立应收账款定期对账管理制度，定期就应收账款与项目负责人、经办人核对，重大应收账款应定期与对方单位进行核对，定期核对应收账款收回和核销情况，确保账面应收账款相应债务人信息清晰、完整。

4. 催缴管理

高校应建立应收账款催缴管理制度，在定期对账清理的基础上，强化应收账款核销催缴工作，做好催缴记录与反馈材料收集整理工作，对超过应收期限的应收账款，应加大催缴力度，确保应收账款真实、完整和及时收回。

5. 票据管理

高校应建立票据管理办法，严格按照合同约定进行各种预开票管理，合理控制预开票行为。

（二）科目设置

高校应设置"1212#应收账款"科目，主要核算高校因开展经营活动销售产品、提供服务等而应收取的款项。"1212#应收账款"科目应当按照购货、接受服务单位（或个人）进行科目往来明细核算。

"1212#应收账款"科目借方登记应收账款增加数，贷方登记应收账款减少数，期末借方余额反映高校尚未收回的应收账款。

根据政府部门财务报表附注披露要求，应收账款要按债务人类别进行披露。披露对象分为"部门内部单位""部门外部单位"和"其他"三类，相应地，在应收账款会计核算时，需要通过对方单位辅助核算实现债务人及其类别的划分。

（三）主要业务会计处理实践解读

1. 应收账款收回后不需要上缴财政的情况

发生应收账款时，学校按照应收未收金额，财务会计借记"应收账款"科目，贷记"事业收入""租金收入""其他收入"等科目。涉及增值税业务的，相关账务处理参见"应交增值税"科目。因未发生现金流入，预算会计不处理。

收回应收账款时，学校按照实际收到的金额，财务会计借记"银行存款"等科目，贷记"应收账款"科目。同时，根据实际收到的金额，预算会计借记"资金结存/货币资金"科目，贷记"事业预算收入""租金预算收入""经营预算收入"等科目。

2. 应收账款收回后需要上缴财政的情况

出租资产或者出售资产发生应收未收款项时，学校按照应收未收金额，财务会计借记

"应收账款"科目，贷记"应缴财政款/应缴国库款""科目。收回应收账款时，学校按照实际收到的金额，财务会计借记"银行存款"等科目，贷记"应收账款"科目。因该现金流入纳入应缴财政款，不直接纳入部门预算，故预算会计不处理。涉及增值税业务的，相关账务处理参见"应交增值税"科目。

3. 每年年末，对收回后不需要上缴财政的应收账款进行全面检查，应当及时处理坏账损失

坏账损失的处理分为直接核销法和计提坏账准备备抵法。坏账损失直接核销法是指在实际发生坏账损失的同时进行坏账处理。核销应收账款时，财务会计借记"其他费用/坏账损失"科目，贷记"应收账款"科目。预算会计不处理。坏账损失备抵法是指按期预计坏账损失并计提坏账准备，实际发生坏账损失时冲减坏账准备，同时核销应收账款的方法。学校采用备抵法核算坏账损失。

（1）计提坏账准备。坏账准备的计提方法有应收账款余额百分比法、账龄分析法、个别认定法等。余额百分比法是指按应收账款余额的一定比例计算提取坏账准备的一种方法。账龄分析法是指按照应收账款时间长短分别估计不同时间应收账款坏账的一种方法。个别认定法是指按照每笔应收账款可能收款情况估计确定坏账的一种方法。学校计提坏账准备时，财务会计借记"其他费用/坏账损失"科目，贷记"坏账准备"科目。预算会计不处理。

（2）对于账龄超过规定年限、确认无法收回的应收账款，按照规定报经批准后予以核销。学校按照报经批准的核销金额，财务会计借记"坏账准备"科目，贷记"应收账款"科目预算会计不处理。核销的应收账款应在备查簿中保留登记。

（3）已核销的应收账款在以后期间又收回时，学校按照实际收回金额，财务会计借记"应收账款"科目，贷记"坏账准备"科目，同时，借记"银行存款"等科目，贷记"应收账款"科目。根据实际收到的金额，预算会计借记"资金结存/货币资金"科目，贷记"事业预算收入"等科目。

4. 每年年末，对收回后应当上缴财政的应收账款进行全面检查

（1）对于账龄超过规定年限、确认无法收回的应收账款，按照规定报经批准后予以核销。学校按照核销金额，财务会计借记"应缴财政款"科目，贷记"应收账款"科目。核销的应收账款应当在备查簿中保留登记。预算会计不处理。

（2）已核销的应收账款在以后期间又收回时，学校按照实际收回金额，财务会计借记"银行存款"等科目，贷记"应缴财政款"科目。预算会计不处理。

提示：学校在进行"应收账款"科目核算时，应在会计核算系统"辅助账核算信息"的"核销代码"处填入全部发票号码。若开具了多张发票合并进行账务处理，则只需要填其中一张发票号码即可。

（四）主要业务会计核算实务举例

【例3-32】 3月2日，学校××老师为××公司提供技术咨询服务，合同约定技术服务费2万元（含税）。××公司要求先出具增值税发票再付款，××老师根据合同约定办理预开票及入账手续（经确认入横向科研542#项目核算）。（入账单据：合同复印件、预开发票申请单、增值税发票等）

摘要	财务会计	预算会计
应收××公司技术咨询费	借：应收账款/应收科研收入［542#项目］20 000 　　贷：事业收入/科研事业收入/横向科研经费/科研增值税收入［542#项目］19 417.48 　　　　应交增值税/简易计税/简易计税3%/商品和服务支出/税金及附加费用 582.52	借：事业预算收入/科研事业预算收入/横向科研经费/科研增值税收入［542#项目］582.52 　　事业支出/科研事业支出/商品和服务支出/税金及附加费用［542#项目］69.9 　　贷：资金结存/货币资金 652.42
计提××公司技术咨询费各项税金 计提××公司技术咨询费城建税 计提××公司技术咨询费教育附加	借：业务活动费用/科研费用/商品和服务支出/税金及附加费用［542#项目］69.9 　　贷：其他应交税费/应交城市维护建设税 40.78 　　　　其他应交税费/应交教育费附加 29.12	

【例3-33】　3月10日，学校××老师收到××公司2万元的技术服务费款项，××老师办理进账冲销应收账款，并计提项目管理费2 000元（经确认入学校管理费806#项目核算）。（入账单据：银行回单、到款通知单等材料）

摘要	财务会计	预算会计
冲收××公司技术咨询费	借：银行存款 20 000 　　贷：应收账款/应收科研收入［542#项目］20 000	借：资金结存/货币资金 20 000 　　贷：事业预算收入/科研事业预算收入/横向科研经费/科研增值税收入［542#项目］20 000
计提科研管理费	借：业务活动费用/科研费用/特设经济科目/计提项目间接费用或管理费［542#项目］2 000 　　贷：预提费用/项目间接费用或管理费/特设经济科目/计提项目间接费用或管理费［806#项目］2 000	借：非财政拨款结转/计提项目间接费用或管理费［542#项目］2 000 　　贷：非财政拨款结余/计提项目间接费用或管理费［806#项目］2 000

三、1214#预付账款

（一）业务概述

预付账款是指高校按照商品和服务合同或协议规定预付给供应单位的款项，包括预付工程款和预付备料款等。随着高校采购量的增加，预付款项越来越大，应强化预付账款管理，及时核查预付款项所对应的商品或服务的提供进度，确保预付款项真实、合理。

1. 合同管理

合同是高校加强预付账款管理最有效力的依据，高校应建立并完善合同管理制度，严格执行预付账款相关条款，明确合同管理机构的职责，建立、完善合同台账制度，注意收集、记录、整理及保存相关凭证；加快启用合同管理系统，全面掌握合同审批及执行进展情况，控制预付款项支付。

2. 对账管理

高校应建立预付账款对账管理制度，定期核对预付账款支付和结算情况，加强与预付账款业务经办人、项目负责人及相应采购管理部门的核对工作，重点关注超过期限的预付账款。

3. 催销管理

高校应建立健全预付账款清查催销制度，根据核对结果定期向相关责任人进行催办。对于因正常原因无法及时核销的预付款项，应提交未处理说明。

（二）科目设置

高校应设置"1214#预付账款"科目，主要核算高校预付款项增减变化情况，科目借方登记预付账款增加数，贷方登记预付账款减少数，期末借方余额反映学校实际预付但尚未结算的款项。该科目应当按照供应单位（或个人）进行明细核算。

目前，学校在"1214#预付账款"科目下设"1214.01#预付账款/采购预付款""1214.02#预付账款/维修工程预付款""1214.03#预付账款/基建工程预付款""1214.09#预付账款/其他预付款"等二级明细科目。

学校除了"工程预付款""设备预付款"以外的其余各项预付款，如材料费、版面费、会议注册费等均记入"其他预付款"二级明细科目核算，再根据相应的业务类型选择相应的支出经济分类科目。

根据政府部门财务报表附注披露要求，预付账款要按债务人类别进行披露。披露对象分为"部门内部单位""部门外部单位"和"其他"三类，相应的在预付账款会计核算时，需要通过辅助核算实现债务人及其类别划分。

提示：① 涉及预付工程款和预付备料款的核算，主要关注相应的施工单位和工程项目，准确了解预付工程款和预付备料款与工程进度款、甲供材料之间的区分。② 目前学校工程进度款全部通过"在建工程/基建工程（或维修工程）/工程进度款"明细科目核算。

（三）主要业务账务处理实践解读

1. 按照商品和服务合同或协议规定预付款项时的账务处理

学校按照预付数额，财务会计借记"预付账款"等明细科目，贷记"银行存款"等科目。同时，根据实际预付金额和用途，预算会计借记"事业支出/科研事业支出"等明细科目，贷记"资金结存/货币资金"等科目。

2. 收到预付款项所购商品或服务时的账务处理

学校按照相应单据，财务会计借记"固定资产""业务活动费用"等科目，贷记"预付账款"等明细科目。预算会计不处理。

（1）若预付款项金额大于实际报销金额，差额部分由对方单位退回款项时，财务会计借记"银行存款"等科目，贷记"预付账款"等明细科目。同时，按对方单位退回的差额部分，预算会计借记"资金结存/货币资金"科目，贷记"事业支出"（当年退回）、或"非财政拨款结余/期初余额调整"（次年退还）等科目。

（2）若预付款项金额小于报销金额时，学校按补付的差额部分，财务会计借记"固定资产""业务活动费用"等科目,贷记"银行存款"等科目。同时,按实际支付的差额部分,预算会计借记"事业支出"等科目,贷记"资金结存/货币资金"等科目。

3. 逾期三年或以上的账务处理

有确凿证据表明因供货单位破产、撤销等原因已无望再收到所购商品和服务,且确实无法收回的预付账款,按规定报经批准后予以核销。核销的预付账款应在"已核销预付账款备查簿"中保留登记。如果有确凿证据表明预付账款不再符合预付款项性质,或者因供应单位破产、撤销等原因可能无法收到所购商品或服务时,应当先将其转入其他应收款,再按照规定进行处理。学校将预付账款账面余额转入其他应收款时,财务会计借记"其他应收款"科目,贷记"预付账款"等明细科目。预算会计不处理。

(1) 转入待处置资产时,学校按照待核销的预付账款金额,财务会计借记"待处理资产损溢"科目,贷记"其他应收款"科目。

(2) 学校报经批准予以核销时,财务会计借记"其他费用"科目,贷记"待处理资产损溢"科目。

(3) 已核销预付账款在以后期间收回时,学校按照实际收回的金额,财务会计借记"银行存款"等科目,贷记"其他收入"科目。同时,按照实际收到的金额,预算会计借记"资金结存"科目,贷记"非财政拨款结余/期初余额调整"等科目。

提示:① 根据政府财务会计与预算会计"平行记账"核算要求,学校应当对纳入本年度部门预算管理的暂付款项同时进行预算会计处理,确认相关预算收支,确保预算会计信息能够完整反映本年度部门预算收支执行情况。也可以根据《政府会计准则制度解释第1号》相关规定,在支付款项时不做预算会计处理,待结算或报销时,按照结算或报销的金额,借记相关预算支出科目,贷记"资金结存"科目。年末结账前,对于尚未结算或报销的暂付款项,学校应当按照暂付的金额,借记相关预算支出科目,贷记"资金结存"科目。以后年度,实际结算或报销金额与已计入预算支出的金额不一致的,学校应当通过相关预算结转结余科目的"年初余额调整"明细科目进行处理。② 目前,学校全面采用网上预约投递报账方式,在办理网约报账方式办理预付款时,核销代码为系统自动生成;若是非网约报账方式办理预付款,核销代码需要手动录入,填一式四联暂付款单右上角的几位数字,还要填写办理预付审批负责人信息。

(四) 主要业务会计核算实务举例

【例3-34】 3月5日,学校××学院××老师从协同创新386#项目中采购一套进口设备用于科学研究。按照合同约定,须预付××进出口设备代理公司50%设备款14万元,通过零余额账户直接支付。(入账单据:暂付款单、购货合同、直接支付回单)

摘要	财务会计	预算会计
××预付××进出口设备代理公司50%设备采购款	借:预付账款/设备采购预付款/资本性支出/专用设备购置[386#项目] 140 000 贷:零余额账户用款额度/直接支付/预算内额度 140 000	借:事业支出/教育事业支出/资本性支出/专用设备购置[386#项目] 140 000 贷:资金结存/零余额账户用款额度 140 000

【例3-35】 3月6日,学校××学院××老师从学院实验经费321#项目中全额预付××公司实验材料费30 000元。

(1) 预付时的账务处理。(入账单据: 暂付款单、购货合同、银行回单)

摘要	财务会计	预算会计
××预付××公司实习材料费	借: 预付账款/采购预付款/商品和服务支出/专用材料费 [321#项目] 30 000 贷: 银行存款 30 000	借: 事业支出/教育事业支出/商品和服务支出/专用材料费 [321#项目] 30 000 贷: 资金结存/货币资金 30 000

(2) 3月20日,学校××老师收到材料和发票,报销时账务处理。(入账单据: 网约报销单、材料发票、材料入库备案表等)

摘要	财务会计	预算会计
××结算××公司材料费 冲××预付××公司材料费	借: 业务活动费用/教育费用/商品和服务支出/专用材料费 [321#项目] 30 000 贷: 预付账款/采购预付款/商品和服务支出/专用材料费 [321#项目] 30 000	不处理

【例3-36】 3月1日,学校房屋维修工程462#项目开工,根据合同约定,需要预付××施工单位30%工程款50万元,以银行对公转账方式支付。(入账单据: 报销单、工程款发票或收据、合同复印件等)

摘要	财务会计	预算会计
××预付××公司维修工程30%工程款	借: 预付账款/维修工程预付款/预付工程款/商品和服务支出/维修(护)费/房屋及设施维护费 [462#项目] 500 000 贷: 银行存款 500 000	借: 事业支出/后勤保障支出/商品和服务支出/维修(护)费/房屋及设施维护费 [462#项目] 500 000 贷: 资金结存/货币资金 500 000

【例3-37】 3月5日,学校基建工程419#项目以"即买即拨"方式购买一批水管材料,花费8 000元,以银行对公转账方式支付。(入账单据: 网约报销单、材料发票、材料入库单、银行回单等)

摘要	财务会计	预算会计
××购水管材料费	借: 库存物品/基建材料/资本性支出/房屋建筑物购建 [419#项目] 8 000 贷: 银行存款 8 000	借: 事业支出/教育事业支出/资本性支出/房屋建筑物购建 [419#项目] 8 000 贷: 资金结存/货币资金 8 000
××拨××公司水管材料费	借: 预付账款/基建工程预付款/预付备料款/资本性支出/房屋建筑物购建 [419#项目] 8 000 贷: 库存物品/基建材料/资本性支出/房屋建筑物购建 [419#项目] 8 000	不处理

四、1218#其他应收款

（一）业务概述

其他应收款是指高校除财政应返还额度、应收票据、应收账款、预付账款、应收股利、应收利息外的其他各项应收及暂付款项，如职工预借的差旅费、已经偿还银行而尚未报销的本单位公务卡欠款、拨付给内部有关部门的备用金、应向职工收取的各种垫付款项、支付的可以收回的订金或押金、应收的上级补助和附属单位上缴款项等。

1. 往来核销管理

高校应建立其他应收款往来核销管理制度，实施往来核销核算，确保每一项其他应收款都拥有独立、标准且唯一的核销代码，便于日常管理。

2. 定期核对管理

高校应建立定期核对管理制度，定期分析、评估、核对其他应收款现状，并反馈核对情况。

3. 定期催销管理

高校应建立定期催销管理制度，在定期对账基础上，根据其他应收款发生原因，采取相应的催缴政策，包括停止暂借款权限等。

（二）科目设置

高校应设置"1218#其他应收款"科目，按照其他应收款的类别及债务单位（或个人）进行明细核算。该科目借方登记其他应收款增加数，贷方登记其他应收款减少数。

学校"其他应收款"科目下设二级明细科目见表3-2。

表3-2 其他应收款明细科目表

科目代码	科目名称	核算内容
1218	其他应收款	
1218.01	其他应收款/其他暂付	核算学校日常版面费、差旅费等个人暂借款及冲销业务，POS机刷卡收费待核销科目
1218.02	其他应收款/医疗暂付	核算学校师生预借和冲销的住院费
1218.09	其他应收款/其他应收	核算学校代发附属单位应返还工资等

（三）主要业务账务处理实践解读

1. 因出差等事项发生各种应收及暂付款项时的账务处理

学校按照暂借款单，财务会计借记"其他应收款/其他暂付"等明细科目，贷记"银行存款"等科目。预算会计不处理。

提示：为有效控制暂借款，各类暂借款必须注明事由和报销处理截止日期，重点关注超过规定期限尚未处理、报销还款事由与暂借款事由不一致或暂借款额度远远大于实际所需额度等情况。

2. 收回各种应收及暂付款项时的账务处理

（1）当借款金额大于实际报销金额时，学校根据实际报销金额，财务会计借记"业务活动费用"（实际报销金额）等科目，差额部分报销人通过POS机刷卡还回（通过其他应收款项目核算），借记"其他应收款/其他暂付"（应退还的暂借款差额部分）科目，贷记"其他应收款/其他暂付"（原暂借款金额）科目。同时，按照实际报销金额，预算会计借记"事业支出"等科目，贷记"资金结存/货币资金"科目。

提示：根据政府会计制度财务会计和预算会计"平行记账"核算规定，其他应收款可在发生（借方）时同时确认预算会计核算，也可以在报销冲账（或收回）时确认预算会计核算，关键是要保持规则的一致性。为保持财务会计相关"费用"科目或"资产"用途与预算会计相关"支出经济分类科目"间的一致性，应按以下方式处理：① 在报销冲账时才进行预算会计"平行记账"核算处理；② 根据"其他应收款"用途确认预算会计平行记账核算，当"其他应收款"最终形成"费用"或"收入"时，可在发生同时确认预算会计核算，当最终是直接收回"其他应收款"时，可在发生时不确认预算会计核算。

（2）当借款金额小于实际报销金额时，学校根据实际报销金额，财务会计借记"业务活动费用"等科目，贷记"其他应收款/其他暂付"科目；按照支付的差额部分，贷记"银行存款"等科目。同时，按照实际报销金额，预算会计借记"事业支出"等科目，贷记"资金结存/货币资金"科目。

3. 通过POS机收取各项款项时的账务处理

学校通过POS机刷卡收取各类押金、团费、党费、学费、评审费、培训费、招标服务费、预交税款等时，根据实际收取的金额和相应收款票据，财务会计借记"其他应收款/其他暂付"科目（记入待核销A项目进行往来核销核算），贷记"其他应付款/押金暂存""受托代理负债""应缴财政款""事业收入/科研事业收入"等科目。预算会计不处理。

提示：因POS机当天收款金额下个工作日银行才到账，银行回单金额为前一工作日POS机收费汇总金额，待银行回单送达后对前一工作日的POS机刷卡收款往来明细进行核对，当天所有的POS机刷卡单逐笔入账后，入账金额与银行回单金额一致才能进行冲销。根据银行回单金额，财务会计借记"银行存款"科目，贷记"其他应收款/其他暂付"科目。

4. 应收款逾期三年或以上的账务处理

有确凿证据表明确实无法收回的其他应收款，学校按规定报经批准后予以核销。核销的其他应收款应在"已核销其他应收款备查簿"中保留登记。

（1）报经批准予以核销时，财务会计借记"坏账准备"科目，贷记"其他应收款"科目。预算会计不处理。

（2）已核销其他应收款在以后期间收回时，学校按照实际收回的金额，财务会计借记"其他应收款"科目，贷记"坏账准备"科目，同时，财务会计借记"银行存款"科目，贷记"其他应收款"科目。预算会计不处理。

提示：根据"平行记账"核算规则设置，学校会计核算系统将"其他应收款""其他应付款""应交税费""其他应交税费""应付职工薪酬"科目视同"资金结存"，所以在借贷方为这五个科目时，相应的借贷方金额会进行抵消，不触发预算会计处理。

（四）主要业务会计核算实务举例

【例3-38】 3月7日，学校××老师从团委活动费438#项目中借参加××竞赛会议

费，金额5 000元，通过无现金账户支付。（入账单据：暂付款单、银行回单等）

摘要	财务会计	预算会计
××借××竞赛会议费	借：其他应收款/其他暂付/商品和服务支出/会议费［438#项目］5 000 贷：银行存款 5 000	不处理 （备注：根据"平行记账"核算规则，在借款时不触发预算会计处理）

【例3-39】 3月8日，学校××学院××老师从学院教学差旅费319#项目中预借差旅费2 000元，从学校无现金账户中支出。（入账单据：暂付款单、银行回单等）

摘要	财务会计	预算会计
××借差旅费	借：其他应收款/其他暂付/商品和服务支出/差旅费［319#项目］2 000 贷：银行存款 2 000	不处理

【例3-40】 3月18日，学校××学院××老师出差报销1 900元（当时暂借2 000元），剩余100元通过POS机刷卡退款（经确认使用其他应收款499#项目核算）。（入账单据：报销单、发票、POS机刷卡单等）

摘要	财务会计	预算会计
××报××差旅费冲××借××差旅费	借：业务活动费用/教育费用/商品和服务支出/差旅费/国（境）内差旅费［319#项目］1 900 　　其他应收款/其他暂付/商品和服务支出/其他商品和服务支出/其他支出［499#项目］100 　　贷：其他应收款/其他暂付/商品和服务支出/差旅费［319#项目］2 000	借：事业支出/教育事业支出/商品和服务支出/差旅费/国（境）内差旅费［319#项目］1 900 　　贷：资金结存/货币资金 1 900

【例3-41】 3月19日，【例3-40】中POS机收取的100元退款已入银行账户，核对银行回单一致。（入账单据：银行回单）

摘要	财务会计	预算会计
收3月18日POS机刷卡到款	借：银行存款 100 　　贷：其他应收款/其他暂付/商品和服务支出/其他商品和服务支出/其他支出［499#项目］100	不处理

【例3-42】 3月28日，学校××老师从学校医疗费469#项目中借住院费50 000元，通过POS机刷卡缴纳住院费押金5 000元（经确认使用其他应收款499#项目核算）。（入账单据：医院暂付款单、押金收据、POS机刷卡单、银行转账支票存根等）

摘要	财务会计	预算会计
××借住院费	借：其他应收款/医疗暂付/工资福利支出/医疗费/在职人员医疗费［469#项目］50 000 贷：银行存款 50 000	不处理
收××住院押金	借：其他应收款/医疗暂付/商品和服务支出/其他商品和服务支出/其他支出［499#项目］5 000 贷：其他应付款/押金暂存［469#项目］5 000	不处理

五、1219#坏账准备

（一）业务概述

坏账准备主要是指高校对收回后不需要上缴财政的应收账款和其他应收款提取的坏账，是遵循谨慎性原则准确核算和反映高校应收账款和其他应收款的价值。坏账准备相关业务包括坏账准备的提取、冲抵和补提（退提）等。

（二）科目设置

按照《政府会计制度——行政事业单位会计科目和报表》规定，高校应设置"1219#坏账准备"科目，核算高校对收回后不需要上缴财政的应收账款和其他应收款提取的坏账准备。坏账准备应分别按应收账款和其他应收款进行坏账准备计提明细核算。

高校应当于每年年末，对收回后不需要上缴财政的应收账款和其他应收款进行全面检查，分析其可收回性，对预计可能产生的坏账损失计提坏账准备，确认坏账损失。

高校可以采用应收款项余额百分比法、账龄分析法、个别认定法等方法计提坏账准备。坏账准备计提方法一经确定，不得随意变更。如需变更，应当按照规定报经批准，并在财务报表附注中予以说明。

当期应补提或冲减的坏账准备金额的计算公式如下：

当期应补提或冲减的坏账准备＝按照期末应收账款和其他应收款计算应计提的坏账准备金额－本科目期末贷方余额（或＋本科目期末借方余额）

（三）主要业务账务处理实践解读

1. 提取坏账准备时的账务处理

学校按照提取数额，财务会计借记"其他费用/坏账损失"科目，贷记"坏账准备"科目；冲减坏账准备时，财务会计借记"坏账准备"科目，贷记"其他费用/坏账损失"科目。预算会计不处理。

2. 对于账龄超过规定年限并确认无法收回的应收账款、其他应收款的账务处理

学校应当根据有关规定报经批准后，按照无法收回的金额，财务会计借记"坏账准备"科目，贷记"应收账款""其他应收款"科目。预算会计不处理。

已核销的应收账款、其他应收款在以后期间又收回时，学校按照实际收回金额，财务会计借记"应收账款""其他应收款"科目，贷记"坏账准备"科目。同时，财务会计借记"银行存款"等科目，贷记"应收账款""其他应收款"科目。根据实际收回金额，预算会计借记"资金结存"科目,贷记"其他预算收入"等科目。

（四）主要业务会计核算实务举例

【例3-43】 3月20日,经账务核查,学校××职工从教学差旅费319#项目中借差旅费3 000元,因账龄久远等原因,确属无法追回,向本级财政部门提供申请核销报告和处置申请表,批准后进行核销处理。（入账单据：核销申请单、主管部门核销批复、内部原因说明等材料）。

摘要	财务会计	预算会计
核销××老师出差借款	借：坏账准备 3 000 　　贷：其他应收款/其他暂付/商品和服务支出/差旅费/国（境）内差旅费［319#项目］3 000	不处理

第四节　存货类业务核算

存货是高校在开展教育科研业务活动及行政后勤管理等活动中为耗用而储备的资产,如材料、燃料、产品、低值易耗品等。高校存货主要有实验材料、燃料、各种科研产成品,也包括各种用具器具、维修材料等。

根据《政府会计准则第1号——存货》有关规定,存货的成本按照取得方式的不同,其成本构成内容也不相同,主要分为外购存货、自行加工存货、置换存货、接受捐赠取得的存货、无偿调入的存货和盘盈的存货等六种来源。发出存货的成本计价方法包括先进先出法、加权平均法或个别计价法等方法。

一、1301#在途物品

（一）业务概述

在途物品是指高校采购材料等物资时货款已支付或已开出商业承兑汇票但尚未验收入库的物品。实际业务中,存在按照合同约定货款已支付但材料等物资尚未收到的情况,按照权责发生制确认原则,为准确确认期末资产状况,一般确认为在途物品。

（二）科目设置

根据《政府会计准则第1号——存货》相关核算要求,高校应设置"1301#在途物品"科目,核算高校采购材料等物资时货款已付或已开出商业汇票但尚未验收入库的在途物品的采购成本。"1301#在途物品"科目可按照供应单位和物品种类进行明细核算,科目借方反映购入材料等物资的采购成本等金额,贷方反映所购材料等物资已办理验收入库的金额,期末借方余额反映在途物资的采购成本。

（三）主要业务账务处理实践解读

1. 购入材料等物品时的账务处理

学校按照确定的物品采购成本金额及在途状况，财务会计借记"在途物品"科目，贷记"零余额账户用款额度""银行存款"等科目。同时，按照实际支出金额和预备用途，预算会计借记"事业支出"等科目，贷记"资金结存"等科目。涉及增值税业务的，相关账务处理参见"应交增值税"科目。

提示： 学校发生购入资产支出货币资金时的"平行记账"预算会计处理，其预算支出科目的选择，包括财政和非财政、基本和项目，以及支出经济分类科目选择，其依据就是由所购入资产支付的经费预算项目属性和经费用途等。如购入资产所支付货币资金是从财政预算基本项目中列支，则相应的预算支出明细科目就可确定为财政性基本支出；如所购入资产用于教学，则可确认为教育事业支出。所以，项目化辅助核算就非常重要。

2. 所购材料等在途物品到达并验收入库的账务处理

学校按照确定的库存物品采购成本金额，财务会计借记"库存物品"（价值包含在途物品验收入库过程中发生的其他支出）科目；按照物品采购成本金额，贷记"在途物品"科目；按照在途物品验收入库过程中发生的其他支出，贷记"银行存款"等科目。同时，按照实际支付的其他支出金额，预算会计借记"事业支出"科目，贷记"资金结存"科目。

（四）主要业务会计核算实务举例

【例3-44】 4月5日，学校××老师从国家自然科学基金510#项目中采购实验用材料1批，合同价15万元，款项已通过银行存款汇出，供货单位收到货款后发出货物。4月25日，收到货物并验收入库。

（1）4月5日，货款已支出但尚未收到货物，符合在途物品确认条件。（入账单据：网约报销单、暂付款单、合同复印件等）

摘要	财务会计	预算会计
××支付××公司实验材料款	借：在途物品/商品和服务支出/专用材料费［510#项目］150 000 贷：银行存款 150 000	借：事业支出/科研事业支出/商品和服务支出/专用材料费［510#项目］150 000 贷：资金结存/货币资金 150 000

（2）4月25日，收到在途物品并验收入库，不涉及其他补价或税费等支付。（入账单据：网约报销单、物品入库单、物品采购发票等）

摘要	财务会计	预算会计
收到××公司在途物品	借：库存物品/实验材料/商品和服务支出/专用材料费［510#项目］150 000 贷：在途物品/商品和服务支出/专用材料费［510#项目］150 000	不处理

二、1302#库存物品

(一) 业务概述

库存物品是指高校在开展教学科研业务活动及其他活动中为耗用或者为出售而储备的各种材料、燃料、产品、低值易耗品和未达到固定资产标准的用具、装具,以及已完成的测绘、地质勘查、设计成果等的成本。

(二) 科目设置

按照《政府会计准则第1号——存货》相关核算规定,高校应设置"1302#库存物品"科目,核算高校在开展业务活动及其他活动中为耗用而储存的各种材料、燃料、包装物、低值易耗品,以及达不到固定资产标准的用具、装具、动植物等的实际成本。"库存物品"科目应当按照库存物品的种类、规格、保管地点等进行明细核算。该科目借方登记验收入库库存物品的实际成本,贷方登记发出库存物品的实际成本,期末借方余额反映库存物品的实际成本。

目前,学校在"1302#库存物品"科目下设"1302.01#库存物品/库存药品""1302.02#库存物品/库存药品差价""1302.03#库存物品/维修材料""1302.04#库存物品/实验材料""1302.09#库存物品/其他物品"等五个明细科目,分别核算校医院采购的药品款、药品结算出库差价、后勤零星维修用材料、基建工程用材料。

学校随买随用的零星办公用品,可以在购进时直接列作费用,不通过"库存物品"科目核算。学校受托存储保管的物资和受托转赠的物资,应当通过"受托代理资产"科目核算;为在建工程购买和使用的材料物资,应当通过"工程物资"科目核算。

提示: 目前学校教学科研所直接耗用的外购材料及自行加工材料等,均在购入时直接费用化处理,未通过"库存物品"科目核算,没有实行严格意义上的出入库管理,全部按照"即买即入库即领用使用"模式实行费用化核算。

(三) 主要业务账务处理实践解读

1. 取得的库存物品,应当按照其取得时的成本入账

(1) 外购的库存物品验收入库时,学校根据验收入库单、采购发票及其物品清单表,财务会计借记"库存物品"科目,贷记"零余额账户用款额度""银行存款""应付账款""在途物品"等科目。同时,按照实际支付的款项金额及物品预计用途或经费支付来源,预算会计借记"事业支出"等明细科目,贷记"资金结存"科目。涉及增值税业务的,相关账务处理参见"应交增值税"科目。

(2) 自制的库存物品加工完成并验收入库时,学校按照加工完成物品所归集的所有加工成本,财务会计借记"库存物品"科目,贷记"加工物品/自制加工物品"等科目。预算会计不处理。

(3) 委托外单位加工收回的库存物品验收入库时,学校按照归集确定的所有加工成本,财务会计借记"库存物品"科目,贷记"加工物品/委托加工物品"等科目。预算会计不处理。

（4）接受捐赠的库存物品验收入库，学校按照接受捐赠物品成本确认方法确定的成本，财务会计借记"库存物品"科目；按照发生的相关税费、运输费等，贷记"银行存款"等科目；按照其差额，贷记"捐赠收入"科目。同时，按照实际支付的相关税费，预算会计借记"其他支出"科目，贷记"资金结存"科目。

捐赠物品的成本确认方式分四种：一是按照有关凭证注明的金额加上相关税费、其他费用等确认捐赠物品成本；二是按照规定经过资产评估的评估价加上相关税费、其他费用等确认捐赠物品成本；三是比照同类或类似资产的市场价格加上相关税费、其他费用等确认捐赠物品成本；四是按照名义金额1元入账，但相关税费、其他费用直接计入当期费用，不计入捐赠物品成本。

接受捐赠的库存物品按照名义金额入账时，学校按照名义金额，财务会计借记"库存物品"科目，贷记"捐赠收入"科目；按照发生的相关税费、运输费等，财务会计借记"其他费用"科目，贷记"银行存款"等科目。同时，按照实际支付的相关税费、其他费用等，预算会计借记"其他支出"科目，贷记"资金结存"科目。

（5）无偿调入的库存物品验收入库，学校按照无偿调入物品成本确认方式确定的成本，财务会计借记"库存物品"（包含相关税费、其他费用）科目；按照发生的相关税费、运输费等，贷记"银行存款"等科目；按照调入物品本身价值，贷记"无偿调拨净资产"科目。同时，按照实际支付的相关税费和物品用途，预算会计借记"其他支出"明细科目，贷记"资金结存"科目。

提示：无偿调入物品的成本确认方式参考"（4）中捐赠物品的成本确认方式确定成本"。

（6）置换换入的库存物品验收入库，其成本按照换出资产的评估价或协议价，加上支付的补价或减去收到的补价，加上为换入库存物品而发生的税费等其他费用所确定。学校按照确定的综合成本，财务会计借记"库存物品"科目，如换出资产为固定资产或无形资产；按照换出资产已计提折旧或摊销额，借记"固定资产累计折旧""无形资产累计摊销"等科目；按照换出资产账面价值，贷记"库存物品""固定资产""无形资产"等科目；按照置换过程中支付的相关税费等其他费用金额，贷记"银行存款"科目；按照换入资产评估价和换出资产账面价值之间的差额，借记"资产处置费用"科目或贷记"其他收入"科目。同时，按照换入过程中实际支付的相关税费等其他费用金额及换入资产的实际用途，预算会计借记"事业支出""经营支出""其他支出"等科目，贷记"资金结存"科目。

若涉及支付补价，增加换入资产成本，或者减少换入资产评估价与换出资产账面价值间的差额，也即减少"其他收入"金额。

涉及收到补价，收到补价部分应视为增加资产处理净收入，增加"应缴财政款"或"其他收入"金额。

提示：资产置换业务处理的核心在于换入资产价值确定、换出资产价值确定等，如A资产换入B资产，假如A资产账面净值为2万元，评估价为4万元，B资产账面净值为5万元，评估价为4.5万元，换入方须支付补价0.5万元，以及其他相关税费等其他费用1万元。则换入资产B的成本就是A资产评估价4万元、支付补价0.5万元和支付相关税费等其他费用1万元，合计5.5万元，其他收入为2万元。

2. 库存物品在发出时，分以下情况进行处理

（1）开展业务活动等领用、按照规定自主出售发出或加工发出库存物品时，学校按照领用、出售等发出物品的实际成本，财务会计借记"业务活动费用""单位管理费用""经营费用""加工物品"等科目，贷记"库存物品"科目。预算会计不处理。

采用一次转销法摊销低值易耗品、包装物时，学校根据领用用途将其账面余额一次性摊销计入有关成本费用，财务会计借记"业务活动费用""单位管理费用"等有关科目，贷记"库存物品"科目。预算会计不处理。

采用五五摊销法摊销低值易耗品、包装物时，学校根据首次领用用途将其账面余额的50%摊销计入有关成本费用，财务会计借记"业务活动费用""单位管理费用"等有关科目，贷记"库存物品"科目；使用完时或按照规定使用期限结束时，将剩余的账面余额转销计入有关成本费用，借记"业务活动费用""单位管理费用"等有关科目，贷记"库存物品"科目。预算会计不处理。

（2）经批准对外出售不可自主出售的库存物品发出时，学校按照库存物品的账面余额，财务会计借记"资产处置费用"科目，贷记"库存物品"科目。同时，按照收到的价款，借记"银行存款"等科目；按照处置过程中发生的相关费用，贷记"银行存款"等科目，按照其差额；贷记"应缴财政款"科目。因不纳入部门预算，预算会计不处理。

（3）经批准对外捐赠的库存物品发出时，学校按照库存物品的账面余额和对外捐赠过程中发生的归属于捐出方的相关费用合计数，财务会计借记"资产处置费用"科目；按照库存物品账面余额，贷记"库存物品"科目；按照对外捐赠过程中发生的归属于捐出方的相关费用，贷记"银行存款"等科目。同时，按照实际支付的相关费用金额，预算会计借记"其他支出"科目，贷记"资金结存"科目。

（4）经批准无偿调出的库存物品发出时，学校按照库存物品的账面余额，财务会计借记"无偿调拨净资产"科目，贷记"库存物品"科目。同时，按照无偿调出过程中发生的归属于调出方的相关费用，财务会计借记"资产处置费用"科目，贷记"银行存款"等科目。同时，根据实际支付的相关税费金额，预算会计借记"其他支出"科目，贷记"资金结存"科目。

（5）经批准置换换出的库存物品发出时，直接按照换出库存物品的账面余额，财务会计贷记"库存物品"科目，相应借方核算方法按照换入资产相关核算确定。

3. 学校定期对库存物品进行清查盘点

每年至少盘点一次学校的库存物品。对于发生的库存物品盘盈、盘亏或者报废、毁损，应当先计入"待处理资产损溢"科目，按照规定报经批准后及时进行后续账务处理。

（1）盘盈的库存物品，其成本按照有关凭据注明的金额确定；没有相关凭据但按照规定经过资产评估的，其成本按照评估价值确定；没有相关凭据也未经过评估的，其成本按照重置成本确定。如无法采用上述方法确定盘盈的库存物品成本，则按照名义金额入账。

盘盈的库存物品，学校按照确定的入账成本，财务会计借记"库存物品"科目，贷记"待处理资产损溢"科目。预算会计不处理。

（2）盘亏或者毁损、报废的库存物品，学校按照待处理库存物品的账面余额，财务会计借记"待处理资产损溢"科目，贷记"库存物品"科目。预算会计不处理。

(四) 实际业务会计核算实务举例

【例3-45】 4月9日，学校校医院从学校医疗费469#项目中购入江苏××医药经营公司药品一批，共10 000元，已通过无现金账户支付。（入账单据：报销单、发票、入库单、银行支付回单等）。

摘要	财务会计	预算会计
××付江苏××医药公司药品款	借：库存物品/库存药品/对个人和家庭的补助/医疗费补助/公共医耗费 [469#项目] 10 000 　　贷：银行存款 10 000	借：事业支出/教育事业支出/对个人和家庭的补助/医疗费补助/公共医耗费 [469#项目] 10 000 　　贷：资金结存/货币资金 10 000

【例3-46】 4月30日，学校医院结算4月份教职工在校医院挂号领用药品费用合计40万、离休人员领用药品费用10万元、退休人员领用药品费用20万元（入学校医疗费469#项目核算），其中差价1.5万。（入账单据：教职工药品领用汇总表及相关审批单、教职工领药记账联等）。

摘要	财务会计	预算会计
分摊4月份在职人员医药费 报4月份药品出库价款 报4月份药品出库差价	借：单位管理费用/后勤保障费用/工资福利支出/医疗费/在职人员医疗费 [469#项目] 400 000 　　单位管理费用/后勤保障费用/对个人和家庭的补助/医疗费补助/离休医疗费 [469#项目] 100 000 　　单位管理费用/后勤保障费用/对个人和家庭的补助/医疗费补助/退休医疗费 [469#项目] 200 000 　　贷：库存物品/库存药品/对个人和家庭的补助/医疗费补助/公共医耗费 [469#项目] 685 000 　　　　库存物品/库存药品差价/对个人和家庭的补助/医疗费补助/公共医耗费 [469#项目] 15 000	不处理

【例3-47】 4月7日，学校通过银行转账支付方式采购"即买即拨"维修工程462#项目用材料10 000元，全部拨付给××施工单位。

（1）购买环节。（入账单据：报销单、材料发票、材料出入库单等）

摘要	财务会计	预算会计
××付××公司××工程材料费	借：库存物品/维修材料/商品和服务支出/维修（护）费/房屋设施维护费 [419#项目] 10 000 　　贷：银行存款 10 000	借：事业支出/教育事业支出/商品和服务支出/维修（护）费/房屋设施维护费 [419#项目] 10 000 　　贷：资金结存/货币资金 10 000

（2）领用环节。（入账单据：××施工单位材料领用单等）

摘要	财务会计	预算会计
××拨××单位（施工单位）××工程材料	借：预付账款/维修工程预付款/预付备料款/商品和服务支出/维修（护）费/房屋设施维护费 [419#项目] 10 000 　　贷：库存物品/维修材料/商品和服务支出/维修（护）费/房屋设施维护费 [419#项目] 10 000	不处理

三、1303#加工物品

(一) 业务概述

加工物品是指高校自制、委托外单位加工或受外单位委托加工的各种物品的实际成本,包括未完成的测绘、地质勘查、设计成果的实际成本。加工物品一般是非标准化产品,包括各种特制、定制的物品。

(二) 科目设置

高校应设置"1303#加工物品"科目,归集核算高校加工物品的成本,并按照物品类别、品种、项目等设置明细账,进行明细核算。该科目期末借方余额反映高校自制或委托外单位加工但尚未完工的各种物品的实际成本。

学校在"1303#加工物品"科目下设"1303.01#加工物品/自制加工物品""1303.02加工物品/委托加工物品""1303.03#加工物品/受托加工物品"三个二级明细科目。

其中,"1303.01#加工物品/自制加工物品"二级明细科目下设置"直接材料""直接人工"等三级明细科目,归集自制加工物品发生的直接材料、直接人工(专门从事物品制造人员的人工费)等直接费用;对于自制物品发生的间接费用,在"加工物品/自制加工物品"明细科目下单独设置"其他直接费用"三级明细科目予以归集,期末,再按照一定的分配标准和方法,分配计入有关加工物品的成本。

(三) 主要业务账务处理实践解读

1. 自制加工物品的账务处理

(1) 为自制加工物品领用材料等,学校按照所领用材料成本,财务会计借记"加工物品/自制加工物品/直接材料"等科目,贷记"库存物品"科目。预算会计不处理。

(2) 专门从事物品制造人员的直接人工费用,学校按照确认的金额,财务会计借记"加工物品/自制加工物品/直接人工"等科目,贷记"应付职工薪酬"科目。预算会计不处理。

(3) 为自制物品发生的其他直接费用,学校按照实际发生的金额,财务会计借记"加工物品/自制加工物品/其他直接费用"科目,贷记"零余额账户用款额度""银行存款"等科目。同时,根据实际支付的金额、经费列支渠道、自制加工物品的使用用途,预算会计借记"事业支出""经营支出"等科目,贷记"资金结存"科目。

(4) 已经制造完成并验收入库的物品,学校按照所归集的所有实际成本(包括耗用的直接材料费用、直接人工费用、其他直接费用),财务会计借记"库存物品"科目,贷记"加工物品/自制加工物品"等科目。

2. 委托加工物品的账务处理

(1) 发给外单位加工的材料等,学校按照发出加工物品的实际成本,财务会计借记"加工物品/委托加工物品"科目,贷记"库存物品"科目。预算会计不处理。

(2) 支付加工费、运输费等费用,学校按照实际支付的金额,财务会计借记"加工物品/委托加工物品"科目,贷记"零余额账户用款额度""银行存款"等科目。同时,根据实际支付的金额，预算会计借记"事业支出"等科目，贷记"资金结存"等科目。

（3）委托加工完成的材料等验收入库，学校按照加工前发出材料的成本和应支付的加工成本、运输成本等，财务会计借记"库存物品"等科目，贷记"加工物品/委托加工物品"科目。预算会计不处理。

3. 受托加工物品的账务处理

根据《补充规定》和《衔接规定》，高校应在"加工物品"科目下设"加工物品/受托加工物品"明细科目，核算高校受托加工物品的消耗及交付情况。

（1）学校收到委托单位支付的资金用于加工设备、材料等时，财务会计借记"银行存款"等科目，贷记"预收账款"科目。同时，按照收到的资金，预算会计借记"资金结存/货币资金"科目，贷记"事业预算收入/科研事业预算收入"等科目。

提示：目前，学校存在直接对委托方提供的设备进行技术改造升级的情况，该类加工活动就存在收到对方单位移交的待加工设备的管理与入账核算情况。现实核算工作中，一般不对该类受托加工设备进行入账核算，仅做备查簿登记处理。

（2）学校对受托加工物品进行加工时，按照加工消耗的直接材料费用、直接人工费用、其他直接费用等，财务会计借记"加工物品/受托加工物品"科目，贷记"库存物品""应付职工薪酬""银行存款"等科目。同时，对加工中支付的资金，按照实际支付的金额，预算会计借记"事业支出/科研事业支出"科目，贷记"资金结存/货币资金"科目。

（3）学校将加工完成的产品交付委托方时，学校按照归集的受托加工产品的加工成本，财务会计借记"业务活动费用/科研费用"科目，贷记"加工物品/受托加工物品"科目。同时，确认委托方的委托加工收入，按照预收账款账面余额，财务会计借记"预收账款"科目；按照应确认的收入金额，贷记"事业收入"等科目；按照委托方补付或退回委托方的金额，借记或贷记"银行存款"等科目。同时，根据实际收取的金额，预算会计借记或贷记"资金结存"科目，贷记或借记"事业预算收入/科研事业预算收入"等科目。涉及增值税业务的，相关账务处理参见"应交增值税"科目。

提示：① 目前，学校将受托加工物品业务都归为科研业务，相关收入确认为"科研事业（预算）收入"，相应成本费用支出确认为"科研事业费用（支出）"。也可以根据业务量情况，确认为经营（预算）收入和经营费用（支出）。② 学校存在加工形成专用设备的情况，目前一般直接确认为"业务活动费用"处理，自2019年1月1日起，统一按照加工物品直接办理固定资产入库确认为固定资产处理。

（四）主要业务会计核算实务举例

【例3-48】 4月10日，学校××老师横向科研542#项目委托××公司加工B材料一批，材料成本费用为10 000元，支付加工费用3 000元。5月底，该委托加工物品已完工并交付验收入库。

（1）发给××公司加工材料时。（入账单据：加工材料出库单等）

摘要	财务会计	预算会计
××发××公司加工B材料	借：加工物品/委托加工物品［542#项目］10 000 　　贷：库存物品［542#项目］10 000	不处理

（2）支付××公司加工费用时。（入账单据：加工费发票、银行支付回单等）

摘要	财务会计	预算会计
××付××公司B材料加工费	借：加工物品/委托加工物品/商品和服务支出/委托业务费［542#项目］3 000 　　贷：银行存款 3 000	借：事业支出/科研事业支出/商品和服务支出/委托业务费［542#项目］3 000 　　贷：资金结存/货币资金 3 000

（3）××公司加工完成并交付产品验收入库。（入账单据：加工物品验收入库单等）

摘要	财务会计	预算会计
收到××公司加工B材料	借：库存物品［542#项目］13 000 　　贷：加工物品/委托加工物品［542#项目］13 000	不处理

【例3-49】 4月11日，学校××老师接受××公司委托加工设备一台，××公司根据合同约定移交该设备一台（仅备查登记），过程中累计收到加工费用30 000元，累计支付加工材料费10 000元。3月底，该受托加工物品已完工并移交给××公司。该加工合同通过542#项目核算。

（1）收到××公司委托加工费时。（入账单据：银行到款回单、委托加工收款发票等）

摘要	财务会计	预算会计
收到××公司委托加工费	借：银行存款 30 000 　　贷：预收账款［542#项目］30 000	借：资金结存/货币资金 30 000 　　贷：事业预算收入/科研事业预算收入 30 000

（2）支付加工材料费时。（入账单据：材料费发票、银行支付回单等）

摘要	财务会计	预算会计
××付受托加工材料费	借：加工物品/受托加工物品/商品和服务支出/专用材料费［542#项目］10 000 　　贷：银行存款 10 000	借：事业支出/科研事业支出/商品和服务支出/专用材料费［542#项目］10 000 　　贷：资金结存/货币资金 10 000

（3）移交××公司加工设备。（入账单据：加工物品验收入库单等）

摘要	财务会计	预算会计
结算受托加工设备加工费	借：业务活动费用/科研费用/商品和服务支出/委托业务费［542#项目］10 000 　　贷：加工物品/受托加工物品［542#项目］10 000	不处理
结算受托加工设备加工收入	借：预收账款［542#项目］30 000 　　贷：事业收入/科研事业收入［542#项目］30 000	不处理

四、1401#待摊费用

(一) 业务概述

待摊费用是指高校已经支付,但应当由本期和以后各期分别负担的分摊期在1年以内(含1年)的各项费用,如预付保险费、预付租金等。

备注: 学校引进人才给予的安家费等支出,也可视为待摊费用,按照安家费对应的服务期长短视为长期待摊费用或短期待摊费用。

(二) 科目设置

高校应设置"1401#待摊费用"科目,按照待摊费用种类进行明细核算。摊销期限在1年以上的租入固定资产改良支出和其他费用,应当通过"长期待摊费用"科目核算,不通过本科目核算。待摊费用应当在其受益期限内分期平均摊销,如预付航空保险费应在保险期的有效期内;预付租金应在租赁期内分期平均摊销,计入当期费用。

(三) 主要业务账务处理实践解读

1. 发生待摊费用时的账务处理

学校按照实际预付的金额,财务会计借记"待摊费用"科目,贷记"零余额账户用款额度""银行存款"等科目。同时,按照实际支付的金额,预算会计借记"事业支出"等科目,贷记"资金结存"等科目。

2. 按照受益期限分期平均摊销时的账务处理

学校按照摊销金额和承担对象,财务会计借记"业务活动费用""单位管理费用""经营费用"等科目,贷记"待摊费用"科目。预算会计不处理。

3. 如果某项待摊费用已经不能使学校受益时的账务处理

学校应当将其摊余金额一次全部转入当期费用,并根据该待摊费用发生时的用途或受益对象,财务会计借记"业务活动费用""单位管理费用"等科目,贷记"待摊费用"科目。预算会计不处理。

提示: ①学校目前没有使用该科目核算。但有该项业务,如订报纸等,已一次性计入财务会计费用科目和预算会计支出科目。②对于不能纳入固定资产且时间超过1年的器具,应通过长期待摊费用核算。

(四) 主要业务会计核算实务举例

【例3-50】 4月15日,学校××老师从横向科研542#项目中付××公司年度场地租金12万元,通过银行对公转账支付。(入账单据:合同复印件、支付票据等)

(1) 4月15日支付场地租金时。(入账单据:网约报销审批单、场地租金发票、银行支付回单等)

摘要	财务会计	预算会计
××预付××公司场地租金	借：待摊费用/商品和服务支出/租赁费[542#项目] 120 000 　　贷：银行存款 120 000	借：事业支出/科研事业支出/商品和服务支出/租赁费[542#项目] 120 000 　　贷：资金结存/货币资金 120 000

（2）5月份摊销本月租赁费。（入账单据：月度分摊表等）

摘要	财务会计	预算会计
××摊销5月份场地租金	借：业务活动费用/科研费用/商品和服务支出/租赁费[542#项目] 10 000 　　贷：待摊费用/商品和服务支出/租赁费[542#项目] 10 000	不处理

第五节　投资业务核算

《行政事业性国有资产管理条例》（国务院令第738号）规定，事业单位利用国有资产对外投资应当有利于事业发展和实现国有资产保值增值，符合国家有关规定，经可行性研究和集体决策，按照规定权限和程序进行。《事业单位财务规则》（财政部令第108号）要求，事业单位利用国有资产对外投资应当有利于事业发展和实现国有资产保值增值，事业单位不得使用财政拨款及其结余进行对外投资，不得从事股票、期货、基金、企业债券等投资，国家另有规定的除外。

一、1101#短期投资

（一）业务概述

按照《政府会计制度——行政事业单位会计科目和报表》规定，短期投资是指高校依法取得的、持有时间不超过1年（含1年）的投资。高校应当严格遵守国家法律、行政法规以及财政部门和相关主管部门关于对外投资的有关规定。

目前，学校短期投资主要是购买短期国债投资理财。

（二）科目设置

高校应设置"1101#短期投资"科目，核算高校依法取得的，持有时间不超过1年（含1年）的投资的增减变化情况。短期投资科目应当按照短期投资的种类等进行明细核算。科目期末借方余额反映高校持有的短期投资成本。

（三）主要业务账务处理实践解读

1. 在取得短期投资时的账务处理

学校将短期投资的实际成本（包括购买价款以及税金、手续费等相关税费）作为投资成本，财务会计借记"短期投资"科目，贷记"银行存款"等科目。同时，根据实际支付的投资资金，预算会计借记"投资支出"科目，贷记"资金结存/货币资金"科目。

提示：学校基于银行存款存放获取利息收益的目的购买国债，根据国债的高稳定性和安全性，按照实质重于形式原则，不确认为短期投资，更多视为银行存款存放形式的变换，通过"银行存款/定期存款/国债存款"科目核算，不进行预算会计核算。

2. **短期投资持有期间收到利息时的账务处理**

学校按实际收到的金额，财务会计借记"银行存款"科目，贷记"投资收益"科目。同时，根据实际收到的利息金额，预算会计借记"资金结存/货币资金"科目，预算会计贷记"投资预算收益"科目。

3. **出售短期投资或到期收回短期国债本息时的账务处理**

学校按照实际收到的金额，财务会计借记"银行存款"科目；按照出售或收回短期国债的成本，贷记"短期投资"科目；按其差额，贷记或借记"投资收益"科目。同时，根据实际收到的金额，预算会计借记"资金结存/货币资金"科目；按照出售或收回短期国债的成本，贷记"投资支出"科目；按其差额，贷记或借记"投资预算收益"科目。

提示：跨年收回以前年度以货币资金取得的短期投资（国债），应按其取得投资时"投资支出"科目发生额，预算会计贷记"其他结余"科目。

（四）**主要业务会计核算实务举例**

【例3-51】 1月1日，经批准，学校以银行资金510万元购入一年内到期国债500万元（面值500万元，12月30日到期，含已到期未领取利息10万元），年利率4%，利息每半年支付一次，到期还本。

（1）1月1日购买国债时。（入账单据：网约报销审批单、国债凭单复印件、银行支付回单等）

摘要	财务会计	预算会计
××购一年期国债	借：短期投资 5 100 000 　　贷：银行存款 5 100 000	借：投资支出 5 100 000 　　贷：资金结存/货币资金 5 100 000

（2）收到购买时尚未领取的国债利息收入10万元。（入账单据：银行收款回单等）

摘要	财务会计	预算会计
收到国债利息	借：银行存款 100 000 　　贷：短期投资 100 000	借：资金结存/货币资金 100 000 　　贷：投资支出 100 000

（3）6月30日，收到该国债半年期利息10万元。（入账单据：银行到款回单等）

摘要	财务会计	预算会计
收到国债利息	借：银行存款 100 000 　　贷：投资收益 100 000	借：资金结存/货币资金 100 000 　　贷：投资预算收益 100 000

（4）12月30日，该国债到期。（入账单据：银行到款回单等）

摘要	财务会计	预算会计
收到国债到期本息	借：银行存款 5 100 000 　　贷：短期投资 5 100 000 　　　　投资收益 100 000	借：资金结存/货币资金 5 100 000 　　贷：投资支出 5 100 000 　　　　投资预算收益 100 000

二、1501#长期股权投资

（一）业务概述

长期股权投资是指高校依法取得的，持有时间超过 1 年（不含 1 年）的股权性质的投资。

提示：根据《事业单位财务规则》（财政部令第 68 号）规定，事业单位应当严格控制对外投资。在保证单位正常运转和事业发展的前提下，按照国家规定可以对外投资的，应当履行相关审批程序。事业单位不得使用财政拨款及其结余进行对外投资，不得从事股票、期货、基金、企业债券等投资，国家另有规定的除外。为此，学校长期股权投资除历史形成的全资或控股、参股投资外，目前一般来自学校科研技术入股形成的直接长期股权投资。

（二）科目设置

按照《政府会计制度——行政事业单位会计科目和报表》相关核算规定，高校应设置"1501#长期股权投资"科目，核算高校依法取得的、持有时间超过 1 年（不含 1 年）的股权性质的投资增减变化情况。该科目借方登记取得长期股权投资的实际成本，贷方登记转让、收回和核销的长期股权投资的成本，科目期末借方余额反映高校持有的长期股权投资的价值。本科目应当按照长期股权投资取得方式和被投资单位等进行科目项目明细核算。

学校长期股权投资明细科目设置见表 3-3。

表 3-3　长期股权投资科目明细设置表

科目代码	科目名称	核算内容
1501	长期股权投资	
1501.01	投资成本	核算对外股权性投资的成本
1501.02	损益调整	核算权益法下被投资单位的净利润、净损失的变动
1501.03	其他权益变动	核算权益法下被投资单位发生除净损益和利润分配外的所有者权益变动

备注：目前，学校对外投资全部采用成本法核算，待学校企业改制全部到位后再实施权益法核算。

（三）主要业务账务处理实践解读

1. 取得长期股权投资时，应当将其实际成本作为初始投资成本

（1）以现金取得的长期股权投资，学校按照确定的投资成本，财务会计借记"长期股权投资/投资成本"等科目，按照支付的价款中包含的已宣告但尚未发放的现金股利，借记"应收股利"科目；按照实际支付的全部价款，贷记"银行存款"等科目。同时，根据实际支付的投资资金，预算会计借记"投资支出"科目，贷记"资金结存"科目。

实际收到取得投资时所支付价款中包含的已宣告但尚未发放的现金股利时，学校按照实际收到的股利数额，财务会计借记"银行存款"科目，贷记"应收股利"科目。同时，根据实际收取的金额，预算会计借记"资金结存"科目，贷记"投资支出"科目。

备注：如果跨年收到应收股利，预算会计贷记"其他结余"科目核算。

（2）以现金以外的其他资产置换取得的长期股权投资，可参照"库存物品""固定资产""无形资产"等科目中有关账务处理规定。

（3）以未入账的无形资产取得的长期股权投资，学校按照评估价值加相关税费作为投资成本，财务会计借记"长期股权投资"科目；按照发生的相关税费，贷记"银行存款""其他应交税费"等科目；按其差额，贷记"其他收入"科目。同时，按照实际支付的相关税费金额，预算会计借记"投资支出"科目，贷记"资金结存"科目。

（4）接受捐赠的长期股权投资，学校按照确定的投资成本，财务会计借记"长期股权投资/投资成本"科目；按照发生的相关税费，贷记"银行存款"等科目；按照其差额，贷记"捐赠收入"科目。同时，按照实际支付价款金额，预算会计借记"投资支出"科目，贷记"资金结存"科目。

（5）无偿调入的长期股权投资，学校按照确定的投资成本，财务会计借记"长期股权投资/投资成本"等科目；按照发生的相关税费，贷记"银行存款"等科目；按照其差额，贷记"无偿调拨净资产"科目。同时，按照实际支付的税费金额，预算会计借记"投资支出"科目，贷记"资金结存"科目。

提示：根据《补充规定》和《衔接规定》（财会〔2018〕19号）和《政府会计准则制度解释第3号》，学校经批准出资成立非营利法人单位，如教育基金会、研究院、社团法人、幼儿园等，财务会计不确认为对外投资，应当借记"其他费用"科目，贷记"银行存款"科目。同时，预算会计借记"其他支出"科目，贷记"资金结存/货币资金"科目。

2. 长期股权投资持有期间，应当按照规定采用成本法或权益法进行核算

（1）采用成本法核算。长期股权投资的账面价值一般不随被投资单位损益情况而变动，除非增加或减少长期股权投资份额。

被投资单位宣告发放现金股利或利润时，学校按照应收的金额，财务会计借记"应收股利"科目，贷记"投资收益"科目。预算会计不处理。

收到现金股利或利润时，学校按照实际收到的金额，财务会计借记"银行存款"等科目，贷记"应收股利"科目。同时，根据实际收到的金额，预算会计借记"资金结存"科目，贷记"投资预算收益"科目。

（2）采用权益法核算。长期股权投资的账面价值一般随着被投资单位经营损益情况而相应调整账面价值。

① 被投资单位实现净利润的，学校按照应享有的份额，财务会计借记"长期股权投资/损益调整"科目，贷记"投资收益"科目。预算会计不处理。

② 被投资单位发生净亏损的，学校按照应分担的份额，财务会计借记"投资收益"

科目,贷记"长期股权投资/损益调整"科目,但以本科目的账面余额减计至零为限。预算会计不处理。

发生亏损的被投资单位以后年度又实现净利润的,学校按照收益分享额弥补未确认的亏损分担额等后的金额,财务会计借记"长期股权投资/损益调整"科目,贷记"投资收益"科目。预算会计不处理。

③ 被投资单位宣告分派现金股利或利润,学校按照应享有的份额,财务会计借记"应收股利"科目,贷记"长期股权投资/损益调整"科目。预算会计不处理。

④ 被投资单位发生除净损益和利润分配外的所有者权益变动,学校按照应享有或应分担的份额,财务会计借记或贷记"权益法调整"科目,贷记或借记"长期股权投资/其他权益变动"科目。预算会计不处理。

提示:根据《关于进一步做好政府会计准则制度新旧衔接和加强行政事业单位资产核算的通知》(财会〔2018〕34号)有关规定,对于权益法核算长期股权投资,高校均可依据被投资单位上年资产负债表中所有者权益的年末数计算调整当年长期股权投资的账面余额。例如,2022年末权益法调整长期股权投资账面余额的,可以依据被投资单位2021年12月31日资产负债表中所有者权益账面余额。

(3) 成本法与权益法的转换。

首先,因处置部分长期股权投资等原因而对处置后的剩余股权投资由权益法改按成本法核算时,学校应当将权益法下本科目账面余额作为成本法下"长期股权投资/投资成本"科目余额。

其次,被投资单位宣告分派现金股利或利润时,对于属于单位已计入投资账面余额的部分,学校按照应分得的现金股利或利润份额,财务会计借记"应收股利"科目,贷记"长期股权投资"科目。预算会计不处理。

最后,因追加投资等原因对长期股权投资的核算从成本法改为权益法时,学校应当按照成本法下本科目账面余额与追加投资成本的合计金额,财务会计借记"长期股权投资/投资成本"科目;按照成本法下本科目账面余额,贷记"长期股权投资"科目;按照追加投资的成本,贷记"银行存款"等科目。同时,根据追加支付的投资金额,预算会计借记"投资支出"科目,贷记"资金结存/货币资金"科目。

3. 按照规定报经批准处置长期股权投资

(1) 按照规定报经批准出售(转让)长期股权投资时,应当按照长期股权投资取得方式分别进行处理。

① 处置以现金取得的长期股权投资,学校按照实际取得的价款,财务会计借记"银行存款"等科目;按照被处置长期股权投资的账面余额,贷记"长期股权投资"科目;按照尚未领取的现金股利或利润,贷记"应收股利"科目;按照发生的相关税费等支出,贷记"银行存款"等科目;按照借贷方差额,借记或贷记"投资收益"科目。按照实际收到金额(扣除支付的相关税费),预算会计借记"资金结存/货币资金",根据原账目贷记"投资支出或其他结余",根据差额贷记"投资预算收益"。

② 处置以现金以外的其他资产取得的长期股权投资,学校按照被处置长期股权投资的账面余额,借记"资产处置费用"科目,贷记"长期股权投资"科目。同时,按照实

际取得的价款，借记"银行存款"等科目；按照尚未领取的现金股利或利润，贷记"应收股利"科目；按照发生的相关税费等支出，贷记"银行存款"等科目；按照贷方差额，贷记"应缴财政款"科目。按照规定将处置时取得的投资收益纳入本单位预算管理的，应当按照所取得价款大于被处置长期股权投资账面余额、应收股利账面余额和相关税费支出合计的差额，贷记"投资收益"科目。根据实际取得价款扣除相关税费后，预算会计借记"资金结存"，贷记"投资预算收益"。

（2）因被投资单位破产清算等原因，有确凿证据表明长期股权投资发生损失，按照规定报经批准后予以核销时，按照予以核销的长期股权投资的账面余额，财务会计借记"资产处置费用"科目，贷记"长期股权投资"科目。预算会计不处理。

（3）采用权益法核算的长期股权投资的处置，除进行上述账务处理外，还应结转长期股权投资所形成的"权益法调整"科目余额，财务会计借记或贷记"权益法调整"科目，贷记或借记"投资收益"科目。预算会计不处理。

（四）主要业务会计核算实务举例

【例3-52】

（1）以现金取得长期股权投资。2019年3月15日，学校使用非财政资金315万元对××公司进行长期股权投资（经确认入102#项目核算），占××公司10%的股权份额，价款中包含已宣告但尚未发放的现金股利15万元（学校无权参与或决定××公司的财务和经营政策决策）。2019年4月5日，学校收到××公司发放的现金股利15万元（暂不考虑税费）。（入账单据：网约报销审批单、对外投资决议或协议复印件、银行支付回单等）

摘要	财务会计	预算会计
3月15日对××公司投资	借：长期股权投资/投资成本［102#项目］3 000 000 应收股利［102#项目］150 000 贷：银行存款 3 150 000	借：投资支出［102#项目］3 150 000 贷：资金结存/货币资金 3 150 000
4月5日收到已宣告未发放现金股利	借：银行存款 150 000 贷：应收股利［102#项目］150 000	借：资金结存/货币资金 150 000 贷：投资支出［102#项目］150 000

（2）接受捐赠取得的长期股权投资。2019年5月，学校接受校友捐赠××公司股票100万股，占总股本的1%，市场价每股5元（经确认入102#项目核算）。（入账单据：捐赠协议、股权证复印件等）

摘要	财务会计	预算会计
接受校友捐赠××公司股份	借：长期股权投资/投资成本［102#项目］5 000 000 贷：捐赠收入［102#项目］5 000 000	不处理

（3）以未入账无形资产取得的长期股权投资。2019年5月，学校以未入账专利权对外投资，该专利权评估价值300 000元，占被投资单位30%股份（经确认入713#项目核算）。（入账单据：专利评估材料、双方协议复印件、审批单号等）

摘要	财务会计	预算会计
专利权投资××公司	借：长期股权投资/投资成本 [713#项目] 300 000 贷：其他收入 [713#项目] 300 000	不处理

【例 3-53】 持有股权投资。

（1）成本法。2020 年 3 月 17 日，××被投资公司宣告分派现金股利，按比例计算学校可得股利 18 万元。2020 年 4 月 20 日，学校收到××被投资公司支付的现金股利 18 万元（经确认入 713#项目核算）。

① 确认宣告发放股利。（入账单据：××公司派发现金股利公告等）

摘要	财务会计	预算会计
××公司宣告分派现金股利	借：应收股利 [713#项目] 180 000 贷：投资收益 [713#项目] 180 000	不处理

② 收到现金股利。（入账单据：银行到款回单等）

摘要	财务会计	预算会计
收到××公司现金股利	借：银行存款 180 000 贷：应收股利 [713#项目] 180 000	借：资金结存 180 000 贷：投资预算收益 [713#项目] 180 000

（2）权益法。学校长期股权投资占××被投资公司 60% 的股权份额，有权决定或参与××公司的财务和经营政策决策（经确认入 713#项目核算）。

① 2020 年 2 月 17 日，××公司公布 2019 年财务报告，实现净收益 100 万元。学校按持股比例计算投资收益：100×60%＝60 万元。（入账单据：××公司 2019 年财务报告、内部权益法核算审批单等）

摘要	财务会计	预算会计
确认××被投资公司投资收益	借：长期股权投资/损益调整 [713#项目] 600 000 贷：投资收益 [713#项目] 600 000	不处理

② 2020 年 3 月 17 日，××公司宣告分派现金股利 30 万元，按比例计算学校可得股利 18 万元。（入账单据：××公司股利分派宣告书等）

摘要	财务会计	预算会计
确认××公司宣告分派现金股利	借：应收股利 [713#项目] 180 000 贷：长期股权投资/损益调整 [713#项目] 180 000	不处理

③ 2020 年 4 月 20 日，学校收到××公司支付的现金股利 18 万元。（入账单据：银行到款回单等）

摘要	财务会计	预算会计
收到××公司现金股利	借：银行存款 180 000 贷：应收股利 [713#项目] 180 000	借：资金结存 180 000 贷：投资预算收益 [713#项目] 180 000

④ 2020 年 5 月 20 日，××公司发生其他所有者权益变动 10 万元。学校按照持股比例计算增加长期股权投资 6 万元。（入账单据：××公司财务报告及所有者权益变动表、内部审批单等）

摘要	财务会计	预算会计
确认××公司投资权益变动	借：长期股权投资/其他权益变动［713#项目］60 000 　　贷：权益法调整 60 000	不处理

【例 3-54】　处置现金取得的长期股权投资。2020 年 10 月，学校转让对××公司投资，转让价款 360 万元，发生相关手续费用 2 万元（经确认入 713#项目核算）。

（1）收到转让款时。（入账单据：转让协议或转让交易证明文件、××公司转让日相关财务报告、银行到款回单、学校决议或审批单等）

摘要	财务会计	预算会计
收到××公司股份转让款	借：银行存款 3 600 000 　　贷：长期股权投资/投资成本［713#项目］3 000 000 　　　　长期股权投资/损益调整［713#项目］420 000 　　　　长期股权投资/其他权益变动［713#项目］60 000 　　　　投资收益［713#项目］120 000	借：资金结存 3 600 000 　　贷：投资支出［713#项目］3 000 000 　　　　投资预算收益［713#项目］600 000
结转××公司权益法调整额度	借：权益法调整 60 000 　　贷：投资收益［713#项目］60 000	不处理

（2）支付股份转让相关费用时。（入账单据：相关费用支付单、银行支付回单等）

摘要	财务会计	预算会计
支出转让××公司股份手续费等	借：资产处置费用［713#项目］20 000 　　贷：银行存款 20 000	借：其他支出［713#项目］20 000 　　贷：资金结存/货币资金 20 000

三、1502#长期债券投资

（一）业务概述

长期债券投资是指高校按照规定取得的、持有时间超过 1 年（不含 1 年）的债券投资。高校的长期债券投资主要指国债投资。

（二）科目设置

高校应设置"1502#长期债券投资"科目，核算高校按照规定取得的、持有时间超过 1 年（不含 1 年）的债券投资。

学校在"1502#长期债券投资"科目下设"1502.01#长期债券投资/投资成本"和"1502.02#长期债券投资/应计利息"等二级明细科目，并按照债券投资的种类进行科目项目明细核算。

(三) 主要业务账务处理实践解读

1. 长期债券投资在取得时,应当按照其实际成本作为投资成本

(1) 取得的长期债券投资,学校按照确定的投资成本,财务会计借记"长期债券投资/投资成本"科目;按照支付的价款中包含的已到付息期但尚未领取的利息,借记"应收利息"科目;按照实际支付的金额,贷记"银行存款"等科目。同时,按照实际支付价款,预算会计借记"投资支出"科目,贷记"资金结存"科目。

(2) 实际收到取得债券时所支付价款中包含的已到付息期但尚未领取的利息时,学校按照收到的利息数额,财务会计借记"银行存款"科目,贷记"应收利息"科目。同时,根据实际收取的利息金额,预算会计借记"资金结存"科目,贷记"投资支出"科目。

2. 长期债券投资持有期间的账务处理

学校按期以债券票面金额与票面利率计算确认利息收入,若为到期一次还本付息的债券投资,财务会计借记"长期债券投资/应计利息"科目,贷记"投资收益"科目;若为分期付息、到期一次还本的债券投资,财务会计借记"应收利息"科目,贷记"投资收益"科目。预算会计不处理。

收到分期支付的利息时,学校按照实收的金额,财务会计借记"银行存款"科目,贷记"应收利息"科目。同时,按照实际收到的金额,预算会计借记"资金结存"科目,贷记"投资预算收益"科目。

3. 到期收回长期债券投资时的账务处理

学校按照实际收到的金额,财务会计借记"银行存款"科目;按照长期债券投资的账面余额,贷记"长期债券投资/投资成本"科目;按照相关应收利息金额,贷记"长期债券投资/应收利息"科目;按照其差额,贷记"投资收益"科目。同时,按照实际收到的价款,预算会计借记"资金结存"科目,贷记"投资支出"科目。跨年时,预算会计贷记"其他结余"科目。

4. 对外出售长期债券投资时的账务处理

学校按照实际收到的金额,财务会计借记"银行存款"科目;按照长期债券投资的账面余额,贷记"长期债券投资/投资成本"科目;按照已计入"应收利息"科目但尚未收取的金额,贷记"应收利息"科目,按照其差额,贷记或借记"投资收益"科目。涉及增值税业务的,相关账务处理参见"应交增值税"科目。同时,根据实际收回的投资金额,预算会计借记"资金结存"科目,贷记"投资支出"科目(原投资成本),借记或贷记"投资预算收益"科目。

(四) 主要业务会计核算实务举例

【例3-55】 2019年1月1日,学校以非财政资金购入三年期国债,面值20万元,到期一次还本付息,票面利率为5%,通过长期债券投资713#项目核算。

(1) 2019年1月1日购买时。(入账单据:国债相关票证复印件、银行支付回单等)

摘要	财务会计	预算会计
购买国债	借：长期债券投资/投资成本 [713#项目] 200 000 　　贷：银行存款 200 000	借：投资支出 [713#项目] 200 000 　　贷：资金结存/货币资金 200 000

（2）2019年12月31日计息时。（入账单据：分期计息审批单等）

摘要	财务会计	预算会计
确认2019年度国债应计利息	借：长期债券投资/应计利息 [713#项目] 10 000 　　贷：投资收益 10 000	不处理

（3）2021年12月30日，到期一次收到本息时。（入账单据：银行到款回单、国债到期兑付单等）

摘要	财务会计	预算会计
收回到期国债本息	借：银行存款 230 000 　　贷：长期债券投资/投资成本 [713#项目] 200 000 　　　　长期债券投资/应计利息 [713#项目] 20 000 　　　　投资收益（本年实现部分）[713#项目] 10 000	借：资金结存 230 000 　　贷：其他结余 [713#项目] 200 000 　　　　投资预算收益 [713#项目] 30 000

备注：《关于进一步做好政府会计准则制度新旧衔接和加强行政事业单位资产核算的通知》（财会〔2018〕34号）中，"关于政府会计准则制度新旧衔接有关问题（十二）——关于事业单位'非财政拨款结余'科目的新旧衔接，调整长期债券投资对非财政拨款结余的影响，单位应当按照原账的'长期投资'科目余额中属于债券投资的余额，借记'其他结余'科目，贷记'资金结存——货币资金'科目。"

四、1215#应收股利

（一）业务概述

应收股利是指高校持有长期股权投资应当收取的现金股利或应当分得的利润。

（二）科目设置

高校应设置"1215#应收股利"科目，核算高校持有长期股权投资应当收取的现金股利或应当分得的利润情况。应收股利科目应当按照被投资单位等进行明细核算，科目期末借方余额反映高校应当收取但尚未收到的现金股利或利润。

（三）主要业务账务处理实践解读

1. 取得长期股权投资的账务处理

学校按照支付的价款中所包含的已宣告但尚未发放的现金股利，财务会计借记"应收股利"科目；按照确定的成本，借记"长期股权投资"科目；按照实际支付的金额，贷记"银行存款"等科目。同时，根据实际支付的总金额，预算会计借记"投资支出"科目，贷记"资金结存"科目。

收到取得投资时实际支付价款中所包含的已宣告但尚未发放的现金股利时，学校按照收到的金额，财务会计借记"银行存款"科目，贷记"应收股利"科目。同时，根据实际收取的股利金额，预算会计借记"资金结存"科目，贷记"投资支出"科目。

2. 长期股权投资持有期间的账务处理

被投资单位宣告发放现金股利或利润时，学校按照应享有的份额，财务会计借记"应收股利"科目，贷记"投资收益"（成本法下）或"长期股权投资"（权益法下）科目。预算会计不处理。

3. 实际收到现金股利或利润时的账务处理

学校按照收到的金额，财务会计借记"银行存款"等科目，贷记"应收股利"科目。同时，根据实际收到的金额，预算会计借记"资金结存"科目，贷记"投资预算收益"科目。

（四）主要业务会计核算实务举例

【例3-56】 2019年6月20日，学校以非财政资金150万元购入××公司10%股权，其中包含已宣告但尚未领取的现金股利20万元。

（1）6月20日购买时。（入账单据：学校购入协议或审批单、××公司股利分派宣告书、银行支付回单等）

摘要	财务会计	预算会计
购入××公司10%股权	借：长期股权投资 1 480 000 　　应收股利 200 000 　贷：银行存款 1 500 000	借：投资支出 1 500 000 　贷：资金结存 1 500 000

（2）6月25日，学校收到××公司已宣告未发放现金股利20万元。（入账单据：××公司股利分派宣告书、银行到款回单等）

摘要	财务会计	预算会计
收到××公司已宣告未发放现金股利	借：银行存款 200 000 　贷：应收股利 200 000	借：资金结存 200 000 　贷：投资支出 200 000

（3）2019年11月30日，××公司宣告分派现金股利，学校按比例可分得20万元。（入账单据：××公司股利分派公告或通知等）

摘要	财务会计	预算会计
确认××公司分派股利	借：应收股利 200 000 　贷：投资收益 200 000	不处理

五、1216#应收利息

（一）业务概述

应收利息是指高校长期债券投资应当收取的利息。

提示：对于年底尚未到期的大额定期存款利息，也可以通过该业务进行处理。按照现行银行存款利息计算规则，一般年季度末的 25 日计息。为此，按照权责发生制原则，对于年度剩余日期内的利息可通过应收利息进行账务处理，准确反映单位存款利息收入情况。

（二）科目设置

高校应设置"1216#应收利息"科目，核算高校应当收取的利息增减变化情况。应收利息科目应当按照被投资单位等进行明细核算。购入的到期一次还本付息的长期债券投资持有期间的利息，应当通过"长期债券投资/应计利息"科目核算，不通过"应收利息"科目核算。

（三）主要业务账务处理实践解读

1. 取得长期债券投资时的账务处理

学校按照确定的投资成本，财务会计借记"长期债券投资"科目；按照支付的价款中包含的已到付息期但尚未领取的利息，借记"应收利息"科目；按照实际支付的金额，贷记"银行存款"等科目。同时，按照取得投资支付的全部价款，预算会计借记"投资支出"科目，贷记"资金结存"科目。

收到取得投资时实际支付价款中所包含的已到付息期但尚未领取的利息时，学校按照实际收到的金额，财务会计借记"银行存款"等科目，贷记"应收利息"科目。同时，根据实际收到的金额，预算会计借记"资金结存"科目，贷记"投资支出""其他结余"科目。

2. 按期计算确认长期债券投资利息收入时的账务处理

对于分期付息、一次还本的长期债券投资，学校按照以票面金额和票面利率计算确定的应收未收利息金额，财务会计借记"应收利息"科目，贷记"投资收益"科目。预算会计不处理。

3. 实际收到应收利息时的账务处理

学校按照收到的金额，财务会计借记"银行存款"科目，贷记"应收利息"科目。同时，根据实际收到的金额，预算会计借记"资金结存"科目，贷记"投资预算收益"科目。

（四）主要业务会计核算实务举例

【例 3-57】 2019 年 12 月 31 日，学校收到债券利息 5 000 元，款项存入银行账户（经确认入 132#项目核算）。（入账单据：债券利息计提单、银行到款回单等）

摘要	财务会计	预算会计
确认债券投资利息	借：应收利息［132#项目］5 000 　　贷：投资收益［132#项目］5 000	不处理
实际收到债券投资利息	借：银行存款 5 000 　　贷：应收利息［132#项目］5 000	借：资金结存 5 000 　　贷：投资预算收益［132#项目］5 000

第六节　固定资产业务核算

固定资产是维持和保障高校正常履行人才培养、科学研究以及社会服务等职能的重要物质基础，直接影响着高校人才培养和科学研究的规模和效益。随着教育科研事业的发展，高校固定资产数量、种类及使用用途越来越广，强化固定资产的过程性核算与全周期管理就非常重要。

一、1601#固定资产

（一）业务概述

按照《政府会计准则第3号——固定资产》相关规定，固定资产是指高校为满足自身开展业务活动或其他活动需要而控制的，使用年限超过1年（不含1年）、单位价值在规定标准以上，并在使用过程中基本保持原有物质形态的资产，一般包括房屋及构筑物、通用设备、专用设备等。

高校固定资产主要是购置或研制的仪器设备、家具、图书等发生的费用，包括单价在人民币1 000元（含）以上的一般设备或单价低于人民币1 000元、能独立使用且耐用期在一年以上的低值设备以及单价在500元（含）以上的家具，如打印机、电脑、空调等通用设备，服务器、色谱仪等专用设备，办公桌椅等家具。图书单次报销合计金额超500元（含）须办理图书入库手续。

（二）科目设置

高校固定资产一般分为房屋及构筑物、通用设备、专用设备、文物及陈列品、图书档案、家具用具装具及动植物六大类。高校应设置"1601#固定资产"科目并按照固定资产类别下设二级明细科目。"固定资产"科目借方登记固定资产的增加，贷方登记固定资产的减少，期末借方余额反映学校现有的固定资产原值。

学校固定资产明细科目与资产类别、支出经济分类科目对应关系见表3-4。

表3-4　固定资产明细科目与资产类别、支出经济分类科目对应表

财务会计科目		固定资产分类		支出经济分类科目	
科目代码	科目名称	分类代码	资产名称	科目代码	科目名称
1601	固定资产			310	资本性支出
1601.01	房屋及构筑物	10××*	房屋及构筑物	310.01	房屋建筑物购建
1601.02	通用设备	21××* 21××* 23××*	通用设备	310.02 310.03 310.13	办公设备购置/专用设备购置/公务用车购置
1601.03	专用设备	30××*	专用设备	310.03	专用设备购置
1601.04	文物及陈列品	40××*	文物及陈列品	310.21	文物及陈列品购置

续表

财务会计科目		固定资产分类		支出经济分类科目	
科目代码	科目名称	分类代码	资产名称	科目代码	科目名称
1601.05	图书档案	50××*	图书档案	310.99.01	图书资料购置
1601.06	家具用具装具	60××*	家具用具装具	310.02 310.03	办公设备购置/专用设备购置
1601.07	动植物	60××*	动植物	310.99.02	其他支出
1601.08	融资租入固定资产			根据融资租入资产类别选择	

备注：项目代码中的"*"表示省略项目后面的部门信息和顺序信息等。

提示：① 学校在进行固定资产增减核算时，涉及预算会计处理，相应地涉及《政府收支分类科目》中有关资本性支出经济分类科目的选用问题，相应的固定资产财务会计明细科目、固定资产分类要和"资本性支出经济科目"保持一定的关联性，有助于准确选用支出经济分类科目。② 学校在进行固定资产购置核算时，涉及预算会计"平行记账"核算，目前难点就是预算支出科目的对应确定问题，需要根据固定资产购置资金来源和项目支出进行判断，如用科研经费项目购置的固定资产，一般确认为预算支出"事业支出/科研事业支出"科目核算。

高校应当设置"固定资产登记簿"和"固定资产卡片"，按照固定资产类别、项目和使用部门等进行明细核算。其中，出租、出借的固定资产，还应当设置备查簿进行登记。

1. 固定资产

固定资产的各组成部分具有不同的使用寿命，适用不同折旧率且可以分别确定各自原价的，应当分别将各组成部分确认为单项固定资产。

2. 应用软件

对于应用软件，如果其构成相关硬件不可缺少的组成部分，应当将该软件价值包括在所属硬件价值中，一并作为固定资产进行核算；如果其不构成相关硬件不可缺少的组成部分，应当将该软件作为无形资产核算。

3. 以经营租赁租入的固定资产

以经营租赁租入的固定资产不作为固定资产核算，应当另设备查簿进行登记。融资租赁购入的固定资产，应作为固定资产核算，纳入高校固定资产管理范畴。

4. 购入需要安装的固定资产

购入需要安装的固定资产，应当先通过"在建工程"科目核算，安装完毕交付使用时再转入"固定资产"科目核算。

5. 购建的房屋及构筑物

购建的房屋及构筑物不能区分购建投资中的土地使用权部分时，应当全部确认为房屋及构筑物固定资产核算；能够分清购建投资中的土地使用权部分时，应当将其中的房屋及构筑物部分作为固定资产核算，将其中的土地使用权部分作为无形资产核算。

6. 购入的纸质图书文献和电子图书文献

购入的纸质图书文献和电子图书文献应分开核算，对纸质图书文献又进一步区分明码价格和实际支付价格的核算。

备注：①纸质图书文献确认为固定资产核算，而电子图书文献，包括知网数据库直接作为费用核算；②纸质图书文献按明码价格计固定资产原始价格，明码价格与实际支付价格间差异应计入累计盈余，目前是计入费用，未计入盈余。

（三）主要业务账务处理实践解读

1. 固定资产的取得

取得固定资产时，应当按照取得时的成本进行初始计量。

（1）外购取得的固定资产，其成本包括购买价款、相关税费以及固定资产交付使用前所发生的可归属于该项资产的运输费、装卸费、安装调试费和专业人员服务费等，学校按照确定的固定资产成本及验收入库单载明金额，财务会计借记"固定资产"科目，贷记"零余额账户用款额度""银行存款""应付账款""其他应付款"（质保期1年以内）[或"长期应付款"（质保期1年以上的）]等科目。同时，按照实际支付的款项金额、资金来源渠道及该固定资产用途等，预算会计借记"事业支出"等科目，贷记"资金结存"等科目。

（2）接受捐赠取得的固定资产，学校按照确定的固定资产成本，财务会计借记"固定资产"科目；按照发生的相关税费、运输费等，贷记"零余额账户用款额度""银行存款"等科目；按照受赠资产价值（评估价或同类价等），贷记"捐赠收入"科目。同时，按照实际支付的相关税费、运输费及承担费用的资金性质，预算会计借记"事业支出"等科目，贷记"资金结存"等科目。

接受捐赠的固定资产按照名义金额入账时，学校按照名义金额，财务会计借记"固定资产"科目，贷记"捐赠收入"科目；按照发生的相关税费、运输费等，财务会计借记"其他费用"等科目，贷记"零余额账户用款额度""银行存款"等科目。同时，按照实际支付的相关税费、运输费等，预算会计借记"事业支出""其他支出"等科目，贷记"资金结存"等科目。

备注：按照名义金额确认固定资产价值的，其发生的相关税费、运输费等支出不计入固定资产成本，而是计入"其他费用"中。

（3）自行建造取得的固定资产，其会计核算参考本章第七节"在建工程业务核算"相关内容。

（4）融资租赁取得的固定资产，其成本按照租赁协议或者合同确定的租赁价款、相关税费以及固定资产交付使用前所发生的可归属于该项资产的运输费、途中保险费、安装调试费等确定。学校按照归集的各项成本费用，财务会计借记"固定资产"（不需要安装）或"在建工程"（需要安装）科目；按照租赁协议或者合同确定的租赁应付款额，贷记"长期应付款"科目；按照支付的运费、途中保险费、安装调试费等金额，贷记"银行存款"等科目。同时，按照实际支付的税费等，预算会计借记"事业支出"等科目，贷记"资金结存"等科目。

定期支付租金时，学校按照实际支付金额，财务会计借记"长期应付款"科目，贷记"银行存款"等科目。同时，按照实际支付金额及租赁资产用途等，预算会计借记"事业支出"等科目,贷记"资金结存"等科目。

(5)无偿调入取得的固定资产,学校按照确定的固定资产成本,财务会计借记"固定资产"(不需要安装)或"在建工程"(需要安装)科目;按照发生的相关税费、运输费等,贷记"银行存款"等科目;按其差额,贷记"无偿调拨净资产"科目。同时,按照实际支付的相关税费、运输费等,预算会计借记"其他支出"科目,贷记"资金结存"科目。

(6)置换取得的固定资产,其成本按照换出资产的评估价或协议价,加上支付的补价或减去收到的补价,再加上为换入固定资产而发生的税费等其他费用所确定。学校按照确定的综合成本,财务会计借记"固定资产"(不需要安装)或"在建工程"(需要安装)科目,如换出资产为无形资产等的,按照换出资产已摊销额,借记"无形资产累计摊销"等科目;按照换出资产账面价值,贷记"库存物品""无形资产"等科目;按照置换过程中支付的相关税费等其他费用金额,贷记"银行存款"科目;按照换入资产评估价和换出资产账面价值之间的差额,借记"资产处置费用"科目或贷记"其他收入"科目。同时,按照换入过程中实际支付的相关税费等其他费用金额以及换入资产的实际用途,预算会计借记"事业支出""经营支出"或"其他支出"等科目,贷记"资金结存"科目。

如涉及支付补价的,支付补价部分增加换入资产成本,或者减少换入资产评估价与换出资产账面价值间的差额,也即减少"其他收入"金额。

如涉及收到补价的,收到补价部分应视为增加资产处理净收入,增加"应缴财政款"或"其他收入"金额。

2. 固定资产的占用使用

固定资产的使用包括单位自用、出租出借等,涉及固定资产后续支出、固定资产计提折旧和固定资产出租出借等核算。

(1)计提折旧。根据《政府会计准则第3号——固定资产》及其应用指南有关固定资产折旧计提的规定,学校文物文化资产、陈列品、动植物、图书、档案以及名义金额计价的固定资产等不计提累计折旧;当月增加固定资产当月计提折旧,当月减少固定资产当月不再计提折旧;固定资产提足折旧后,无论是否继续使用,不再计提折旧;提前报废的固定资产,不再补计提折旧。固定资产折旧计提方法一般采用年限平均法或工作量法。

根据学校月度固定资产累计折旧计提表,按照实际计提金额,区分固定资产占用使用用途,财务会计借记"业务活动费用/教育费用""业务活动费用/科研费用"等科目,贷记"固定资产累计折旧"等科目。

备注:①凡2019年1月1日以前购入的固定资产,应按照政府会计制度《衔接规定》一次性补提足折旧,按照实际应计提金额,财务会计借记"累计盈余/基本盈余"科目,贷记"固定资产累计折旧/特设经济科目/固定资产折旧费"等科目。②固定资产折旧计提及核算见"固定资产累计折旧"业务核算部分。

(2)日常维修(护)。为保证固定资产正常使用发生的日常维修(护)等支出,学校根据确认的维修(护)款项,财务会计借记"业务活动费用""单位管理费用"等科目,贷记"零余额账户用款额度""银行存款"等科目。同时,按照实际支付的价款金额和所维修(护)资产的用途,预算会计借记"事业支出"等科目,贷记"资金结存"科目。

为提升固定资产使用功能或延长使用寿命，对已入库固定资产因设备改造增加的部件、配件，作为原仪器设备的附件进行资产增值处理时，学校根据支付的维修（护）金额，财务会计借记"固定资产"科目，贷记"零余额账户用款额度""银行存款"等科目。同时，按照实际支付的款项金额，预算会计借记"事业支出"等科目，贷记"资金结存"等科目。

（3）固定资产的出租出借，按照合同约定收取租金，具体核算见第五章第十三节"租金收入业务核算"相关内容。

3. 固定资产的维修改造等后续支出

根据《政府会计准则制度解释第4号》有关规定，通常情况下，为提升固定资产使用效能或延长使用年限而发生的改建、扩建、大型维修改造等后续支出，应当计入相关资产成本（列入部门预算支出经济分类科目中资本性支出的后续支出，应当予以资本化）；为维护正常使用而发生的日常维修、养护等后续支出，应当计入当期费用。

（1）符合资本化的固定资产维修改造支出。

首先，将固定资产转入改建、扩建时，学校按照固定资产账面净值和已计提累计折旧，财务会计借记"在建工程"（固定资产净值）和"固定资产累计折旧"科目，贷记"固定资产"（固定资产账面价值）科目。预算会计不处理。

其次，发生后续改建、扩建支出时，财务会计借记"在建工程"等科目，贷记"银行存款""零余额账户用款额度"等科目。同时，按照实际支付的金额，预算会计借记"事业支出/教育事业支出"等科目，贷记"资金结存"等科目。

最后，改扩建竣工并交付使用后，学校按照改扩建支出决算，财务会计借记"固定资产"科目，贷记"在建工程"科目。预算会计不处理。

提示： 经过改扩建的固定资产，其折旧年限和方法可以根据固定资产的使用效能和使用年限等变更，重新开始新的折旧计提。

（2）符合费用化的固定资产维修改造支出。学校对于不能确认为固定资产增加值的维修改造后续支出，应当根据固定资产使用用途分别计入当期不同费用，财务会计借记"业务活动费用""单位管理费用"等科目，贷记"银行存款""零余额账户用款额度"等科目。同时，按照实际支付金额，预算会计借记"事业支出"等科目，贷记"资金结存"等科目。

4. 固定资产的处置

学校固定资产处置方式包括出售、出让、转让，对外捐赠、无偿调出、置换，报废和报损等。

（1）报经批准出售、出让、转让固定资产，学校按照被出售、出让、转让固定资产的账面净值，财务会计借记"资产处置费用"科目；按照固定资产已计提的折旧，借记"固定资产累计折旧"科目；按照固定资产账面原值，贷记"固定资产"科目。同时，按照收到的价款，财务会计借记"银行存款"等科目；按照处置过程中发生的相关费用，贷记"银行存款"等科目；按照其差额，贷记"应缴财政款""其他收入"科目。同时，按照实际收到的价款且纳入预算管理，预算会计借记"资金结存"科目，贷记"其他预算收入"等科目。

（2）报经批准对外捐赠固定资产，学校按照固定资产已计提的折旧，财务会计借记"固定资产累计折旧"科目，按照被处置固定资产账面原值，贷记"固定资产"科目，按照捐赠过程中发生的归属于捐出方的相关费用，贷记"银行存款"等科目，按照其差额，借记"资产处置费用"科目。同时，按照实际支付的相关费用，预算会计借记"其他支出"科目，贷记"资金结存"科目。

（3）经批准对外无偿调出固定资产，学校按照固定资产已计提的折旧，财务会计借记"固定资产累计折旧"；按照被处置固定资产账面余额，贷记"固定资产"科目；按照其差额，借记"无偿调拨净资产"科目。预算会计不处理。

按照无偿调出过程中发生的归属于调出方的相关费用，财务会计借记"资产处置费用"科目，贷记"银行存款"等科目。同时，根据实际支付的相关费用，预算会计借记"其他支出"科目，贷记"资金结存"科目。

（4）经批准对外置换固定资产，学校按照固定资产已计提的折旧，财务会计借记"固定资产累计折旧"科目；按照被置换固定资产账面余额，贷记"固定资产"科目；按照差额，借记"库存物品""无形资产"等科目。预算会计不处理。

置换过程中发生的归属于换出方的相关费用，学校按照发生的费用额，财务会计借记"资产处置费用"科目，贷记"银行存款"等科目。同时，根据实际支付的费用金额，预算会计借记"其他支出"科目，贷记"资金结存"科目。

当涉及支付补价时，支付补价部分增加换入资产成本，或者减少换入资产评估价与换出资产账面价值间的差额，也即减少"应缴财政款"或"其他收入"金额。

当涉及收到补价时，收到补价部分应视为增加资产处理净收入，增加"应缴财政款"，或"其他收入"金额。

5. 固定资产清查盘点

对于发生的固定资产盘盈、盘亏或毁损、报废，应当先记入"待处理资产损溢"科目，按照规定报经批准后及时进行后续账务处理。

（1）盘盈的固定资产，其成本按照有关凭据注明的金额确定；没有相关凭据，但按照规定经过资产评估的，其成本按照评估价值确定；没有相关凭据，也未经过评估的，其成本按照重置成本确定。如无法采用上述方法确定盘盈固定资产成本的，按照名义金额（人民币1元）入账。

盘盈的固定资产，学校按照确定的入账成本，财务会计借记"固定资产"科目，贷记"待处理资产损溢"科目。预算会计不处理。

（2）盘亏、毁损或报废的固定资产，按照待处理固定资产的账面价值，财务会计借记"待处理资产损溢"科目；按照已计提折旧，借记"固定资产累计折旧"科目；按照固定资产的账面原值，贷记"固定资产"科目。预算会计不处理。

资产处置事项要按照规定权限履行报批程序。正式处理需要根据国有资产管理规定报财政主管部门审批后处置，账务做核销处理。

6. 按照规定报经批准处置资产时的财务处理

按照规定报经批准处置资产时，学校按照处置资产的账面价值，直接通过"资产处置费用"科目核算，不通过"待处理资产损溢"科目核算。

(四) 主要业务会计核算实务举例

【例 3-58】 6月5日,学校××学院接受校友捐赠一台教学实验用设备,价值20万元,支付相关税费和运输费5 000元,通过学院发展经费309#项目核算并支付税费和运输费等。(入账单据:捐赠收据、捐赠协议、固定资产入库单、银行回单等)

摘要	财务会计	预算会计
收××校友捐赠实验设备	借:固定资产/专用设备/资本性支出/专用设备购置[309#项目] 205 000 　　贷:银行存款 5 000 　　　　捐赠收入[309#项目] 200 000	借:事业支出/教育事业支出/资本性支出/专用设备购置[309#项目] 5 000 　　贷:资金结存/货币资金 5 000

【例 3-59】 6月6日,学校××学院获得校友单位捐赠教学实验设备一台,无法确定设备价值,以名义价值入账,支付相关税费和运输费5 000元,通过学院发展经费309#项目核算并支付税费和运输费等。(入账单据:捐赠收据、固定资产入库单、银行回单等)

摘要	财务会计	预算会计
收××单位捐赠实验设备 支付设备税费和运输费	借:固定资产/专用设备/资本性支出/专用设备购置[309#项目] 1 　　贷:捐赠收入[309#项目] 1 借:业务活动费用/教育费用/商品和服务支出/其他商品和服务支出/其他支出[309#项目] 5 000 　　贷:银行存款 5 000	借:事业支出/教育事业支出/商品和服务支出/其他商品和服务支出/其他支出[309#项目] 5 000 　　贷:资金结存/货币资金 5 000

【例 3-60】 6月7日,学校××老师用纵向科研512#项目经费购买一台实验用通风柜,价值41 820元,通过无现金账户支付。(入账单据:报销审批单、增值税发票、固定资产入库单、设备购销合同、设备图片、银行支付回单)

摘要	财务会计	预算会计
××购××公司通风柜	借:固定资产/专用设备/资本性支出/专用设备购置[512#项目] 41 820 　　贷:银行存款 41 820	借:事业支出/科研事业支出/资本性支出/专用设备购置[512#项目] 41 820 　　贷:资金结存/货币资金 41 820

【例 3-61】 6月8日,学校××老师从纵向科研501#项目中预提间接经费购买一台分析仪,价值16 000元,通过无现金账户支付。(入账单据:报销审批单、增值税发票、固定资产入库单、设备购销合同、设备图片、银行支付回单)

摘要	财务会计	预算会计
××购××公司分析仪	借:预提费用/项目间接费用或管理费/资本性支出/专用设备购置[501#项目] 16 000 　　贷:银行存款 16 000 借:固定资产/专用设备/资本性支出/专用设备购置[812#项目] 16 000 　　贷:累计盈余 16 000	借:事业支出/科研事业支出/资本性支出/专用设备购置[501#项目] 6 000 　　贷:资金结存/货币资金 6 000

【例 3-62】 6月9日，学校图书馆用图书购置328#项目经费购置一批图书，价值10万元，已办理图书入库。该款项通过财政授权支付。（入账单据：报销审批单、增值税发票、固定资产入库单、合同、财政授权支付凭证等）

摘要	财务会计	预算会计
××购××公司图书	借：固定资产/图书档案/资本性支出/其他资本性支出/图书资料购置［328#项目］100 000 　　贷：零余额账户用款额度/授权支付/预算内额度 100 000	借：事业支出/教育事业支出/资本性支出/其他资本性支出/图书资料购置［328#项目］100 000 　　贷：资金结存/零余额账户用款额度 100 000

【例 3-63】 6月10日，学校××老师购××公司一套科研用催化反应装置，价值10万元，分别从国家自然科学基金510#项目支出5万元，从优势学科经费387#项目支出5万元。（入账单据：报销审批单、增值税发票、固定资产入库单、设备购销合同、设备图片、银行回单、财政授权支付凭证）

摘要	财务会计	预算会计
××购××公司催化反应装置	借：固定资产/专用设备/资本性支出/专用设备购置［510#项目］50 000 　　　固定资产/专用设备/资本性支出/专用设备购置［387#项目］50 000 　　贷：银行存款 50 000 　　　　零余额账户用款额度/授权支付/预算内额度 50 000	借：事业支出/科研事业支出/资本性支出/专用设备购置［510#项目］50 000 　　　事业支出/科研事业支出/资本性支出/专用设备购置［387#项目］50 000 　　贷：资金结存/零余额账户用款额度 50 000 　　　　资金结存/货币资金 50 000

【例 3-64】 6月12日，学校一台教学用专用设备经鉴定已不能使用，该固定资产账面余额为2万元，累计计提折旧1.8万元，上报财政申请办理报废处置。8月份财政批复同意报废。（入账单据：固定资产处置会议决议、审批表及明细清单等）

摘要	财务会计	预算会计
××申请报废××设备	借：待处理资产损溢/待处理非流动资产损溢 2 000 　　　固定资产累计折旧/专用设备/特设经济科目/固定资产折旧费 18 000 　　贷：固定资产/专用设备 20 000	不处理
××报废××设备	借：资产处置费用 2 000 　　贷：待处理资产损溢/待处理非流动资产损溢 2 000	不处理

【例 3-65】 6月20日，学校按规定直接报废处置一台空调，该固定资产账面余额为1万元，累计计提折旧9 000元。（入账单据：固定资产处置审批表及明细清单等）

摘要	财务会计	预算会计
××报废××空调	借：资产处置费用 1 000 　　　固定资产累计折旧/通用设备/特设经济科目/固定资产折旧费 9 000 　　贷：固定资产/通用设备 10 000	不处理

二、1602#固定资产累计折旧

（一）业务概述

按照《政府会计准则第 3 号——固定资产》及应用指南的规定，固定资产累计折旧是指在固定资产的预计使用年限内，按照确定的方法对应计的折旧额进行系统分摊。

根据《政府会计准则第 3 号——固定资产》及应用指南的规定，高校文物及陈列品、动植物、图书档案及名义金额计价的固定资产等不计提折旧。

（二）科目设置

高校应设置"1602#固定资产累计折旧"科目，核算固定资产的预计使用年限内，按照确定的方法对应计的折旧额进行增减的情况。固定资产累计折旧科目应当结合内部成本费用管理的需要，并按照所对应固定资产的类别、项目、使用方向、使用部门等进行明细核算。固定资产累计折旧科目期末贷方余额反映学校计提的固定资产折旧累计数。

学校在"1602#固定资产累计折旧"科目下设"房屋及构筑物""通用设备""专用设备""家具用具装具"等二级科目。

（三）固定资产折旧计提

《政府会计准则第 3 号——固定资产》及应用指南规定：

（1）高校应根据固定资产分类和实际占用使用情况，合理确定其折旧年限。省级以上财政部门、主管部门对学校固定资产折旧年限作出规定的，从其规定。

（2）高校一般应当采用年限平均法或者工作量法计提固定资产折旧。学校采用年限平均法计提固定资产折旧。

（3）高校固定资产按其成本计提折旧，不考虑预计净残值。

（4）高校按月计提固定资产折旧。当月增加的固定资产，当月开始计提折旧；当月减少的固定资产，当月不再计提折旧。

（5）高校固定资产提足折旧后，无论能否继续使用，均不再计提折旧。提前报废的固定资产，也不再补提折旧。已提足折旧的固定资产，可以继续使用的，应当继续使用，规范管理。

（6）高校计提融资租入的固定资产折旧时，应当采用与自有固定资产相一致的折旧政策。能够合理确定租赁期届满时将会取得租入固定资产所有权的，应当在租入固定资产尚可使用年限内计提折旧；无法合理确定租赁期届满时能够取得租入固定资产所有权的，应当在租赁期与租入固定资产尚可使用年限两者中较短的期间内计提折旧。

（7）因发生后续支出而增加固定资产成本时，高校应当按照重新确定的固定资产成本以及占用使用年限等重新确定折旧年限，重新计算折旧额。

（8）高校应根据固定资产占用使用方向或用途确定折旧分摊对象，合理分摊到教育费用、科研费用、经营费用等中，以加强内部成本费用管理和绩效考核。

提示：① 学校固定资产按照使用用途分为自有固定资产和出租出借固定资产，按照使用状态分为在用固定资产和闲置固定资产、提前报废固定资产等。自用又进一步可分为用于教学（教学设备、教学用房等）、科研（科研设备、科研实验楼等）、行政管理（行政办公设备教具、行政办公用房等）、后勤保障（学生宿舍、食堂、供水供电设备设施等）等。对于出租出借固定资产和暂时闲置固定资产的折旧计提，现有制度没有明确规定。按照收支配比原则，对出租出借固定资产也应计提折旧，分摊计入"其他费用"科目；对于暂时闲置固定资产，可以暂停计提折旧。② 固定资产计提折旧应按照占用（使用）部门或用途分摊到相应部门或用途上，但在高校项目化核算下，特别是科研项目核算下，原固定资产购置已通过项目核算，如固定资产累计折旧再通过该项目核算，无形之中会导致该项目可用余额不准确。为此，学校应对固定资产累计折旧重新确定核算项目，从有利于内部成本核算与管理的角度，可根据成本核算指引相关的教育成本费用项目、科研成本费用项目等设置相应的核算项目。

（四）主要业务账务处理实践解读

1. 按月计提固定资产折旧时的账务处理

2019年1月1日以后购入的固定资产，学校按照实际计提金额和固定资产用途，财务会计借记"业务活动费用/科研费用"等科目，贷记"固定资产累计折旧"科目。预算会计不处理。

2. 固定资产处置时的账务处理

学校按照所处置固定资产的账面净值，财务会计借记"待处理资产损溢""资产处置费用"等科目；按照固定资产已累计计提折旧，借记"固定资产累计折旧"科目；按照固定资产的账面原值，贷记"固定资产"科目。预算会计不处理。

（五）主要业务会计核算实务举例

【例3-66】 6月份，根据学校资产管理部门提供的折旧汇总表，计提分摊6月份教育类391#项目固定资产折旧。（入账单据：固定资产折旧分摊汇总表、内部审批单等）

摘要	财务会计	预算会计
计提6月份固定资产折旧	借：业务活动费用/教育费用/特设经济科目/固定资产折旧费［391#项目］2 800 000 　　贷：固定资产累计折旧/房屋及构筑物 1 300 000 　　　　固定资产累计折旧/通用设备 800 000 　　　　固定资产累计折旧/专用设备 500 000 　　　　固定资产累计折旧/家具用具装具 200 000	不处理

备注：固定资产折旧需要从三个角度进行分摊：一是固定资产类别，分固定资产类别进行折旧，如房屋及建筑物累计折旧；二是固定资产占用使用类别，如教学用固定资产累计折旧，计入教育费用；三是占用使用单位，如××学院。

第七节　在建工程业务核算

高校在建工程一般都是委托建设，也有部分维修改造项目由学校自行建设。高校在建工程分为维修工程、基建工程和设备安装工程等，相应涉及工程物资的采购与领用、固定资产维修改造转入在建工程等相关业务管理和会计核算等。

一、1611#工程物资

（一）业务概述

工程物资一般是指工程建设过程中所需要的工程用材料、工程用设备等。工程用材料直接转化到在建工程投资中，构成在建工程项目组成。工程用设备是为工程施工或管理所用的设备，其通过价值分摊消耗逐步转化到在建工程投资中。

（二）科目设置

高校应设置"1611#工程物资"科目，核算高校为在建工程准备的各种物资的成本，包括工程用材料、工程用设备等。

学校在"1611工程物资"科目下设"1611.01#工程物资/库存材料""1611.02#工程物资/库存设备"等二级明细科目。

（三）主要业务账务处理实践解读

1. 购入为工程准备的物资

学校按照确定的物资成本，财务会计借记"工程物资/库存材料"等科目，贷记"零余额账户用款额度""银行存款""应付账款"等科目。同时，按照实际支付的款项金额，预算会计借记"事业支出"等科目，贷记"资金结存"等科目。

2. 在建工程项目领用的工程物资

学校按照所领用的工程物资成本，财务会计借记"在建工程/基建工程/工程备料款"等科目，贷记"工程物资/库存材料"科目。预算会计不处理。

3. 工程完工后将剩余的工程物资转作本单位库存物品

学校按照转出的工程物资数额，财务会计借记"库存物品"等科目，贷记"工程物资/库存材料"等科目。预算会计不处理。

涉及增值税业务的，相关账务处理参见"应交增值税"科目。

提示：目前，学校在建工程用材料等，基本实行"即买即领即用"的管理方式，仅通过"工程物资"科目实现过渡核算，购买入库和领用同时处理，一般没有库存余额。

（四）主要业务会计核算实务举例

【例3-67】　学校有一在建工程419#项目，由××公司承建。2月20日用银行存款购入为工程准备的物资，价值20 000元。3月1日××公司领用工程物资，价值15 000元。

工程完工后将剩余的工程物资转作本单位存货。（入账单据：网约报销审批单、工程物资采购入库单、工程物资采购发票、工程物资清单、领料单等）

（1）购买工程物资入库时。

摘要	财务会计	预算会计
购入××工程用物资	借：工程物资/库存材料［419#项目］20 000 　贷：银行存款 20 000	借：事业支出/教育事业支出/资本性支出/房屋建筑物购建［419#项目］20 000 　贷：资金结存/货币资金 20 000

（2）××公司领用工程物资时。

摘要	财务会计	预算会计
××公司领用工程物资	借：在建工程/基建工程/工程备料款/资本性支出/房屋建筑物构建［419#项目］15 000 　贷：工程物资/库存材料［419#项目］15 000	不处理

（3）多余工程物资转库存物品。

摘要	财务会计	预算会计
剩余工程物资转库存物品	借：库存物品/维修材料 5 000 　贷：工程物资/库存材料［419#项目］5 000	不处理

二、1613#在建工程

（一）业务概述

在建工程主要是高校新建、改建、扩建和大中型修缮改造以及设备安装等工程项目。在建工程投资包括建筑安装工程投资、设备投资、待摊投资、其他投资，以及待核销基建支出、基建转出投资等。

提示：在建工程业务管理涉及在建工程概算、预算、核算、结算、决算等"五算"管理环节和内容。概算的内容是在建工程在项目可行性论证阶段估算的投资规模，是政府发改部门批复基建投资额度的依据。预算的内容是学校根据在建工程各项设计确定的投资规模并纳入预算管理的指标计划。一般来说，在建工程项目投资预算不能超过投资概算额度。所谓核算就是在建工程实施过程中的相关会计核算，包括预付账款、支付工程进度款、采购工程物资及领用核算等。所谓结算是指承建公司与学校间就已竣工在建工程项目的工程款进行的造价审计核对与结算工作，以确认最终工程造价和建设方应支付的工程款项。所谓决算是指在建工程竣工交付后，高校应在完成整个在建工程项目的结算基础上，对已竣工交付在建工程进行总投资汇总工作。

（二）科目设置

根据基本建设投资内容及《政府会计制度》中有关"在建工程"核算的规定，高校应设置"1613#在建工程"科目，核算高校发生投资支出但尚未完工交付使用的各种建筑（包括新建、改建、扩建、修缮等）和设备安装投资的实际成本。"在建工程"科目按照工程性质和具体工程项目等进行明细核算。

学校在"1613#在建工程"科目下设"1613.01#在建工程/基建工程""1613.02#在建工程/维修工程"两个二级明细科目,并按照具体项目进行项目辅助明细核算。

"1613.01#在建工程/基建工程"和"1613.02#在建工程/维修工程"科目下再按照建筑安装工程投资、设备投资、待摊投资、其他投资、基建转出投资、待核销基建支出等设置三级明细科目进行核算。

1. 建筑安装工程投资

建筑安装工程投资核算学校发生的构成建设项目实际支出的建筑工程和安装工程的实际成本,不包括设备投资本身,主要是基建建筑安装工程的进度结算工程款,设置"建筑工程"和"安装工程"下一级明细科目。

2. 设备投资

设备投资核算学校发生的构成建设项目实际支出的各种设备的实际成本。设备投资按照是否需要安装又分为"在安装设备""不需安装设备""工具器具"等明细科目。

3. 待摊投资

待摊投资核算学校发生的构成建设项目实际支出的、按照规定应当分摊计入有关工程成本和设备成本的各项间接费用和税费支出,包括基建项目支付给外部服务机构的检测费、招标公证费、测量费、审计费、交易服务费、可行性研究报告费等。

4. 其他投资

其他投资核算学校发生的构成建设项目实际支出的房屋购置支出、林木绿化支出,以及办公生活用家具、器具购置等支出。

5. 基建转出投资

基建转出投资核算学校为建设项目配套、产权不归属学校的专用设施的实际成本,主要是校园外供电、供水引入管线支出等。

6. 待核销基建支出

待核销基建支出核算学校建设项目发生的前期河道、道路、绿化等支出,以及取消项目的可行性研究费用支出和项目整体报废发生的支出等不能形成资产的部分。

提示:学校基建项目投资预算控制严格结合项目施工单位进行控制,一个建设项目可分为若干单位施工。为此,不同的施工项目可设置成不同的基建子项目来控制,如A项目为某个在建工程总投资项目,则甲施工单位施工A项目下的某子工程项目,就可设置为A01子项目,其投资预算按照施工合同约定的款额从总项目投资预算中转入A01子项目下。如A01子项目在施工中预算有调整,则相应调整预算。

(三)主要业务账务处理实践解读

1. 建筑安装工程投资

(1)将待改建、扩建及修缮的固定资产等转入改建、扩建时,学校按照转入改扩建资产账面价值,财务会计借记"在建工程/基建工程/建筑安装工程投资"(待改建扩建固定资产净值)、"固定资产累计折旧"(待改建、扩建固定资产累计已计提固定资产折旧额)等科目,贷记"固定资产"(待改建、扩建固定资产原值)等科目。预算会计不处理。

提示：需要维修、改扩建的固定资产（房屋与建筑物）是否需要转入"在建工程"进行归集核算，一是要判断该维修、改扩建是否需要进行工程造价审计和结算，假如工程施工时间长且需要进行工程造价审计和结算，一般建议转入"在建工程"进行归集核算；二是要判断该固定资产在维修、改扩建过程中是否需要停止使用，假如是简单的维修改造，一般不建议转入"在建工程"进行归集核算，直接列入"维修（护）费"即可，同时，固定资产按原值转入"在建工程"过程中，如涉及被替换或被维修改造部分的价值需要从固定资产原值中核销，则需要根据被替换或被维修部分的净值再转入"待处理资产损溢"，即财务会计借记"待处理资产损溢"科目，贷记"在建工程/建筑安装工程投资"（待改建扩建固定资产净值）。

（2）按照委托建设合同约定工程款支付节点和工程完成量结算应支付工程进度款时，学校按照实际已支付或应支付工程款，财务会计借记"在建工程/基建工程/工程进度款"等科目，贷记"银行存款""零余额账户用款额度""应付账款"等科目。同时，按照实际支付的工程款金额及经费预算，预算会计借记"事业支出/教育事业支出"等科目，贷记"资金结存/货币资金"等科目。

提示：支付基建工程项目工程进度款时，一是要求对方根据已完成工程量开具工程发票；二是按照合同约定和已完成工程量计算应支付工程进度款额；三是工程预付款和工程进度款是不同概念，一般前者是在施工进场时按照合同约定支出，后者是根据已完成工程量按约定比例支付；四是不论是预付工程款还是工程进度款，都可直接计入"预付账款/预付工程款"进行往来核算，也可以按照"施工单位+工程项目"组合形式实施单独核算模式，直接将工程进度款计入"在建工程/基建工程/工程进度款"科目进行归集核算。但不论何种核算模式，都需要严格按照"一个合同一个工程项目一个施工单位"进行项目化核算，按照合同确定该项目投资预算。

（3）根据合同约定和工程实际，学校采购甲供材。该业务核算见本节"1611#工程物资"相关内容。

（4）学校根据工程进度及工程所需甲供材规格、数量等，及时供应甲供材。按照施工单位领用甲供材单据，财务会计借记"预付账款/预付备料款"（往来结算模式）、"在建工程/基建工程/工程备料款"（工程进度款模式）等科目，贷记"工程物资"科目。预算会计不处理。

（5）学校后勤服务部门自行施工小型建筑安装工程，主要是改建、扩建和修缮等项目发生各项费用支出时，财务会计借记"在建工程/维修工程/建筑安装工程投资"等科目，贷记"银行存款"等科目。同时，按照实际支付的款项金额，预算会计借记"事业支出"等科目，贷记"资金结存/货币资金"等科目。

（5）建设工程施工项目竣工验收并完成结算审计报告，学校根据审计报告办理工程款结算，按照工程款结算单所载内容，财务会计借记"在建工程/基建工程/建筑安装工程投资"科目，贷记"预付账款/预付工程款""预付账款/预付备料款""在建工程/基建工程/工程进度款""在建工程/基建工程/工程备料款"等科目；如有质保金，贷记"其他应付款"等科目；剩余应支付工程款，贷记"银行存款"等科目。同时，根据本环节实际支付的工程款金额，预算会计借记"事业支出"等科目，贷记"资金结存"等科目。

(6) 工程竣工验收交付使用时，学校根据竣工交付资产决算单，财务会计借记"固定资产"等科目，贷记"在建工程/基建工程/建筑安装工程投资""在建工程/基建工程/待摊投资"等科目。预算会计不处理。

提示：工程项目结算和决算是不同的概念，工程结算是根据工程项目造价审计结果对双方应付已付工程款进行结算、结清的过程，一般一个施工合同、一个施工项目、一个结算审计报告形成一份结算清单。工程决算是根据建设投资项目各组成投资部分的汇总总投资办理竣工交付和资产交付过程，一般是一个建设项目一份决算报告，反映该建设项目总投资完成情况。

2. **设备投资**

（1）购入设备进入安装时，学校按照支付价款，财务会计借记"在建工程/基建工程/设备投资"等科目，贷记"银行存款"等科目。同时，按照实际支付款项的金额和用途，预算会计借记"事业支出"等科目，贷记"资金结存/货币资金"等科目。

（2）安装完毕交付使用时，学校按照设备安装投资成本（含安装工程成本），财务会计借记"固定资产"等科目，贷记"在建工程/基建工程/设备投资""在建工程/基建工程/工程进度款"等科目。预算会计不处理。

3. **待摊投资**

（1）归集发生构成待摊投资的各类费用时，学校按照归集支付数额，财务会计借记"在建工程/基建工程/待摊投资"科目，贷记"银行存款"等科目。根据支付数额，预算会计借记"事业支出"等科目，贷记"资金结存"等科目。

（2）对于建设过程中试生产、设备调试等产生的收入，学校按照收入额度，财务会计借记"银行存款"等科目，贷记"在建工程/基建工程/待摊投资"等科目；按其差额，贷记"其他收入"科目。同时，根据实际收到的金额，预算会计借记"资金结存"科目，贷记"其他预算收入"科目。

（3）经批准将单项工程或单位工程报废净损失计入继续施工的工程成本时，学校根据计入工程投资的损失额，财务会计借记"在建工程/基建工程/待摊投资"、"银行存款"（获得赔款等）等科目，贷记"在建工程/基建工程/建筑安装工程投资"（毁损报废工程成本）等科目。预算会计不处理。

（4）工程交付使用时，学校按照确定的分配方法进行待摊投资分配，将待摊投资分配到相应的不同在建工程项目中，财务会计借记"在建工程/基建工程/建筑安装工程投资"等科目，贷记"在建工程/基建工程/待摊投资"等科目。预算会计不处理。

备注：待摊投资的归集分配可按照应分配的各在建工程投资结算额或在建工程概算额等进行平均分配。

4. **其他投资**

（1）发生其他投资支出时，学校按照其他投资发生额度，财务会计借记"在建工程/基建工程/其他投资"等科目，贷记"银行存款"等科目。同时，按照实际支付的金额，预算会计借记"事业支出"等科目，贷记"资金结存"等科目。

（2）资产交付使用时，学校按照其他投资形成资产的决算金额，财务会计借记"固定资产"等科目，贷记"在建工程/基建工程/其他投资"等科目。预算会计不处理。

5. 基建转出投资

（1）建造的产权不归属学校的专用设施转出时，学校归集相关投资支出，财务会计借记"在建工程/基建工程/基建转出投资"科目，贷记"在建工程/基建工程/建筑安装工程投资"等科目。预算会计不处理。

（2）冲销转出的在建工程时，学校按照归集的待转出投资支出，财务会计借记"无偿调拨净资产"科目，贷记"在建工程/基建工程/基建转出投资"等科目。预算会计不处理。

6. 待核销基建支出

（1）发生各类可直接归属于待核销基建支出的支出时，学校按照待核销投资支出额度，财务会计借记"在建工程/基建工程/待核销基建支出"科目，贷记"零余额账户用款额度""银行存款等"科目。同时，根据待核销的资金支付，预算会计借记"事业支出"等科目，贷记"资金结存"等科目。

（2）取消的项目发生的可行性研究费，学校按照取消项目发生的可行性研究费金额，财务会计借记"在建工程/基建工程/待核销基建支出"科目，贷记"在建工程/基建工程/待摊投资"科目。预算会计不处理。

（3）由于自然灾害等原因发生的项目整体报废所形成的净损失，学校按照该在建工程项目损失投资金额，财务会计借记"在建工程/基建工程/待核销基建支出"科目，借记"银行存款"（残料变价收入、保险赔款等）等科目，贷记"在建工程/基建工程/建筑安装工程投资"等科目。预算会计不处理。

（4）经批准冲销待核销基建支出时，学校按照批准核销金额，财务会计借记"资产处置费用"科目，贷记"在建工程/基建工程/待核销基建支出"等科目。预算会计不处理。

备注：维修改造等维修工程投资核算，可参考以上步骤设计核算程序。特别是维修改扩建项目投资部分不能增加固定资产价值的，直接借鉴"待核销基建支出"方式转入"维修（护）费用"支出，或每年年度末按实际支付金额暂估转入"维修（护）费用"核算，准确核算费用化支出。

7. 在建工程竣工暂估交付

根据《政府会计准则制度解释第4号》规定，对于建设周期长、建设内容多的大型项目，单项工程已交付使用但尚未办理竣工财务决算手续的，高校应当先按照估计价值将单项工程转为固定资产。对于一项涉及多项固定资产的在建工程，在建工程按照估计价值转入固定资产时，高校应当分别确定各项固定资产的估计价值。在建工程按照估计价值转入固定资产之后、办理竣工财务决算之前，发生调整已确认的应付工程价款等影响估计价值的事项，高校应当先通过"在建工程"科目进行会计处理，再由在建工程转入固定资产。

8. 关于代建制建设项目投资核算

根据《政府会计准则制度解释第2号》规定，建设项目实行代建制的，建设单位应当要求代建单位通过工程结算或年终对账确认在建工程成本的方式，提供项目明细支出、建设工程进度和项目建设成本等资料，归集"在建工程"成本，及时核算所形成的"在建工程"资产，全面核算项目建设成本等情况。相关账务处理详见《政府会计准则制度解释第 2 号》有关规定，具体核算处理基本与委托建设制相同。

（1）拨付代建单位工程款时，学校按照拨付的款项金额，财务会计借记"预付账款/预付工程款"科目，贷记"财政拨款收入""零余额账户用款额度""银行存款"等科目。同时，按照实际支付金额，预算会计借记"事业支出"等科目，贷记"财政拨款预算收入""资金结存"科目。

（2）按照工程进度结算工程款或年终代建单位对账确认在建工程成本时，学校按照确定的金额，财务会计借记在建工程/基建工程/建筑安装工程投资等明细科目，贷记"预付账款/预付工程款"等科目。预算会计不处理。

（3）确认代建管理费时，学校按照确定的金额，财务会计借记在建工程/基建工程/待摊投资"明细科目，贷记"预付账款/预付工程款"等科目。预算会计不处理。

（4）项目完工交付使用资产时，学校按照代建单位转来在建工程成本中尚未确认入账的金额，财务会计借记"在建工程/基建工程/建筑安装工程投资"等明细科目，贷记"预付账款/预付工程款"等科目。同时，按照在建工程成本，财务会计借记"固定资产""公共基础设施"等科目，贷记"在建工程"科目。工程结算、确认代建费或竣工决算时涉及补付资金的，应当在确认在建工程的同时，按照补付的金额，贷记"财政拨款收入""零余额账户用款额度""银行存款"等科目。同时，根据实际补付资金，预算会计借记"事业支出"等科目，贷记"资金结存"等科目。

（四）主要业务会计核算实务举例

【例3-68】 2019年，学校启动基建工程B项目建设，该项目投资预算为1亿元。

（1）2019年7月，学校根据规定，支付相关勘察设计费等前期费用合计100万元（入B01勘察设计子项目核算）。（入账单据：网约报销审批单、相关工程合同复印件、勘察设计相关发票、银行支付回单或国库支付回单等）

摘要	财务会计	预算会计
××支付××公司B项目勘察设计费等	借：在建工程/基建工程/待摊投资/资本性支出/房屋建筑物购建[B01#项目] 1 000 000 　　贷：零余额账户用款额度/授权支付 1 000 000	借：事业支出/教育事业支出/资本性支出/房屋建筑物购建[B01#项目] 1 000 000 　　贷：资金结存/零余额账户用款额度 1 000 000

（2）2019年9月，学校通过招标确定××施工单位为总承包施工单位，中标价为8 000万元，双方签订合同。现根据合同约定，施工进场前预付工程款500万元（入B02工程子项目核算）。（入账单据：网约报销审批单、施工合同复印件、工程预付款收据或工程款发票等）

摘要	财务会计	预算会计
××预付××公司B项目工程款	借：预付账款/基建工程预付款/预付工程款/资本性支出/房屋建筑物购建[B02#项目] 5 000 000 　　贷：零余额账户用款额度/授权支付/预算外额度 5 000 000	借：事业支出/教育事业支出/资本性支出/房屋建筑物购建[B02#项目] 5 000 000 　　贷：资金结存/零余额账户用款额度 5 000 000

（3）2019年12月，根据施工进度和施工合同约定，学校须支付××施工单位B工程项目施工进度款2 000万元。按照施工合同约定，本次应全部扣回预付工程款，实际支付1500万元。（入账单据：网约报销审批单、施工合同复印件、工程进度结算审批单、工程款发票、银行或国库资金支付回单等）

摘要	财务会计	预算会计
××支付××公司B项目工程进度款	借：在建工程/基建工程/建筑安装工程投资/建筑工程/资本性支出/房屋建筑物购建［B02#项目］20 000 000 　　贷：预付账款/基建工程预付款/预付工程款/资本性支出/房屋建筑物购建［B02#项目］5 000 000 　　　　零余额账户用款额度/授权支付 15 000 000	借：事业支出/教育事业支出/资本性支出/房屋建筑物购建［B02#项目］15 000 000 　　贷：资金结存/零余额账户用款额度 15 000 000

（4）2020年7月，学校为B项目采购、安装电梯（入B03安装子项目核算），合同价为100万元。根据合同约定，货到施工现场需预付60%货款，安装调试完成须预付20%货款，剩余货款待正式交付使用一周内支付，留5%质保两年。（入账单据：网约报销审批单、电梯采购合同复印件、已支付货款往来清单、采购发票、银行或国库授权支付回单等）

摘要	财务会计	预算会计
××结算支付××公司B项目电梯款	借：在建工程/基建工程/设备投资/资本性支出［B03#项目］1 000 000 　　贷：预付账款/采购预付款/资本性支出［B03#项目］800 000 　　　　零余额账户用款额度/授权支付 150 000 　　　　长期应付款 50 000	借：事业支出/教育事业支出/资本性支出/专用设备购置［B03#项目］150 000 　　贷：资金结存/零余额账户用款额度 150 000

（5）2021年7月，学校B工程项目已处于待竣工交付状态，根据工程建设要求，学校通过招标选择××绿化公司负责工程项目周边绿化工程，合同价为50万元，分两次支付，第一次支付合同价的50%，第二次支付经审计后的剩余部分。竣工审计核实为48万元。（入账单据：网约报销审批单、绿化工程项目财务结算审批单、绿化工程造价审计报告原件、工程发票、银行或国库资金支付回单等）

摘要	财务会计	预算会计
××结算支付××公司B项目绿化款	借：在建工程/基建工程/资本性支出［B04#项目］480 000 　　贷：预付账款/基建工程预付款/预付工程款/资本性支出［B04#项目］250 000 　　　　零余额账户用款额度/授权支付 230 000	借：事业支出/教育事业支出/资本性支出/房屋建筑物购建［B04#项目］230 000 　　贷：资金结存/零余额账户用款额度 230 000

（6）2021年12月，B工程项目竣工验收并交付使用，B工程项目各子项目财务会计账面数据显示实际完成投资合计为9 500万元，其中建筑安装投资8 500万元，设备投资

150万元,待摊投资750万元,其他投资100万元,未发生需要转出投资和待核销基建支出。因××施工单位造价审计尚未完成,年底根据账面投资汇总暂估交付固定资产。(入账单据:暂估交付汇总单、内部审批单、竣工资产交付单等)

摘要	财务会计	预算会计
暂估交付B工程项目资产	借:固定资产/房屋建筑 93 500 000 　　固定资产/专用设备 1 500 000 　贷:在建工程/基建工程/待摊投资[B01#项目] 7 500 000 　　　在建工程/基建工程/建筑安装工程投资[B02#项目] 85 000 000 　　　在建工程/基建工程/设备投资[B03#项目] 1 500 000 　　　在建工程/基建工程/其他投资[B04#项目] 1 000 000	不处理

【例3-69】 2021年7月,学校基建工程C项目的石材采购安装工程已经完成审计,根据审计合同及核减量等确认要支付××审计事务所的审计费用为20 000元。(入账单据:支付凭证、审计费发票、审计报告、合同、财政授权支付凭证等)

摘要	财务会计	预算会计
××付南京××审计事务所C项目石材采购工程审计费	借:在建工程/基建工程/待摊投资/资本性支出/房屋建筑物购建[C项目] 20 000 　贷:零余额账户用款额度/授权支付 20 000	借:事业支出/教育事业支出/资本性支出/房屋建筑物购建[C项目] 20 000 　贷:资金结存/零余额账户用款额度 20 000

【例3-70】 2021年7月,根据工程建设管理规定,学校基建工程D项目施工建设前,需要向南京市××委员会缴纳建设配套费用300 000元。(入账单据:支付凭证、缴纳明细、收款票据、财政授权支付凭证)

摘要	财务会计	预算会计
××付南京市××委员会D工程项目配套费	借:在建工程/基建工程/待摊投资/资本性支出/房屋建筑物购建[D项目] 300 000 　贷:零余额账户用款额度/授权支付 300 000	借:事业支出/教育事业支出/资本性支出/房屋建筑购建[D项目] 300 000 　贷:资金结存/零余额账户用款额度 300 000

第八节　无形资产业务核算

高校作为以人才培养、科学研究和社会服务为主要职能的学术组织，各项教学科研活动非常多，相应专利权、著作权等无形资产的转移、转让等业务核算和管理就非常重要。本节将研发支出也纳入无形资产业务进行核算管理。

一、1701#无形资产

（一）业务概述

无形资产是指高校持有的没有实物形态的可辨认非货币性资产，包括专利权、商标权、著作权、土地使用权、非专利技术等。

高校购入的不构成相关硬件不可缺少组成部分的应用软件，应当作为无形资产核算。非大批量购入、单价小于 10 000 元的无形资产，可以于购买的当期将其成本直接计入当期费用。

提示：目前学校软件、著作权、专利权等无形资产一般按名义价值 1 元 1 件入账。学校所拥有的无形资产主要是各项专利权和软件，而专利等更多需要缴纳专利维护费。

（二）科目设置

根据《政府会计准则第 4 号——无形资产》和《政府会计制度——会计科目与报表》有关无形资产确认、计量、记录和披露等规定，高校应设置"1701#无形资产"科目，反映高校无形资产增减变动情况。本科目应当按照无形资产的类别、项目等进行明细核算。

学校在"1701#无形资产"科目下设"1701.01#无形资产/专利权""1701.02#无形资产/专有技术""1701.03#无形资产/著作权""1701.04#无形资产/商标权""1701.05#无形资产/土地使用权""1701.09#无形资产/其他"等二级明细科目。

（三）主要业务账务处理实践解读

1. 无形资产在取得时，应当按照其实际成本入账

（1）对外购的无形资产，学校按照其购买价款、相关税费以及可归属于该项资产达到预定用途所发生的运输费、装卸费等其他支出确定其成本，财务会计借记"无形资产"科目，贷记"零余额账户用款额度""银行存款"等科目。同时，按照实际支付的价款和实际用途，预算会计借记"事业支出/教育事业支出""事业支出/科研事业支出""经营支出"等科目，贷记"资金结存"等明细科目。其中，如发生预付款项或应付款项结算的，按照预付应付款项核算规定处理。

（2）委托软件公司开发软件等无形资产视同外购无形资产进行处理。

（3）对自行开发并按法律程序申请取得的无形资产。该业务过程按照"研发支出"有关核算规定处理。

（4）接受捐赠取得的无形资产，其成本按照有关凭据注明的金额加上相关税费等确定；没有相关凭据的，其成本比照同类或类似无形资产的市场价格加上相关税费等确定；没有相关凭据、同类或类似无形资产的市场价格也无法可靠取得的，该资产按照名义金额入账，但其相关税费支出不计入无形资产成本，直接计入财务会计相关"费用"科目和预算会计相关"支出"科目。学校按照确定的无形资产成本，财务会计借记"无形资产"科目，贷记"捐赠收入"科目。因未发生相关款项支付，故预算会计不处理。

（5）置换取得的无形资产成本按照换出资产的评估价值加上支付的补价或减去收到的补价，再加上其他支出等确定，学校根据相关材料和确认金额，财务会计借记"无形资产"（按照确定的换入资产各项成本）、"无形资产累计摊销"、"固定资产累计折旧"等科目，贷记"无形资产"、"固定资产"（按照换出资产账面原始价值）、"银行存款"（实际支付税费等）科目。置换过程中，涉及补价的，学校根据收到的补价，财务会计借记"银行存款"等科目，贷记"其他收入"科目；预算会计借记"资金结存"科目，贷记"其他预算收入"科目。如支付补价的，直接计入"换入资产"价值，根据支付补价数额，预算会计借记"事业支出"等科目，贷记"资金结存"等科目。

（6）无偿调入的无形资产，学校按照确定的无形资产成本，财务会计借记"无形资产"科目，贷记"无偿调拨净资产"科目；如发生由调入方支付的相关税费等，财务会计借记"无形资产"科目，贷记"银行存款"等科目，同时，调入方根据实际支付的相关税费等，预算会计借记"其他支出"科目，贷记"资金结存"等科目。

无形资产取得时涉及增值税业务的，相关账务处理参见"应交增值税"科目等。

2. 无形资产的使用

按月进行无形资产摊销时，学校按照应摊销金额和无形资产用途，财务会计借记"业务活动费用""单位管理费用""经营费用"等科目，贷记"无形资产累计摊销"科目。具体见无形资产摊销业务核算。预算会计不处理。

提示：《政府会计准则第4号——无形资产》规定，单位应当采用年限平均法或者工作量法对无形资产进行摊销。目前，学校采用的是年限平均摊销法。

3. 与无形资产有关的后续支出，应根据以下情况分别处理

（1）为提升无形资产的使用效能而发生的后续支出，如对软件进行升级改造或扩展其功能等所发生的支出，应当计入无形资产的成本。学校按照后续支出及相关材料，财务会计借记"无形资产"科目，贷记"零余额账户用款额度""银行存款"等科目。同时，按照实际支付的价款，预算会计借记"事业支出"等科目，贷记"资金结存"科目。

（2）为维护无形资产的正常使用而发生的后续支出，如对软件进行漏洞修补、技术维护等，学校按照相关规定发生的专利权、维护费等支出，应当计入当期费用但不计入无形资产的成本，财务会计借记"业务活动费用""单位管理费用"等科目，贷记"零余额账户用款额度""银行存款"等科目。同时，按照实际支付的价款，预算会计借记"事业支出"等科目，贷记"资金结存"科目。

备注：如何区分是延长功能性支出还是维持使用状态性支出，学校是按照支出金额大小和功能升级程度两方面确定。为简化管理，一般确定为费用性支出。

4. 无形资产的减少，应分以下情况进行处理

（1）报经批准对外出售、转让无形资产。无形资产出售、转让分为出售、转让所有权和使用权两种。出售、转让所有权时,无形资产才真正从单位所有让渡给受让方,包括无形资产的占用、使用、收益、处分等权利。出售、转让无形资产使用权,不改变转让方对其占用、使用、收益、处分等权利。为此,出售、转让方式不同,相应的业务核算也不同。

出售、转让无形资产所有权时,学校按照出售、转让的无形资产的账面净值,财务会计借记"资产处置费用"科目;根据无形资产已计提累计摊销额,借记"无形资产累计摊销"科目;按照无形资产账面原值,贷记"无形资产"科目。同时,按照应收或已收到的款项,财务会计借记"其他应收款"或"银行存款"等科目,贷记"应缴财政款"(按规定应上缴财政)或"其他收入"(按规定留归单位纳入预算管理使用)等科目。相应地,按照实际收到的留归单位纳入预算管理使用的款项,预算会计借记"资金结存"科目,贷记"其他预算收入"科目。

出售、转让无形资产使用权时,学校按照资产出租收入进行会计核算,按照应收或实际收取的款项,财务会计借记"其他应收款"或"银行存款"等科目,贷记"其他收入"科目。同时,按照实际收到的价款,预算会计借记"资金结存"科目,贷记"其他预算收入"科目。

(2)报经批准对外无偿调出或捐赠无形资产时,学校按照待处置无形资产的账面净值,财务会计借记"无偿调拨净资产"(无偿调出)或"资产处置费用"(对外捐赠)等科目;按照无形资产已计提摊销,借记"无形资产累计摊销"科目;按照无形资产的账面原值,贷记"无形资产"科目。预算会计不处理。

(3)置换换出无形资产。以无形资产换入库存物品、固定资产或其他无形资产时,学校按照换出无形资产的账面价值、评估价等方式确定的成本,财务会计借记"库存物品""固定资产"等科目;按照换出无形资产已计提摊销,借记"无形资产累计摊销"科目;按照换出无形资产账面原值,贷记"无形资产"科目。预算会计不处理。

如果无形资产置换过程中,对于换出方涉及支付补价时,学校按照支付补价金额,换出方直接计入换入资产成本,财务会计借记"库存物品""固定资产"等科目,贷记"银行存款"等科目。同时,按照实际支付补价金额,预算会计借记"事业支出"等科目,贷记"资金结存"等科目。对于换出方涉及收到补价时,按照收到补价金额,财务会计借记"银行存款"等科目,贷记"应缴财政款"(应上缴财政)或"其他收入"(留归单位纳入部门预算管理)等科目。同时,按照实际收到的纳入部门预算管理的金额,预算会计借记"资金结存"科目,贷记"其他预算收入"科目。

(四)主要业务会计核算实务举例

【例3-71】 2020年2月,根据学校虚拟仿真实验需要,用391#项目专业建设经费购入××教学实验用虚拟仿真软件一套,招标签订合同价款30万元。根据合同约定,2020年3月通过零余额账户支付预付款10万元。2020年5月收到软件并安装调试完成且通过验收,通过零余额账户再支付剩余款项。

(1)根据合同约定,支付预付款10万元时。(入账单据:暂付款支付审批单、合同复印件、预付款收据或发票、零余额账户支付回单等)

摘要	财务会计	预算会计
××预付××公司虚拟仿真教学软件款	借：预付账款/采购预付款/资本性支出［391#项目］100 000 　　贷：零余额账户用款额度/授权支付 100 000	借：事业支出/教育事业支出/资本性支出［391#项目］100 000 　　贷：资金结存/零余额账户用款额度 100 000

（2）验收合格，根据合同约定，支付剩余款项时。（入账单据：网约报销审批单、软件采购发票、合同复印件、无形资产验收入库单）

摘要	财务会计	预算会计
××结算支付××公司虚拟仿真实验软件款	借：无形资产［391#项目］300 000 　　贷：预付账款/采购预付款/资本性支出［391#项目］100 000 　　贷：零余额账户用款额度/授权支付 200 000	借：事业支出/教育事业支出/资本性支出［391#项目］200 000 　　贷：资金结存/零余额账户用款额度 200 000

【例3-72】 2020年7月，学校为提高科学研究水平，以其1元名义计价入账的专利所有权置换一套实验装备，该实验装备市场价为30万元，该专利权评估价为25万元，学校用391#项目学科建设经费再支付5万元补价，双方不涉及其他费用结算。所付款项通过银行存款账户支付，置换资产验收投入使用。（入账单据：置换合同复印件、设备验收入库单、其他相关材料等）

摘要	财务会计	预算会计
××置换换入××公司实验装备一套	借：固定资产/专用设备［391#项目］300 000 　　贷：无形资产 1 　　　　银行存款 50 000 　　　　其他收入［391#项目］249 999	借：事业支出/科研事业支出/资本性支出［391#项目］50 000 　　贷：资金结存 50 000

【例3-73】 2020年7月，学校用391#项目学科建设经费支付教学管理软件升级服务费3万元和年运行维护费2万元。因为该升级服务费不涉及大的功能调整，故直接视为费用性支出。（入账单据：网约报销审批单、服务费发票、相关合同复印件、验收手续等材料）

摘要	财务会计	预算会计
××支付××公司教学管理系统升级费和运行维护费	借：业务活动费用/教育费用/商品和服务支出［391#项目］50 000 　　贷：银行存款 50 000	借：事业支出/教育事业支出/商品和服务支出［391#项目］50 000 　　贷：资金结存/货币资金 50 000

二、1702#无形资产累计摊销

（一）业务概述

无形资产摊销是指在无形资产使用寿命期内，按照确定的摊销方法对无形资产价值进行摊销处理。其中，以名义金额计量的无形资产不进行摊销。

关于无形资产摊销年限，根据《政府会计准则第4号——无形资产》有关规定，法律规定有效使用年限的，按照法律规定有效年限确定摊销年限；法律没有规定有效年限的，按照合同或协议规定的受益年限摊销；法律和合同等都没有明确规定有效年限或受益年限的，按照其服务潜力预计使用年限确定摊销年限。

（1）学校对于取得的单位价值小于1 000元的无形资产，可以于取得的当月，将其成本一次性全部摊销。

（2）学校采用年限平均法对无形资产进行摊销。

（3）学校无形资产的应摊销总金额为其总成本。

（4）学校自无形资产取得当月起，按月进行无形资产摊销；无形资产减少的当月，不再摊销。

（5）无形资产全部摊销后，无论能否继续带来服务潜力或经济利益，均不再摊销；核销的无形资产，如果尚未全部摊销，也不再继续摊销。

（6）因发生后续支出而增加无形资产成本的，应当按照重新确定的无形资产成本，重新计算摊销额。

（7）学校根据无形资产使用部门和用途确认分摊对象，分别摊入"业务活动费用/教育费用""业务活动费用/科研费用"等科目。

（二）科目设置

高校应设置"1702#无形资产累计摊销"科目，核算高校无形资产计提的累计摊销。同时，高校应按照内部成本费用管理需要，并按照所对应无形资产的类别、项目等进行明细核算。

学校在"1702#无形资产累计摊销"科目下设"1702.01#无形资产累计摊销/专利权摊销""1702.02#无形资产累计摊销/专有技术摊销""1702.03#无形资产累计摊销/著作权摊销""1702.04#无形资产累计摊销/商标权摊销""1702.05#无形资产累计摊销/土地使用权摊销""1702.09#无形资产累计摊销/其他摊销"等二级明细科目。

（三）主要业务账务处理实践解读

1. 按月进行无形资产摊销时的账务处理

学校按照应摊销金额及摊销费用应承担主体，财务会计借记"业务活动费用""单位管理费用"等科目，贷记"无形资产累计摊销"科目。预算会计不处理。

备注：准确计提摊销金额以及准确归集摊销费用到对应费用承担主体，就需要建立无形资产管理系统，定期核查无形资产占用使用状态，包括使用管理部门、服务对象等。只有准确划分了无形资产具体用途，才能真正归集无形资产摊销费用对象，后续内部成本费用管理才能获取真实可靠的决策信息。

2. 无形资产处置时的账务处理

学校按照所处置无形资产的账面净值，财务会计借记"资产处置费用"科目；按照该无形资产累计已计提摊销金额，借记"无形资产累计摊销"科目；按照无形资产的账面原值额，贷记"无形资产"科目。预算会计不处理。

（四）主要业务会计核算实务举例

【例3-74】 2020年7月，根据无形资产管理部门提供的无形资产摊销表，学校确定当月教学类无形资产摊销费用总额为20万元（经确认入391#项目核算）。（入账单据：无

形资产摊销分配表、内部审批单等）

摘要	财务会计	预算会计
计提7月份无形资产摊销费用	借：业务活动费用/教育费用/特设经济科目/无形资产摊销费［391#项目］200 000 　　贷：无形资产累计摊销 200 000	不处理

三、1703#研发支出

（一）业务概述

研发支出主要是指高校自行组织的研究开发项目的支出，包括研究阶段支出和开发阶段支出。高校自行研究开发项目研究阶段的支出，应当于发生时计入当期费用。自行研究开发项目开发阶段的支出，先归集后判断能否形成无形资产，如果最终能形成无形资产的，应当确认为无形资产；如果最终不能形成无形资产的，应当计入当期费用。

科学研究是高校重要的职能之一，往往以国家科研项目和企事业单位委托科研项目研究为主，包括引进人才给予科研启动费等自筹科研项目。为此，如何区分学校所承接的科学研究活动和《政府会计制度》有关自行组织的研发支出活动之间的关系就非常重要。

（二）科目设置

根据《政府会计制度》有关规定，高校应设置"1703#研发支出"科目，主要核算高校自行研究开发项目研究阶段和开发阶段发生的各项支出。"研发支出"科目期末借方余额，反映单位预计能达到预定用途的研究开发项目在开发阶段发生的累计支出数。

"研发支出"科目应当按照自行研究开发的不同阶段，分别设置"1703.01#研发支出/研究支出""1703.02#研发支出/开发支出"等二级明细科目核算。建设项目中的软件研发支出，应当通过"在建工程"科目核算，不通过"研发支出"科目核算。

（三）主要业务账务处理实践解读

1. 自行研究开发项目研究阶段的支出

首先进行各类支出费用的归集，学校按照从事研究及其辅助活动人员计提的薪酬，研究活动领用的库存物品，发生的与研究活动相关的管理费、间接费用和其他各项费用，财务会计借记"研发支出/研究支出"科目，贷记"应付职工薪酬""零余额账户用款额度""银行存款"等科目。同时，按照实际支付金额，预算会计借记"事业支出"等科目，贷记"资金结存"等科目。

期（月）末，应当将归集的研究阶段的研发支出金额转入当期费用，学校按照期（月）末归集结转额，财务会计借记"业务活动费用"等科目，贷记"研发支出/研究支出"科目。预算会计不处理。

2. 自行研究开发项目开发阶段的支出

首先进行费用支出归集，学校按照从事开发及其辅助活动人员计提的薪酬，开发活动领用的库存物品，发生的与开发活动相关的管理费、间接费用和其他各项费用，财务会计借记"研发支出/开发支出"科目，贷记"应付职工薪酬""零余额账户用款额度""银行存款"等科目。同时，按照实际支付款项金额，预算会计借记"事业支出"等科目，贷记"资金结存"等科目。

每年末，学校评估研究开发项目是否能达到预定用途，自行研究开发项目完成，达到预定用途形成无形资产时，学校按照归集的开发阶段的支出金额，财务会计借记"无形资产"科目，贷记"研发支出/开发支出"科目。预算会计不处理。

预计不能达到预定用途，无法最终完成开发项目并形成无形资产时，学校应当将已发生的开发阶段支出金额全部转入当期费用，财务会计借记"业务活动费用"等科目，贷记"研发支出/开发支出"科目。预算会计不处理。

自行研究开发项目时涉及增值税业务的，相关账务处理参见"应交增值税"科目。

备注：学校各科学研究形成的专利权等无形资产，基本按照名义价值计价，尚未通过"研发支出"科目进行核算归集。主要原因是研发支出的两阶段支出划分比较难，且易造成科学研究相关支出核算和研发支出核算间的冲突，特别体现在科研结题上。

（四）主要业务会计核算实务举例

【例3-75】 （1）2020年9月28日，学校自行研究开发项目尚处于研究阶段，发生人工费50 000元，领用材料费3 000元（经确认入科研551#项目核算），相关款项通过财政直接支付方式支付。（入账单据：成本归集计提表、材料领用出库单、财政直接支付回单等）

摘要	财务会计	预算会计
自行研究开发项目研究阶段的应付工资归集	借：研发支出/研究支出［551#项目］53 000 　贷：应付职工薪酬 50 000 　　　库存物品 3 000	不处理
支付××月份职工薪酬	借：应付职工薪酬 50 000 　贷：零余额账户用款额度 50 000	借：事业支出［551#项目］50 000 　贷：零余额账户用款额度 50 000

（2）2020年9月29日，该项目发生印刷费10 000元，会议费和差旅费30 000元，相关款项通过财政授权支付。（入账单据：网约报销审批单、印刷费发票、会议费和差旅费相关发票、财政授权支付回单等）

摘要	财务会计	预算会计
××报印刷费等	借：研发支出/研究支出/商品和服务支出［551#项目］40 000 　贷：零余额账户用款额度 40 000	借：事业支出/科研事业支出/商品和服务支出［551#项目］40 000 　贷：资金结存/零余额账户用款额度 40 000

（3）2019年9月30日，计提使用的固定资产累计折旧10 000元。（入账单据：固定资产累计折旧分摊表、内部审批单等）

摘要	财务会计	预算会计
归集自行研究开发项目研究阶段的固定资产累计折旧	借：研发支出/研究支出［551#项目］10 000 　贷：固定资产累计折旧 10 000	不处理

（4）9月末，将本科目归集的该项目研究阶段的支出金额转入当期费用。（入账单据：研发阶段相关支出汇总表、内部审批单等）

摘要	财务会计	预算会计
期末结转自行研究开发项目研究阶段的支出	借：业务活动费用［551#项目］103 000 贷：研发支出/研究支出［551#项目］103 000	不处理

第九节 其他资产类业务核算

本节主要介绍受托代理资产、长期待摊费用、文物文化资产、待处理财产损溢等资产业务核算。

一、1891#受托代理资产

（一）业务概述

受托代理资产是指高校接受委托方委托管理的各项资产，主要包括受托指定转捐赠的物资、受托储存管理的物资等。所受托资产产权不是受托单位的，受托单位只是受托暂时保管，并非最后的实际受益人，除非委托人同意，受托单位没有占有、处分和获取收益的权利。

提示：受托代理资产与通过捐赠获取的资产、非同级财政拨款、无偿调拨净资产、其他应付款项形成的资产间的区分，关键是在于判断资产产权的最终拥有者是谁。

（二）科目设置

高校应设置"1891#受托代理资产"科目，主要核算高校接受委托方委托管理的各项实物资产，包括受托指定转赠的物资、受托存储保管的物资等的成本，并按照资产的种类和委托人进行明细核算，属于转赠资产的，还应当按照受赠人进行明细核算。

"受托代理资产"科目借方登记受托代理资产的增加，贷方登记受托代理资产的减少。科目余额为借方，反映单位受托代理资产中的实物资产余额。

根据《补充规定》和《衔接规定》相关要求，学校在"1891#受托代理资产"科目下设"1891.01#受托代理资产/应收及暂付款""1891.02#受托代理资产/固定资产""1891.03#受托代理资产/无形资产""1891.09#受托代理资产/其他资产"等二级明细科目。

学校收到的受托代理资产为现金和银行存款的，不通过"受托代理资产"科目核算，应当通过"库存现金/受托代理资产""银行存款/受托代理存款账户"明细科目核算。

（三）主要业务账务处理实践解读

1. 受托转赠物资

（1）接受委托人委托需要转赠给受赠人的物资，其成本按照有关凭据注明的金额确定。学校按照接受委托转赠的物资验收入库单及确定的成本，财务会计借记"受托代理资产"科目，贷记"受托代理负债"科目。因受托代理资产不属于部门预算管理范畴，预算会计不处理。

受托协议约定由受托方承担相关税费、运输费等时，学校按照实际支付的相关税费、运输费等金额，财务会计借记"其他费用"科目，贷记"银行存款"等科目。同时，因支付相关税费、运输费等支出须纳入部门预算编制范围，故预算会计借记"其他支出"科目，贷记"资金结存"等科目。

（2）受托转赠物资交付受赠人时，学校按照转赠物资的成本，财务会计借记"受托代理负债"科目，贷记"受托代理资产"科目。预算会计不处理。

（3）转赠物资的委托人取消了对捐赠物资的转赠要求，且不再收回捐赠物资时，学校应当将转赠物资转为单位的库存物品、固定资产等，并按照转赠物资的成本，财务会计借记"受托代理负债"科目，贷记"受托代理资产"科目。同时，财务会计借记"库存物品""固定资产"等科目，贷记"其他收入"科目。预算会计不处理。

提示：如果取消受托转赠现金资产的对外捐赠，则财务会计借记"受托代理负债"科目，贷记"库存现金/受托代理资产"或"银行存款/受托代理存款账户"科目。同时，财务会计借记"库存现金""银行存款"等科目，贷记"其他收入"科目，预算会计借记"资金结存/货币资金"科目，贷记"其他预算收入"科目。为何此时需要进行预算会计"平行记账"处理？根本原因是原不纳入部门预算管理范畴的现金流入，在取消转赠情况下，就变化为须纳入部门预算管理范畴的现金流入了。

2. 受托存储保管物资

（1）接受委托人委托存储保管的物资，其成本按照有关凭据注明的金额确定。学校根据委托储存的物资验收入库单及确定的成本，财务会计借记"受托代理资产"科目，贷记"受托代理负债"科目。预算会计不处理。

（2）发生由受托单位承担的与受托存储保管的物资相关的运输费、保管费等费用时，学校按照实际发生的费用金额，财务会计借记"其他费用"等科目，贷记"银行存款"等科目。同时，根据实际支付金额，预算会计借记"其他支出"科目，贷记"资金结存/货币资金"等科目。

（3）委托人要求交付或发出受托存储保管的物资时，学校按照发出物资的成本，财务会计借记"受托代理负债"科目，贷记"受托代理资产"科目。预算会计不处理。

3. 受托代理资产使用

（1）发生涉及受托代理资金的各种应收及暂付款项时，学校按照实际发生金额，财务会计借记"受托代理资产/应收及暂付款"科目，贷记"银行存款/受托代理资产""库存现金/受托代理资产"等明细科目；收回其他应收款项或报销时，财务会计借记"库存现金/受托代理资产""银行存款/受托代理资产""受托代理负债"等科目，贷记"受托代理资产/应收及暂付款"科目。预算会计不处理。

（2）使用受托代理资金购置固定资产或无形资产时，学校按照受托代理资产购置固定资产，财务会计借记"受托代理资产/固定资产"或"受托代理资产/无形资产"等明细科目，贷记"银行存款/受托代理资产""库存现金/受托代理资产"等科目。受托代理资产科目下"固定资产""无形资产"不计提折旧和摊销。受托代理的固定资产、无形资产报废、转交时，按照受托代理的固定资产、无形资产账面余额，财务会计借记"受托代理负债"科目，贷记"受托代理资产"科目及其明细科目。预算会计不处理。

提示：①学校实物性受托代理资产通过"受托代理资产"科目核算，该科目下"应收及暂付款"明细科目主要核算受托代理党费团费的预借款等。②因高校不具备罚没权限，故基本不存在因罚没物资产生受托代理资产核算情况，该方面的会计核算制度解读略。③受托代理资产下的"固定资产"不计提折旧，是因为不适合冲销受托代理资产对应的"受托代理负债"额度。

（四）主要业务会计核算实务举例

【例3-76】 9月10日，学校收到××老师缴纳的住宅个人维修基金20 000元，存入维修基金银行存款专户。（入账单据：网约报销审批单、个人交款收据、银行收款回单等）

摘要	财务会计	预算会计
收到××老师维修资金（个人部分）	借：银行存款/受托代理存款账户/维修资金账户 20 000 　　贷：受托代理负债/个人维修基金 20 000	不处理

【例3-77】 4月，学校根据业委会要求，动用个人维修基金预付××维修公司维修工程款30 000元。（入账单据：维修工程暂付款单、维修工程施工合同复印件、预付款发票或收据、银行支付回单等）

摘要	财务会计	预算会计
××预付住宅维修工程款	借：受托代理资产/应收及暂付款 30 000 　　贷：银行存款/受托代理存款账户/维修基金账户 30 000	不处理

二、1901#长期待摊费用

（一）业务概述

长期待摊费用是指高校已经发生但应由本期和以后各期负担的分摊期限在1年以上（不含1年）的各项费用，如以经营租赁方式租入的固定资产发生的改良支出（维修改造、装修改造）、一次性支付一定金额以上的安家费等。

长期待摊费用本质上属于一项费用性支出，但用于该项费用性支出所产生的服务潜力或带来的经济利益超过1年，且该项费用支出数额较大，一次性计入当期费用易造成财务状况和运行情况反映信息失真，故需要按期进行分摊确认到各受益期。或者可理解为一次性支付相关费用，多期享受其带来的收益。

（二）科目设置

高校应设置"1901#长期待摊费用"科目，主要核算高校已经支出，但应由本期和以后各期负担的分摊期限在1年以上（不含1年）的各项费用。该科目借方登记发生的待摊费用，贷方登记各期分摊的待摊费用，期末借方余额反映尚未摊销完的长期待摊费用。

"长期待摊费用"科目应当按照费用发生的种类、项目进行明细核算。

（三）主要业务账务处理实践解读

1. 发生长期待摊费用时的账务处理

学校按照实际支出或应当支出金额，财务会计借记"长期待摊费用"科目，贷记"零余额账户用款额度""银行存款""其他应付款"等科目。同时，根据实际支出金额，预算会计借记"事业支出"等科目，贷记"资金结存"科目。

2. 受益期内平均摊销长期待摊费用时的账务处理

学校按照摊销金额和摊销对象，财务会计借记"业务活动费用""单位管理费用""经营费用"等科目，贷记"长期待摊费用"科目。预算会计不处理。

3. 如某项长期待摊费用已经不能使单位受益时的账务处理

应当将其摊余金额一次性全部转入当期费用。学校按照摊销金额，财务会计借记"业务活动费用""单位管理费用""经营费用"等科目，贷记"长期待摊费用"科目。预算会计不处理。

提示：学校目前暂未通过该科目对有关业务进行核算，建议部分大中维修项目（不确认为固定资产增值的大中维修）、引进人才安家费（具有多年服务期约定的人才引进）等可列入该科目核算，再逐年摊销至相关费用明细科目。

（四）实际业务会计核算举例

【例 3-78】 2019 年 9 月，学校继续教育学院租用外单位办公楼用于继续教育，租期五年，年租金 50 万元。2019 年为将办公室改造成教室，发生各种改造投资合计 300 万元，改造已竣工交付使用（经确认入 327#项目核算）。

（1）通过国库集中支付年租金 50 万元，财政拨款授权支付。（入账单据：网约报销审批单、租用合同复印件、租金发票、国库支付回单等）

摘要	财务会计	预算会计
支付2019年××公司租赁费	借：业务活动费用/教育费用/商品和服务支出 [327#项目] 500 000 　　贷：零余额账户用款额度/授权支付 500 000	借：事业支出/教育事业支出/商品和服务支出 [327#项目] 500 000 　　贷：资金结存/零余额账户用款额度 500 000

（2）归集核算各项改造费用合计 300 万元（平时核算）。（入账单据：网约报销审批单、费用发票、款项支付回单等）

摘要	财务会计	预算会计
支付结算××项目改造款	借：在建工程/基建工程/资本性支出 [327#项目] 3 000 000 　　贷：银行存款 3 000 000	借：事业支出/教育事业支出/资本性支出 [327#项目] 3 000 000 　　贷：资金结存/货币资金 3 000 000

（3）2019 年办公室改造完成，验收交付使用。竣工决算累计发生各项改造投资合计 300 万元。（入账单据：工程竣工造价审计报告原件、竣工工程财务结算审批单、款项支付回单等）

摘要	财务会计	预算会计
决算××项目改造完成交付资产	借：长期待摊费用［327#项目］3 000 000 贷：在建工程［327#项目］3 000 000	不处理

（4）按照租赁期 5 年，按年分摊长期待摊费用。2020 年分摊长期待摊费用 60 万元。（入账单据：长期待摊费用分摊表、内部审批单等）

摘要	财务会计	预算会计
分摊 2020 年长期待摊费用	借：业务活动费用/教育费用［327#项目］600 000 贷：长期待摊费用［327#项目］600 000	不处理

三、1821#文物文化资产

（一）业务概述

文物文化资产是指高校用于展览、教育或研究等目的的历史文物、艺术品以及其他具有文物文化或历史价值且具备长期保存价值的各项典藏等。文物文化资产分为文物资产和文化资产。

（二）科目设置

根据《政府会计制度》相关规定，高校应设置"1821#文物文化资产"科目，核算反映高校文物文化资产的增减变动情况。科目借方反映文物文化资产的增加，贷方反映文物文化资产的减少，期末借方余额反映单位期末文物文化资产的价值。

学校在"1821#文物文化资产"科目下设"1821.01#文物文化资产/文物资产"和"1821.02#文物文化资产/文化资产"两个明细科目。

（三）主要业务账务处理实践解读

1. 文物文化资产的取得

（1）通过外购方式取得的文物文化资产。学校按照取得时实际支付的购买价格、相关税费以及归属于该项资产达到预定使用状态前发生的运输费、安装费等其他支出，财务会计借记"文物文化资产"科目，贷记"银行存款"等科目。同时，根据该文物文化资产的用途，预算会计借记"事业支出/教育事业支出""事业支出/科研事业支出"等明细科目，贷记"资金结存/货币资金"等科目。

（2）无偿调入取得的文物文化资产。学校按照调出方账面价值加上归属于调入方的相关税费，财务会计借记"文物文化资产"科目（账面价值＋相关税费），贷记"银行存款"（支付的相关税费）、"无偿调拨净资产"（调出方账面价值）等科目。同时，根据实际支付相关税费，预算会计借记"事业支出"等科目，贷记"资金结存"等科目。

如果无偿调入的文物文化资产价值无法取得，学校按照名义价值计价，财务会计借记"文物文化资产"（名义价值）科目，贷记"无偿调拨净资产"科目；对于调入方支付的相关税费，财务会计借记"其他费用"科目，贷记"银行存款"等科目。同时，根据财务会计与预算会计"平行记账"要求，按照实际支付的相关税费金额及调入文物文化资产的用途，预算会计借记"事业支出"或"其他支出"等科目，贷记"资金结存/货币资金"等科目。

（3）接受捐赠获得的文物文化资产。学校分别按照有关凭证注明价格、资产评估确定的价格、市场同类或类似资产价格，加上支付的相关税费等，财务会计借记"文物文化资产"科目（确定价格＋相关税费），贷记"银行存款"（支付的相关税费）、"捐赠收入"（确定的捐赠文物文化资产价格）等科目。同时，根据支付的相关税费等，预算会计借记"其他支出"等科目，贷记"资金结存"等科目。

如果无偿捐赠的文物文化资产原始价值无法取得，学校按照名义价值计价，则财务会计借记"文物文化资产"（名义价值）科目，贷记"捐赠收入"科目；对于受赠方支付的相关税费，财务会计借记"其他费用"科目，贷记"银行存款"等科目。同时，根据财务会计与预算会计"平行记账"要求，按照实际支付的相关税费金额及捐入文物文化资产的用途，预算会计借记"事业支出"或"其他支出"等科目，贷记"资金结存/货币资金"等科目。

2. 文物文化资产的使用

根据《政府会计制度》规定，文物文化资产属于特殊类资产，使用过程中不需要计提或摊销相关价值损耗，故不计提累计折旧或摊销。

3. 文物文化资产的处理

（1）经批准对外捐赠文物文化资产。学校按照相关捐赠文物文化资产的账面余额和归属于捐出方承担的相关税费，财务会计借记"资产处置费用"科目，贷记"文物文化资产""银行存款"等科目。同时，按照实际支付的相关税费金额，预算会计借记"其他支出"科目，贷记"资金结存/货币资金"等科目。

（2）经批准无偿调出文物文化资产。学校按照调出文物文化资产账面价值，财务会计借记"无偿调拨净资产"科目，贷记"文物文化资产"科目；按照实际支付的相关税费，财务会计借记"资产处置费用"科目，贷记"银行存款"等科目。同时，根据实际支付的相关税费金额，预算会计借记"其他支出"科目，贷记"资金结存/货币资金"科目。

（四）主要业务会计核算实务举例

【例3-79】 2019年9月，学校因艺术设计专业建设需要，从学科建设391#项目中购入一件艺术品，价款20万元，另支付运输费、装卸费1万元，所有款项通过银行存款账户支付，艺术品已验收入库。（入账单据：网约报销审批单，采购合同复印件，艺术品签收单及入库单，运输费、装卸费等费用发票，艺术品采购发票，银行支付回单等）

摘要	财务会计	预算会计
外购文物文化资产1件	借：文物文化资产［391#项目］210 000 贷：银行存款 210 000	借：事业支出/教育事业支出/资本性支出［391#项目］210 000 贷：资金结存/货币资金 210 000

【例3-80】 2019年9月，经批准接受外单位无偿调入文物文化资产1件，调出单位账面价值15万元，学校支付运输费、装卸费0.4万元（经确认入713#项目核算）。（入账单据：无偿调入通知、调入价值清单、资产移交接受签收单、运输费和装卸费发票、银行

支付回单等）

摘要	财务会计	预算会计
接受单位无偿调入文物文化资产1件	借：文物文化资产 154 000 　　贷：捐赠收入［713#项目］150 000 　　　　银行存款 4 000	借：其他支出/其他支出/资本性支出［713#项目］4 000 　　贷：资金结存/货币资金 4 000

【例3-81】 2019年9月，学校接受校友无偿捐赠书画作品一件，该书画暂无法取得具体价值额大小。以银行存款支付相关费用0.3万元（经确认入401#项目核算）。（入账单据：捐赠协议复印件、书画作品接受签单、相关费用发票、银行支付回单等）

摘要	财务会计	预算会计
××单位捐赠书画作业1件	借：文物文化资产 1 　　贷：捐赠收入 1 借：其他费用/商品和服务支出/其他商品和服务支出［401#项目］3 000 　　贷：银行存款 3 000	借：其他支出/商品和服务支出/其他商品和服务支出［401#项目］3 000 　　贷：资金结存/货币资金 3 000

【例3-82】 2019年9月，学校经批准无偿调出文物文化资产1件，其账面价值为10万元，调出过程中由学校支付相关费用0.2万元（经确认入401#项目核算）。（入账单据：文化资产调出协议或通知、相关费用发票、网约报销审批单、资产出库移交签收单等）

摘要	财务会计	预算会计
无偿调出文物文化资产1件	借：无偿调拨净资产 100 000 　　贷：文物文化资产 100 000 借：资产处置费用［401#项目］2 000 　　贷：银行存款 2 000	借：其他支出/商品和服务支出/其他商品和服务支出［401#项目］2 000 　　贷：资金结存/货币资金 2 000

四、1902#待处理资产损溢

（一）业务概述

待处理资产损溢是指高校持有的各类资产在资产清单过程中发生盘盈、盘亏和报废、毁损的价值。

高校资产发生如下情况，应作为待处理资产损溢处理：① 因资产自然损耗、意外灾害造成的毁损；② 因管理不善或责任者的过失造成的毁损；③ 因管理不到位造成的资产盘盈或盘亏；等等。高校应及时对资产毁损或盘盈、盘亏等形成的待处理资产损溢查明原因，按照规定程序报批处理。

（二）科目设置

根据《政府会计制度》相关规定，高校应设置"1902#待处理资产损溢"科目，主要核算高校在资产清查过程中查明的各种资产盘盈、盘亏和报废、毁损的处理情况。

"待处理资产损溢"科目应当按照待处置资产项目进行明细核算。对于在处置过程中取得相关收入、发生相关费用的处置项目，还应设置"待处理资产价值""处理净收入"

明细科目,进行明细核算。

"待处理资产损溢"科目借方反映高校资产清查中盘亏、毁损的金额以及盘盈的转销金额,贷方反映资产盘盈的金额以及盘亏、毁损的转销金额,期末借方余额反映尚未处理完毕的待处理资产净损溢情况。

学校"待处理资产损溢"科目明细科目设置见表3-5。

表3-5 待处理资产损溢明细科目设置表

科目代码	科目名称	核算要求
1902	待处理资产损溢	
1902.01	待处理流动资产损溢	核算学校对现金、库存物品等盘盈盘亏的处理
1902.01.01	待处理资产价值	
1902.01.02	处理净收入	
1902.02	待处理非流动资产损溢	核算学校对固定资产、无形资产等盘亏或报废、毁损等的处理
1902.02.01	待处理资产价值	
1902.02.02	处理净收入	

(三) 主要业务账务处理实践解读

1. 现金盘点时发现的库存现金短缺或溢余

(1) 现金盘点时,根据现金盘点单,发现现金短缺时,财务会计借记"待处理资产损溢"科目,贷记"库存现金"科目;发现现金溢余时,财务会计借记"库存现金"科目,贷记"待处理资产损溢"科目。由于原因不明,故预算会计不处理。

(2) 经查,现金短缺属于责任人责任时,学校按照应赔偿金额,财务会计借记"其他应收款"科目,贷记"待处理资产损溢"科目;差额部分,财务会计借记"资产处置费用"科目,贷记"待处理资产损溢"科目。同时,按照实际损失金额,预算会计借记"其他支出"科目,贷记"资金结存/货币资金"科目。否则全额转入财务会计"资产处置费用"科目和预算会计"其他支出"科目。

(3) 经查,现金溢余属于应支付给有关单位或人员部分时,学校按照应支付金额,财务会计借记"待处理资产损溢"科目,贷记"其他应付款"科目;差额部分,财务会计借记"待处理资产损溢"科目,贷记"其他收入"科目。同时,按实际归属所有无法查明原因的现金溢余金额,预算会计借记"资金结存/货币资金"科目,贷记"其他预算收入"科目。

2. 学校资产清查中发现存货、固定资产、无形资产、文物文化资产等各种非现金资产的盘盈

(1) 转入待处理资产时,学校按照确定的成本,财务会计借记"库存物品""固定资产""无形资产"等科目,贷记"待处理资产损溢"科目。预算会计不处理。

盘盈资产的成本确定主要有按评估价确定、按同类或类似资产价值确定、按名义价值确定等方式。

(2) 报经批准予以确认时,学校根据资产的实际使用用途,对于流动资产,财务会计借记"待处理资产损溢"科目,贷记"业务活动费用"或"单位管理费用"等科目。对于非流动资产,若是本年度取得的,财务会计借记"待处理资产损溢"科目,贷记"业务活动费用"等科目;若是以前年度取得的,直接调整以前年度盈余,财务会计借记"待处理资产损溢"科目,贷记"以前年度盈余调整"科目。预算会计都不处理。

提示:对于盘盈资产经批准是冲减"业务活动费用"还是"单位管理费用"等,关键是看该盘盈资产的具体使用用途。

3. 资产清查中发现存货、固定资产、无形资产等各种非现金资产的盘亏或报废、毁损

(1) 转入待处理资产时,学校按照盘亏、报废、毁损资产的账面价值,财务会计借记"待处理资产损溢/处置资产价值"(账面余额)、"固定资产累计折旧"、"无形资产累计摊销"等科目,贷记"库存物品""固定资产""无形资产"等科目。预算会计不处理。

(2) 报经批准予以处置时,财务会计借记"资产处置费用"科目,贷记"待处理资产损溢/待处理资产价值"科目。预算会计不处理。

(3) 报经批准处置毁损、报废库存物品、固定资产过程中收到残值变价收入、保险理赔和过失人赔偿等,财务会计借记"库存现金""银行存款"等科目,贷记"待处理资产损溢/处理净收入"科目。预算会计不处理。

(4) 处置毁损、报废库存物品、固定资产等资产过程中发生相关费用,财务会计借记"待处理资产损溢/处理净收入"科目,贷记"库存现金""银行存款"等科目。资产处置涉及应缴财政款情况,预算会计不处理。

(5) 处置完毕,如果处置收入大于相关处置费用,分以下两种情况进行处理。

① 需要上缴财政时,学校按照处置收入扣除相关处置费用后的净收入,借记"待处理资产损溢/处置净收入"科目,贷记"应缴财政款"等科目。预算会计不处理。

② 不需要上缴财政时,学校借记"待处理资产损溢/处置净收入"科目,贷记"其他收入"科目。同时,预算会计借记"资金结存/货币资金"科目,贷记"其他预算收入"等科目。

如果处置收入小于相关处置费用,学校按照相关处置费用超出处置收入的净损失,财务会计借记"资产处置费用"科目,贷记"待处理资产损溢/处置净收入"科目。同时,按照支付的处理净支出,预算会计借记"其他支出"科目,贷记"资金结存"等科目。

备注:① 该业务处理阶段的预算会计核算处理非常重要,须注意以下两点。一是什么情况下要进行预算会计"平行记账"处理。只有在全部处置完毕,需要对处置收入和处置费用进行对冲时才确认是否要进行预算会计"平行记账"核算处理,因为只有此时才能确认是否要上缴财政。如果要上缴财政,则不需要进行预算会计处理。二是预算会计如何确认"其他收入"或"其他支出"额度大小,关键看"待处理资产损溢/处置净收入"科目是借方余额还是贷方余额。② 学校在正常资产处置过程中,一般不用"待处理资产损溢"科目核算,直接计入"资产处置费用"科目。但因为学校资产报废、出售等处置过程中,从待处置资产内部收集与认定到主管部门审批批复等之间需要经过一段时间,为及时、全面反映国有资产状态,建议内部在完成收集及审批、待处置资产上缴学校后可预先计入"待处置资产损溢"科目,正式进行处理时,再计入"资产处置费用"科目。

(四) 主要业务会计核算实务举例

【例3-83】 现金盘盈。学校对库存现金进行核对盘点,发现现金盈余1 000元。(人

账单据：现金盘点表、相关人员签字确认）

（1）盘盈时。

摘要	财务会计	预算会计
现金盘点盈余	借：库存现金 1 000 　贷：待处理资产损溢 1 000	不处理

（2）经查，该盘盈现金应支付给有关人员或单位。（入账单据：审核认定表）

摘要	财务会计	预算会计
现金盘点盈余应付××人员	借：待处理资产损溢 1 000 　贷：其他应付款 1 000	不处理

（3）经查，该笔现金盘盈无法查明原因，报经批准后确认为学校其他收入。（入账单据：现金盘点表、相关人员签字确认）

摘要	财务会计	预算会计
现金盘点盈余归属学校	借：待处理资产损溢 1 000 　贷：其他收入 1 000	借：资金结存/货币资金 1 000 　贷：其他预算收入 1 000

【例3-84】　现金盘亏。学校对库存现金进行核对盘点，发现现金盈亏 1 000 元。（入账单据：现金盘点表、相关人员签字确认）

（1）盘亏时。

摘要	财务会计	预算会计
现金盘亏	借：待处理资产损溢 1 000 　贷：库存现金 1 000	不处理

（2）经查，该现金盘亏属于责任人责任，应由责任人赔偿。（入账单据：现金盘点表、相关人员签字确认）

摘要	财务会计	预算会计
现金盘亏赔偿	借：其他应收款 1 000 　贷：待处理资产损溢 1 000	不处理

（3）经查，该现金盘亏无法查明原因，经审批核销时。（入账单据：现金盘点表、相关人员签字确认）

摘要	财务会计	预算会计
现金盘亏无法查明原因	借：资产处置费用 1 000 　贷：待处理资产损溢 1 000	借：其他支出 1 000 　贷：资金结存/货币资金 1 000

第四章 负债类业务核算

第一节 基本概述

一、基本分类与概念

根据《政府会计具体准则第8号——负债》相关规定，高校债务分为举借债务、应付及预收款项负债、暂收性负债和预计负债四类。

举借债务是指高校通过融资活动借入的债务，包括按照规定向金融机构借入的短期借款和长期借款。

提示：根据国家和江苏省有关高校银行贷款管理规定，目前高校贷款只能按照规定额度分期化债，确保举债债务只减不增。

应付及预收款项负债是指高校在教学科研及社会服务活动中形成的应当支付而尚未支付的款项及预先收到但尚未实现收入的款项，包括应付职工薪酬、应付账款、预收账款、应交税费和其他应付未付款项。

提示：关于单位采购商品或服务合同所约定的义务，在没有履约前，应根据《政府会计制度》有关负债的确认条件，不论对方是否开具票据，财务会计应在跨年后及时确认借记"业务活动费用"或"单位管理费用"等科目，贷记"应付账款"科目。预算会计均不需要确认。

暂收性负债是高校暂时收取，随后应做上缴、退回、转拨等处理的款项，主要包括应缴财政款和其他暂收应付款项等。

预计负债是指高校与或有事项相关且满足政府会计准则第三条规定条件的现时义务。或有事项，是指由过去的经济业务或者事项形成的，其结果须由某些未来事项的发生或不发生才能决定的不确定事项，未来事项是否发生不在高校控制范围内。高校常见的或有事项主要包括：未决诉讼或未决仲裁、承诺（补贴、代偿）、自然灾害或公共事件的救助等。

根据《政府会计制度》有关财务会计与预算会计"平行记账"核算规则，负债增减所引起的现金流入流出，凡纳入部门预决算管理范畴的，同时应纳入预算收入或预算支出核算范畴。

二、负债与预算收支间的确认关系

按照《政府会计制度》相关规定，高校负债和预算收支间的"平行记账"核算确认关系可归纳为以下几种。

1. 直接确认为预算收入

一是涉及短期借款和长期借款的情况，当高校根据批准增加短期借款和长期借款时，预算会计确认"债务预算收入"增加；当高校偿还短期借款和长期借款时，预算会计确认"债务还本支出"增加；当高校根据批准办理"借新还旧"贷款时，预算会计全部确认为"债务还本支出"增减。

二是涉及预收账款的情况，当高校收到预收账款时，预算会计确认"事业预算收入""经营预算收入"等增加；当预收账款转收入时，预算会计不处理；当预收账款退回时，预算会计可确认"事业预算收入""经营预算收入"减少（当年）或"结转结余"减少（跨年）。

2. 直接确认为预算支出

一是涉及"应付账款"贷方增加时，预算会计不确认为预算支出；当"应付账款"借方减少且对方科目为货币资金时，预算会计确认为预算支出。

二是涉及"应交税费""应付职工薪酬"等贷方增加时，预算会计确认为预算支出；当"应交税金""应付职工薪酬"借方减少时，预算会计不处理。

三是涉及"其他应付款"贷方增加时，当因押金、质保金等形成的暂收性负债增加时，预算会计不确认为预算收入；当"其他应付款"借方减少且不属于退还押金、质保金的情况时，预算会计确认事业支出。

3. 不确认为预算收支

一是各种暂收性负债，如应缴财政款、其他应付款等，一旦确认为暂收性负债，该类负债在增加和减少时，都不确认为预算收支。

二是上述应付账款、预收账款等，在确认应付账款或预收账款转为收入时，不再重复确认为预算收支。

按照《政府会计制度》有关明细科目设置及"平行记账"核算规定，负债核算按权责发生制确认、计量、记录，对应预算收支按照收付实现制确认、计量、记录。二者因核算基础和确认范围的差异，导致出现时间性差异和永久性差异。前者如应付账款导致的财务会计"费用"确认在前，预算会计"支出"确认在后，预收账款导致的预算会计"预算收入"确认在前，财务会计"收入"确认在后；后者如债务预算收入、应缴增值税销项税引起的预算收入以及受托代理负债增减等。

三、负债管理

1. 往来核销管理

高校应加强举债资金使用管理，明确负债的偿还责任、偿还渠道等，及时清偿高校举债。一方面，应提高财务人员的风险意识和内控意识，在举债之前进行可行性分析，确定现有财务状况可承担的负债额度，明确高校举债融资的必要性和合理性；另一方面，财务部门应制定负债往来核销管理办法，规范往来核销手续，明确负债核算方法。

2. 往来对账管理

高校应定期对各类负债进行对账管理，安排专人定期编制应付账款等明细表进行复核，并与会计报表数、总账数、明细账的合计数等进行核对，达到账账相符、账表相符。对于学费类暂收款，应查明学生信息及暂收事项，及时进行账务处理。对于科研类暂收款，应及时提醒、督促相关人员及时办理入账手续。对于长期挂账款项，应及时通知相关经办人对接付款单位核实信息，办理财务入账手续。对于 3 年及以上无法确认信息及偿付的应付及预收款，财务部门应按照年度汇总，提交学校审议同意后，列入学校其他收入，并建立备查簿。

3. 往来催销管理

高校财务部门应定期对各项往来负债款项进行催销管理，可在每年 6 月与 12 月各集中催销一次，重点关注历史遗留的负债事项，积极转变思想观念，变被动清理为主动清理，协同相关部门分工分责，合力高效清理，缩短部分负债清理周期；另外，应成立专项工作催销管理小组，有针对性、有目的性地进行催销和清理，对有偿还能力的负债及时根据相关合同等规定进行清偿，对暂时无法偿还的债务制定具体的偿还计划。

第二节　银行借款业务核算

一、2001#短期借款

（一）业务概述

短期借款是指高校经批准向银行等金融机构借入的期限在 1 年内（含 1 年）的各种借款本金。短期借款业务主要包括根据债务规划及主管部门审批文件办理新增借款、展期借款（俗称借新还旧，或变更借款银行等）及银行贷款到账，借款利息支付及到期还本，以及无法偿付到期银行承兑汇票等。

该业务办理的重点主要有贷款规模、期限的确定，贷款银行及贷款利率及提前还贷的处理等，教育财政等主管部门对有关贷款规模及化债方案批复或备案，以及贷款利息支付和本金偿付的资金筹划等。

（二）科目设置

高校应设置"2001#短期借款"科目，主要核算短期借款的借贷和偿还情况，该科目应当按照贷款单位和贷款种类进行明细核算。

根据《政府会计制度》相关财务会计和预算会计"平行记账"核算规则，纳入部门预算管理范畴的银行借款须在预算会计中予以反映，故预算会计中增设"债务预算收入"和"债务还本支出"科目，以对应银行贷款增加与减少所引起的现金流入流出核算。

（三）主要业务账务处理实践解读

1. 借入各种短期借款时的账务处理

学校按照实际借入的金额，财务会计借记"银行存款"科目，贷记"短期借款"科目。同时，根据实际收到的贷款资金，预算会计借记"资金结存/货币资金"科目，贷记"债务预算收入"科目。

2. 学校开出的银行承兑汇票到期，学校无力支付票款时的账务处理

学校按照银行承兑汇票的票面金额，财务会计借记"应付票据"科目，贷记"短期借款"科目。同时，根据汇票票面金额，预算会计借记"资金结存"等科目，贷记"债务预算收入"科目。

3. 按期支付短期借款利息时的账务处理

学校按照支付利息数额，财务会计借记"其他费用/利息费用"科目，贷记"银行存款"科目。同时，按照学校实际支付的利息金额，预算会计借记"其他支出/利息支出"科目，贷记"资金结存"科目。

提示：目前贷款利息支付基本是按月支付，为及时反映月度财务状况，对于短期借款或季度利息支付额度较大的学校，可按月预计应支付利息，以确保月度间利息费用的均衡和真实。财务会计借记"其他费用/利息费用"科目，贷记"应付利息"明细科目。实际支付时，财务会计借记"应付利息"科目，贷记"银行存款"科目。同时，预算会计借记"其他支出/利息支出"科目，贷记"资金结存/货币资金"科目。

4. 归还短期借款时

学校根据偿还的贷款数据，财务会计借记"短期借款"科目，贷记"银行存款"科目。同时，根据实际偿还的金额，预算会计借记"债务还本支出"科目，贷记"资金结存"科目。

备注：目前学校尚未将1年内到期的"长期借款"转为"短期借款"进行核算处理。如数额较大，应对此进行账务处理。

提示：学校目前暂未区分1年内和1年以上借款核算，所有全部通过长期借款进行核算处理。按照规定，2019年后学校不再新增借款业务，相应的银行借款都应归为短期借款。

（四）主要业务会计核算实务举例

【例4-1】 12月21日，学校根据教育和财政主管部门有关银行存量贷款展期批复文件，向××银行申请对到期贷款展期（"借新还旧"贷款）贷款1 000万元，贷款期限1年，贷款年利率3.6%，按季支付利息，到期一次性还本。按照约定，学校须在12月20日前先偿还该笔贷款，然后才能办理"借新"贷款。

（1）学校根据贷款协议，动用暂时性闲置资金预先偿还到期贷款 1 000 万元。（入账单据：银行偿还贷款支付回单、原贷款合同复印件等）

摘要	财务会计	预算会计
偿还××银行到期贷款	借：短期借款 10 000 000 　　贷：银行存款 10 000 000	借：债务还本支出 10 000 000 　　贷：资金结存/货币资金 10 000 000

备注：按照"平行记账"核算规则和是否纳入预算管理规定，"借新还旧"式展期贷款应该可以不进行预算会计处理。但现行会计核算信息系统自动"触发"预算会计设置规则，一般都触发预算会计。为此，相应的"借新"就必须在本年度内完成，否则年终决算报表就会增加"债务还本支出"支出经济科目数额。

（2）根据展期批复文件，学校办理展期贷款 1 000 万元。（入账单据：银行贷款合同复印件、银行到款回单等）

摘要	财务会计	预算会计
收到××银行展期贷款下达	借：银行存款 10 000 000 　　贷：短期借款 10 000 000	借：资金结存/货币资金 10 000 000 　　贷：债务还本支出 10 000 000

备注：收到"借新还旧"贷款时，按照"债务预算收入"核算规定，预算会计应贷记"债务预算收入"，但因为不是真正意义上的新增贷款，故预算会计贷记"债务还本支出"科目，以冲抵原入账科目金额。

（3）计提 12 月 21 至 31 日银行贷款利息 1 万元（经确认入 421#项目核算）。（入账单据：贷款利息计提计算表）

摘要	财务会计	预算会计
计提××银行 12 月份贷款利息	借：其他费用/利息费用［421#项目］10 000 　　贷：应付利息 10 000	不处理

（4）支付 2020 年一季度贷款利息 10 万元（其中上年末剩余日期的贷款利息 10 000 元，本年 1—2 月贷款利息 60 000 元，3 月份当月贷款利息 30 000 元），从学校公共支出 421#项目中列支。（入账单据：银行贷款利息支付回单等）

摘要	财务会计	预算会计
支付××银行 2020 年一季度贷款利息	借：其他费用/利息费用［421#项目］30 000（3 月份利息） 　　应付利息 70 000（2019 年 12 月份＋2020 年 1—2 月份贷款利息） 　　贷：银行存款 100 000	借：其他支出/利息支出［421#项目］100 000 　　贷：资金结存 100 000

（5）12 月 20 日，学校支付银行贷款本金 1 000 万元。（入账单据：银行贷款合同复印件、银行账户偿还贷款本金支付回单等）

摘要	财务会计	预算会计
支付××银行贷款本金	借：短期借款 10 000 000 　　贷：银行存款 10 000 000	借：债务还本支出 10 000 000 　　贷：资金结存 10 000 000

二、2501#长期借款

（一）业务概述

长期借款是指高校经批准向银行等金融机构借入的期限超过1年（不含1年）的各种借款本息。高校长期借款管理的重点在贷款合同、贷款利率、贷款期限及贷款展期办理等方面。

1. 严格执行合同管理

高校应规范和完善银行贷款合同管理制度，明确相关管理部门的贷款合同签订与资金管理职责，避免和减少银行贷款合同管理不当造成的损失，进一步维护和保障高校的合法权益。凡是与银行签订的贷款合同，必须遵守国家法律和政策，一律采用书面形式；银行贷款合同在签订后交由学校统一保管，按财务档案的保管规定进行登记、编号和存档。

2. 严格执行利率管理

高校在获取贷款的同时，必须加强贷款利率的会商和确定，应向贷款银行申请优惠利率并保持贷款合同的稳定性，以降低利率风险。同时，应加强对每批贷款利率和利息支付的审核，确保贷款利率符合学校和银行的战略合作条款等约定。

3. 严格执行风险管理

高校需要对贷款进行风险管理，一方面建立贷款信息台账，分门别类详细记载贷款银行、贷款日期、还款日期、贷款金额、贷款利率等信息，及时筹措资金，合理安排利息的支付及到期本金的偿还；另一方面对日常支付能力执行预警机制，当现金存量一旦低于该警戒线或自有资金动用程度超过一定比例时，财务人员应发出风险警报，保证日常支付能力和资金稳定。

（二）科目设置

高校应设置"2501#长期借款"科目及下设"2501.01#长期借款/借款本金"和"2501.02#长期借款/应计利息"明细科目，并按照贷款单位和贷款种类进行明细核算。对于基建项目借款，还应按基建项目进行明细核算，以实现基建项目在建期间的利息支付资本化处理。

备注： 目前银行贷款利息支付基本都是按季度支付，考虑到会计信息利用情况，一般不按月计提应付利息，直接在季度支付贷款利息时确认财务"费用"或"预算支出"。

（三）主要业务账务处理实践解读

1. 新增借入长期借款时的账务处理

学校按照实际借入的金额，财务会计借记"银行存款"科目，贷记"长期借款"科目。同时，按照实际收到的借款资金，预算会计借记"资金结存/货币资金"科目，贷记"债务预算收入"科目。如果是"借新还旧"式展期贷款，则"先还后借"导致的贷款暂时增加，预算会计不确认为"债务预算收入"。

2. 为建造固定资产等应计入固定资产成本的借款利息的账务处理

按期计提利息时，分为以下情况处理：

（1）属于工程项目建设期间支付的贷款利息，应计入工程成本，学校按照应支付的利息，财务会计借记"在建工程/待摊投资"科目，贷记"应付利息"科目。预算会计不处理。

（2）属于工程项目竣工完工交付使用后支付的贷款利息，应计入当期费用但不计入工程成本，学校按照应支付的利息，财务会计借记"其他费用/利息费用"科目，贷记"应付利息"科目。预算会计不处理。

3. 其他长期借款利息的账务处理

学校按照应支付的利息金额，财务会计借记"其他费用/利息费用"科目，贷记"应付利息"科目。如为一次性还本付息的长期贷款，学校按照计提的应付利息，财务会计借记"其他费用"科目，贷记"长期借款/应计利息"科目。预算会计不处理。

4. 归还长期借款本息时的账务处理

（1）学校按贷款协议按期支付贷款利息时，财务会计借记"应付利息"科目，贷记"银行存款"科目。同时，根据实际支付的贷款利息，预算会计借记"其他支出/利息支出"科目，贷记"资金结存"科目。

（2）学校支付一次还本付息贷款本息时，财务会计借记"长期借款/借款本金""长期借款/应计利息"科目，贷记"银行存款"科目。同时，根据实际支付的贷款利息，预算会计借记"其他支出/利息支出""债务还本支出"等科目，贷记"资金结存"科目。

备注：对于应计入固定资产购建成本部分的贷款利息，预算会计应借记"教育事业支出/债务利息借用支出/国内债务付息"科目，贷记"资金结存"科目，以保持与部门预算的编报范围一致。从预算编报范畴考虑，对于建造期的贷款利息支付应纳入工程建设投资概预算编报范围。

5. 将1年内到期的长期借款转入短期借款时的账务处理

学校根据转入清单，财务会计借记"长期借款"科目，贷记"短期借款"科目。预算会计不处理。

提示：学校净增银行贷款时，预算会计借记"资金结存"科目，贷记"债务预算收入"科目，如未净增贷款余额，仅为"借新还旧"，则取得借款和偿还借款时，预算会计均通过"债务还本支出"科目核算，不通过"债务预算收入"科目核算。同年度内的"还旧"时，预算会计借记"债务还本支出"科目，贷记"资金结存"科目；"借新"时，预算会计借记"资金结存"科目，贷记"债务还本支出"科目。借款利息未通过"应付利息"计提时，根据实际发生的利息回单直接通过"其他费用/利息费用""其他支出/利息支出"科目核算。

（四）主要业务会计核算实务举例

【例4-2】 10月，学校根据主管部门有关贷款展期批复，现向××银行申请三年期贷款400万元，年利率为4%，每季末25日支付本季度贷款利息，到期一次性还本。根据要求，学校先动用自有资金偿还到期贷款500万元。

（1）学校动用自有资金偿还到期贷款500万元（不考虑利息）。（入账单据：贷款合同复印件、银行偿还贷款支付回单等）

摘要	财务会计	预算会计
偿还××银行到期贷款（到期日20××年××月××日）	借：长期借款/借款本金/资本性支出 5 000 000 　　贷：银行存款 5 000 000	借：债务还本支出/资本性支出 5 000 000 　　贷：资金结存/货币资金 5 000 000

（2）根据贷款展期批复，展期借入款项。（入账单据：贷款合同复印件、银行到款回单等）

摘要	财务会计	预算会计
收××银行贷款（到期日20××年××月××日）	借：银行存款 4 000 000 　　贷：长期借款/借款本金/资本性支出 4 000 000	借：资金结存/货币资金 4 000 000 　　贷：债务还本支出/资本性支出 4 000 000

提示：因是"借新还旧"，不是真正增加学校借款，故不增加学校债务预算收入，直接冲减"债务还本支出"。

（2）12月25日，支付本季度贷款利息10 000元。（入账单据：银行贷款利息支付回单等）

摘要	财务会计	预算会计
归还××银行第四季度贷款利息	借：其他费用/利息费用/债务利息及费用支出/国内债务付息 10 000 　　贷：银行存款 10 000	借：其他支出/利息支出/债务利息及费用支出/国内债务付息 10 000 　　贷：资金结存/货币资金 10 000

第三节　应缴税费业务核算

高校在履行人才培养、科学研究和社会服务等职能过程中，取得教育事业收入、科研事业收入以及经营收入、房租收入等，其中部分收入需要按照税法规定缴纳增值税和除增值税外的各项税费，包括城市维护建设税、教育费附加、地方教育附加、房产税、代扣代缴的个人所得税、企业所得税等。按照权责发生制确认原则，以上税费在尚未缴纳之前，形成高校应缴税费负债。

一、2101#应交增值税

（一）业务概述

应交增值税是指高校按照增值税税法等规定计算应缴纳的各项增值税，包括销售货物或提供服务发生的销项增值税，按月归集缴纳的已缴增值税以及按照增值税有关规定可以抵扣的进项增值税等。

高校应交增值税业务相对比较复杂，涉及小规模纳税人或一般纳税人认定办理、不同商品和服务增值税税率准确选择等问题。其包括准确选择所提供商品和服务的名称及类别，各项应税票据开具及退回作废或重开、跨月退回作废或重开，取得应税票据相关抵扣处理，按月计算应交增值税及账务核对工作，应交增值税相关账户开立及款项支付办理，等等。

1. 严格执行核对管理

高校财务部门应严格执行票据开具、纳税申报和会计核算之间的核对管理工作，每月须在规定时间前申报上月计提的增值税、增值税附加等税金。申报前须核对税务系统中的增值税销项税额、进项税额、城建及教育附加税与会计核算系统中的入账金额是否一致，如对账过程中发现不一致，须及时提出，并及时调整账务处理。

2. 严格执行票据管理

加强票据管理，切实做到以票管收、以票核征。严格按照收入的性质选择财政票据和税收发票，建立起完整的收费项目立项、申报、执收、核算、上缴、监督管理全过程的管理制度，严禁混用票据、超范围使用票据等违规行为发生。

（1）财务部门统一向主管部门申领票据并指定专人负责票据的管理工作，办理票据的领购、保管、登记、开具、核销等，以确保票据的合法合规使用。

（2）建立票据使用登记制度，登记票据的购入、发出、结存、回收、核销等情况，定期盘点，保证登记结余与实际盘存相符。

（3）票据领用后，不得转借、转让，不得拆本使用。

（4）对外开具票据所收款项须足额上交学校财务账户，纳入学校统一管理。

（5）财务部门应按规定保管票据及使用后的存根联和记账联，不得擅自销毁。根据票据管理的规定，从开具票据年度的次年起，票据存根保存五年，期满后可以进行销毁。

（6）若票据丢失，应及时报告，按照财政机关和税务机关关于票据遗失的相关规定处理。

（7）票据核销时，财务部门票据管理人员要检查票据是否按照规定使用、是否已及时完整入账等，对于税务发票要及时到主管税务机关进行核销验旧。

提示：增值税纳税人分为一般纳税人和小规模纳税人，一般纳税人采用的增值税率分别为16%、13%、10%、6%和零税率，小规模纳税人采用的增值税率为3%。相应的计税方法就分为一般计税方法和简易计税方法。其中，一般计税法又称为抵扣计税法，即本期应纳税额＝当期销项税额－当期进项税额。简易计税法下应纳税额＝不含税销售额×征收率。

（二）科目设置

根据增值税缴纳有关规定，高校应设置"2101#应交增值税"科目，按照增值税缴纳过程情况分别设置"应交税金""未交税金""预交税金"等明细科目。

学校横向科研收入、房租收入、零星场地出租（停车收费）收入等应税服务收入开具发票需要按规定缴纳增值税，采取简易计税方式计税，包括3%和5%的税率，故学校设置"2101.07#应交增值税/简易计税"科目核算。

（三）主要业务账务处理实践解读

1. 一般纳税人下的核算处理

一般纳税人缴纳增值税需要经过抵扣缴纳计算过程。

（1）销售应税产品或提供应税服务时，学校按实际收到或应收的价款，财务会计借记"银行存款""应收账款""应收票据"等科目；按扣除增值税额后的金额，贷记"事业收入/科研事业收入"等科目；按应交增值税金额，贷记"应交增值税/应交税金/销项税额"或"应交增值税/简易计税"科目。同时，根据实际收到的含税金额，预算会计借记"资金结存"科目，贷记"事业预算收入/科研事业预算收入"等科目。

提示：考虑到政府会计制度有关收入确认时点和增值税纳税义务确认时点间存在差异，一是如果政府会计制度有关收入确认时点早于增值税纳税义务确认时点时，应交相关增值税销项税额记入"应交增值税/待转销项税额"科目，待实际发生纳税义务时再转入"应交增值税/应交税金/销项税额"或"应交增值税/简易计税"科目；二是如果政府会计制度有关收入确认时点迟于增值税纳税义务确认时点时，应按照应纳增值税税额，借记"应收账款"等科目。

（2）购买用于增值税应税项目的商品或服务时，学校按实际不含增值税的金额，财务会计借记"库存物品""固定资产""经营费用"等科目；按照增值税发票上显示的增值税税额，借记"应交增值税/应交税金/进项税额"科目；按照应付或实际支付的金额，贷记"应付账款""银行存款"等科目。同时，根据支付的含税价款，预算会计借记"事业支出""经营支出"等科目，贷记"资金结存"等科目。

提示：考虑到进项税额需要认证抵扣的问题，对于未认证的进项税额，应借记"应交增值税/待认证进项税额"科目，认证通过后，再借记"应交增值税/应交税金/进项税额"科目，贷记"应交增值税/待认证进项税额"科目。认证未通过的，借记相关资产或成本费用科目，贷记"应交增值税/待认证进项税额"科目。

（3）学校实际缴纳增值税时，财务会计借记"应交增值税/应交税金/已交税额"科目，贷记"银行存款"科目。同时，根据实际缴纳增值税金额，预算会计借记"事业支出"等科目，贷记"资金结存"科目。

2. 小规模纳税人下的核算处理

小规模纳税人缴纳增值税不需要抵扣缴纳，进项税额不能抵扣，直接按照销项税额简易计算缴纳。

（1）小规模纳税人销售产品或提供服务时，学校按照应收或实收的全部价款（包含应交的增值税额），财务会计借记"应收账款""银行存款"等科目；按扣除应交增值税额贷记"事业收入/教育事业收入""事业收入/科研事业收入""经营收入"等科目；按照应交增值税额，贷记"应交增值税"科目。同时，根据实际收到的含税价款，预算会计借记"资金结存"科目，贷记"事业预算收入/教育事业预算收入""事业预算收入/科研事业预算收入""经营预算收入"等科目。

提示：关于应交增值税"平行记账"生成预算会计时，存在两种情况，一是尚未收到应交增值税款项时（即对应科目为应收账款时），该应交增值税"平行记账"生成预算收入借方发生额，即预算会计借记"事业预算收入"等科目，贷记"资金结存"等科目；二是已收到应交增值税款项时（即对应科目为货币资金科目时），该应交增值税"平行记账"是按不含应交增值税部分生成预算收入。两种情况下，预算收入的借贷发生额会产生差异。

（2）小规模纳税人购置产品或取得服务时，学校按照应支付或实际支付的全部含税价款，财务会计借记"库存物品""固定资产""经营费用"等科目，贷记"应付账款""银行存款"等科目。同时，根据实际支付金额，预算会计借记"事业支出""经营支出"等科目，贷记"资金结存"科目。

提示：会计核算系统根据"平行记账"核算规则，将"应交增值税""其他应交税费""应付职工薪酬"科目视同"货币资金"，其发生额在贷方时，相应"触发"生成预算会计核算。

（四）主要业务会计核算实务举例

【例4-3】 3月10日，学校××老师与××有限公司开展科研合作，取得科研技术服务费100 000元（不含3%增值税），已开具增值税普通发票且款项已收取，入横向科研542#项目核算。（入账单据：预开发票申请单、增值税发票记账联等）

摘要	财务会计	预算会计
收苏州××公司技术服务费	借：银行存款 103 000 　　贷：事业收入/科研事业收入/横向科研经费/科研增值税收入 [542#项目] 100 000 　　　　应交增值税/简易计税/简易计税3%/商品和服务支出/税金及附加费用 3 000	借：资金结存/货币资金 10 000 　　贷：事业预算收入/科研事业预算收入/横向科研经费/科研增值税收入 [542#项目] 10 000
计提收苏州××公司技术服务费相关税费	借：业务活动费用/科研费用/商品和服务支出/税金及附加费用 [542#项目] 360 　　贷：其他应交税费/应交城市维护建设税 210（3 000×7%） 　　　　其他应交税费/应交教育费附加 150（3 000×5%）	借：事业支出/科研事业支出/商品和服务支出/税金及附加费用 [542#项目] 360 　　贷：资金结存/货币资金 360

【例4-4】 3月11日，学校××老师与苏州××有限公司开展科研技术服务，预开增值税普通发票100 000元（不含3%增值税），款项尚未收到，入横向科研542#项目核算。（入账单据：预开发票申请单、增值税发票记账联等）

（1）开具普通增值税票时按照"实质重于形式"原则，学校科研收入以开票为收入确认时点，尚未严格执行权责发生制相关收入确认方式。（入账单据：增值税税单、开户申请单）

摘要	财务会计	预算会计
应收苏州××公司技术服务费	借：应收账款 [542#项目] 103 000 　　贷：事业收入/科研事业收入/横向科研经费/科研增值税收入 [542#项目] 100 000 　　　　应交增值税/简易计税/简易计税3%/商品和服务支出/税金及附加费用 3 000	借：事业预算收入/科研事业预算收入/横向科研经费/科研增值税收入 [542#项目] 3 000 　　事业支出/科研事业支出/商品和服务支出/税金及附加费用 360 　　贷：资金结存/货币资金 3 360
计提应收苏州××公司技术服务相关税费	借：业务活动费用/科研费用/商品和服务支出/税金及附加费用 [542#项目] 260 　　贷：其他应交税费/应交城市维护建设税 210（3 000×7%） 　　　　其他应交税费/应交教育费附加 150（3 000×5%）	

(2) 实际收到款项时。（入账单据：银行到款回单、科研到款确认单）

摘要	财务会计	预算会计
收到苏州××公司技术服务费	借：银行存款 103 000 　　贷：应收账款［542#项目］103 000	借：资金结存/货币资金 103 000 　　贷：事业预算收入/科研事业预算收入/横向科研经费/科研增值税收入［542#项目］103 000

【例 4-5】　4 月 5 日，学校缴纳 3 月技术服务增值税 3 000 元及其他应交税费 360 元，通过银行账户对公支付。（入账单据：银行支付回单、缴税明细表等）

摘要	财务会计	预算会计
缴纳 3 月技术服务增值税及附加税费	借：应交增值税/简易计税/简易计税3%/商品和服务支出/税金及附加费用 3 000 　　其他应交税费/应交城市维护建设税 210 　　其他应交税费/应交教育费附加 150 　　贷：银行存款 3 360	不处理

二、2102#其他应交税费

（一）业务概述

其他应交税费是指高校按照税法等规定计算应缴纳的除增值税外的各项税费，包括城市维护建设税、教育费附加、地方教育费附加、房产税、代扣代缴的个人所得税等。

其他应交税费业务的重点是代扣代缴个人所得税业务，包括个人所得税政策的宣传指导、通过学校工资薪酬系统按月或按次汇总预扣在职职工个人所得税、年终奖个人所得税筹划与代扣、校外人员劳务费个人所得税代扣代缴额的确定、按月汇总和核对已代扣个人所得税额度及清单、按月缴纳个人所得税以及账务处理等工作，还包括代扣代缴个人所得税手续费申请返还工作等。

（二）科目设置

根据应缴纳的其他税费种类，高校应设置"2102#其他应交税费"科目，并下设"2102.01#其他应交税费/应交城市维护建设税""2102.02#其他应交税费/应交教育费附加"等明细科目。学校其他应交税费明细科目设置如表 4-1 所示。

表 4-1　其他应交税费明细科目设置表

科目代码	科目名称	核算内容及要求
2102	其他应交税费	
2102.01	应交城市维护建设税	按照增值税额的7%计算
2102.02	应交教育费附加	按照增值税额的3%计算
2102.03	应交地方教育费附加	按照增值税额的2%计算
2102.04	应交房产税	按照房租收入税前金额的12%计算
2102.07	应交个人所得税	
2102.07.01	校内工薪	校内在职和退休人员工资薪金缴纳的个税

续表

科目代码	科目名称	核算内容及要求
2102.07.02	校外劳务	校外人员劳务缴纳的个税
2102.08	单位应交所得税	学校不缴纳企业所得税
2102.09	应交其他税费	房租收入的0.1%缴纳印花税、土地使用费

(三) 主要业务账务处理解读

1. 代扣代缴个人所得税

学校按税法规定计算应代扣代缴的职工个人所得税金额,包括其他人员的代扣代缴个人所得税额,财务会计借记"应付职工薪酬""业务活动费用""单位管理费用"等科目,贷记"其他应交税费/应交个人所得税"科目。预算会计不处理。

实际缴纳时,财务会计借记"其他应交税费/应交个人所得税"科目,贷记"银行存款"科目。同时,根据实际缴纳的个人所得税额,预算会计借记"事业支出""经营支出"等科目,贷记"资金结存"科目。

提示:代扣代缴个人所得税来自不同人员、不同经费项目,需要将分散的代扣代缴个人所得税汇总按期缴纳。为提高"平行记账"核算效率和准确性,一般在代扣个人所得税的同时就生成预算会计核算。

在职人员工资薪金计税,累计当年所有已经发放的工资薪金按综合所得税率计算预扣预缴个人所得税。

退休人员除退休工资免税外,其他酬金由学校按综合所得税率计算预扣预缴个人所得税。

校外人员发放劳务酬金须注明单位和职称,单次领取劳务费超过800元的部分按劳务费计税,由学校预扣预缴个人所得税,个人负责汇算清缴。

提示:学校教职工只有工资薪酬是通过"应付职工薪酬"计提再发放,日常发放的各项专家咨询、评审等其他绩效均通过"业务活动费用"等科目直接从相关业务经费项目中列支。

2. 城市维护建设税、教育费附加、地方教育费附加、房产税等

按税法规定计算的应缴税费金额,财务会计借记"业务活动费用"等科目,贷记"其他应交税费/应交城市维护建设税""其他应交税费/应交教育费附加""其他应交税费/应交房产税"等科目。

实际缴纳时,学校根据实际缴纳金额,财务会计借记"其他应交税费/应交城建税、应交教育费附加、应交房产税"等科目,贷记"银行存款"科目。同时,根据实际缴纳金额,预算会计借记"事业支出""经营支出"等科目,贷记"资金结存"科目。

提示:学校应纳房产税是高校出租、出借空闲房屋或门面房等按照从价或从租的计征方式计算的应纳税额,学校按照从租计征,税率为12%,即应交房产税=(房产租金扣除增值税)×0.12,学校房租收入通过716#项目核算。

3. 学校应缴纳的印花税、土地使用费通过"其他应交税费/应交其他税费"科目核算

(1) 收取房租开具发票计提印花税时,学校根据计提税金,财务会计借记"业务活动费用"等科目,贷记"其他应交税费/应交其他税费"科目;实际缴纳时,财务会计借记"其他应交税费/应交其他税费"科目,贷记"银行存款"科目。同时,根据实际缴纳的印花税金，预算会计借记"其他支出"科目，贷记"资金结存"科目。

（2）签订合同缴纳印花税时，学校按照每月签订的技术开发、转让、咨询服务等合同金额计算缴纳，不通过"其他应交税费/应交其他税费"科目预先计提核算，直接通过"业务活动费用"科目核算缴纳。同时，根据实际购买的印花税票，预算会计借记"事业支出""其他支出"等科目，贷记"资金结存"科目。

（3）土地使用税的缴纳。按"房屋实际出租面积×适用单位税额"缴纳土地使用税，学校按照实际缴纳金额，财务会计借记"其他应交税费/应交其他税费"科目，贷记"银行存款"科目。同时，根据实际缴纳金额，预算会计借记"事业支出""经营支出""其他支出"等科目，贷记"资金结存"科目。

4. 其他应交税费业务类型

（1）横向科研事业收入须计提并缴纳城市维护建设税、教育费附加、地方教育费附加。同时，签订的技术开发、转让、咨询服务等合同，须缴纳印花税。

（2）房屋出租收入须计提并缴纳城市维护建设税、教育费附加、地方教育费附加、土地使用税。

（四）主要业务会计核算实务举例

【例 4-6】 4 月 10 日，学校××学院从学科建设经费 391#项目中邀请校外专家做专业建设学术报告，按规定发放讲座费 3 550 元。（入账单据：网约酬金报销审批单、一般劳务酬金发放明细表、银行支付回单等）

摘要	财务会计	预算会计
发××专家学术报告讲座劳务费	借：业务活动费用/教育费用/商品和服务支出/劳务费/校外人员劳务费［391#项目］3 550 贷：其他应交税费/应交个人所得税/校外劳务 550 　　银行存款 3 000	借：事业支出/教育事业支出/商品和服务支出/劳务费/校外人员劳务费［391#项目］3 550 贷：资金结存/货币资金 3 550

【例 4-7】 4 月 20 日，学校收取××公司一季度房租 486 727 元（含税），开具房租增值税票据，经确认入学校房租收入 716#项目核算。（入账单据：归口部门收款确认书、增值税发票、租赁合同、银行收款回单等）

摘要	财务会计	预算会计
收××公司 1—3 月份房租 收××公司 1—3 月份房租计提税金 收××公司 1—3 月份房租计提城建税 收××公司 1—3 月份房租计提教育附加 收××公司 1—3 月份房租计提房产税 收××公司 1—3 月份房租计提印花税	借：银行存款 486 727 贷：租金收入/房租收入［716#项目］463 549.52 　　应交增值税/简易计税/简易计税 5%/商品和服务支出/税金及附加费用 23 177.48 借：业务活动费用/教育费用/商品和服务支出/税金及附加费用［716#项目］58 893.96 贷：其他应交税费/应交城市维护建设税 1 622.42 　　其他应交税费/应交教育费附加 1 158.87 　　其他应交税费/应交房产税 55 625.94 　　其他应交税费/应交其他税费 486.73	借：资金结存/货币资金 404 655.56 　　事业支出/教育事业支出/商品和服务支出/税金及附加费用［716#项目］58 893.96 贷：租金预算收入/房租收入［716#项目］463 549.52

【例 4-8】 4 月 10 日，学校缴纳 3 月份代扣个人所得税 500 000 元，其中校内人员 420 000 元，校外人员 80 000 元。（入账单据：个人所得税代扣代缴汇总表、银行支付回单）

摘要	财务会计	预算会计
缴纳 3 月份代扣个人所得税	借：其他应交税费/应交个人所得税/校内工薪 420 000 　　其他应交税费/应交个人所得税/校外劳务 80 000 　贷：银行存款 500 000	不处理

【例 4-9】 4 月 15 日，学校缴纳 3 月份增值税附征城建税 4.2 万元，增值税附征教育费附加 3 万元，缴纳房产税 1 万元。（入账单据：应交税费缴纳明细表、银行支付回单）

摘要	财务会计	预算会计
缴纳 3 月份增值税附征城建税 缴纳 3 月份增值税附征教育附加 缴纳 3 月份房产税	借：其他应交税费/应交城市维护建设税 42 000 　　其他应交税费/应交教育费附加 30 000 　　其他应交税费/应交房产税 10 000 　贷：银行存款 82 000	不处理 （备注：应交增值税、其他应交税费等已在计提时生成了预算会计，此处不再重复处理）

第四节　应缴财政款业务核算

根据有关非税收入管理、政府收支两条线管理、国有资产管理以及江苏省有关预算管理等规定，高校应做到如下几点：一是严格执行"收支两条线"有关规定，将学费、住宿费、报名考试费等非税收入纳入财政专户管理；二是严格执行国有资产出租及处置收入纳入应缴财政款管理；三是严格执行国有全资或控股企业投资收益分红有关国有资本经营预算上缴规定。为此，高校在取得相应"收入"时不可直接确认为学校收入，而应确认为"应缴财政款"，待财政部门根据部门预算批复下达后，才能确认为学校收入和预算收入。

一、业务概述

应缴财政款是指高校取得或应收的按规定应上缴财政专户或财政国库的各项款项，包括应缴财政专户的学费、住宿费、委托培养费、教师资格考试费、普通话水平测试费、考试考务费等，以及国有资产处置收入、国有资本经营投资收益等。

高校应缴财政款业务办理的核心及难点在于：一是根据国家有关高校的应缴财政专户款和应缴国库款的各项收入事项规定，从政策上明确哪些收费、收入、收益事项应属于"收支两条线"管理范畴且应纳入上缴范畴，确保相应会计核算与管理的一致性、规范性。二是各项收费、收入、收益的准确归集以及按时汇缴，包括资金支付等；三是相应上缴财政款项的申请使用以及预算申报等；四是定期与财政核对相应专户管理资金预算上缴及下拨完成情况，包括应上缴财政专户款额度以及实际下达额度、剩余额度等。

1. **严格执行收费备案管理**

高校所有的收费项目及标准均应按收费备案清单执行，各项非税收入严格执行《江苏省高等学校收费管理暂行办法》、《江苏省高等学校学分制收费管理暂行办法》（苏教财〔2006〕105号、苏价费〔2006〕319号、苏财综〔2006〕57号）和《关于公办高等学校学费标准等有关问题的通知》（苏价费〔2014〕136号）。

2. 严格执行非税收入收缴管理

非税收入管理主要包括非税收入收取与非税收入上缴管理。一是明确非税收入内涵界定，包括收费项目确定以及票据使用；二是学校设置银行账户进行托收、归集和上缴非税收入。

3. 严格执行非税收入预算管理

按照国库集中支付制度和"收支两条线"管理规定，专户资金的使用纳入财政预算，并视同预算资金实行国库集中支付。

二、科目设置

高校应设置"2103#应缴财政款"科目及下设"2103.01#应缴财政款/应缴国库款"和"2103.02#应缴财政款/应缴财政专户款"两个明细科目，分别对应缴财政款项的各收入类别进行明细核算。

学校应缴财政款科目明细设置如表4-2所示。

表4-2 应缴财政款明细科目设置表

科目代码	科目名称	核算内容及要求
2103	应缴财政款	
2103.01	应缴国库款	
2103.01.01	国有资产处置收入	核算学校应上缴的纳入部门预算管理的国有资产处置和出租净收入
2301.01.02	国有资产出租收入	
2103.02	应缴财政专户款	
2103.02.01	非税事业收入	核算学费、住宿费、委托培养费、教师资格考试费、普通话水平测试费、考试考务费等专户管理收入上缴情况
2103.02.09	非税其他收入	核算其他应上缴的专户管理资金情况

备注：高校非税收入电子化收缴工作主要涉及资产出租出借收入及学费、住宿费收入等行政事业性收费。

三、主要业务账务处理实践解读

1. 学校按规定取得应上缴财政款项时的账务处理

财务会计借记"应收账款""银行存款""其他应收款"等科目，贷记"应缴财政款"科目。预算会计不处理。

备注：高校对于应收未收的各类学生学费、住宿费等尚未有统一核算处理，一般都对其进行确认核算。目前学校已按照政府会计权责发生制与"平行记账"的要求进行处理，每学年初根据应收费金额进行应收账款的入账处理，待实际收到学费、住宿费等时，再冲销对应应收账款。该种处理方式有利于全面反映各类学费、住宿费的应收、实收和未收情况。

2. **学校实际上缴款项时的账务处理**

财务会计借记"应缴财政款"科目，贷记"银行存款"等科目。预算会计不处理。

3. **按规定向学生退还纳入财政专户管理的住宿费、学费等时的账务处理**

学校根据退还数额，直接抵扣下期应缴财政款，财务会计借记"应缴财政款/应缴财政专户款"科目（或贷方负数反映），贷记"银行存款"科目。预算会计不处理。

提示：关于非税收入收费核算，关键控制点主要有三个方面：一是收费票据和收款之间的审核核对，由审核人员再对票据收款进行二次汇总；二是用POS机刷卡时，多个刷卡机与收费票据之间存在时间差和相互交叉，目前学校通过"刷卡核销"其他应收款科目冲抵进行过渡核算；三是微信、支付宝收款的核算要求。

四、主要业务会计核算实务举例

【例4-10】 5月10日，学校资产管理部门按照规定报经批准处置一台教学专用设备，该固定资产账面余额为20万元，累计计提折旧18万元。处置过程中收到残值收入6 000元，应上缴国库。（入账单据：银行支付回单、固定资产处置审批表及明细清单、非税上缴票据等）

摘要	财务会计	预算会计
处置××设备	借：资产处置费用/特设经济科目/资产处置转移与直接入账 20 000 　　固定资产累计折旧/专用设备/特设经济科目/固定资产折旧费 180 000 　贷：固定资产/专用设备/特设经济科目/资产处置转移与直接入账 200 000	不处理
××单位收××处置设备残值	借：银行存款 6 000 　贷：应缴财政款/应缴国库款/国有资产处置收入 6 000	不处理
上缴资产处置款	借：应缴财政款/应缴国库款/国有资产处置收入 6 000 　贷：银行存款 6 000	不处理

【例4-11】 9月1日，学校收取本科生学费汇总合计10 000元（学校应收学费通过"应收账款/应收学费"往来核算）。（入账单据：银行到款回单、江苏省非税收入统一票据或行政事业单位收费收据、学生收费汇总表等）

摘要	财务会计	预算会计
收××住宿费	借：银行存款 10 000 　贷：应收账款/应收学费 10 000 借：应缴财政款/应缴财政专户款/非税事业收入/应收 10 000 　贷：应缴财政款/应缴财政专户款/非税事业收入/已收 10 000	不处理

提示：学校目前对于学费、住宿费等非税收入采取先确认"应收账款"，待实际收到学费、住宿费时再冲销"应收账款"的核算管理模式，可全面及时反映学校应收的学费住宿费收缴情况，有效核对控制收费系统相关应收费情况，避免收付实现制会计核算的弊端。

【例4-12】 10月1日，学校退××本科生学费3 500元。（入账单据：银行支付回单、江苏省非税收入统一票据或行政事业单位收费收据、退费清单等）

摘要	财务会计	预算会计
退××学费	借：应缴财政款/应缴财政专户款/非税事业收入 3 500 　　贷：银行存款 3 500	不处理

【例4-13】 目前，学校学费、住宿费基本通过收费系统进行日常管理，为加强学费、住宿费的监管，按照政府会计权责发生制与"平行记账"核算要求，在学费、住宿费学年初始时按照应收全额确认"应收账款"和"应缴财政款"，在实际收到学费、住宿费时，冲销"应收账款"额度。

（1）7月31日，学校完成收费系统应收费初始，生成在校生（老生）应缴学费合计100万元。（入账单据：初始生成应收学费汇总单、学生人数汇总表等）

摘要	财务会计	预算会计
初始生成××学年在校生应缴学费	借：应收账款/应收学费 1 000 000 　　贷：应缴财政款/应缴财政专户款/非税事业收入/应收 1 000 000	不处理

（2）9月15日，汇总收到各类学费50万元。（入账单位：银行到款回单、学生缴费票据等）

摘要	财务会计	预算会计
收学生学费	借：银行存款 500 000 　　贷：应收账款/应收学费 500 000	不处理
	借：应缴财政款/应缴财政专户款/非税事业收入/应收 500 000 　　贷：应缴财政款/应缴财政专户款/非税事业收入/已收 500 000	不处理

【例4-14】 10月30日，学校汇总上缴各类财政专户款1 000万元。（入账单据：非税收入上缴明细汇总表、非税收入缴款书、银行支付回单等）

摘要	财务会计	预算会计
上缴财政专户款	借：应缴财政款/应缴财政专户款/非税事业收入/已收 10 000 000 　　贷：银行存款 10 000 000	不处理

第五节 应付职工薪酬业务核算

应付职工薪酬业务主要是及时确认职工薪酬费用以及全面归集汇总高校各项薪酬费用发生情况。

一、业务概述

应付职工薪酬是指高校按有关规定应付给职工及为职工支付的各种薪酬,包括基本工资、绩效工资、国家统一规定的津贴补贴、社会保险费、住房公积金等。

应付职工薪酬业务是一项财务部门用于归集反映高校薪酬费用分摊、支付的结算类业务,旨在准确、及时反映月度或年度薪酬费用,包括应付未付薪酬情况。该业务包括平时应付未付薪酬的分摊归集和按月、按次支付办理,包括各项代扣代缴费用的扣缴结算工作。

提示: ① 学校职工参与科研活动取得的科研奖励和科研报酬也可以通过应付职工薪酬进行确认和归集。② 学校职工因参与校内评审、讲座等获取的其他奖励性绩效(俗称劳务费)也应纳入应付职工薪酬进行确认和归集。③ 学校给付校外人员的评审费、讲座费等,不通过应付职工薪酬进行确认和归集处理。④ 为降低《政府会计制度》下财务会计和预算会计"平行记账"工作量,平时也可以不通过应付职工薪酬对职工薪酬进行确认和归集,年末按照权责发生制确认原则,根据应付薪酬,仅计提年末跨月应付职工薪酬。

二、科目设置

根据《政府会计制度》有关规定和内部精细化管理要求,高校应设置"2201#应付职工薪酬"科目,该科目应当根据国家有关规定下设"基本工资"(含离退休费)、"国家统一规定的津贴补贴"、"规范津贴补贴(绩效工资)"、"改革性补贴"、"社会保险费"、"住房公积金"等明细科目核算。其中,"社会保险费""住房公积金"明细科目核算内容包括单位从职工工资中代扣代缴的社会保险费、住房公积金,以及单位为职工计算缴纳的社会保险费、住房公积金。

提示: 为便于应付职工薪酬科目核算以及自动触发预算会计"平行记账"核算,学校可简化设置:①"应付职工薪酬"明细科目可不按薪酬构成进行设置,可按照应付职工薪酬的人员类别进行明细核算。相应的预算会计核算也按此进行明细核算。对于年度部门决算需要的支出经济分类科目可根据薪酬发放系统或"费用""支出"科目进行统计。② "应付职工薪酬"明细科目可按照内部责任单位进行明细科目设置,以归集内部不同单位全年的各类职工薪酬总量情况,便于单位内部加强成本管理。相应的明细核算信息可通过"工资福利支出"分类明细科目核算实现。③ 科研项目绩效发放可通过"应付职工薪酬"归集核算,相应设置"应付职工薪酬/科研绩效"明细科目核算。

三、主要业务账务处理实践解读

1. 计算确认当期应付职工薪酬的账务处理

学校根据薪酬承担主体和确认的应付数额，财务会计借记"业务活动费用""单位管理费用""经营费用"或"在建工程"等科目，贷记"应付职工薪酬"科目。预算会计不处理。

2. 从应付职工薪酬中代扣个人承担或缴纳的社会保险费、住房公积金、个人所得税、水电费时的账务处理

学校按照代扣的金额，财务会计借记"应付职工薪酬"科目，贷记"应付职工薪酬/社会保险费""应付职工薪酬/住房公积金""其他应交税费/应交个人所得税""其他应收款"等科目。预算会计不处理。

3. 计提学校承担的社会保险费、职业年金、住房公积金等时的账务处理

学校根据计提数额和分摊对象，财务会计借记"业务活动费用""单位管理费用"等科目，贷记"应付职工薪酬/住房公积金"等科目。预算会计不处理。

4. 按照国家有关规定缴纳职工社会保险费和住房公积金等时的账务处理

学校根据缴纳数额，财务会计借记"应付职工薪酬/社会保险费""应付职工薪酬/住房公积金"等科目，贷记"零余额账户用款额度""银行存款"等科目。同时，根据实际支付的数额，预算会计借记"事业支出""经营支出"等科目，贷记"资金结存"科目。

5. 代发学校附属幼儿园、研究院以及被投资企业等附属单位工作的编制内人员工资的账务处理

这里的附属单位概念不同于"附属单位上缴收入"中的附属单位范畴，包含企业法人单位。按规定，该部分人员工资应由附属单位自行负担，但一般由高等学校先代为发放，再根据约定返还。根据《高等学校执行〈政府会计制度——行政事业单位会计科目和报表〉的补充规定和衔接规定》（财会〔2018〕19号），学校应按照实际垫付的金额，财务会计借记"其他应收款"科目，贷记"应付职工薪酬"科目。学校收到附属单位交来的返还款时，财务会计借记"银行存款"科目，贷记"其他应收款"科目。预算会计不处理。

提示：会计核算系统将"应交增值税""其他应交税费""应付职工薪酬"等科目视同"资金结存"科目，在计提归集时设置生成预算会计核算。

四、特殊业务账务处理解读

1. 科研绩效转学院应付职工薪酬811#项目集中发放

学校科研老师从纵向科研间接经费或科研横向经费中提取科研绩效，可选择一次性发放或者转入学院应付职工薪酬811#项目按月统一发放。财务会计借记"业务活动费用/工资福利支出/绩效支出/其他绩效"或"预提费用/项目间接费用或受理费/工资福利支出/绩效支出/其他绩效"科目，贷记"应付职工薪酬/科研绩效"科目，摘要写"转××科研劳务费"。

2. 住房补贴转学院应付职工薪酬811#项目集中发放

学校按照人才引进协议给予新进职工一次性购房补贴，可选择一次性直接领取或者转入学院应付职工薪酬811#项目按月集中发放。财务会计借记"业务活动费用/教育费用/对个人和家庭的补助/购房补贴/新职工住房补贴"科目，贷记"应付职工薪酬/其他个人收入"科目，摘要写"转××住房补贴"。

提示：①《政府会计制度》下的应付职工薪酬核算的难点是计提与支付核算时的预算会计处理问题。因为"应付职工薪酬"是从不同财务会计项目计提到一个财务会计项目核算，在支付时要从一个财务会计项目拆分到不同的预算会计科目项目。相应的经济科目也存在相同问题，另外还有"个人所得税"的扣减问题。②为正确触发预算会计，实际"平行记账"核算时，根据计提"应付职工薪酬"科目自动触发生成预算会计核算，解决归集支付应付职工薪酬时的预算会计核算的支出经济分类科目确认问题。

五、主要业务会计核算实务举例

【例4-15】 1月5日，学校计提在职人员应付职工薪酬500万元（假定全部确认为教育费用，通过人员经费201#项目核算），其中，应扣个人所得税10万元，代扣失业保险费10万元，代扣养老保险10万元，代扣住房公积金20万元。（入账单据：工资发放汇总表及明细、支付凭证等）

摘要	财务会计	预算会计
计提1月份在职人员职工薪酬	借：业务活动费用/教育费用/工资福利支出/基本工资/固定工资等［201#项目］5 000 000 　　贷：应付职工薪酬 5 000 000	借：事业支出/教育事业支出/工资福利支出/基本工资/固定工资等［201#项目］5 000 000 　　贷：资金结存/货币资金 5 000 000
代扣1月份在职人员个人所得税 代扣1月份在职人员失业保险费 代扣1月份在职人员养老保险费 代扣1月份在职人员住房公积金	借：应付职工薪酬 500 000 　　贷：其他应交税费/应交个人所得税/校内工薪 100 000 　　　　应付职工薪酬/社会保险费/失业保险 100 000 　　　　应付职工薪酬/社会保险费/养老保险 100 000 　　　　应付职工薪酬/住房公积金 200 000	不处理 （根据"平行记账"核算规则，应付职工薪酬和其他应交税费间相互抵消，不生成预算会计核算）

备注：此例简单进行介绍，具体实际情况完整举例见第六章"费用支出类业务核算"经济业务介绍与核算（工资福利支出、对个人和家庭的补助）举例部分的内容。

【例4-16】 2月10日，学校缴纳1月份个人代扣和学校承担的社会保险费20万元、住房公积金20万元，通过银行账户对公支付。（入账单据：社会保险费缴费申报表、住房公积金缴款单、支付凭证、银行支付回单等）

摘要	财务会计	预算会计
缴纳2月份教职工社会保险费和住房公积金	借：应付职工薪酬/社会保险费 200 000 　　应付职工薪酬/住房公积金 200 000 贷：银行存款 400 000	不处理

【例4-17】 4月10日，学校根据人才引进政策和协议，从学校人才引进393#项目中给予××老师一次性住房补贴30万元。××老师根据一次性住房补贴支付协议和支付凭证办理相关收入，全额转入学院应付职工薪酬811#项目按月发放。（入账单据：安家费支付凭证、工资发放汇总表、银行支付回单等）

摘要	财务会计	预算会计
××老师人才引进安家费转入××学院	借：业务活动费用/教育费用/对个人和家庭的补助/购房补贴/职工住房补贴［393#项目］300 000 贷：应付职工薪酬/其他收入［811#项目］300 000	借：事业支出/教育事业支出/对个人和家庭的补助/购房补贴/职工住房补贴［393#项目］300 000 贷：资金结存/货币资金 30 000
发××老师人才引进安家费补贴 发××老师住房补贴代扣个税	借：应付职工薪酬/其他收入 300 000 贷：其他应交税费/应交个人所得税/校内工薪 20 000 　　银行存款 280 000	不处理

【例4-18】 5月10日，学校××老师按学校政策规定从横向科研经费542#项目中一次性提取科研绩效5万元，先转入学院应付职工薪酬811#项目内按月集中发放。（入账单据：科研间接费用绩效支出申请表、绩效提取通知单等）

摘要	财务会计	预算会计
××老师提取科研绩效转入学院统发	借：业务活动费用/科研费用/工资福利支出/绩效工资/其他绩效［542#项目］50 000 贷：应付职工薪酬/其他个人收入［811#项目］50 000	借：事业支出/科研事业支出/工资福利支出/绩效工资/其他绩效［542#项目］50 000 贷：资金结存/货币资金 50 000

第六节　应付及预收款项业务核算

应付及预收款项是高校在教学科研及社会服务活动中发生的结算性负债，包括应付票据、应付账款、预收账款、长期应付款等负债业务。

一、2301#应付票据

（一）业务概述

应付票据是指高校因购买商品与服务等而开出、承兑的商业汇票，包括银行承兑汇票和商业承兑汇票。商业汇票须基于真实的商品或服务交易才能用于结算。商业承兑汇票由付款方（开具方）承兑；银行承兑汇票由银行方承兑，最终资金承付由商业汇票申请方承担。逾期无法承兑的，银行承兑汇票转为"短期借款"，商业承兑汇票转为"应付账款"。

应付票据业务主要包括根据商品或服务提供方协商确定的结算方式申请开具商业汇票和银行承兑汇票、商业汇票转交及登记、到期承兑办理及款项支付，以及逾期事项办理，包括登记、核查等。

（二）科目设置

高校应设置"2301#应付票据"科目，该科目应当按照债权单位进行明细核算。

目前，学校是通过往来核销管理模式实现对债权单位的明细核算。

（三）主要业务账务处理实践解读

1. 开出并移交承兑商业汇票时的账务处理

学校按照汇票票面金额及支付单位，财务会计借记"库存物品""固定资产"等科目，贷记"应付票据"科目。以承兑商业汇票抵付应付账款时，财务会计借记"应付账款"科目，贷记"应付票据"科目。预算会计不处理。

2. 支付银行承兑汇票的手续费时的账务处理

学校按照支付的手续费及汇票购买商品和服务的用途，财务会计借记"业务活动费用""单位管理费用""其他费用"等科目，贷记"银行存款"等科目。同时，根据实际支付的手续费金额及汇票支付用途，预算会计借记"事业支出""其他支出"等科目，贷记"资金结存"科目。

提示：根据商品和服务采购协议确定的结算方式开具商业汇票时，是不需要进行账务处理的，但需要登记、保管商业汇票。商业汇票的领出与移交需要办理领取手续。

3. 商业汇票到期时，根据以下情况分别处理

（1）正常情况下，收到银行支付到期票据的付款通知时，学校按照银行通知支付额度等，财务会计借记"应付票据"科目，贷记"银行存款"科目。同时，根据实际支付金额和汇票使用用途，预算会计借记"事业支出""其他支出"等科目，贷记"资金结存"科目。

（2）银行承兑汇票到期，学校无力支付票款时，学校按照银行承兑汇票票面金额，财务会计借记"应付票据"科目，贷记"短期借款"科目。同时，根据汇票票据金额和汇票支付用途，预算会计借记"事业支出"等科目，贷记"债务预算收入"科目。

（3）商业承兑汇票到期，学校无力支付票款时，学校按照商业承兑汇票票面金额，财务会借记"应付票据"科目，贷记"应付账款"科目。预算会计不处理。

4. 学校应当设置"应付票据备查簿"

详细登记每一应付票据的种类、号数、出票日期、到期日、票面金额、交易合同号、收款人姓名或单位名称，以及付款日期和金额等信息。应付票据到期结清票款后，应当在备查簿内逐笔注销。

提示：应付票据备查登记管理应严格执行内部控制制度，一般是出纳保管未移交的商业汇票和办理登记，负责往来款项管理的会计负责定期核查核对工作。

（四）主要业务会计核算实务举例

【例 4-19】 3 月 15 日，学校××老师从横向科研经费 542#项目中购买大型仪器设备一套，合同价 500 万元。根据供货协议，设备已到并验收投入使用，学校提供 6 个月期限的银行承兑汇票支付。学校办理银行承兑汇票支付汇票手续费 2 000 元。

（1）开具银行承兑汇票并支付 2 000 元手续费。（入账单据：银行承兑汇票复印件、银行手续费支付回单等）

摘要	财务会计	预算会计
支付银行承兑汇票开具手续费	借：业务活动费用/科研费用/商品和服务支出/手续费［542#项目］2 000 贷：银行存款 2 000	借：事业支出/科研事业支出/商品和服务支出/手续费［542#项目］2 000 贷：资金结存 2 000

（2）设备已验收入库，转交银行承兑汇票给对方单位。（入账单据：银行承兑汇票复印件、银行承兑汇票对方签收单、设备入库单、设备购置发票、设备购置合同等）

摘要	财务会计	预算会计
支付××公司××设备采购款（银行承兑汇票结算）	借：固定资产/专用设备/资本性支出/专用设备购置［542#项目］5 000 000 贷：应付票据 5 000 000	不处理

（3）银行承兑汇票到期，学校支付银行承兑汇票承兑款。（入账单据：银行支付回单、银行承兑汇票承兑单据等）

摘要	财务会计	预算会计
承兑××银行承兑汇票	借：应付票据 5 000 000 贷：银行存款 5 000 000	借：事业支出/科研事业支出/资本性支出/专用设备购置［542#项目］5 000 000 贷：资金结存/货币资金 5 000 000

（4）学校无法支付到期银行承兑汇票承兑款。（入账单据：银行承兑提示单、逾期支付相关单据等）

摘要	财务会计	预算会计
银行承兑汇票逾期转××银行贷款	借：应付票据 5 000 000 贷：短期借款/××银行 5 000 000	借：事业支出/教育事业支出/资本性支出/专用设备购置 5 000 000 贷：债务预算收入 5 000 000

备注： 逾期支付承兑款是学校逾期支付给银行代为承兑的款项，银行已按照其所开具的银行承兑汇票将应承兑的 500 万元款项承兑给设备供应方，故学校相当于向银行借款，相应的预算会计计入"债务预算收入"。

【例 4-20】 3 月 15 日，学校××老师从横向科研 542#项目中购买大型仪器设备一套，合同价 500 万元。根据供货协议，设备已到并验收投入使用，学校提供 6 个月期限的商业承兑汇票。学校支付商业承兑汇票开具手续费 2 000 元。

（1）开具商业承兑汇票并支付 2 000 元手续费。（入账单据：商业承兑汇票复印件、银行手续费支付回单等）

摘要	财务会计	预算会计
支付商业承兑汇票开具手续费	借：业务活动费用/科研费用/商品和服务支出/手续费［542#项目］2 000 贷：银行存款 2 000	借：事业支出/科研事业支出/商品和服务支出/手续费［542#项目］2 000 贷：资金结存 2 000

（2）设备已验收入库，转交商业承兑汇票给对方单位。（入账单据：商业承兑汇票复印件、对方签收单、设备入库单、设备购置票据等）

摘要	财务会计	预算会计
支付××公司××设备采购款（商业承兑汇票结算）	借：固定资产/专用设备/资本性支出/专用设备购置［542#项目］5 000 000 贷：应付票据 5 000 000	不处理

（3）学校到期支付商业承兑汇票承兑款。（入账单据：银行存款支付回单、商业承兑汇票承兑单据等）

摘要	财务会计	预算会计
承兑××商业承兑汇票	借：应付票据 5 000 000 贷：银行存款 5 000 000	借：事业支出/科研事业支出/资本性支出/专用设备购置［542#项目］5 000 000 贷：资金结存 5 000 000

（4）若商业承兑汇票到期，学校无法支付承兑款项。（入账单据：银行承兑提示单、逾期支付相关单据等）

摘要	财务会计	预算会计
商业承兑汇票逾期转应付账款	借：应付票据 5 000 000 贷：应付账款/××供货商 5 000 000	不处理

二、2302#应付账款

（一）业务概述

应付账款是指高校因购买商品、接受服务、实施工程建设等应付的偿还期限在 1 年以内（含 1 年）的款项。

应付账款业务可归为结算类负债业务，包括根据合同、协议及各项入库单、款项支付申请单等审核确定应付未付款项工作，应付款项到期支付时须相关业务经办部门办理款项支付手续等。

1. 严格合同管理

高校各类应付款项等结算性债务类款项须严格按照双方签订的合同条款执行，按合同约定的付款期限和额度付款。未按规定签订合同的，须相关部门提供书面说明。

2. 严格核对管理

高校应定期对应付账款进行对账核查，建立对账核查反馈机制，及时反馈业务经办部门。

(二) 科目设置

高校应设置"2302#应付账款"科目，该科目应当按照应付款产生原因归类，并按照债权单位或个人、项目进行往来明细核算。科目借方核算应付款项的偿付或核销，贷方核算因购买商品、接受服务等发生的应付未付款项，期末贷方余额反映尚未支付的应付款项。

学校按照应付款产生的原因类别设置"2302.01#应付账款/应付采购款""2302.02#应付账款/应付维修工程款""2302.03#应付账款/应付基建工程款"等明细科目，相应的债权单位或个人、项目等明细核算通过会计核算系统往来核销辅助核算和项目辅助核算实现。学校应付账款明细科目设置见表4-3。

表4-3 应付账款明细科目设置表

科目代码	科目名称	核算内容及要求
2302	应付账款	
2302.01	应付采购款	商品和服务采购应付未支付的款项
2302.02	应付维修工程款	维修工程项目应付未支付的款项
2302.03	应付基建工程款	基建工程项目应付未支付的款项
2302.03.01	应付器材款	基建项目工程物资采购应付未支付的款项
2302.03.02	应付工程款	基建项目施工工程应付未支付的工程款项

1. 2302.01#应付账款/应付采购款

该科目主要核算学校采购设备、家具、材料、服务等时应付未付的款项。若发票开的是全额，扣除质保金部分的应付未付金额，财务会计贷记"应付账款/应付采购款"科目。应付采购款采用科目项目及往来明细辅助核算，分别通过"812#应付药品款""813#应付设备款"等项目核算，往来核算时核销代码处填写发票号或者合同号。

2. 2302.02#应付账款/应付维修工程款

该科目主要核算学校各项维修改造工程产生的扣除质保金后的应付未付款项，实际发生业务时，财务会计贷记"应付账款/应付维修工程款"科目。应付维修工程款实行科目项目及往来明细辅助核算，主要通过"814#应付维修工程款"项目往来明细核算。

3. 2302.03#应付账款/应付基建工程款

该科目主要核算学校基建工程业务所发生的扣除质保金后的应付未付款项，其下设"应付器材款"（通过"816#应付工程物资款"项目往来明细核算）和"应付工程款"（通过"817#应付工程款"项目往来明细核算）两个明细科目。

提示：采购商品、接受服务、工程建设等按照合同约定暂扣的质保金等，1年以内的应通过"其他应付款"科目核算；质保期限超过1年的，应通过"长期应付款"科目核算。应付账款科目核算按照合同或协议应付未付的非质保款项。

(三) 主要业务账务处理实践解读

1. 收到所购入的材料、物资、设备或服务以及完成工程进度等尚未付款时的账务处理

学校按照发票、账单、验收材料以及应付未付款项等确认的金额，财务会计借记"库

存物资""固定资产""业务活动费用"等科目;按照实际支付或已支付金额,贷记"银行存款""预付账款"等科目;按照未付金额,贷记"应付账款"科目。同时,按照本次确认的实付金额,预算会计借记"事业支出""经营支出"等科目,贷记"资金结存"科目。涉及增值税业务的,相关账务处理参见"应交增值税"业务核算部分。

2. 按照合同规定到期支付应付未付款项时的账务处理

学校根据合同或协议、验收单、款项支付资料以及实际支付的款项金额,财务会计借记"应付账款"科目,贷记"银行存款""零余额账户用款额度"等科目。同时,根据实际支付金额,预算会计借记"事业支出"等科目,贷记"资金结存"科目。

3. 开出承兑商业汇票抵付应付账款时的账务处理

学校按照抵付的汇票票面金额,财务会计借记"应付账款"科目,贷记"应付票据"科目。预算会计不处理。

4. 无法偿付或债权人豁免偿还应付账款时的账务处理

学校按照经批准核销材料,财务会计借记"应付账款"科目,贷记"其他收入"科目。预算会计不处理。

备注:对于长期应付未付的应付账款核销,应履行核对、催缴、校长办公会审议等程序,是否需要履行上报教育财政主管部门审批手续,是确认长期应付未付账款能否转销为"其他收入"的关键,但目前尚未有明确的办理程序和手续规定。

(四) 主要业务会计核算实务举例

【例4-21】 4月15日,学校××学院从学科经费387#项目中购买一台投影仪,总价款5 000元,本次支付合同金额60%,留10%质保金1年(应付未付款项入811#项目核算)。(入账单据:网约报销审批单、固定资产入库单、相关发票、合同复印件、设备图片、银行支付回单等)

摘要	财务会计	预算会计
××购××公司投影仪	借:固定资产/通用设备/资本性支出/办公设备购置[387#项目] 5 000 　贷:银行存款 3 000 　　应付账款/应付采购款/资本性支出/办公设备购置[811#项目] 1 500 　　其他应付款/质保金 500	借:事业支出/教育事业支出/资本性支出/办公设备购置[387#项目] 3 000 　贷:资金结存/货币资金 3 000

【例4-22】 5月15日,学校××学院支付购买的投影仪30%应付未付款项1 500元,通过银行账户对公支付。(入账单据:网约报销审批单、发票复印件、购买合同、银行支付回单等)

摘要	财务会计	预算会计
冲××购××公司投影仪30%货款	借:应付账款/应付采购款/资本性支出/办公设备购置[811#项目] 1 500 　贷:银行存款 1 500	借:事业支出/教育事业支出/资本性支出/办公设备购置[387#项目] 1 500 　贷:资金结存/货币资金 1 500

【例4-23】 12月25日,学校从库存药品采购经费812#项目中采购××医药公司药

品款 170 000 元，已验收入库，全部款项未支付，于次年 1 月份再支付货款。（入账单据：网约报销审批单、药品和器械发票、药品入库单、银行支付回单等）

（1）验收入库报销时的会计核算。

摘要	财务会计	预算会计
××应付××医药公司 12 月药品款	借：库存物品/库存药品/对个人和家庭的补助/医疗费补助/公共医耗费 [812#项目] 170 000 　　贷：应付账款/应付采购款/对个人和家庭的补助/医疗费补助/公共医耗费 170 000	不处理

（2）次年实际支付药品款时的会计核算。

摘要	财务会计	预算会计
冲××应付××医药公司 12 月药品款	借：应付账款/应付采购款/对个人和家庭的补助/医疗费补助/公共医耗费 [812#项目] 170 000 　　贷：银行存款 170 000	借：事业支出/后勤保障支出/对个人和家庭的补助/医疗费补助/公共医耗费 [812#项目] 170 000 　　贷：资金结存/货币资金 170 000

【例 4-24】　12 月 10 日，学校××老师付××会计师事务所教学改革 389#项目审计费 50 000 元（全部已开票），按合同约定留 30% 尾款 15 000 元，其余 35 000 元先支付。（入账单据：网约报销审批单、审计费发票、合同、银行支付回单等）

摘要	财务会计	预算会计
××付××会计师事务所清查审计费	借：业务活动费用/教育费用/商品和服务支出/委托业务费 [389#项目] 50 000 　　贷：应付账款/应付采购款/商品和服务支出/委托业务费 15 000 　　　　银行存款 35 000	借：事业支出/教育事业支出/商品和服务支出/委托业务费 [389#项目] 35 000 　　贷：资金结存/货币资金 35 000

【例 4-25】　12 月 15 日，学校××老师从教学设备费 310#项目中购置教学设备一台 100 000 元（含税），设备已验收入库并投入使用，按合同约定先支付第一笔货款 80 000 元。（入账单据：网约报销审批单、教学设备发票、合同复印件、银行支付回单等）

摘要	财务会计	预算会计
××付××公司设备购置费	借：固定资产/专用设备/资本性支出/专用设备购置 [310#项目] 100 000 　　贷：应付账款/应付采购款/资本性支出/专用设备购置 20 000 　　　　银行存款 80 000	借：事业支出/教育事业支出/资本性支出/专用设备购置 [310#项目] 80 000 　　贷：资金结存/货币资金 80 000

【例 4-26】　12 月 20 日，学校××老师从教学设备维修费 407#项目中付××公司教学设备维修费 40 000 元（已开票），按合同约定先支付 36 000 元，通过银行账户转账支付。（入账单据：网约报销审批单、维修费发票、合同复印件、银行支付回单等）

摘要	财务会计	预算会计
××付××公司设备维修费	借：业务活动费用/教育费用/商品和服务支出/维修（护）费/仪器设备维护费［407#项目］40 000 　　贷：应付账款/应付维修工程款/商品和服务支出/维修（护）费/仪器设备维护费 4 000 　　　　银行存款 36 000	借：事业支出/教育事业支出/商品和服务支出/维修（护）费/仪器设备维护费［407#项目］36 000 　　贷：资金结存/货币资金 36 000

【例 4-27】　12 月 10 日，学校结算××公司学生宿舍维修改造 461#项目，合同价 500 000 元，审计结算造价 450 000 元，原已支付 60%的工程进度款 300 000 元，留 3 年质保金 25 000 元，余额待支付。（入账单据：工程财务结算表、工程发票、造价审计报告、预付工程款明细表、合同复印件等）

摘要	财务会计	预算会计
××结算××公司学生宿舍维修改造项目	借：单位管理费用/后勤保障费用/商品和服务支出/维修（护）费/房屋及设施维护费［461#项目］450 000 　　贷：预付账款/维修工程预付款/预付工程款/商品和服务支出/维修（护）费/房屋及设施维护费［461#项目］300 000 　　　　应付账款/应付维修工程款/商品和服务支出/维修（护）费/房屋及设施维护费［461#项目］125 000 　　　　长期应付款/商品和服务支出/维修（护）费/房屋及设施维护费［461#项目］25 000	不处理

三、2305#预收账款

（一）业务概述

预收账款是指高校按合同或协议规定预先收取款项而形成的负债。预收账款业务包括根据合同或协议预先收取款项、根据合同或协议提供商品或服务，以及根据合同或协议等确认预收款项的对应单位和个人。预收账款所形成的负债需要以商品和服务来偿还，不应用货币资金偿付，与长短期借款不同。

预收款项管理涉及预收账款认领及相关票据开具转收入，预收账款的定期核对及催缴、逾期预收账款的处理，以及预收账款对应商品和服务的提供等。

1. 严格合同管理

高校预收款项主要是科研预收账款，一般都须签订科研合作合同，并严格按照双方签订的合同执行。

2. 严格核对管理

高校应于每月末核对预收账款核销情况，对于预收金额比较大的科研到款须复核其合同，并及时告知项目负责人或业务经办人履行开票手续。

3. 到款认领管理

高校应加强到款对账与认领管理，重点加强与科研部门的协调，及时办理各项经费入账手续。

提示：学校收到的无法确认到具体部门和个人的预收账款，目前全部归集到学校"其他应付款"科目下进行日常核算和管理。

（二）科目设置

高校应设置"2305#预收账款"科目，主要核算预收账款的取得、偿付等情况。"预收账款"科目应当按照债权单位或个人、项目进行往来明细核算。

学校在"2305#预收账款"科目下设"2305.01#预收账款/科研预收账款"和"2305.02#预收账款/其他预收账款"明细科目。其中，对于暂不开票的预收款项通过"事业（预算）收入/科研事业（预算）收入/未开票收入"明细科目核算，待开票正式确认收入时再转入"事业（预算）收入/科研事业（预算）收入/横向科研经费/科研增值税收入"等明细科目核算。

提示：预收账款转入收入核算的根本目的之一就是确认应交税费，在未开票情况下根据预收款项额度计算应交税费，待实际开票时，就需要冲抵原已交增值税等税费。

（三）主要业务账务处理实践解读

1. 从付款方收到预收款项并能确认到具体项目单位（个人）时的账务处理

学校按照实际收到的金额，财务会计借记"银行存款"等科目，贷记"预收账款"科目。同时，根据实际收到的款项及款项性质，预算会计借记"资金结存"科目，贷记"事业预算收入/科研事业预算收入"等科目。

提示：根据《政府会计制度》有关科研收入确认原则，应对收到的科研事业收入按照科研完工进度确认科研事业收入。但考虑到学校科研事业收入的稳定性和会计核算的复杂性，按照信息有用性原则，学校目前依然按照实际收到金额（预收确认为未开票收入）和按照开票金额确认收入等原则确认科研事业（预算）收入。

2. 根据收入确认原则确认有关收入时的账务处理

学校按照应确认的收入金额，财务会计借记"预收账款"科目，贷记"事业收入"等科目；按照付款方补付或退回付款方的金额，借记或贷记"银行存款"等科目。

同时，按照补付款金额，预算会计借记"资金结存"科目，贷记"事业预算收入"科目。涉及退回预收款金额时，如当年退还，预算会计借记"事业预算收入"科目，贷记"资金结存"科目；如次年退还，预算会计借记"非财政拨款结转""非财政拨款结余"等科目，贷记"资金结存"科目。

提示：关于收入的确认，财务会计一般按照开票金额确认或按照实际收到的暂不需要开票的款项确认，尚未按照收入的完工进度等方式确认收入；预算会计按照实际收到的金额确认预算收入。

3. 无法偿付或债权人豁免偿还预收账款时的账务处理

学校按照经批准的资料和金额核销预收账款（核销的预收账款应进行备查登记），财务会计借记"预收账款"科目，贷记"其他收入"科目。预算会计不处理（不论预算会计在预收账款入账时是确认为"教育事业预算收入"，还是确认为"科研事业预算收入"，此时都不调整账务处理）。

提示：学校对于先开票后收款的横向科研项目，科研老师在开具发票需要通过POS机刷卡预缴应交税费时，财务会计借记"其他应收款"（挂499#POS待核销项目核算），贷记"预收账款/科研预收账款"。同时，预算会计借记"资金结存"科目，贷记"事业预算收入"科目。

（四）主要业务会计核算实务举例

【例4-28】 4月28日，学校××老师与广州××公司签订科研合作协议，约定预收专利成果转让款59 000元，票据尚未开具，入横向科研542#项目核算。（入账单据：银行到款回单、到款通知单）

摘要	财务会计	预算会计
预收广州××公司专利转让款	借：银行存款 59 000 　　贷：预收账款/科研预收账款 [542#项目] 59 000	借：资金结存/货币资金 59 000 　　贷：事业预算收入/科研事业预算收入/横向科研经费/科研增值税收入 [542#项目] 59 000

【例4-29】 5月10日，学校××老师根据广州××公司要求，开具专利转让款59 000元增值税发票给对方。（入账单据：增值税发票、银行到款回单复印件）

摘要	财务会计	预算会计
冲预收广州××公司专利转让款	借：预收账款/科研预收账款 [542#项目] 59 000 　　贷：事业收入/科研事业收入/横向科研经费/科研增值税收入 [542#项目] 57 281.55 　　　　应交增值税/简易计税/简易计税3%/商品和服务支出/税金及附加费用 1 718.45	借：事业预算收入/科研事业预算收入/横向科研经费/科研增值税收入 [542#项目] 1 718.45 　　事业支出/科研事业支出/商品和服务支出/税金及附加费用 [542#项目] 206.21 　　贷：资金结存/货币资金 1 924.66
	借：业务活动费用/科研费用/商品和服务支出/税金及附加费用 [542#项目] 206.21 　　贷：其他应交税费/应交城市维护建设税/商品和服务支出税金及附加费用 120.29 　　　　其他应交税费/应交教育费附加/商品和服务支出税金及附加费用 85.92	

【例4-30】 5月10日，学校××老师为××公司提供设计服务，合同约定设计费160 000元。××老师根据对方要求，预先开具普通增值税票据给对方（款项未到先开票做应收账款），入横向科研经费542#项目核算。（入账单据：科研合同复印件、增值税发票、预开发票申请单等）

摘要	财务会计	预算会计

应收××公司设计服务费	借：应收账款 160 000
	  贷：事业收入/科研事业收入/横向科研经费/科研增值税收入［542#项目］155 339.81
	    应交增值税/简易计税/简易计税3%/商品和服务支出/税金及附加费用 4 660.19
		借：事业预算收入/科研事业预算收入/横向科研经费/科研增值税收入［542#项目］4 660.19
		  事业支出/科研事业支出/商品和服务支出/税金及附加费用［542#项目］559.22
		  贷：资金结存/货币资金 5 219.41

应收××公司设计服务费计提税费	借：业务活动费用/科研费用/商品和服务支出/税金及附加费用［542#项目］559.22
	  贷：其他应交税费/应交城市维护建设税/商品和服务支出/税金及附加费用 326.21
	    其他应交税费/应交教育费附加/商品和服务支出/税金及附加费用 233.01	

四、2502#长期应付款

（一）业务概述

长期应付款是指高校发生的偿还期限超过1年（不含1年）的应付款项，如以融资租赁方式租入固定资产的租赁费，以分期付款方式购入固定资产发生的应付款项，超过1年期限的设备、服务及工程质保金等。

长期应付款业务主要包括应付款的产生、支付及豁免三种情况。

（二）科目设置

高校应设置"2502#长期应付款"科目，该科目应当按照长期应付款的类别及债权单位（或个人）进行往来辅助明细核算。

（三）主要业务账务处理实践解读

1. 发生长期应付款时的账务处理

学校根据相关资料，财务会计借记"固定资产""在建工程"等科目，贷记"长期应付款"科目。预算会计不处理。

2. 支付长期应付款时的账务处理

学校按照实际支付的金额，财务会计借记"长期应付款"科目，贷记"银行存款"等科目。同时，根据实际支付的金额和应付账款产生的原因等材料，预算会计借记"事业支出"等科目，贷记"资金结存"等科目。

3. 无法偿付或债权人豁免偿还长期应付款时的账务处理

学校按照经批准核销材料，财务会计借记"长期应付款"科目，贷记"其他收入"科目。预算会计不处理。

备注：对于长期应付未付的长期应付款核销，应履行核对、催缴、校长办公会审议等程序，是否需要履行上报教育财政主管部门审批手续的完备性是确认长期应付账款能否转销为"其他收入"的关键，但目前尚未有明确的办理程序和手续指导。

(四) 主要业务会计核算实务举例

【例4-31】 11月5日,学校从电梯更换经费421#项目中采购电梯一台,合同金额为50万元,当年12月预付第一期款30万元。次年5月,验收合格后支付第二期款15万元,剩余质保金5万元第三年10月份支付。

(1) 12月预付第一期货款30万元。(入账单据:采购合同复印件、预付申请单、银行支付回单等)

摘要	财务会计	预算会计
××预付××公司电梯款(第一期60%)	借:预付账款/采购预付款/资本性支出/专用设备购置[421#项目] 300 000 　　贷:银行存款 300 000	借:事业支出/后勤保障支出/资本性支出/专用设备购置[421#项目] 300 000 　　贷:资金结存/货币资金 300 000

(2) 次年5月,电梯安装验收合格并投入使用后,收到对方单位全额发票并办理第二期货款支付15万元。(入账单位:电梯固定资产入库单、合同复印件、支付结算单、银行支付回单等)。

摘要	财务会计	预算会计
××支付××公司电梯款(第二期30%)	借:固定资产/专用设备/资本性支出/专用设备购置[421#项目] 500 000 　　贷:预付账款/采购预付款/资本性支出/专用设备购置[421#项目] 300 000 　　　　长期应付款[421#项目] 50 000 　　　　银行存款 150 000	借:事业支出/后勤保障支出/资本性支出/专用设备购置[421#项目] 150 000 　　贷:资金结存/货币资金 150 000

(3) 第三年10月,支付到期质保金5万元。(入账单位:对方单位开具的收据、质保到期验收单、合同复印件、支付凭证、银行支付回单等)

摘要	财务会计	预算会计
××支付××公司电梯款(第三期10%)	借:长期应付款[421#项目] 50 000 　　贷:银行存款 50 000	借:事业支出/后勤保障支出/资本性支出/专用设备购置[421#项目] 50 000 　　贷:资金结存/货币资金 50 000

(4) 假如第三年10月,质保到期,经验收发现有质量瑕疵,对方单位豁免剩余货款(入713#项目核算)。(入账单据:合同复印件、质保验收结论单等)

摘要	财务会计	预算会计
××结算核销××公司电梯款(第三期10%)	借:长期应付款[421#项目] 50 000 　　贷:其他收入/其他收入[713#项目] 50 000	不处理

第七节　其他应付款业务核算

其他应付款业务主要涉及"应付利息""其他应付款""预提费用""预计负债"和"受托代理负债"等科目核算。

一、2304#应付利息

（一）业务概述

应付利息是指高校按照合同约定应支付的借款利息，包括短期借款、分期付息到期还本的长期借款等应支付的利息。对于一次还本付息的长期借款利息不通过"应付利息"科目核算。

应付利息业务包括应付利息的计算确认、到期应付利息的支付及利息费用的分摊等。

（二）科目设置

高校应设置"2304#应付利息"科目，该科目应当按照贷款银行等进行明细核算。

（三）主要业务账务处理实践解读

1. **为建造固定资产、公共基础设施等借入款项的利息，属于建设期间发生时的账务处理**

学校按期计提利息费用，财务会计借记"在建工程"科目，贷记"应付利息"科目；不属于建设期间发生时，学校按期计提利息费用，财务会计借记"其他费用/利息费用"科目，贷记"应付利息"科目。预算会计不处理。

2. **对于其他用途的银行借款利息的账务处理**

学校按期计提利息费用，财务会计借记"其他费用/利息费用"科目，贷记"应付利息"科目。预算会计不处理。

3. **实际支付应付利息时的账务处理**

学校按照实际支付的金额，财务会计借记"应付利息"科目，贷记"银行存款"等科目。同时，根据实际支付的利息费用金额和利息产生的原因等材料，预算会计借记"其他支出/利息支出"等科目，贷记"资金结存/货币资金"科目。

提示：学校暂未通过此科目核算应付利息，对于银行贷款利息直接根据贷款利息实际支付回单，借记"其他费用/利息费用"科目核算。对于贷款利息支付较多的学校，建议在年末对实际支付贷款利息日和年末之间的贷款利息（一般在每月25日扣缴12月26至31日之间贷款利息），可以按照权责发生制核算基础，计提应付未支付的贷款利息。

（四）主要业务会计核算实务举例

【例4-32】　学校××年1月1日从××银行借入期限为3年的长期借款35 000 000元，款项已存入银行，借款利率为银行同期基准利率4.9%，按季度付息，一季度利息费用428 750元。

1. 流动资金贷款（其他用途的借款）

（1）20××年3月31日计提利息时。（入账单据：银行利息计提单等）

摘要	财务会计	预算会计
计提××银行第一季度贷款利息	借：其他费用/利息费用/债务利息及费用支出/国内债务付息 428 750 贷：应付利息/债务利息及费用支出/国内债务付息 428 750	不处理

（2）××年4月5日支付利息时。（入账单据：银行利息支付回单等）

摘要	财务会计	预算会计
支付××银行第一季度贷款利息	借：应付利息/债务利息及费用支出/国内债务付息 428 750 贷：银行存款 428 750	借：其他支出/利息支出/债务利息及费用支出/国内债务付息 428 750 贷：资金结存/货币资金 428 750

2. 在建工程贷款（固定资产购置借款）

（1）××年3月31日计提利息时。（入账单据：银行利息计提单等）

摘要	财务会计	预算会计
计提××银行第一季度贷款利息	借：在建工程/基建工程/待摊投资/债务利息及费用支出/国内债务付息 428 750 贷：应付利息/债务利息及费用支出/国内债务付息 428 750	不处理

（2）××年4月5日支付利息时。（入账单据：银行利息支付回单等）

摘要	财务会计	预算会计
支付××银行第一季度贷款利息	借：应付利息/债务利息及费用支出/国内债务付息 428 750 贷：银行存款 428 750	借：其他支出/利息支出/债务利息及费用支出/国内债务付息 428 750 贷：资金结存/货币资金 428 750

二、2307#其他应付款

（一）业务概述

其他应付款是指高校除应交增值税、其他应交税费、应缴财政款、应付职工薪酬、应付票据、应付账款、预收账款之外的其他各项偿还或结算期限在1年内（含1年）的应付及暂收款项。

学校其他应付款业务，按照业务动因的不同主要包括以下几种。

1. 暂收性其他应付款

暂收性其他应付款是指暂时收取或代收的、以后需要退还或转交他人的款项，包括收取的各类押金、各类保证金、已经报销但尚未偿还的公务卡欠款、代收学生公寓用品款，以及预收下年预算拨款、转拨下属单位财政拨款等。

2. 代扣性其他应付款

代扣性其他应付款是指学校从职工应发工资中代扣的水电费等，不包括代扣代缴的个人所得税。

3. 周转性其他应付款

周转性其他应付款是指学校校园一卡通充值及商户营业款等周转性代管资金等。

4. 收入性其他应付款

收入性其他应付款是指未来可能确认为学校收入的其他应付义务的款项，包括未确认到款等。

（二）科目设置

高校应设置"2307#其他应付款"科目，该科目应当按照其他应付款的类别以及债权单位（或个人）进行往来明细核算。

学校其他应付款明细科目设置见表4-4。

表4-4 其他应付款明细科目设置表

科目代码	科目名称	核算内容及要求
2307	其他应付款	
2307.01	内部往来结算	主要核算学校与后勤服务集团等独立核算单位之间的资金往来，通过803#项目核算
2307.02	工资代扣款项	核算每月工资中代扣的工会会费、代扣水电费、法院执行款等，通过842#项目核算（代扣社保和职业年金等通过"应付职工薪酬"科目核算）
2307.03	押金暂存	
2307.03.01	住院押金	核算预借住院费缴纳的押金，通过医疗费469#项目核算
2307.03.02	教工住宿押金	核算教工入住集体宿舍和青年教师公租房所交的押金。通过827#项目核算
2307.03.03	校园卡押金	核算临时人员办理校园卡所缴纳的押金
2307.03.04	图书证押金	核算办理图书证的押金，通过829#项目核算
2307.03.09	其他押金	核算其他形式的各类押金
2307.04	代收款项	
2307.04.01	代收学生款	核算代收的各种学生款项，包括收取的继续教育学生的教材费，全日制统招本科生、硕士生、博士生住宿代办费、军训服费、体检费、医保费等，通过821#项目核算
2307.04.02	代收考试报名款	主要核算考试报名费、监考费等，通过833#项目核算
2307.05	科研外拨款	核算从纵向科研506#项目到509#项目的科研外拨经费
2307.06	校园卡	
2307.06.01	校园卡充值款	核算现金、微信、支付宝、银行存入的校园卡圈存款，通过810#项目核算
2307.06.02	校园卡营业款	核算收取和结算校内各校园卡商户的营业款，通过810#项目核算

续表

科目代码	科目名称	核算内容及要求
2307.07	各种代管款	核算代管公司协会会费等
2307.08	未确认到款	核算收到的暂时无法确认单位或入账项目的各类银行到款,包括代发退回
2307.09	预收及转拨款	核算省财政预拨的下年部门预算款和转拨其他单位的实拨资金款等
2307.10	质保金	核算商品与服务采购的一年内的履约质保金,通过811#项目核算
2307.99	其他应付款	

(三) 主要业务账务处理实践解读

1. 发生其他各项应付款及暂收款项时的账务处理

发生其他各项应付款及暂收款项时,学校按照暂收款金额及相关附件材料,财务会计借记"银行存款"等科目,贷记"其他应付款"科目。同时,根据应付及暂收款项是否最终形成学校收入,会计核算系统可设定为预算会计"平行记账"类其他应付款和不需进行"平行记账"类其他应付款。对于设定需要进行"平行记账"的其他应付款,预算会计借记"资金结存"科目,贷记"其他预算收入"等科目。

提示:准确识别和划分其他应付款对应业务类别,是准确确认预算会计"平行记账"核算的基础。现行会计核算系统在有关自动触发预算会计"平行记账"核算设置规则下,更需要准确识别和划分不同触发规则并保持稳定性。

2. 按照规定支付(或退回)其他应付款项时的账务处理

按照规定支付(或退回)其他应付款项时,学校按照支付(或退回)金额,财务会计借记"其他应付款"科目,贷记"银行存款"等科目。当需要进行预算会计"平行记账"核算时,按照一致性原则,对应原确认"其他预算收入"金额,预算会计借记"其他预算收入"或"非财政拨款结余"等科目,贷记"资金结存"科目。

3. 将暂收款项转为收入时的账务处理

将暂收款项转为收入时,学校按照转入金额,财务会计借记"其他应付款"科目,贷记"其他收入"科目。同时,根据预算会计"平行记账"核算设置规则,假如前面已贷记"其他预算收入"科目,此时不处理;假如前面未确认为"其他预算收入",预算会计借记"资金结存"科目,贷记"其他预算收入"科目。

4. 无法偿付或债权人豁免偿还其他应付款项时的账务处理

无法偿付或债权人豁免偿还其他应付款项时,学校按照相关批准材料,财务会计借记"其他应付款"科目,贷记"其他收入"科目。预算会计不处理。

提示:根据政府会计"平行记账"核算规则,此时需要区分其他应付款对应是现金资产形成还是非现金资产形成。如果是现金资产形成,若收到的押金无法退换,则预算会计借记"资金结存"科目,贷记"其他预算收入"科目,否则,预算会计不处理。

5. 特殊业务核算处理

学校校园卡充值方式主要有支付宝充值、微信充值、学校公众号充值、校内自助圈存机圈存充值和现金充值等，所收取的校园卡充值款都将通过校园卡消费方式结算至校内各经营商户。学校与校园卡收支业务相关的项目明细核算设置见表4-5。

表4-5　学校校园一卡通相关项目明细设置表

项目代码	项目名称
81099001	校园卡充值款（××银行）
81099002	校园卡充值款（微信、支付宝充值）
81099003	校园卡补卡款
81099004	校园卡营业款（××商户）
81099005	校园卡维护款

（四）主要业务会计核算实务举例

【例4-33】　7月1日，学校××老师通过内部转账单从横向科研经费542#项目转入713#图书馆查新收入项目1 100元。（入账单据：内部转账审批单）

摘要	财务会计	预算会计
××转查新费	借：业务活动费用/科研费用/商品和服务支出/其他商品和服务支出［542#项目］1 100 　　贷：其他收入/内部服务收入［713#项目］1 100	借：非财政拨款结转［542#项目］1 100 　　贷：非财政拨款结余［713#项目］1 100

【例4-34】　1月10日，学校发放的工资共计有90 000元失败退回，通过发放退回重发803#项目人员待发。（入账单据：银行支付退回回单、具体人员名单）

摘要	财务会计	预算会计
1月工资发放退回挂账	借：银行存款 90 000 　　贷：其他应付款/内部往来结算［803#项目］90 000	不处理（备注：退回性暂收款，不纳入预算管理，不生成预算会计核算）

【例4-35】　1月15日，学校退回挂账的工资有多位老师提供正确银行卡信息，可以重新发放，金额共计24 800元（经确认入803#项目核算）。（入账单据：支付凭证、银行支付回单、具体人员名单）

摘要	财务会计	预算会计
冲××发放退回	借：其他应付款/内部往来结算［803#项目］24 800 　　贷：银行存款 24 800	不处理

【例4-36】　5月10日，学校××老师从学校医疗费469#项目中借住院费20 000元（领取转账支票支付）。（入账单据：暂借款单、银行转账支票存根）

摘要	财务会计	预算会计
××借住院费	借：其他应收款/医疗暂付/工资福利支出/医疗费/在职人员医疗费［469#项目］20 000 　　贷：银行存款 20 000	不处理（备注：借住院费待实际报销时再根据实际情况生成预算会计核算）

【例 4-37】 7月4日,学校××老师报销住院费 50 000 元,冲减此前预借 20 000 元住院费,剩余部分通过银行无现金账户支付(经确认入 499#项目核算)。(入账单据:医疗费报销审批单、医疗发票、收据发票联、银行支付回单等)

摘要	财务会计	预算会计
××报住院费	借:单位管理费用/后勤保障费用/工资福利支出/医疗费/在职人员医疗费[499#项目] 50 000 　　贷:其他应收款/医疗暂付/工资福利支出/医疗费/在职人员医疗费[499#项目] 20 000 　　　　银行存款 30 000	借:事业支出/后勤保障支出/工资福利支出/医疗费/在职人员医疗费[499#项目] 50 000 　　贷:资金结存/货币资金 50 000

【例 4-38】 5月10日,学校 POS 机刷卡收取××老师××单身住宅入住保证金 3 000 元,已开具收据(经确认入 499#项目核算)。(入账单据:缴款通知单、收据记账联、POS 机刷卡单等)

摘要	财务会计	预算会计
收××老师××住宅入住保证金	借:其他应收款/其他暂付/商品和服务支出/其他商品和服务支出/其他支出[499#项目] 3 000 　　贷:其他应付款/押金暂存/住房押金[827#项目] 3 000	不处理 (备注:押金性暂收款不纳入预算管理,不生成预算会计核算)

【例 4-39】 5月26日,学校 POS 机刷卡收取××老师公派出国押金 20 000 元,开具收据(经确认入 499#项目核算)。(入账单据:缴款通知单、收据记账联、POS 机刷卡单等)

摘要	财务会计	预算会计
收××公派出国押金	借:其他应收款/其他暂付/商品和服务支出/其他商品和服务支出/其他支出[499#项目] 20 000 　　贷:其他应付款/押金暂存/其他押金[829#项目] 20 000	不处理

【例 4-40】 5月27日,学校收到社保中心拨入的学生医疗保险赔偿款 14 000 元(经确认入 811#项目核算)。(入账单据:银行到款回单、人员清单等)

摘要	财务会计	预算会计
收市社保中心××医疗保险赔偿款	借:银行存款 14 000 　　贷:其他应付款/内部往来结算[811#项目] 14 000	不处理

【例 4-41】 9月17日,学校××部门代收××考试中心公务员考务费 150 000 元,负责代为组织监考等工作(经确认入 833#项目、499#项目核算)。

(1)收到考务费。(入账单据:银行到款回单、入账通知等)

摘要	财务会计	预算会计
代收××考试中心公务员考务费	借：银行存款 150 000 　　贷：其他应付款/代收款项/代收考试报名款［833#项目］150 000	不处理 （备注：代收代付性暂收款，不纳入预算管理，不生成预算会计核算）

（2）12月10日，学校××部门××老师从833#项目中借公务员考务费100 000元用于监考费发放，通过银行无现金账户对私支付（由该老师取现金发放给监考人）。（入账单据：网约暂借款审批单、银行支付回单等）

摘要	财务会计	预算会计
××借××公务员监考费	借：其他应收款/其他暂付/商品和服务支出/其他商品和服务支出/其他支出［833#项目］100 000 　　贷：银行存款 100 000	不处理

（3）12月15日，学校××部门××老师报××考试中心公务员考试监考费95 000元，原借款100 000元，剩余5 000元通过POS机刷卡还回。（入账单据：网约酬金报账审批单、银行支付回单、监考费领取签收表、POS机刷卡单等）

摘要	财务会计	预算会计
××退江苏省公务员监考费 发12月江苏省公务员考试监考费 冲××借江苏省公务员监考费	借：其他应收款/其他暂付/商品和服务支出/其他商品和服务支出/其他支出［499#项目］5 000 　　其他应付款/代收款项/代收考试报名款［833#项目］95 000 　　贷：其他应收款/其他暂付/商品和服务支出/其他商品和服务支出/其他支出［833#项目］100 000	不处理

【例4-42】（1）3月10日，学校收到校园卡支付宝充值款80 000元（经确认入810#项目核算）。（入账单据：银行到款回单、校园卡圈存汇总表等）

摘要	财务会计	预算会计
收3月份一卡通支付宝充值款	借：银行存款 80 000 　　贷：其他应付款/校园卡/校园卡充值款［810#项目］80 000	不处理（备注：不纳入预算管理，不生成预算会计核算）

（2）7月10日，学校结算××公司东苑一餐厅6月份校园卡营业款50 000元（经确认入810#项目核算）。（入账单据：营业款结算审批表等）

摘要	财务会计	预算会计
结算东苑一餐厅校园6月份一卡通营业款	借：其他应付款/校园卡/校园卡充值款［810#项目］50 000 　　贷：其他应付款/校园卡/校园卡营业款［810#项目］50 000	不处理

（3）7月15日，支付××公司东苑一餐厅6月份校园校园卡营业款50 000元，通过银行无现金账户对公转账支付（经确认入810#项目核算）。（入账单据：网约报销审批单、营业款结算表、银行支付回单等）

摘要	财务会计	预算会计
付东苑一餐厅6月份校园卡营业款	借：其他应付款/校园卡/校园卡营业款[810#项目] 50 000 　　贷：银行存款 50 000	不处理

【例4-43】 （1）11月31日，学校收到××单位12 500元汇款，月底尚未有老师认领，作为未确认到款处理，统一入未确认到款803#项目核算。（入账单据：银行到款回单、未确认到款挂账明细表等）

摘要	财务会计	预算会计
收×月×日××（单位名称）未确认到款	借：银行存款 12 500 　　贷：其他应付款/未确认到款[803#项目] 12 500	不处理（备注：因是未确认到款，无法确认是计入收入还是退回等，暂不生成预算会计核算）

（2）12月5日，学校××学院××老师前来认领该笔未确认到款，金额12 500元，经确认为技术服务费，作为合同预收款处理，入该老师横向科研542#项目核算。（入账单据：到款通知单等）

摘要	财务会计	预算会计
冲收×月×日××（单位）未确认到款 预收××单位技术服务费	借：其他应付款/未确认到款[803#项目] 12 500 　　贷：预收账款/科研预收账款[542#项目] 12 500	借：资金结存/货币资金 12 500 　　贷：事业预算收入/科研事业预算收入[542#项目] 12 500

三、2401#预提费用

（一）业务概述

预提费用是指高校预先提取的已经发生但尚未支付的费用，如预提租金费用、预提科研项目间接费用或管理费等。

目前，学校预提费用的提取主要是从科研项目中提取的项目间接费用或管理费。

1. 横向科研项目

横向科研项目主要是指来自企事业单位的委托课题项目，该类科研项目一般不区分直接经费和间接经费，不实行间接经费管理，学校仅从横向科研项目经费中按学校有关管理费提取规定提取管理费，通过"费用"提取计入学校"预提费用"科目项目核算和管理。

2. 纵向科研项目

纵向科研项目主要是指来自各级财政资金安排的课题项目，该类科研项目按照是否实行间接经费管理，分为未实施间接经费管理项目和已实施间接经费管理项目。

（1）未实施间接经费管理项目。该类纵向科研项目未实行间接经费管理，学校仅从该纵向科研项目中按学校有关管理费提取规定提取管理费，计入学校"预提费用"项目核算和管理。

（2）已实施间接经费管理项目。不论该间接经费是否单列下达到学校，学校都先将间接经费和直接经费合并计入科研项目收入进行核算和管理，再按照间接经费提取或下达比例，从科研项目收入中通过"费用"提取间接经费，计入"预提费用"项目核算和管理。最后再按照学校管理费提取规定，从已提取的"预提费用"中提取学校管理费，计入学校"预提费用"科目项目核算和管理。

3. 科研管理费的分配

学校提取的科研管理费，按照学校管理费分配政策，一部分要分配给提取科研管理费的科研项目所在学院，计入所在学院的发展经费项目核算和使用管理。

（二）科目设置

高校应设置"2401#预提费用"科目，按照预提费用的种类进行明细核算。

学校在"2401#预提费用"科目下设"2401.01#预提费用/项目间接费用或管理费""2401.02#预提费用/其他预提费用"明细科目，并按科研项目或课题负责人进行明细核算。

提示：目前，学校预提管理费的核算方式是先提取归集至各学院806#项目核算，年末再全部转入学校806#项目核算。

（三）主要业务账务处理实践解读

1. 按规定从科研项目收入中提取项目间接费用或管理费时的账务处理

按规定从科研项目收入中提取项目间接费用或管理费时，学校按照提取的金额，财务会计借记"业务活动费用/科研费用/项目间接费用或管理费"科目，贷记"预提费用/项目间接费用或管理费"科目。同时，根据提取的金额和项目，预算会计借记"非财政拨款结转/项目间接费用或管理费"科目，贷记"非财政拨款结余/项目间接费用或管理费"科目。

提示：①从科研项目中提取间接费用或管理费用，虽没有资金流出流入，但资金由科研项目到非项目管理，相应预算会计从"结转"调整为"结余"。②学校对于已实施间接经费管理的纵向科研项目，是先计提间接经费，再从间接经费中提取管理费，相应账务处理略有差异。

2. 实际使用计提的项目间接费用或管理费时的账务处理

实际使用计提的项目间接费用或管理费时，学校按照实际支付的金额，财务会计借"预提费用/项目间接费用或管理费"科目，贷记"银行存款"等科目。例如，使用预提费用购置库存物品和固定资产时，财务会计借记"库存物品""固定资产"等科目，贷记"累计盈余"明细科目。同时，根据实际支付的金额，预算会计借记"事业支出"等科目，贷记"资金结存"科目。

提示：关于从科研项目收入中提取项目间接费用或管理费的使用问题，目前学校都是通过动用"非财政拨款结余"纳入部门预算统一使用，相应在实际使用过程中，财务会计就无法区分哪个预算项目执行是对应"预提费用"资金来源。为此，学校定期将提取的"预提费用"转入"累计盈余/基本盈余"，以实现统一化管理，但也易造成"费用"虚增问题，即在使用预提费用时，财务会计从原借记"预提费用"科目，更变为借记"业务活动费用"等科目。

（四）科研间接经费提取与使用管理

学校对间接费用实行切块管理，包括管理费、课题统筹支出和绩效支出三部分，即在管理费足额计提的条件下，由项目负责人自行安排课题统筹支出和绩效支出。

1. 管理费

学校根据相关规定办理科研管理费提取，财务部门根据提取单办理入账核算。

2. 课题统筹支出

课题统筹支出可用于支付与科研活动相关且无法在直接经费中列支的费用，如通用设备、办公用品、专利维护费、科研工作通信费，以及交通工具燃油费、科研业务接待费等费用，按正常网上预约报账流程报销。

3. 绩效支出

绩效支出根据课题研究进展及预算执行情况分两次发放。在课题研究期限内，执行情况良好的可提取间接经费总额的20%；项目通过结题验收后，可提取该项目剩余间接经费作为绩效奖励支出。

（五）主要业务会计核算实务举例

【例4-44】 9月10日，学校××学院××老师506#项目收××大学转拨的课题费57 700元，提取间接经费6 300元至501#项目，提取管理费1 000元至学院806#项目。（入账单据：科研项目到款通知单、银行到款回单、结算票据、纵向科研确认书等）

摘要	财务会计	预算会计
收××大学课题费	借：银行存款 57 700 　　贷：事业收入/科研事业收入/纵向科研经费/中央科研经费［506#项目］57 700	借：资金结存/货币资金 57 700 　　贷：事业预算收入/科研事业预算收入/纵向科研经费/中央科研经费［506#项目］57 700
计提间接经费（从科研项目经费中提取）	借：业务活动费用/科研费用/特设经济科目/计提项目间接费用或管理费［506#项目］6 300 　　贷：预提费用/间接费用/特设经济科目/计提项目间接费用或管理费［501#项目］6 300	借：非财政拨款结转/项目间接费用或管理费［506#项目］6 300 　　贷：非财政拨款结余/项目间接费用或管理费［501#项目］6 300
计提管理费（从已提取的间接费用中提取）	借：预提费用/间接费用/特设经济科目/计提项目间接费用或管理费［501#项目］1 000 　　贷：预提费用/管理费用/特设经济科目/计提项目间接费用或管理费［806#项目］1 000	借：非财政拨款结余/项目间接费用或管理费［501#项目］1 000 　　贷：非财政拨款结余/项目间接费用或管理费［806#项目］1 000

【例4-45】 10月20日，学校××学院××老师从纵向科研间接经费502#项目中购买一台价值40 000元的搅拌器，通过零余额账户支付。（入账单据：网约报销审批单、购货发票、固定资产入库单、合同、设备图片、财政授权支付回单等）

摘要	财务会计	预算会计
××购××公司搅拌器	借：预提费用/项目间接费用或管理费/资本性支出/办公设备购置/办公设备 [502#项目] 40 000 　　贷：零余额账户用款额度 40 000	借：事业支出/科研事业支出/资本性支出/办公设备购置/办公设备 [502#项目] 40 000 　　贷：资金结存/零余额账户用款额度 40 000
归集确认固定资产	借：固定资产 [812#项目] 40 000 　　贷：累计盈余 40 000	不处理

【例4-46】 10月21日，学校××老师从间接经费501#项目中提取科研绩效30 000元，先转入学院应付职工薪酬811#账户学院绩效工资统一代发。（入账单据：间接费用绩效支出申请表等）

摘要	财务会计	预算会计
××提取科研绩效	借：预提费用/项目间接费用或管理费/工资福利支出/绩效工资/其他绩效 [501#项目] 30 000 　　贷：应付职工薪酬/科研绩效 [811#项目] 30 000	借：事业支出/科研事业支出/工资福利支出/绩效工资/其他绩效 [501#项目] 30 000 　　贷：资金结存/货币资金 30 000

【例4-47】 （1）学校20××年2月租用一台科研设备，合同规定租期1年，租赁期满一次性付清租金，年租金12 000元。（入账单据：经营租赁合同等）

摘要	财务会计	预算会计
计提2月设备租金	借：业务活动费用/科研费用/商品和服务支出/租赁费 1 000 　　贷：预提费用/商品和服务支出/租赁费 1 000	不处理

（2）20××年1月，学校通过银行存款支付租金12 000元。（入账单据：银行支付回单、租金发票等）

摘要	财务会计	预算会计
支付年租金	借：预提费用 12 000 　　贷：银行存款 12 000	借：事业支出/科研事业支出/商品和服务支出/租赁费 12 000 　　贷：资金结存/货币资金 12 000

四、2601#预计负债

（一）业务概述

预计负债是指高校对因或有事项所产生的现时义务而确认的负债。

预计负债需要满足如下三个条件才能形成和确认。

1. 由过去交易或事项形成

由过去交易或事项形成是指过去的交易或事项引起的客观存在。例如，未决诉讼是正在进行的诉讼,但该诉讼是单位过去的经济行为导致的起诉。

2. 结果具有不确定

结果具有不确定是指该预计事项的结果是否发生具有不确定性,或者预计将会发生,但发生的时间和金额具有不确定性。例如,债务担保事项的担保方到期是否承担担保连带责任,需要根据债务人到期能否按期足额偿还债务而确定。

3. 由未来事项决定

由未来事项决定是指预计事项的发生结果只能由未来不确定事项的发生或不发生决定。例如,担保债务事项只能在被担保方到期无力偿还债务时才能发生。

高校常见预计负债主要有未决诉讼和仲裁、科研产品质量与安全保证、服务承诺、环境污染等引起的未来义务发生。

学校预计负债业务主要包括根据相关合同、协议及其他现实纠纷等材料确认预计负债,根据合同、协议及其他现实纠纷结果对原预计负债进行现实负债的再确认和支付等。

(二) 科目设置

高校应设置"2601#预计负债"科目,核算预计负债的确认和偿还,应当按照预计负债的项目进行明细核算。科目贷方余额反映高校已确认但尚未支付的预计负债金额。

(三) 主要业务账务处理实践解读

1. 确认预计负债时的账务处理

确认预计负债时,学校按照预计的金额和预计事项的影响业务类别,财务会计借记"业务活动费用""单位管理费用""经营费用""其他费用"等科目,贷记"预计负债"科目。预算会计不处理。

2. 实际偿付预计负债时的账务处理

实际偿付预计负债时,学校按照偿付的金额,财务会计借记"预计负债"科目,贷记"银行存款""零余额账户用款额度"等科目。同时,根据实际偿付的金额及预计负债产生的原因等材料,预算会计借记"事业支出""经营支出""其他支出"等科目,贷记"资金结存"科目。

3. 根据确凿证据需要对已确认的预计负债账面余额进行调整时的账务处理

根据确凿证据需要对已确认的预计负债账面余额进行调整时,学校按照调整增加的金额,财务会计借记"业务活动费用"等有关科目,贷记"预计负债"科目;按照调整减少的金额,财务会计借记"预计负债"科目,贷记"业务活动费用"等有关科目。预算会计不处理。

(四) 主要业务会计核算实务举例

【例4-48】 12月20日,学校因房产出租纠纷被××公司起诉,要求支付赔偿款50万元,12月底尚未判决。经询问法律顾问后,初步认为学校可能面临不利判决,预计最大可能被判决赔偿45万元。2020年3月,判决学校赔偿50万元。

(1) 12月31日,根据法律顾问判断,学校将面临45万元赔偿。(入账单据:单位预计负债说明书、相关诉讼材料等)

摘要	财务会计	预算会计
预计赔偿××公司	借：其他费用/其他费用/商品和服务支出/其他商品和服务支出 450 000 　　贷：预计负债 450 000	不处理

（2）次年3月5日，法院宣判学校赔偿50万元，学校通过银行账户对公转账支付。（入账单据：宣判书、相关合同协议复印件、业务部门和经办人签字盖章、银行支付回单等）

摘要	财务会计	预算会计
支付××公司赔偿款	借：其他费用/其他费用/商品和服务支出/其他商品和服务支出 50 000 　　预计负债 450 000 　　贷：银行存款 500 000	借：其他支出/其他支出/商品和服务支出/其他商品和服务支出 500 000 　　贷：资金结存/货币资金 500 000

五、2901#受托代理负债

（一）业务概述

受托代理负债是指高校接受委托，取得受托代理资产时形成的负债，包括党费、团费、学会（协会）会费、个人缴纳的住房维修基金等。

受托代理负债业务涉及受托代理资产的收取、投资理财、使用、转赠等处置工作，还包括受托代理负债与受托代理资产的定期清理核对工作。

（二）科目设置

高校应设置"2901#受托代理负债"科目，对受托代理负债进行核算。高校应当根据受托代理负债的委托人等进行明细核算，如果是受托转赠资产形成的负债，还应按照指定受赠人进行明细核算。

学校受托代理负债明细科目设置见表4-6。

表4-6 受托代理负债明细科目设置表

科目代码	科目名称	核算内容及要求
2901	受托代理负债	
2901.01	党费	通过835#项目核算收缴的各学院党费，每年按学院（部门）进行返还，可用于党建事项报销
2901.02	团费	通过835#项目核算收缴的各学院团费，可用于团委活动报销
2901.03	个人维修基金	核算个人缴纳的住宅维修资金的缴存、使用情况
2901.09	其他	

（三）主要业务账务处理实践解读

"受托代理负债"科目借方反映当期学校受托代理负债的减少，贷方反映学校受托代理负债的增加，期末贷方余额反映单位尚未清偿或尚未发出受托代理资产形成的受托代理负债金额。

详细账务处理参见"受托代理资产""银行存款"等科目。

提示：学校收到的受托代理资金通过"库存现金/受托代理资产""银行存款/受托代理存款账户"核算。但实际工作中很难单独开立账户进行资金收付和核算，为此建议，定期对受托代理负债相关业务的资金收付进行整理，将实际收支金额从一般银行账户转入"银行存款/受托代理存款账户"，确保"银行存款/受托代理存款账户"科目余额与"受托代理负债"科目余额相一致。

（四）主要业务会计核算实务举例

【例4-49】 3月16日，学校收××老师住宅维修资金（个人部分）20 000元，存入维修资金银行账户。（入账单据：收款收据、银行到款回单等）

摘要	财务会计	预算会计
收××老师住宅维修资金（个人部分）	借：银行存款/受托代理存款账户 20 000 　　贷：受托代理负债/个人维修基金［835#项目］20 000	不处理

【例4-50】 10月20日，学校经业主委员会同意，动用个人维修资金50 000元维修公共区域，通过维修资金账户对公转账支付。（入账单据：维修清单明细表、银行回单等）

摘要	财务会计	预算会计
付××住宅公共维修费	借：受托代理负债/个人维修基金［835#项目］50 000 　　贷：银行存款/受托代理存款账户 50 000	不处理

提示：受托代理负债核算的难点之一是"受托代理资产"的对应核算。

第五章 收入类业务核算

第一节 基本概述

收入是高校事业稳定发展的重要保障，也是高校会计核算和管理的重要内容。随着高校教育科研事业的稳定发展，高校收入来源渠道越来越广，各方利益主体的管理要求、利益需求也越来越多样，相应的会计核算要求也就越来越高。通过会计核算规范化实现收入管理规范化，是当下高校财务管理实现从会计核算型向管理服务型转变的重要任务之一。

一、基本概念与内容

《政府会计制度》规定，政府财务会计执行权责发生制，预算会计执行收付实现制。高校收入分别在财务会计下确认为"收入"，在预算会计下确认为"预算收入"。"收入"和"预算收入"在确认范围和确认时点上存在差异，出现了时间性差异和永久性差异问题，而产生差异的主要根源在于该项收入是否纳入预决算管理和该项收入对应的货币资金是否流入学校。

（一）收入

《政府会计准则——基本准则》第四十二条规定，收入是指报告期内导致政府会计主体净资产增加的、含有服务潜力或者经济利益的经济资源的流入。高校收入一般是指学校开展教学、科研及其他活动依法取得的非偿还性资金。高校收入包括以下几种。

1. **财政拨款收入**

财政拨款收入即高校从同级政府财政部门取得的各类财政拨款。

2. **事业收入**

事业收入即高校开展教学、科研及其辅助活动取得的收入，包括学费、住宿费、培训费等教育事业收入和非同级财政科研拨款收入之外的各级财政和企事业的科研事业收入。

3. **上级补助收入**

上级补助收入即高校从主管部门和上级单位取得的非财政拨款收入。

4. 附属单位上缴收入

附属单位上缴收入即高校附属独立核算事业单位（主要包括附属幼儿园、中小学校、研究院等非营利性组织）按照有关规定或比例上缴的收入。

5. 经营收入

经营收入即高校在教学、科研及其辅助活动之外，开展非独立核算经营活动取得的收入。

6. 非同级财政拨款收入

非同级财政拨款收入即高校从同级政府非财政部门或上级、下级政府部门（包含财政部门）取得的各类经费拨款，包括从同级政府其他部门取得的横向转拨财政款以及从上级或下级政府部门（含财政部门）取得的经费拨款等。高校对于因开展教学科研等专业业务活动及其辅助活动取得的来自同级非财政部门或上下级政府部门的各项拨款收入，应确认为"事业收入"。

7. 投资收益

投资收益即高校股权投资和债券投资所实现的收益或发生的损失。

8. 捐赠收入

捐赠收入即高校接受其他单位或者个人捐赠取得的收入。捐赠收入按照使用限制分为限定性捐赠收入和非限定性捐赠收入；按照是否留本分为留本性捐赠收入和非留本性捐赠收入。不同的捐赠收入，最终确认入账类别不同。留本性捐赠收入应确认记入"专用基金/留本基金"科目核算，非留本性捐赠收入应确认记入"捐赠收入"科目核算。

9. 利息收入

利息收入即高校取得的银行存款利息收入。

10. 租金收入

租金收入即高校经批准利用国有资产出租取得并按照规定纳入本单位预算管理的租金收入。

11. 其他收入

其他收入即本条上述规定范围以外的各项收入，包括现金盘盈收入等。

（二）预算收入

《政府会计准则——基本准则》第十九条规定，预算收入是指政府会计主体在预算年度内依法取得的并纳入预算管理的现金流入。高校预算收入是指在预算年度内依法取得的并纳入部门预算决算管理的现金流入。预算收入的要点有：一是必须依法取得，对于按照"收支两条线"管理规定应上缴财政专户或国库的各项资金流入，应及时上缴财政专户或国库，不确认为预算收入进行管理和使用；二是必须是预算年度内取得，凡不属于预算年度内的资金流入不确认为年度预算收入，如预收下年预算收入；三是必须纳入预决算管理，高校能够使用支配的资金流入，才能作为预算收入，如预算结转结余调剂等；四是必须是货币资金流入，非货币资金流入不确认为预算收入，如捐赠获取的固定资产等。高校预算收入一般包括以下几种。

1. 财政拨款预算收入

财政拨款预算收入是指高校从同级政府财政部门取得的各类财政拨款。省属高校财政拨款预算收入是指从省级财政部门预算下达的各类财政拨款，包括基本支出预算拨款和项目支出预算拨款。

2. 事业预算收入

事业预算收入是指高校开展教学科研等专业业务活动及其辅助活动取得的现金流入。高校事业预算收入主要包括教育事业预算收入、科研事业预算收入等。其中，同级财政科研经费拨款收入纳入财政拨款收入核算与管理范畴，不计入科研事业预算收入核算与管理。

3. 上级补助预算收入

上级补助预算收入是指高校从主管部门或上级单位取得的非财政补助现金流入。

4. 附属单位上缴预算收入

附属单位上缴预算收入是指高校取得的附属独立核算单位根据有关规定上缴的现金流入。高校附属单位上缴预算收入主要是附属幼儿园、中小学校、研究院等非营利单位按照经营责任上缴的资金。

5. 经营预算收入

经营预算收入是指高校在教学科研等专业业务活动及其辅助活动之外开展非独立核算经营活动取得的现金流入。高校经营预算收入主要包括后勤饮食服务收入等。

提示：重点关注学校后勤食堂饮食服务收入，特别是内部转账服务收入的确认、计量和记录工作，包括后勤食堂独立账套核算管理。

6. 债务预算收入

债务预算收入是指高校按照规定从银行和其他金融机构等借入的、纳入部门预算管理的、不以财政资金作为偿还来源的债务本金。

提示：高校按照有关规定批复"借新还旧"贷款，属于银行贷款借贷期限及借贷银行的变化，不视为资金流入流出活动，预算会计不确认为债务预算收入。展期"借新换旧"或"先还后借"过程中的业务，一律确认为"债务还本支出"行为。

7. 非同级财政拨款预算收入

非同级财政拨款预算收入是指高校从非同级政府财政部门取得的财政拨款，包括同级非财政部门的横向转拨款和非本级的各类财政拨款两部分。因开展教学科研及其辅助活动从同级政府非财政部门或上下级政府部门取得的经费拨款，不作为非同级财政拨款预算收入，一般确认为"事业预算收入"。

8. 投资预算收益

投资预算收益是指高校取得的、按照规定纳入部门预算管理的、属于投资收益性质的现金流入，主要包括股权投资收益、出售或收回债券投资所取得的收益和债券投资利息收入。

9. 其他预算收入

其他预算收入是指高校除上述预算收入外的纳入部门预算管理的现金流入，包括捐赠预算收入、利息预算收入、租金预算收入、现金盘盈收入等。

二、各项收入的确认

(一) 收入的确认

《政府会计准则——基本准则》第四十三条指出，收入的确认应当同时满足以下条件：与收入相关的含有服务潜力或者经济利益的经济资源很可能流入政府会计主体；含有服务潜力或者经济利益的经济资源流入会导致政府会计主体资产增加或者负债减少；流入金额能够可靠地计量。

1. 属于财政拨款的财政补助收入和上级补助收入

属于财政拨款的财政补助收入和上级补助收入根据财政直接支付入账通知书、财政授权支付额度到账通知书、开户银行出具的收款通知书、上级主管部门批文等确认收入。

2. 属于归口管理部门审批的事业收入、附属单位上缴收入、经营收入和其他收入

属于归口管理部门审批的事业收入、附属单位上缴收入、经营收入和其他收入根据批准的收费范围和标准、开具的合规收费票据、开户银行出具的收款通知书、相关合同或协议等确认收入。

3. 属于接受委托代为管理的党费、团费及学会（协会）会费等款项

属于接受委托代为管理的党费、团费及学会（协会）会费等款项不确认为收入入账，按受托代理负债核算。

4. 属于学校对外服务取得的收入

属于学校对外服务取得的收入根据收款银行出具的收款通知书和开具的税务发票确认入账，结合服务合同及收入确认时点等确认收入，并代扣代缴增值税等税金；属于校内有偿服务取得的收入，依据内部结算转账单确认收入。

(二) 预算收入的确认

《政府会计准则——基本准则》第二十条规定，预算收入一般在实际收到时予以确认，以实际收到的金额计量。

1. 国库集中支付方式

该方式下一般以国库支付系统下达的"用款计划批复数"（直接支付和授权支付）确认财政拨款预算收入，包括一般公共预算收入、政府性基金预算收入等。

2. 实收资金方式

该方式下一般在实际收到货币资金时确认预算收入，包括财政拨款预算收入、事业预算收入。但如下情况一般不确认为预算收入：① 预收下年财政拨款；② 收取的应上缴财政专户款或财政国库款；③ 收取的委托代理资金；④ 收取的直接纳入专用基金管理的资金；⑤ 暂时收取的押金、保证金等。

提示：重点关注时间较长的保证金、押金。对于超过一定期限尚未退还或不需要退还的押金、保证金等，需要按规定核销转为学校其他收入。转为学校其他收入时，预算会计需要进行相应"预算收入"确认。

（三）预算收入和收入间的确认关系

按照《政府会计制度》有关财务会计和预算会计"平行记账"核算规则，预算收入和收入间的确认关系可简单归纳为以下几种情况。

1. 同时确认收入和预算收入

一是实行国库集中支付方式或实拨方式收到的财政拨款，二是开具的收款票据与收到的货币资金同时入账时，一般同时确认收入和预算收入。但收取的应上缴财政专户款或国库款、收取的受托代理资金等除外。

2. 先确认收入，后确认预算收入

该情况一般出现在已确定收入权属但尚未实际收到资金的情况下，如应收账款、应收票据等导致的收入确认在前，预算收入确认在后。

提示：学校收到的商业承兑汇票和银行承兑汇票，考虑到存在可背书转让、可贴现收款等情况，将应收票据视为货币资金，"平行记账"规则确认为在收到应收票据时可同时生成预算会计。在应收票据到期收款时，确认为货币资金形态的转变，不生成预算会计核算。

3. 先确认预算收入，后确认收入

该情况一般出现在已预收资金，但收入权属因物品或劳务尚未提供等情况下，如预收账款导致的预算收入确认在前，收入确认在后。

4. 只确认预算收入

该种情况主要是高校取得银行贷款和提供商品或服务取得的应交增值税。短期借款和长期借款在财务会计中反映为"短期借款""长期借款"，在预算会计中确认为"债务预算收入"。应交增值税在财务会计中反映为"应交增值税"，在预算会计中与相应的预算收入一同确认为"预算收入"。

学校财务会计中收入科目及预算会计中预算收入科目的对照关系如表 5-1 所示。

表 5-1 收入与预算收入科目对应表

财务会计科目		预算会计科目		资金来源渠道
4001#财政拨款收入	4001.01#一般公共预算拨款	6001#财政拨款预算收入	6001.01#一般公共预算拨款	同级政府财政部门
	4001.02#地方政府专项债券拨款		6001.02#地方政府专项债券拨款	
4101#事业收入	4101.01#教育事业收入	6101#事业预算收入	6101.01#教育事业预算收入	非税收入或教育培训等
	4101.02#科研事业收入		6101.02#科研事业预算收入	企事业单位、同级政府其他部门、上下级政府部门
4201#上级补助收入		6201#上级补助预算收入		主管部门或上级单位
4301#附属单位上缴收入		6301#附属单位上缴预算收入		附属独立核算单位
4401#经营收入		6401#经营预算收入		经营活动
2001#短期借款、2501#长期借款		6501#债务预算收入		银行贷款

续表

财务会计科目		预算会计科目		资金来源渠道
4601#非同级财政拨款收入		6601#非同级财政拨款预算收入		同级政府非财政部门、上下级政府部门
4602#投资收益		6602#投资预算收益		被投资单位
4603#捐赠收入		6603#捐赠预算收入		企事业单位和自然人
4604#利息收入		6604#利息预算收入		银行存款利息
4605#租金收入		6605#租金预算收入		不需要上缴财政的房租
4609#其他收入	4609.01#内部服务收入	6609#其他预算收入	6609.01#内部服务收入	
	4609.09#其他收入		6609.09#其他收入	

备注：① 不论是财务会计收入核算还是预算会计预算收入核算，都是分别从权责发生制和收付实现制基础对各收入业务进行的会计确认、计量、记录和披露，也就是对收入业务的把握是准确进行收入核算和预算收入核算的基础。按照前面收入确认和预算收入确认的关系可知，预算收入核算要依托财务会计收入的确认为前提，二者之间存在一定的逻辑关系。② 根据《政府会计制度》有关科目设置规定，对于捐赠收入、利息收入和租金收入较多的学校，可以单独设置"6603#捐赠预算收入""6604#利息预算收入""6605#租金预算收入"科目，分别与"4603#捐赠收入""4604#利息收入""4605#租金收入"科目相对应，同时从权责发生制和收付实现制两个不同的核算基础对捐赠收入业务、利息收入业务和租金收入业务进行核算。

三、收入管理

高校各项收入应实行归口管理，明确各责任部门收入筹集与管理职责。各部门不得私自开展收入筹集活动，各项收入应当全部纳入学校财务统一核算，统一管理，严格"收支两条线"。

1. 收入责任管理

高校应建立健全收入责任管理体系，明确各项收入的责任归口部门，如国有资产管理部门负责全校各项资产出租出借收入的扎口管理，科学研究管理部门负责全校各项科研合作收入的扎口管理，等等。

2. 收入分配管理

高校应建立健全收入分配管理制度，根据事权和财权相统一、合理划分财权的规定，明确各项收入的归属及分配比例，明确哪项收入直接统筹用于学校事业发展，哪项收入直接归属筹集部门用于部门事业发展使用，哪项收入需要通过学校、学院（部门）间分成切块后使用（学校切块部分统筹用于学校事业发展）等，以支持和鼓励、激励相关部门多渠道创收。

3. 收入目标管理

高校应建立健全收入目标管理体系，不论是直接统筹用于高校整体事业发展的收入，还是直接归属筹集部门的收入，或者是需要切块分配的收入，都应纳入高校收入预算管理。按照收支预算平衡和收入预算完整全面、客观真实的编制原则，高校年度收入预算编制的过程，就是高校各项收入目标测算和确定的过程。所以，强化收入目标管理，建立收入目标完成考核机制就非常重要，特别是统筹用于高校整体事业发展所需的收入预算，其目标完成情况直接影响年度预算收支平衡问题。

第二节　财政拨款收入业务核算

根据政府财务会计与预算会计"平行记账"核算要求，高校对财政拨款收入业务分别设置"4001#财政拨款收入"和"6001#财政拨款预算收入"两类科目进行核算，分别按照权责发生制和收付实现制确认基础对财政拨款收入进行确认核算。

一、业务概述

1. 财政拨款收入

财政拨款收入是指高校从同级财政部门取得的各类财政拨款，主要包括一般公共预算拨款、地方政府专项债券拨款、国有资本经营预算拨款等。

2. 财政拨款预算收入

财政拨款预算收入是指高校从同级财政部门取得的纳入本期部门预算管理的各类财政拨款。一般来说，在国库集中支付方式下，财政拨款收入入账确认时间和拨款计划批复下达到账时间基本一致，财务会计中财政拨款收入和预算会计中财政拨款预算收入的确认时间也基本一致。但同级政府财政部门预拨的下期预算拨款和没有纳入预算的暂付款项，以及采用实拨资金方式转拨给下属单位的财政拨款，均通过"其他应付款"科目核算，不通过"财政拨款收入"和"财政拨款预算收入"科目核算。

提示：归纳起来，学校获得的以下来源收入，不确认为财政拨款（预算）收入：① 同级政府财政部门预拨的下期预算款，因为属于预拨资金，因此不能确认为财政拨款收入，一般确认为其他应付款。② 没有纳入预算的暂付款项，因为资金属于临时性质，因此不能确认为财政拨款收入，一般确认为其他应付款。③ 采用实拨资金方式通过学校转拨给下属单位的财政拨款，因为资金所有权不在本单位，因此不能确认为财政拨款收入，一般确认为其他应付款。④ 省级非财政部门拨付的款项，不属于财政拨款收入，按照款项是否用于开展业务活动，一般纳入事业收入或非同级财政拨款收入范畴。⑤ 非省级部门拨款的财政拨款，不确认为财政拨款收入，根据款项是否用于开展业务活动，一般确认为事业收入或非同级财政拨款收入。

3. 财政拨款收入业务

该业务包括按照部门预算批复下达的各项基本支出和项目支出预算计划，主要是以前年度或本年度相关财政拨款收入退回、直接支付方式下的财政拨款收入资金使用、年度财政拨款收入结转等。

二、科目设置

1. 高校应设置"4001#财政拨款收入"科目

该科目主要核算高校从同级财政部门取得的各类拨款。根据《政府会计制度》有关明细核算要求,"财政拨款收入"可不设置明细科目进行明细核算。但考虑到财务会计中财政拨款收入和预算会计中财政拨款预算收入核算间的"平行记账"需求,高校可根据《政府收支分类科目》中支出经济分类科目和部门预算管理相关要求,对"财政拨款预算收入"设置明细科目核算。一是设置基本支出和项目支出明细科目,其中,基本支出可下设"人员经费"和"日常公用经费"明细科目,项目支出可按具体项目设置明细科目;二是根据《政府收支分类科目》中支出功能分类科目的项级科目设置明细科目。

目前,学校在财政拨款收入的实际核算过程中,根据财政资金拨款方式,通过"1011.01.01#零余额账户用款额度/直接支付/预算内额度"和"1011.02.01#零余额账户用款额度/授权支付/预算内额度"科目核算国库资金。

(1)"4001.01#财政拨款收入/一般公共预算拨款"明细科目,核算资金来源于省级财政部门通过国库下达的预算内拨款指标。

该科目下设"4001.01.01#财政拨款收入/一般公共预算拨款/基本支出拨款"和"4001.01.02#财政拨款收入/一般公共预算拨款/项目支出拨款"两个明细科目,"项目支出拨款"下再设置教育事业拨款"和科研事业拨款"两个明细科目,其中"科研事业拨款"核算资金来源于省级财政部门下拨的科研项目资金。

(2)"4001.02#财政拨款收入/地方政府专项债券拨款"明细科目,核算资金来源于地方政府专项债券资金。

提示:学校财政拨款收入科目可按照支出功能分类要求,分别设置"高等教育财政拨款""科研财政拨款"等明细科目,分别核算财政高等教育类、财政科研类拨款等情况。可不按照基本支出拨款和项目支出拨款设置明细科目。

2. 学校设置"6001#财政拨款预算收入"科目

该科目主要核算学校从同级财政部门取得的纳入本期预算管理的各类拨款。根据《政府会计制度》以及预算决算管理要求,财政拨款预算收入核算要满足多维度预算决算管理信息需求:一是不同支出功能核算;二是项目支出核算和基本支出核算划分,其中项目支出核算还要分具体项目明细核算,基本支出核算又分为"人员经费"和"日常公用经费"明细核算;三是一般公共预算拨款、政府性基金预算拨款和国有资本经营预算拨款核算划分。

提示:因财政拨款收入都是通过国库集中系统办理指标下达和支付,以上信息都可以通过国库支付系统获取,通过核算项目与财政拨款预算资金来源的对应关系来确定,财政拨款预算收入明细科目设置就可以相对简化。

三、主要业务账务处理实践解读

1. 财政直接支付方式下的账务处理

根据收到的"财政直接支付入账通知书",学校按照通知书中的直接支付额度,财务会计借记"零余额账户用款额度"科目,贷记"财政拨款收入"科目。同时,根据实际拨款金额,预算会计借记"资金结存/零余额账户用款额度"科目,贷记"财政拨款预算收入"科目。

年末,学校根据本年度财政直接支付预算指标数与当年财政直接支付实际支付数的差额(指标结余额),财务会计借记"财政应返还额度/财政直接支付应返还额度"科目,贷记"财政拨款收入"科目。同时,根据财政拨款收入金额,预算会计借记"资金结存/财政应返还额度"科目,贷记"财政拨款预算收入"科目。

提示:除财政科研拨款收入外,其他财政拨款收入为校级层面收入,都需要通过预算指标下达方式进行项目限额和收支控制,而非收到财政拨款时直接确认到对应项目核算。为此,学校财政拨款收入一般通过"校级统筹拨款收入101#项目"归集核算学校财政拨款收入总额情况,再通过增设"9001#本年项目收入及分配"科目将相应资金来源下达到具体核算项目(如人员支出经费201#项目)中。对于规模小的学校,也可建立财政拨款收支对应项目实现直接项目化核算,即收到财政拨款收入时,政府财务会计和预算会计贷记"财政拨款(预算)收入[××项目]"科目项目核算。

2. 财政授权支付方式下的账务处理

根据收到的"财政授权支付额度到账通知书",学校按照通知书中的授权支付额度,财务会计借记"零余额账户用款额度"科目,贷记"财政拨款收入"科目。同时,预算会计借记"资金结存/零余额账户用款额度"科目,贷记"财政拨款预算收入"科目。

年末,本年度财政授权支付预算指标数大于零余额账户用款额度下达数时,学校根据未下达的用款额度(指标结余额),财务会计借记"财政应返还额度/财政授权支付应返还额度"科目,贷记"财政拨款收入"科目。同时,根据差额数,预算会计借记"资金结存/财政应返还额度"科目,贷记"财政拨款预算收入"科目。

3. 实拨资金方式下的账务处理

学校按照实际收到的金额和收款银行出具的到款通知书,财务会计借记"银行存款"等科目,贷记"财政拨款收入"科目。同时,根据实际下拨数,预算会计借记"资金结存/货币资金"科目,贷记"财政拨款预算收入"科目。

4. 因差错更正或购货退回等发生国库支付款项退回时的账务处理

(1) 属于以前年度支付的款项,学校按照退回金额,财务会计借记"零余额账户用款额度"科目,贷记"以前年度盈余调整""库存物品"等科目。同时,预算会计借记"资金结存/零余额账户用款额度"科目,贷记"财政拨款结转""财政拨款结余"等科目。

(2) 属于本年度支付的款项,学校按照退回金额,财务会计借记"零余额账户用款额度"科目,贷记"业务活动费用""库存物品"等科目。同时,根据退回金额,预算会计借记"资金结存/零余额账户用款额度"科目,贷记"事业支出"等科目。

5. 期末账务处理

期末,学校将"财政拨款收入"本期发生额转入本期盈余,财务会计借记"财政拨款收入"科目,贷记"本期盈余"科目。预算会计不处理。

6. 年末账务处理

年末,学校将"财政拨款预算收入"本年发生额转入财政拨款结转,预算会计借记"财政拨款预算收入"科目,贷记"财政拨款结转/本年收支结转"科目。财务会计不处理。

提示:学校实际核算过程中,对于财政拨款收入,不区分直接支付和授权支付方式,根据每月计划批复额度直接借记"1011.01#零余额账户用款额度/直接支付"或"1011.02#零余额账户用款额度/授权支付"科目,贷记"4001#财政拨款收入"科目。

四、主要业务会计核算实务举例

1. 根据用款计划额度确认财政拨款收入

学校目前财政下达国库资金的支付方式全部为财政授权支付。

【例5-1】 1月10日,财政部门根据学校指标计划申请,批复下达一般公共预算拨款(预算内)指标计划200万元,其中基本支出100万元,项目支出100万元(经确认入101#项目核算)。(入账单据:财政授权支付额度到款通知书、1月预算批复表)

摘要	财务会计	预算会计
收1月份预算内计划批复额度	借:零余额账户用款额度/授权支付/预算内额度 2 000 000 　　贷:财政拨款收入/一般公共预算拨款/基本支出拨款[101#项目] 1 000 000 　　　　财政拨款收入/一般公共预算拨款/项目支出拨款[101#项目] 1 000 000	借:资金结存/零余额账户用款额度 2 000 000 　　贷:财政拨款预算收入/一般公共预算拨款/基本支出拨款[101#项目] 1 000 000 　　　　财政拨款预算收入/一般公共预算拨款/项目支出拨款[101#项目] 1 000 000

【例5-2】 3月10日,财政部门批复下达省自然科学基金项目经费10万元(假定仅一个科研项目),经确认为××老师纵向科研经费,入506#项目核算。(入账单据:财政授权支付额度到款通知书、科研项目下达通知等)

(1) 收到财政科研拨款时。

摘要	财务会计	预算会计
收××科研拨款	借:零余额账户用款额度/授权支付 100 000 　　贷:财政拨款收入/一般公共预算拨款/项目支出拨款/科研事业拨款[101#项目] 100 000	借:资金结存/零余额账户用款额度 100 000 　　贷:财政拨款预算收入/一般公共预算拨款/项目支出拨款/科研事业拨款[101#项目] 100 000

(2) 方式一：根据科研项目下达通知，通过预算分配方式下拨科研经费。

摘要	财务会计	预算会计
下拨××科研拨款	借：本年预算收入及分配/本年预算收入 100 000 　　贷：本年预算收入及分配/本年预算收入［506#项目］100 000	不处理

(3) 方式二：根据科研项目下达通知，通过收入下达分配方式下拨科研经费。

摘要	财务会计	预算会计
收××科研拨款	借：零余额账户用款额度/授权支付 100 000 　　贷：财政拨款收入／一般公共预算拨款／项目支出拨款/科研事业拨款［506#项目］100 000	借：资金结存/零余额账户用款额度 100 000 　　贷：财政拨款预算收入／一般公共预算拨款／项目支出拨款/科研事业拨款［506#项目］100 000

2. 因支付退回等发生财政授权支付额度退回

实际核算举例见第三章"资产类业务核算"中"1101#零余额账户用款额度"部分。

3. 授权支付额度注销及额度恢复

实际核算举例见第三章"资产类业务核算"中"1101#零余额账户用款额度"部分。

第三节　教育事业收入业务核算

按照《政府会计制度》有关财务会计执行权责发生制与预算会计执行收付实现制核算基础的相关规定，高校教育事业收入分别设置"4101.01#事业收入/教育事业收入"和"6101.01#事业预算收入/教育事业预算收入"两类明细科目，分别按照权责发生制和收付实现制确认基础对教育事业收入进行确认核算。

一、业务概述

1. 教育事业收入

教育事业收入指高校开展教学及其辅助活动实现的收入，包括向本硕博以及继续教育学生收取的学费、住宿费、报名考试费、非学历继续教育学费和培训费等。教育事业收入中各收费项目需要经物价管理部门审核或备案，其中，学历教育收取的学费、住宿费等纳入非税收入实行"收支两条线"管理。

2. 教育事业预算收入

教育事业预算收入是指高校开展教学及其辅助活动取得的现金流入。"教育事业收入"和"教育事业预算收入"的确认范围基本一致，因确认基础的不同而出现确认时点差异，形成时间性差异。

按照国库集中支付和"收支两条线"管理规定，教育事业收入主要来源于高校学费、住宿费和报名考试费等非税收入，其在收入取得时不能直接确认为教育事业收入，通过

"应缴财政款"全额上缴财政专户管理，同级财政部门根据部门预算批复数，通过财政专户核拨给高校的资金，才能确认为教育事业收入。

提示：① 学校取得的社会培训等非学历继续教育收入，不需要纳入财政专户管理，可直接确认为教育事业收入和教育事业预算收入，单独实行项目明细核算。为此，"教育事业收入"明细科目下可进一步下设"学费住宿费收入、报名考试费收入、非学历教育收入"等三级明细科目或下设"非税收入""非学历教育收入"等三级明细科目。② 因非税收入上缴与年度部门预算编报的不完全一致性，存在部分已上缴非税收入编入下年度部门预算的问题。因此，为细化非税收入收缴信息，相应需要细化"应缴财政款"科目核算，通过细化设置各类非税收入收缴项目进行明细核算，如设置本科生学费881#项目、成教生学费882#项目等。

高校应根据应缴财政专户款收取情况，及时完成非税收入上缴汇总表，按非税收入类别分别进行汇缴，如统招生学费、函授生学费、研究生住宿费等。非税收入收缴核算见第四章有关"2103#应缴财政款"业务核算部分。

提示：① 非税收入取得时不能直接确认为学校教育事业收入，主要原因在于：在取得款项时并不拥有所有权，而是按照国家规定需要上缴财政；通过财政专户将款项上缴财政后，财政是否能够于当年预算年度足额返还存在一定的不确定性，无法满足《政府会计准则——基本准则》收入确认的三个必要条件。② "教育事业收入"与"财政拨款收入"的区别主要还是钱从哪来，如果从财政专户返还（返还至实有资金账户或从财政专户下指标至国库集中支付系统），则通过"事业收入"科目核算；如果从国库拨付，纳入一般公共预算或政府性基金预算等，则属于"财政拨款收入"。

3. 教育事业收入业务管理

教育事业收入业务管理活动主要包括各项教育事业收入项目和标准的申报与备案，各项纳入"收支两条线"管理的收费收入汇缴与上缴，非税收入预算申报与审批下达，各项收入分配与使用、年终结转，等等。

二、科目设置

1. 高校应设置"4101.01#事业收入/教育事业收入"明细科目

该科目主要核算高校开展教育教学及其辅助活动所实现的收入。"教育事业收入"科目应根据《政府会计制度》有关明细科目核算要求，按教育事业收入的类别、来源等进行明细核算，准确区分学费、住宿费、培训费等教育事业收入类别。对于纳入"收支两条线"管理的教育事业收入，其收入类别和来源应通过"应缴财政款"明细科目或辅助项目核算实现。对于不纳入"收支两条线"管理的其他教育事业收入，就需要根据其确认为教育事业收入的情况，直接设置明细科目进行核算。

2. 高校应设置"6101.01#事业预算收入/教育事业预算收入"明细科目

该科目主要核算高校开展教育教学及其辅助活动所实现的现金流入。根据《政府会计制度》以及财政专户管理、年度部门预算决算报表编报管理等规定，教育事业预算收入核算要满足多维管理信息需求：一是应当按照《政府收支分类科目》中支出功能分类科目的项级科目明细核算；二是区分专项收入和非专项收入分类核算，其中专项收入应当进一步按照具体项目进行明细核算。

目前，学校在"4101.01#事业收入/教育事业收入"科目下设"4101.01.01#事业收入/教育事业收入/专户核拨教育事业收入"（核算收到的财政专户返还教育事业收入）和"4101.01.02#事业收入/教育事业收入/其他教育事业收入"两个明细科目。

学校在"6101.01 事业预算收入/教育事业预算收入"科目下，设"6101.01.01#专户核拨教育事业收入"以及"6101.01.02#其他教育事业收入"。

三、主要业务账务处理实践解读

1. 财政专户返还方式取得的教育事业收入（专户管理教育事业收入）

（1）收取应纳入财政专户管理的资金时，学校应根据相应的收款票据，财务会计借记"银行存款""应收账款"等科目，贷记"应缴财政款"科目。预算会计不处理。

（2）按照"收支两条线"管理规定，学校上缴应缴财政专户款时，财务会计借记"应缴财政款"科目，贷记"银行存款"科目。预算会计不做处理。

提示：目前，关于学费减免的核算处理存在两种方式：一是直接核销应缴学费和应缴财政款，会计核算不反映学费减免和应缴财政情况，减少了应缴财政款和助学金发放。二是将学费减免额度编入助学金预算，账务处理体现减免额度和过程，根据应减免总额度，财务会计借记"业务活动费用/教育费用/对个人和家庭的补助/助学金"科目，贷记"应缴财政款/应缴财政专户款/已收"（实际抵扣应缴学费部分）和"银行存款"（应退学生已交应减免学费部分）科目。

（3）收到财政部门通过国库支付系统按照部门预算批复数下拨的"财政专户款"用款计划时，财务会计借记"零余额账户用款额度"科目，贷记"事业收入/教育事业收入/专户核拨教育事业收入"科目。同时，预算会计借记"资金结存/零余额账户用款额度"科目，贷记"事业预算收入/教育事业预算收入/专户核拨教育事业收入"科目。

提示：高校学费、住宿费等非税收入，在实际收到学费、住宿费前，都存在应收学费、住宿费的管理问题，特别是学费、住宿费的应收数据生成控制问题（属于内部控制重要环节）。在收付实现制下，一般是在实际收到学费、住宿费时确认"应缴财政款"，无法反映应收未收的学费、住宿费等非税收入。为此，在政府会计制度下，学校在学费、住宿费等非税收入生成应收款时分别确认"应收账款/应收学费、住宿费"和"应缴财政款/应缴财政专户款/应收"；实际收到学费、住宿费时，冲销"应收账款"；上缴应缴财政款时，根据"应缴财政款"和"应收账款/应收学费、住宿费"等非税收入差额上缴。通过"应收账款"处理，全过程反映学费、住宿费等非税收入的应收、已收和上缴情况。

2. 直接留归学校使用方式取得的教育事业收入

对于不需要上缴财政专户管理的其他教育事业收入，学校按照收到的其他教育收入数额，财务会计借记"银行存款"科目，贷记"事业收入/教育事业收入"科目。同时，根据实际收取的金额，预算会计借记"资金结存/货币资金"科目，贷记"事业预算收入/教育事业预算收入"科目。

涉及增值税业务的，相关账务处理参照"应交增值税"科目。

3. **预收方式确认教育事业收入**

收到款项但尚未满足教育事业收入确认条件时，学校按照预收数额，财务会计借记"银行存款"等科目，贷记"预收账款"科目。同时，根据实际收到的金额，预算会计借记"资金结存/货币资金"科目，贷记"事业预算收入/教育事业预算收入"科目。

当预收款满足教育事业收入确认条件时，学校根据收入确认相关证明材料，财务会计借记"预收账款"科目，贷记"事业收入/教育事业收入"科目。预算会计不处理。

4. **应收款方式确认教育事业收入**

满足教育事业收入确认条件但尚未收到款项时，学校根据应收款金额，财务会计借记"应收账款"科目，贷记"事业收入/教育事业收入"科目。预算会计不处理。

当实际收到款项时，学校按照实际收到的金额，财务会计借记"银行存款"等科目，贷记"应收账款"科目。同时，根据实际收到的金额，预算会计借记"资金结存"等科目，贷记"事业预算收入/教育事业预算收入"科目。

提示：对于签订培训合同并完成培训任务的教育事业收入应收款，跨年后可根据《政府会计制度》有关财务会计收入确认规定，确认为"应收账款"和"事业收入/教育事业收入"，全面反映学校债权和收入情况。

5. **期末，结转"事业收入"**

学校将"事业收入/教育事业收入"科目本期发生额转入本期盈余，财务会计借记"事业收入/教育事业收入"科目，贷记"本期盈余"科目。预算会计不处理。

6. **年末，结转"事业预算收入"**

学校将"事业预算收入/教育事业预算收入"本年发生额中的专项资金收入转入非财政拨款结转，预算会计借记"事业预算收入/教育事业预算收入"科目，贷记"非财政拨款结转/本年收支结转"科目；将"事业预算收入/教育事业预算收入"本年发生额中的非专项资金收入转入其他结余，预算会计借记"事业预算收入/教育事业预算收入"科目，贷记"其他结余"科目。财务会计不处理。

提示：学校未完全按照《政府会计制度》和国库集中支付管理规定，区分直接支付和授权支付，实际使用时全部通过"零余额账户用款额度"科目进行核算。

四、主要业务会计核算实务举例

1. **采用财政专户返还方式**

【例5-3】 8月25日，学校通过银行托收收到统招生学费100万元，款项已入账，票据已开具，入应缴统招生学费881#项目核算。（入账单据：银行收款回单、江苏省非税收入统一票据（电子）收费收据、收费汇总审批表等）

摘要	财务会计	预算会计
托收××月统招生学费	借：银行存款 1 000 000 　　贷：应收账款/应收学费、住宿费［881#项目］1 000 000 借：应缴财政款/应缴财政专户款/非税事业收入/应收［881#项目］1 000 000 　　贷：应缴财政款/应缴财政专户款/非税事业收入/已收［881#项目］1 000 000	不处理

【例5-4】 9月10日，学校根据财政专户管理规定，汇总上缴当年财政专户款1 000万元。（入账单据：非税收入上缴明细汇总表、非税收入缴款书、银行支付回单等）

摘要	财务会计	预算会计
上缴非税收入款	借：应缴财政款/应缴财政专户款/非税事业收入/已收［881#项目］10 000 000 　　贷：银行存款 10 000 000	不处理

【例5-5】 3月10日，财政部门批复下达财政专户核拨部门预算指标100万元，主要为基本支出预算（入学校专户收入统筹102#项目核算）。（入账单据：财政专户财政授权支付额度到款通知书等）

摘要	财务会计	预算会计
收3月份预算外计划批复	借：零余额账户用款额度/授权支付/预算外额度 1 000 000 　　贷：事业收入/教育事业收入/专户核拨教育事业收入/基本［102#项目］1 000 000	借：资金结存/零余额账户用款额度 1 000 000 　　贷：事业预算收入/教育事业预算收入/专户核拨教育事业收入/基本［102#项目］1 000 000

提示：从"事业收入/教育事业收入/专户核拨教育事业收入/基本"科目下拨款至具体项目，如下拨四六级考试报名费、校外单位合作办学费用。该种核算模式主要是根据学校有关经费收入分配政策规定，部分事业收入可直接归到相关部门使用，不需要通过预算编制下达。但因为按照"收支两条线"管理规定要纳入"财政专户拨款"管理，不能直接借记"银行存款"科目，贷记"教育事业收入/项目［××项目］"核算，故通过该核算模式过渡。不需要上缴财政专户管理的其他教育事业收入，直接通过"事业收入/教育事业收入/其他教育事业收入"科目核算。

【例5-6】 4月5日，学校根据成人教育办学收入分配规定和合作办学约定，分配下拨继续教育学院××中心合作办学成本15万元（该收费纳入应缴财政款管理范畴），入成人教育学历教育业务费327#项目核算。

（1）方式一：通过收支对应方式实施分配使用项目核算，从年度专户核拨资金预算收入中分配到学历教育业务费项目核算。

摘要	财务会计	预算会计
分配下拨××中心合作办学费用	借：事业收入/教育事业收入/专户核拨教育事业收入/基本 [102#项目] 150 000 　　贷：事业收入/教育事业收入/专户核拨教育事业收入/项目 [327#项目] 150 000	借：事业预算收入/教育事业预算收入/专户核拨教育事业预算收入/基本 [102#项目] 150 000 　　贷：事业预算收入/教育事业预算收入/专户核拨教育事业预算收入/项目 [327#项目] 150 000

（2）方式二：通过预算下达方式实施分配使用项目核算，从本年预算收入及分配表外科目下达给合作办学学费项目额度。

摘要	财务会计	预算会计
预算下拨××中心合作办学费用	借：本年预算收入及分配/本年预算分配 150 000 　　贷：本年预算收入及分配/本年预算分配 [327#项目] 150 000	不处理

【例5-7】 4月20日，学校继续教育学院从合作办学业务费327#项目中支付××中心合作办学费用8万元，通过银行账户对公转账支付。（入账单据：对方收款收据、合作办学协议、银行支付回单等）

摘要	财务会计	预算会计
支付××中心合作办学费用	借：业务活动费用/教育费用/商品和服务支出/委托业务费 [327#项目] 80 000 　　贷：银行存款 80 000	借：事业支出/教育事业支出/商品和服务支出/委托业务费 [327#项目] 80 000 　　贷：资金结存/货币资金 80 000

第四节　科研事业收入业务核算

根据《政府会计制度》有关财务会计执行权责发生制与预算会计执行收付实现制规定，并按照政府财务会计与预算会计"平行记账"核算要求，高校科研事业收入分别设置"4101.02#事业收入/科研事业收入"和"6101.02#事业预算收入/科研事业预算收入"明细科目，分别按照权责发生制和收付实现制确认基础对科研事业收入进行确认核算。

一、业务概述

1. 科研事业收入

科研事业收入指高校开展科研及其辅助活动取得的收入，包括通过承接科研项目、开展科研协作、进行科技咨询等取得的收入，包括来自非同级财政拨款的纵向科研收入和来自企事业单位的横向科研收入。

2. 科研事业预算收入

科研事业预算收入是指高校开展科研及其辅助活动取得的现金流入。科研事业预算收入核算内容与科研事业收入核算内容基本一致。

高校横向科研项目主要是指企事业单位委托的各类科技开发、科技服务、科学研究等方面的科研项目。

高校纵向科研经费主要是指学校通过承担国家、地方各级政府部门（如教育部、科技部、教育厅、科技厅等）的各类科技计划（含基金）所取得的项目资金，以及学校作为参与单位共同承担的由项目承担单位转拨到学校的纵向科研资金。

纵向科研经费实施预算制经费管理和"包干制"经费管理两种模式，其中预算制下科研经费由直接费用和间接费用构成。其中，间接费用是指承担课题任务的单位在组织实施课题过程中发生的无法在直接费用中列支的相关费用。

提示：① 科研事业（预算）收入的确认范围不包括按照财政隶属关系从同级财政取得的财政科研拨款收入，如省级自然科学基金等。② 学校财政科研拨款（预算）收入根据财政指标明细和相关文件通过预算下达凭证，从"本年预算收入及分配"表外科目分配下达到具体财政科研项目使用。也可以通过"财政拨款（预算）收入/一般公共预算拨款/项目支出拨款/科研事业拨款"科目直接下达到具体项目进行收支控制核算。

3. **科研事业收入业务活动**

科研事业收入业务活动主要包括科研事业收入的确认，包括科研到款的认领及票据开具、科研应收款的清理与催缴、相关税费的确定及缴纳、计提科研间接费用或管理费、科研外拨经费的外拨等业务环节。

4. **科研事业收入确认方法**

根据《关于进一步做好政府会计准则制度新旧衔接和加强行政事业单位资产核算的通知》（财会〔2018〕34号）中关于按合同完成进度确认事业收入的规定，高校以合同完成进度确认事业收入时，应当根据业务实质，选择累计实际发生的合同成本占合同预计总成本的比例、已经完成的合同工作量占合同预计总工作量的比例、已经完成的时间占合同期限的比例、实际测定的完工进度等方法，合理确定合同完成进度。

二、科目设置

1. **高校应设置"4101.02#事业收入/科研事业收入"明细科目**

该科目核算高校开展科学研究及其辅助活动所实现的收入。

根据《政府会计制度》相关核算规定和科研管理需要，学校在"4101.02#事业收入/科研事业收入"科目下设"4101.02.01#事业收入/科研事业收入/纵向科研经费"和"4101.02.02#事业收入/科研事业收入/横向科研经费"。其中，"横向科研经费"明细科目下再设"科研增值税收入""科研增值税零税率收入""其他增值税收入"等明细科目。

提示：学校科研经费主要来自三方面，一是来自同级财政科研拨款收入，确认为"财政拨款（预算）收入/一般公共预算拨款/项目支出拨款/科研事业拨款"；二是来自非同级财政科研拨款收入，确认为"事业（预算）收入/科研事业（预算）收入/纵向科研经费"；三是来自企事业单位科研合作收入，确认为"事业（预算）收入/科研事业（预算）收入/横向科研经费"等。科研事业（预算）收入核算仅指来自非同级财政拨款的纵向科研经费和来自企事业单位的横向科研经费的核算。科研经费核算包括科研项目设置、科研应收应付核算、计提各项应缴税费、各种科研票据的开具、计提科研间接费用或管理费、报销各类科研支出、项目结余结转等业务。

2. 高校应设置"6101.02#科研事业预算收入"科目

该科目核算高校开展科学研究及其辅助活动所实现的现金流入。科研事业收入一般是专项收入，根据《政府会计制度》和年度部门预算管理、决算报表编报管理要求，科研事业预算收入核算应满足多维信息需求：一是应当按照《政府收支分类科目》的支出功能科目进行明细核算；二是根据科研事业收入资金来源渠道分为"纵向科研经费"和"横向科研经费"明细核算。其中，横向科研预算收入也可以根据横向"科研收入"相关明细科目设置规则设置相应明细科目，如"6101.02.02.01#事业预算收入/科研事业预算收入/横向科研经费/科研增值税收入"明细科目。

财政科研拨款收入中的同级财政科研拨款，通过"财政拨款预算收入一般公共预算拨款/项目支出拨款/科研事业拨款"明细科目反映，不通过"事业预算收入/科研事业预算收入"科目核算。

3. 科研事业收入基本为专项收入

科研事业收入基本为专项收入，需要按照专款专用原则办理项目核算和专项列支。横向科研一般需要开具增值税票据，目前高校增值税基本用简易计税办法进行计税，其增值税率分别为5%、3%和0%。对于0%的科研收入，应在技术市场办理免税证明，对合同进行认证。

提示：①根据科研项目的资金来源渠道及管理要求，学校科研收入分为三种情况，相应的核算管理也呈现三种状态。一是来自同级财政拨款的科研收入，主要是同级财政科研项目，其通过"财政拨款预算收入/一般公共预算拨款/项目支出拨款/科研事业拨款"科目进行核算与管理；二是来自非同级财政拨款的科研收入，主要是国家自然科学基金等财政科研拨款收入，其一般是实拨资金到学校，通过"事业预算收入/科研事业预算收入/纵向科研经费"科目进行核算与管理；三是来自企事业单位的科研项目经费，其一律通过"事业预算收入/科研事业预算收入/横向科研经费"科目进行核算与管理。② 不论是财政科研拨款收入还是企事业科研收入，按照《高等学校执行〈政府会计制度——行政事业单位会计科目和报表〉的补充规定和衔接规定》，学校以合同完成进度确认事业收入时，应当根据业务实质，选择累计实际发生的合同成本占合同预计总成本的比例、已经完成的合同工作量占合同预计总工作量的比例、已经完成的时间占合同期限的比例、实际测定的完工进度等方法，合理确定合同完成进度。③ 凡确认为"事业预算收入/科研事业预算收入/纵向科研经费"的科研项目，其发生资金支付时，一般不得使用"国库资金"列支，因为该部分科研项目资金已通过实拨资金形式拨入学校。

三、主要业务账务处理实践解读

1. 预收款方式下的账务处理

（1）实际收到科研项目预收款项时，学校按照收到的款项金额，财务会计借记"银行存款"等科目，贷记"预收账款"科目。同时，因其根据收付实现制核算基础可确认为科研事业预算收入，故预算会计借记"资金结存/货币资金"科目，贷记"事业预算收入/科研事业预算收入"科目。

（2）按照权责发生制原则，以合同完成进度确认科研事业收入时，学校按照基于合同完成进度计算确认的金额，财务会计借记"预收账款"科目，贷记"事业收入/科研事业收入"科目。预算会计不处理。

2. 应收款方式下的账务处理

（1）根据合同完成进度计算确认本期应收科研款项时，学校按照科研合同或任务确认的应收款项，财务会计借记"应收账款"科目，贷记"事业收入/科研事业收入"科目。预算会计不处理。

（2）实际收到科研款项时，学校按照实际收到的金额，财务会计借记"银行存款"等科目，贷记"应收账款"科目。同时，根据实际收到的金额，预算会计借记"资金结存/货币资金"科目，贷记"事业预算收入/科研事业预算收入"科目。

提示：科研项目因预先开具发票而存在垫付增值税及其附加税费的情况。一是项目负责人直接缴纳现金垫付，收到科研到款后再将相应垫付税费退还给项目负责人；二是用其他科研项目资金垫付，收到科研到款后再解封垫付项目。

3. 其他方式下的账务处理

根据权责发生制原则，学校按照实际收到的金额，财务会计借记"银行存款"等科目，贷记"事业收入/科研事业收入"科目。同时，根据实际收到的金额，预算会计借记"资金结存/货币资金"科目，贷记"事业预算收入/科研事业预算收入"科目。

涉及增值税业务的，相关账务处理参照"应交增值税"科目。

4. 计提项目间接费用或管理费

（1）实行间接经费管理的科研项目，学校在办理经费入账时由学校根据课题预算和相关规定提取管理费，财务会计借记"预提费用/间接经费/计提项目间接费用或管理费"科目，贷记"预提费用/管理费用/计提项目间接费用或管理费"科目。同时，根据提取额度，预算会计借记"非财政拨款结转/项目间接费用或管理费"科目，贷记"非财政拨款结余/项目间接费用或管理费"科目。

（2）未实行间接经费管理的科研项目，学校直接从科研项目经费中计提项目间接费用或管理费，提取管理费的比例除主管部门或相关文件有明确要求外，按照明确属于学校收入部分（扣除对外拨付经费）的一定比例核定。财务会计借记"业务活动费用/科研费用/特设经济科目/计提项目间接费用或管理费"科目，贷记"预提费用/项目间接费用或管理费"科目。同时，按照提取额度，预算会计借记"非财政拨款结转/计提项目间接费用或管理费"科目，贷记"非财政拨款结余/计提项目间接费用或管理费"科目。

5. 期末,结转"事业收入/科研事业收入"

期末,结转"事业收入/科研事业收入",学校将"事业收入/科研事业收入"本期发生额转入本期盈余,财务会计借记"事业收入/科研事业收入"科目,贷记"本期盈余"科目。预算会计不处理。

6. 年末,结转"事业预算收入/科研事业预算收入"

年末,结转"事业预算收入/科研事业预算收入",学校将"事业预算收入/科研事业预算收入"本年发生额中专项资金收入部分转入非财政拨款结转,预算会计借记"事业预算收入/科研事业预算收入"科目,贷记"非财政拨款结转/本年收支结转"科目;将"事业预算收入/科研事业预算收入"本年发生额中非专项资金收入转入其他结余,预算会计借记"事业预算收入/科研事业预算收入"科目,贷记"其他结余"科目。财务会计不处理。

四、主要业务会计核算实务举例

1. 横向科研经费入账核算

【例5-8】 4月1日,学校××科研老师收到××公司科研合作费用103 000元(含税价格),根据开具的增值税发票(税率为3%)入账,提取管理费10 300元(经确认入横向科研542#项目核算)。(入账单据:银行收款回单、增值税发票、到款通知单、管理费提取单等)

摘要	财务会计	预算会计
收××公司科研合作费	借:银行存款 103 000 　　贷:事业收入/科研事业收入/横向科研经费/科研增值税收入[542#项目] 100 000 　　　　应交增值税/简易计税/简易计税3%/商品和服务支出/税金及附加费用 3 000	借:资金结存/货币资金 100 000 　　贷:事业预算收入/科研事业预算收入/科研增值税收入[542#项目] 100 000
收××公司科研合作费计提税金 收××公司科研合作费计提城建税 收××公司科研合作费计提教育附加	借:业务活动费用/科研费用/商品和服务支出/税金及附加费用 360 　　贷:其他应交税费/应交城市维护建设税 210 　　　　其他应交税费/应交教育费附加 150	借:事业支出/科研事业支出/商品和服务支出/税金及附加费用 360 　　贷:资金结存/货币资金 360
计提科研管理费	借:业务活动费用/科研费用/特设经济科目/计提项目间接费用或管理费[542#项目] 10 300 　　贷:预提费用/项目间接费用或管理费/特设经济科目/计提项目间接费用或管理费[806#项目] 10 300	借:非财政拨款结转/项目间接费用或管理费[542#项目] 10 300 　　贷:非财政拨款结余/项目间接费用或管理费[806#项目] 10 300

【例5-9】 4月5日,学校××老师与××公司开展监测设计合作,根据合作协议,预先开具发票给××公司检测费103 000元(含税价格),根据开具的增值税发票(税率

为 3%）确认入横向科研 542#项目核算，通过 POS 机刷卡垫付税款 3 360 元。（入账单据：预开发票申请单、增值税发票、预交税款收据、POS 机刷卡回单等）

摘要	财务会计	预算会计
应收××公司检测费	借：应收账款 103 000 　　贷：事业收入/科研事业收入/横向科研经费/科研增值税收入［542#项目］100 000 　　　　应交增值税/简易计税/简易计税 3%/商品和服务支出/税金及附加费用 3 000	借：事业预算收入/科研事业预算收入/科研增值税收入［542#项目］3 000
应收××公司检测费计提税金 应收××公司检测费计提城建税 应收××公司检测费计提教育附加	借：业务活动费用/科研费用/商品和服务支出/税金及附加费用［542#项目］360 　　贷：其他应交税费/应交城市维护建设税 210 　　　　其他应交税费/应交教育费附加 150	事业支出/科研事业支出/商品和服务支出/税金及附加费用［542#项目］360 　　贷：资金结存/货币资金 3 360
收××垫付税款	借：其他应收款/其他暂付［499#项目］3 360 　　贷：其他应付款/其他应付款［542#项目］3 360	不处理

【例 5-10】 4 月 10 日，学校××教师与××大学合作进行科研开发，协议约定合作开发费 11 万元（属于免税收入），确认入横向科研 542#项目核算与管理。款项已到账且于上月底进行了未确认到款处理，按规定计提管理费 11 000 元（经确认入学校预提费用 806#项目核算）。（入账单据：增值税发票、银行收款回单复印件、横向科研到款通知单等）

摘要	财务会计	预算会计
冲收××大学未确认到款	借：其他应付款/未确认到款［803#项目］110 000 　　贷：事业收入/科研事业收入/横向科研经费/科研增值税零税率收入［542#项目］110 000	借：资金结存/货币资金 110 000 　　贷：事业预算收入/科研事业预算收入/横向科研经费/科研增值税零税率收入［542#项目］110 000
计提管理费	借：业务活动费用/科研费用/特设经济科目/计提项目间接费用或管理费［542#项目］11 000 　　贷：预提费用/项目间接费用或管理费/特设经济科目/计提项目间接费用或管理费［806#项目］11 000	借：非财政拨款结转/项目间接费用或管理费［542#项目］11 000 　　贷：非财政拨款结余/项目间接费用或管理费［806#项目］11 000

【例 5-11】 4 月 12 日，学校××学院与苏州××监管局签订了合作协议（协议含 3%增值税款 103 000 元），为对方提供技术服务（经确认入横向科研 542#项目核算），学校提前开具发票，款项尚未收到。（入账单据：预开发票申请单、增值税发票、合作协议复印件等）

摘要	财务会计	预算会计
应收苏州××监管局技术服务费	借：应收账款 103 000 　　贷：事业收入/科研事业收入/横向科研经费/科研增值税收入［542#项目］100 000 　　　　应交增值税/简易计税/简易计税3%/商品和服务支出/税金及附加费 3 000	借：事业预算收入/科研事业预算收入/横向科研经费/科研增值税收入［542#项目］3 000
应收苏州××监管局技术服务费计税金 应收苏州××监管局技术服务费计提城建税 应收苏州××监管局技术服务费计提教育附加	借：业务活动费用/科研费用/商品和服务支出/税金及附加费用［542#项目］360 　　贷：其他应交税费/应交城市维护建设税 210 　　　　其他应交税费/应交教育费附加 150	事业支出/科研事业支出/商品和服务支出/税金及附加费用［542#项目］360 　　贷：资金结存/货币资金 3 360

2. 纵向科研经费入账核算

【例 5-12】 4月5日，学校收到××研究院转拨的国家自然科学基金子课题直接经费20万元（经确认入纵向科研506#项目核算）和间接经费40 000元（经确认入间接经费501#项目核算）已到账，其中从间接经费中提取管理费4 000元（经确认入学院806#项目核算）。（入账单据：银行收款回单、纵向科研入账单、项目任务书、事业单位往来结算票据等）

摘要	财务会计	预算会计
收××研究院子课题经费	借：银行存款 240 000 　　贷：事业收入/科研事业收入/纵向科研经费［506#项目］200 000 　　　　事业收入/科研事业收入/纵向科研经费［501#项目］40 000	借：资金结存/货币资金 240 000 　　贷：事业预算收入/科研事业预算收入/纵向科研经费［506#项目］240 000
计提科研管理费	借：业务活动费用/科研费用/特设经济科目/计提项目间接费用或管理费［501#项目］4 000 　　贷：预提费用/管理费用/特设经济科目/计提项目间接费用或管理费［806#项目］4 000	借：非财政拨款结转/项目间接费用或管理费［501#项目］4 000 　　贷：非财政拨款结余/项目间接费用或管理费［806#项目］4 000

【例 5-13】 4月10日，学校收到国家××中心科研项目经费合计100万元，其中学校承担的课题经费50万元（经确认入纵向科研506#项目核算），其中间接经费20万元（经确认入间接经费501#项目核算），提取管理费5万元（经确认入学院管理费806#项目核算）。转拨给协作单位课题经费50万元，其中外拨直接经费41万元，间接经费9万元。（入账单据：银行到款回单、纵向科研入账单、项目任务书、经费分配表、事业单位往来结算票据等）

摘要	财务会计	预算会计
收××中心科研项目经费 应付××单位直接经费 应付××单位间接经费	借：银行存款 1 000 000 　　贷：事业收入/科研事业收入/纵向科研经费［506#项目］500 000 　　　　其他应付款/科研外拨款/直接经费［506#项目］410 000 　　　　其他应付款/科研外拨款/间接经费［501#项目］90 000	借：资金结存/货币资金 500 000 　　贷：事业预算收入/科研事业预算收入/纵向科研经费［506#项目］500 000
计提科研间接经费	借：业务活动费用/科研费用/特设经济科目/计提项目间接费用或管理费［506#项目］200 000 　　贷：预提费用/项目间接费用或管理费/特设经济科目/计提项目间接费用或管理费［501#项目］200 000	借：非财政拨款结转/项目间接费用或管理费［506#项目］200 000 　　贷：非财政拨款结余/项目间接费用或管理费［501#项目］200 000
计提科研管理费	借：预提费用/项目间接费用或管理费/特设经济科目/计提项目间接费用或管理费［501#项目］50 000 　　贷：预提费用/项目间接费用或管理费/特设经济科目/计提项目间接费用或管理费［806#项目］50 000	借：非财政拨款结余/项目间接费用或管理费［501#项目］50 000 　　贷：非财政拨款结余/项目间接费用或管理费［806#项目］50 000

【例5-14】 4月12日，学校收到国家重点研发计划科研经费50万元（经确认入纵向科研经费506.01#项目核算），并计提20万元间接经费（经确认入间接经费501.02#项目核算），提取5万管理费（经确认入806#项目核算），将其中10万元直接经费和5万元间接经费转给课题组××老师（科研直接经费入506.02#项目核算，间接经费入501.02#项目核算）。（入账单据：银行到款回单、纵向科研入账单、项目任务书、经费分配表、事业单位往来结算票据、校内科研转账单）

摘要	财务会计	预算会计
收××国家重点研发经费	借：银行存款 500 000 　　贷：事业收入/科研事业收入/纵向科研经费［506.01#项目］500 000	借：资金结存/货币资金 500 000 　　贷：事业预算收入/科研事业预算收入/纵向科研经费［506.01#项目］500 000
计提科研间接经费	借：业务活动费用/科研费用/特设经济科目/计提项目间接费用或管理费［506.01#项目］200 000 　　贷：预提费用/间接费用/特设经济科目/计提项目间接费用或管理费［501.01#项目］200 000	借：非财政拨款结转/计提项目间接费用或管理费［506.01#项目］200 000 　　贷：非财政拨款结余/计提项目间接费用或管理费［501.01#项目］200 000

续表

摘要	财务会计	预算会计
计提科研管理费	借：预提费用/项目间接费用或管理费/特设经济科目/计提项目间接费用或管理费〔501.01#项目〕50 000 　　贷：预提费用/项目间接费用或管理费/特设经济科目/计提项目间接费用或管理费〔806#项目〕50 000	借：非财政拨款结余/项目间接费用或管理费〔501.01#项目〕50 000 　　贷：非财政拨款结余/项目间接费用或管理费〔806#项目〕50 000
××校内转拨科研直接经费	借：累计盈余/一般累计盈余/项目盈余〔506.01#项目〕100 000 　　贷：累计盈余/一般累计盈余/项目盈余〔506.02#项目〕100 000	不处理
××校内转拨科研间接经费	借：预提费用/项目间接费用或管理费/特设经济科目/计提项目间接费用或管理费〔501.01#项目〕50 000 　　贷：预提费用/项目间接费用或管理费/特设经济科目/计提项目间接费用或管理费〔501.02#项目〕50 000	借：非财政拨款结余/项目间接费用或管理费〔501.01#项目〕50 000 　　贷：非财政拨款结余/项目间接费用或管理费〔501.02#项目〕50 000

备注：① 凡存在外拨经费情况，建议分两张凭证进行账务处理，先计提外拨款并进行账务处理，再支付外拨款并进行账务处理。② 若内转课题收入来源于当年，则科研转账给子课题时可直接通过"事业收入"科目进行转账。

【例5-15】 4月15日，学校××老师从纵向科研外拨直接经费506#项目中外拨××公司直接经费41万元，从外拨间接经费501#项目中外拨间接经费9万元，通过银行转账支付。（入账单据：支付凭证、项目任务书、经费分配表、财政授权支付回单等）

摘要	财务会计	预算会计
外拨××单位直接经费 外拨××单位间接经费	借：其他应付款/科研外拨款/直接经费〔506#项目〕410 000 　　其他应付款/科研外拨款/间接经费〔501#项目〕90 000 　　贷：银行存款 500 000	不处理

第五节　上级补助收入业务核算

根据《政府会计制度》有关财务会计执行权责发生制与预算会计执行收付实现制规定，并按照财务会计与预算会计相互分离又相互衔接的"平行记账"核算规则，高校对上级补助收入业务分别设置"4201#上级补助收入"和"6201#上级补助预算收入"两类科目，分别按照权责发生制和收付实现制对上级补助收入进行确认核算。

一、业务概述

1. 上级补助收入

上级补助收入指高校从主管部门和上级单位取得的非财政拨款收入。主管部门是指高校按照行政隶属关系归属的部门或单位,如省属高校的主管部门为省教育厅,市属高校的主管部门一般为市教育局。上级单位是指与高校无行政隶属关系但发生经费领拨关系的部门和单位,如省属高校与省卫健委间的医疗补助经费领拨关系,则省卫健委就是省属学校的上级单位。

2. 上级补助预算收入

上级补助预算收入是指高校从主管部门和上级单位取得的非财政补助现金流入。为了弥补高校教育经费不足和促进高校发展,主管部门和上级单位可以利用自身组织的收入和集中下级单位的收入,以一定方式对高校予以拨款补助,这部分拨入资金就形成了高校的上级补助收入。

上级补助收入不是高校的经常性收入,不同于财政拨款收入,既不源于财政部门,也不是财政部门安排的财政预算资金,而是由主管部门或上级单位拨入的非拨款性财政资金。通过主管部门和上级单位转拨的财政拨款,不能作为上级补助收入处理。

提示:准确确认上级补助收入是上级补助收入核算与管理的难点。目前,学校不以购买服务方式提供商品或服务而从省教育厅取得的收入,可以归为上级补助收入,按照上级补助收入进行核算与管理。每年年度决算报表编报时需要与教育主管部门核对确定有关上级补助收入,凡不能认定为上级补助收入的收入,可以在年底前调整确认为非同级财政拨款收入。

二、科目设置

1. 高校应设置"4201#上级补助收入"科目

该科目可核算高校从主管部门和上级单位取得的非财政拨款收入。根据《政府会计制度》有关明细核算要求,"上级补助收入"科目可按发放补助单位、补助项目设置明细科目。

2. 高校应设置"6201#上级补助预算收入"科目

该科目可核算高校从主管部门和上级单位取得的非财政拨款现金流入。根据《政府会计制度》和年度部门预算管理、决算报表编报要求,一是按照《政府收支分类科目》支出功能分类科目的项级科目设置明细核算;二是按照具体发放补助单位进行明细核算;三是区分"专项补助"和"非专项补助"进行明细核算,其中专项补助应进一步分为具体补助项目进行明细核算。

目前,学校根据实际仅设置"上级补助(预算)收入"一级科目。上级补助收入一般需要与教育主管部门核对后才能确认。

三、主要业务账务处理实践解读

1. 确认上级补助收入时的账务处理

（1）学校按照应收金额及相应支撑材料，根据权责发生制确认原则，财务会计借记"其他应收款"科目，贷记"上级补助收入"科目。预算会计不处理。

（2）学校按照实际收到的金额，根据权责发生制确认原则，财务会计借记"银行存款"等科目，贷记"上级补助收入"科目。同时，根据收付实现制确认原则，预算会计借记"资金结存/货币资金"科目，贷记"上级补助预算收入"科目。

2. 期末，结转"上级补助收入"

期末，结转"上级补助收入"，学校将"上级补助收入"本期发生额转入本期盈余，财务会计借记"上级补助收入"科目，贷记"本期盈余"科目。预算会计不处理。

3. 年末，结转"上级补助预算收入"

年末，结转"上级补助预算收入"，学校将"上级补助预算收入"本年发生额中的专项资金收入转入非财政拨款结转，预算会计借记"上级补助预算收入"科目，贷记"非财政拨款结转/本年收支结转"科目；将"上级补助预算收入"本年发生额中的非专项资金收入转入其他结余，预算会计借记"上级补助预算收入"科目，贷记"其他结余"科目。财务会计不处理。

四、主要业务会计核算实务举例

【例5-16】 2月10日，学校收到××厅发来的年度医疗补助拨款通知，通知给予学校年度医疗补助资金200万元（经确认入学校统筹收入713#项目核算）。经查，款项已转入学校银行账户。（入账单据：银行收款回单、拨款通知书等）

摘要	财务会计	预算会计
收20××年度医疗补助款	借：银行存款 2 000 000 　　贷：上级补助收入［713#项目］2 000 000	借：资金结存/货币资金 2 000 000 　　贷：上级补助预算收入［713#项目］2 000 000

第六节　附属单位上缴收入业务核算

根据《政府会计制度》有关财务会计执行权责发生制与预算会计执行收付实现制的规定，并按照财务会计与预算会计"平行记账"核算要求，高校分别设置"4301#附属单位上缴收入"和"6301#附属单位上缴预算收入"两类科目，分别按照权责发生制和收付实现制对附属单位上缴收入业务进行确认核算。

一、业务概述

1. 附属单位上缴收入

附属单位上缴收入是指高校取得的附属独立核算单位按照有关合同、协议规定应上缴的收入。

2. 附属单位上缴预算收入

附属单位上缴预算收入是指高校取得的附属独立核算单位根据有关规定上缴的现金流入。

"附属单位上缴预算收入"和"附属单位上缴收入"的收入范围基本一致，只是因确认基础不同而出现确认时点上的差异。

提示：① 准确理解什么是附属单位才是准确确认附属单位上缴收入的关键，学校附属单位应是学校所属的非营利性法人单位，如附属独立事业法人资格的幼儿园、研究院、附属医院等，其上缴学校的收入才能视为附属单位上缴收入。② 学校全资或控股、参股企业不能理解为附属单位，它是企业法人；学校获取的对外投资收益收入，按照国有资本经营预算上缴有关规定处理，也不作为附属单位上缴收入处理，一般作为"投资收益"核算。③ 学校非独立法人的后勤服务集团也不能理解为附属单位，虽然后勤服务集团实施独立核算，但其不具有独立法人资格，应纳入校内独立核算的经营单位管理，其收支应确认为经营收支。④ 学校各二级单位、后勤经营单位、校内各承租户及施工单位等应缴纳的水电费，学校校办企业（含个人）返还的学校代发工资及津补贴等，不作为附属单位上缴收入处理，一般作为"相关费用"抵充处理或"其他应收款"冲销处理。

二、科目设置

1. 高校应设置"4301#附属单位上缴收入"科目

该科目核算高校取得的附属独立核算单位按照有关规定上缴的收入。根据《政府会计制度》有关明细核算要求，"附属单位上缴收入"科目应按照附属单位、缴款项目等设置明细科目进行核算。

2. 高校应设置"6301#附属单位上缴预算收入"科目

该科目核算高校取得的附属独立核算单位按照有关规定上缴的现金流入。根据《政府会计制度》和年度部门预算管理、年度决算报表编报要求，一是应当按照《政府收支分类科目》支出功能进行明细核算；二是根据附属单位进行明细核算；三是按照"非专项缴款"和"专项缴款"进行明细核算，其中专项应区分项目进行明细核算。

目前，学校"附属单位上缴（预算）收入"未设置明细科目进行核算。

三、主要业务账务处理实践解读

1. 确认附属单位上缴收入款项时的账务处理

学校按照应收金额或实际收到金额,根据权责发生制确认原则,财务会计借记"其他应收款""银行存款"等科目,贷记"附属单位上缴收入"科目。同时,按照实际收到的金额,根据收付实现制确认原则,预算会计借记"资金结存/货币资金"科目,贷记"附属单位上缴预算收入"科目。

2. 期末,结转附属单位上缴收入

期末,结转附属单位上缴收入,学校将"附属单位上缴收入"科目本期发生额转入本期盈余,财务会计借记"附属单位上缴收入"科目,贷记"本期盈余"科目。预算会计不处理。

3. 年末,结转附属单位上缴预算收入

年末,结转附属单位上缴预算收入,学校将"附属单位上缴预算收入"本年发生额中的专项资金收入转入非财政拨款结转,预算会计借记"附属单位上缴预算收入"科目,贷记"非财政拨款结转/本年收支结转"科目;将"附属单位上缴预算收入"本年发生额中的非专项资金收入转入其他结余,预算会计借记"附属单位上缴预算收入"科目,贷记"其他结余"科目。财务会计不处理。

四、主要业务会计核算实务举例

【例5-17】 4月30日,学校收到附属独立非营利性法人××研究院上缴年度上缴款项30万元(经确认入713#项目核算)。(入账单据:银行收款回单、上缴说明书等)

摘要	财务会计	预算会计
收××研究院年度上缴款	借:银行存款 300 000 　　贷:附属单位上缴收入[713#项目] 300 000	借:资金结存/货币资金 300 000 　　贷:附属单位上缴预算收入[713#项目] 300 000

【例5-18】 4月15日,学校附属幼儿园根据年度经营目标,决定本年度上缴学校收入50万元,学校收款收据已开具,款项尚未收到。(入账单据:上缴决议、相关管理规定、收款收据等)

摘要	财务会计	预算会计
附属幼儿园应缴年度上缴收入	借:其他应收款 500 000 　　贷:附属单位上缴收入[713#项目] 500 000	不处理

第七节 经营收入业务核算

根据《政府会计制度》有关财务会计执行权责发生制与预算会计执行收付实现制的规定，按照财务会计与预算会计"平行记账"核算要求，高校分别设置"4401#经营收入"和"6401#经营预算收入"两类科目，分别按照权责发生制和收付实现制确认原则对经营收入业务进行确认核算。

一、业务概述

1. 经营收入

经营收入是指高校在教学、科研及其辅助活动之外开展非独立核算经营活动取得的收入。高校经营收入通常同时具备以下特征：一是高校开展经营活动取得的收入；二是非独立核算的经营活动取得的收入。它是由不具有独立法人地位的校内部门、单位，利用闲置资产等开展社会服务活动获得的收入。

2. 经营预算收入

经营预算收入是指高校在教学科研等专业活动及其辅助活动之外开展非独立核算经营活动取得的现金流入。

提示：准确划分和确认经营收入的核心及难点在于：一是如何与科研事业收入进行区分，特别是一些带有产品销售或测试方向的科研服务收入等；二是经营收入需要严格执行"收支配比"原则，实行经营活动全成本核算；三是学校内独立核算的后勤食堂等服务收入是否确认为经营收支情况，根据《高等学校执行〈政府会计制度——行政事业单位会计科目和报表〉的补充规定和衔接规定》的有关规定，具有后勤保障职能的校内独立核算单位，应当将其本年收入（不含从学校取得的补贴经费）、费用（不含使用学校补贴经费发生的费用）相抵后的净额计入报表"其他收入"项下的"后勤保障单位净收入"项目。目前，学校尚未将独立核算的后勤服务收支并入学校总账，仅在年度部门决算编报时，将后勤服务收支总额分别按照"经营收入"和"经营支出"全额计入部门决算报表。

二、科目设置

1. 高校应设置"4401#经营收入"科目

该科目核算高校在教学科研活动及其辅助活动之外开展非独立核算经营活动取得的收入。根据《政府会计制度》有关明细核算规定，"经营收入"科目应当按照经营活动类别、经营项目、收入来源等设置明细科目进行核算。

2. 高校应设置"6401#经营预算收入"科目

该科目核算高校在教学科研及其辅助活动之外开展非独立核算经营活动的现金流入。根据《政府收支分类科目》支出功能分类科目项级科目设置要求，"经营预算收入"科目应按照支出功能分类科目项级科目等进行明细核算。

目前，学校"经营（预算）收入"未设置明细科目进行核算。

提示： 目前，学校经营收支主要是指后勤食堂饮食服务等经营收支，其他带有经营收支性质的科研产品加工销售都确认为科研事业收支。为加强内部科研活动管理，对于测试类或产品加工销售类的科研收支应调整为经营收支，以更好地控制该类科研活动对学校资源的无偿消耗，真正实现全成本管理。

三、主要业务账务处理实践解读

1. 经营收入的账务处理

经营收入应当在提供服务或发出存货，同时收讫价款或者取得索取价款的凭据时，学校按照实际收到或应收的金额确认收入。

根据权责发生制确认原则，财务会计借记"银行存款""应收账款""应收票据"等科目；按扣除增值税销项税额后的价款金额，贷记"经营收入"科目；按增值税销项税额，贷记"应交增值税"科目。按照实际收到的金额，根据收付实现制确认原则，预算会计按照包含增值税销项税额的金额，借记"资金结存/货币资金"科目，贷记"经营预算收入"科目。

2. 期末，结转经营收入

学校将"经营收入"科目本期发生额转入本期盈余，财务会计借记"经营收入"科目，贷记"本期盈余"科目。预算会计不处理。

3. 年末，结转经营预算收入

年末，结转经营预算收入，学校将"经营预算收入"科目本年发生额转入经营结余，预算会计借记"经营预算收入"科目，贷记"经营结余"科目。财务会计不处理。

四、主要业务会计核算实务举例

【例5-19】 7月10日，学校批准图书馆对外开展查新服务，8月提供对外查新服务并收取查新服务费2.12万元（含应交增值税0.12万元），因查新服务不属于学校教学科研业务及其辅助活动业务，故按照学校收入管理规定，将其归类为经营收入核算管理范围。（入账单据：银行收款回单、发票、业务合同、认款确认书等）

摘要	财务会计	预算会计
收查新服务费	借：银行存款 21 200 　贷：经营收入［712#项目］20 000 　　　应交增值税/简易计税 1 200	借：资金结存/货币资金 21 200 　贷：经营预算收入［712#项目］21 200

第八节 债务预算收入业务的核算

根据部门预算管理和《政府会计制度》有关规定,债务资金应纳入部门预算管理范畴实行统一管理,为此,设置"6501#债务预算收入"科目对取得的各项银行贷款进行预算会计处理。债务预算收入不是通常概念上的收入,而是从预算管理角度确认的贷款资金流入。

一、业务概述

债务预算收入主要是指高校按照规定从金融机构借入的、纳入部门预算管理的、不以财政资金作为偿还来源的债务本金部分。

债务预算收入业务管理活动可详见"短期借款"或"长期借款"相关部分。

二、科目设置

根据《政府会计制度》和年度部门预算决算报表编报要求,高校应设置"债务预算收入"科目。"债务预算收入"应当按照贷款单位、贷款种类以及《政府收支分类科目》中的支出功能分类科目的项级科目进行明细核算。

提示:①借款包括短期借款和长期借款,借款属于负债,并不属于财务会计意义上的收入。当前,学校基于"贷款展期"取得借款和偿还借款,预算会计均通过"债务还本支出"核算。②学校目前暂未区分一年内和一年以上的借款核算,所有借款全部通过"长期借款"科目进行核算。

三、主要业务账务处理实践解读

1. 借入各项短期或长期借款时的账务处理

学校按照实际借入的金额,财务会计借记"银行存款"科目,贷记"长期借款"等科目。同时,根据实际借入金额,预算会计借记"资金结存/货币资金"科目,贷记"债务预算收入"科目。

2. 归还各项借款时的账务处理

学校按照归还借款本金金额,财务会计借记"长期借款"科目,贷记"银行存款"等科目。同时,根据归还的金额,预算会计借记"债务还本支出"科目,贷记"资金结存/货币资金"科目。

3. 年末,结转债务预算收入

学校将"债务预算收入"科目本年发生额转入其他结余,预算会计借记"债务预算收入"科目,贷记"其他结余"科目。年末结账后,本科目应无余额。

四、主要业务会计核算实务举例

【例5-20】 4月5日,因基本建设投资资金需求,经主管部门批准,学校新增三年期银行贷款400万元,利率为4%,分期付息一次还本。4月20日新增贷款到账(经确认入711#项目核算)。(入账单据:银行收款回单、贷款协议复印件等)。

摘要	财务会计	预算会计
收××银行贷款	借:银行存款 4 000 000 　　贷:长期借款/××银行[711#项目] 4 000 000	借:资金结存/货币资金 4 000 000 　　贷:债务预算收入[711#项目] 4 000 000

【例5-21】 8月25日,学校根据高校债务化解方案"贷款展期"批文,办理"借新还旧"展期贷款(经确认入711#项目核算)。

(1) 8月29日,根据贷款期限,学校动用实有资金偿还贷款本金400万元。

摘要	财务会计	预算会计
偿还××银行贷款	借:长期借款/××银行[711#项目] 4 000 000 　　贷:银行存款 4 000 000	借:债务还本支出[711#项目] 4 000 000 　　贷:资金结存/货币资金 4 000 000

(2) 9月10日,根据贷款展期,学校办理展期贷款400万元。

摘要	财务会计	预算会计
收××银行贷款	借:银行存款 4 000 000 　　贷:长期借款/××银行[711#项目] 4 000 000	借:资金结存/货币资金 4 000 000 　　贷:债务还本支出[711#项目] 4 000 000 (备注:该类贷款为展期贷款,不是新增贷款,不是真正的资金流入,不生成债务预算收入)

第九节　非同级财政拨款收入核算

根据《政府会计制度》有关财务会计执行权责发生制与预算会计执行收付实现制的规定,按照财务会计与预算会计"平行记账"核算规则,高校对获取的纳入部门预算管理的非同级财政拨款收入分别设置"4601#非同级财政拨款收入"和"6601#非同级财政拨款预算收入"两类科目,分别按照权责发生制和收付实现制对非同级财政拨款收入业务进行确认核算。

一、业务概述

1. 非同级财政拨款收入

非同级财政拨款收入是指高校从非同级政府财政部门取得的经费拨款,包括从同级政府非财政部门取得的横向转拨财政款、从上级或下级政府部门取得的经费拨款等。

2. 非同级财政拨款预算收入

非同级财政拨款预算收入是指高校从非同级政府财政部门取得的经费拨款现金流入,包括从同级政府非财政部门取得的横向转拨财政款、从上级或下级政府部门取得的经费拨款等。"非同级财政拨款预算收入"和"非同级财政拨款收入"间除因确认基础不同导致收入确认时点存在差异外,其确认范围相一致。

学校因开展教学、科研及其辅助活动从非同级政府财政部门取得的经费拨款,应当通过"事业收入/教育事业收入""事业收入/科研事业收入"及相应的"事业预算收入/教育事业预算收入""事业预算收入/科研事业预算收入"科目核算,不通过"非同级财政拨款收入"和"非同级财政拨款预算收入"科目核算。

提示:①"非同级"包含两层含义,一是同级非财政部门,如省属高校取得的来自非财政厅的拨款;二是非同级部门,包括上级或下级各部门,含上级或下级政府财政部门,如省属高校取得的市财政部门拨款。②实务中,判断一项收入是否是非同级财政拨款收入,一是判断是否需要开具税票或行政事业单位收费票据,如果不需要税票或行政事业单位收据,仅需要开具往来结算收据,则可确认为非同级财政拨款收入。二是判断是否存在要为非同级财政拨款单位提供服务与商品等义务约定,如承担科研任务,则确认为"事业收入/科研事业收入"。三是判断是否来自直接主管单位或同级财政部,如省属高校,其来自省教育厅,则确认为上级补助收入;其来自省财政厅,则确认为财政拨款收入;其来自其他厅局,则确认为非同级财政拨款收入。

二、科目设置

1. 高校应设置"4601#非同级财政拨款收入"科目

该科目核算高校从非同级政府财政部门取得的财政拨款。根据《政府会计制度》有关明细核算要求,"非同级财政拨款收入"科目应按照本级、非本级以及不同收入来源进行明细科目设置核算。

2. 高校应设置"6601#非同级财政拨款预算收入"科目

该科目核算高校从非同级政府财政部门取得的财政拨款。根据《政府会计制度》和年度部门预算决算报表编报要求,一是要按照《政府收支分类科目》中支出功能项级分类科目进行明细核算;二是要按照收入类别和来源进行细化核算;三是要进一步区分"专项拨款""非专项拨款"核算,其中"专项拨款"应当按照专项项目进行明细核算。

目前,学校按照本级横向转拨财政款和非本级财政拨款进行明细核算,并根据收入来源进行明细核算。非同级财政拨款预算收入中如有专项资金收入,还应按具体项目进行明细核算。

三、主要业务账务处理实践解读

1. 确认非同级财政拨款收入时的账务处理

学校按照应收或实际收到的金额,根据权责发生制确认原则,财务会计借记"其他应收款""银行存款"等科目,贷记"非同级财政拨款收入"科目。同时,按照实际收到的金额,根据收付实现制确认原则,预算会计借记"资金结存/货币资金"科目,贷记"非同级财政拨款预算收入"科目。

2. 期末,结转非同级财政拨款收入

期末,结转非同级财政拨款收入,学校将"非同级财政拨款收入"科目本期发生额转入本期盈余,财务会计借记"非同级财政拨款收入"科目,贷记"本期盈余"科目。预算会计不处理。

3. 年末,结转非同级财政拨款预算收入

年末,结转非同级财政拨款预算收入,学校将"非同级财政拨款预算收入"科目本年发生额中的专项资金收入结转入非财政拨款结转,预算会计借记"非同级财政拨款预算收入"科目,贷记"非财政拨款结转/本年收支结转"科目;将"非同级财政拨款预算收入"本年发生额中的非专项资金收入结转入其他结余,预算会计借记"非同级财政拨款预算收入"科目,贷记"其他结余"科目。财政会计不处理。

四、主要业务会计核算实务举例

【例5-22】 2月10日,学校收到××厅拨款通知单,通知拨付学校大学生就业资助经费20万元(确认入学校统筹收入713#项目核算),款已到账。因××厅不是学校主管部门和上级单位,其拨款不属于上级补助收入,且不需要提供相应的专业服务,故确认为非同级财政拨款收入。(入账单据:拨款通知单、银行到款回单等)

摘要	财务会计	预算会计
收××厅就业资助经费	借:银行存款 200 000 　　贷:非同级财政拨款收入[713#项目] 200 000	借:资金结存 200 000 　　贷:非同级财政拨款预算收入[713#项目] 200 000

第十节　投资收益业务核算

根据《政府会计制度》有关财务会计执行权责发生制与预算会计执行收付实现制的规定,按照财务会计与预算会计"平行记账"核算要求,高校对获取的纳入部门预算管理的投资收益分别设置"4602#投资收益"和"6602#投资预算收益"两类科目,分别按照权责发生制和收付实现制确认原则对投资收益进行确认核算。对需要上缴财政的投资收益，纳入"应缴财政款"科目核算与管理。

一、业务概述

1. 投资收益

投资收益主要是指高校股权投资和债券投资所实现的投资收益或投资损失，包括高校直接投资企业取得的股份分红，以及按照权益法核算长期股权投资时被投资单位实现的净损益，出售或到期收回长、短期债券投资确认的投资收益或投资损失，按照规定报经批准出售、转让长期股权投资时取得并纳入部门预算的投资收益。

2. 投资预算收益

投资预算收益是指高校取得的、按照规定纳入部门预算管理的、属于投资收益性质的现金流入。

提示：根据高等学校财务制度、高等学校国有资产管理有关规定以及国有资本经营预算上缴规定等，学校不得用财政拨款对外投资，不得进行股票、期货等风险投资。所获投资收益应严格按照国有资本经营预算上缴财政。

3. 投资收益业务管理

投资收益业务管理活动主要包括应获得投资收益的确认，投资收益款项的收取，投资收益纳入国有资本经营预算管理及上缴，国有资本经营预算申报及下达、使用，等等。

二、科目设置

1. 高校应设置"4602#投资收益"科目

该科目核算高校股权投资和债券投资所实现的收益或发生的损失。根据《政府会计制度》有关明细核算要求，"投资收益"科目应当按照投资种类设置明细科目进行明细核算。

2. 高校应设置"6602#投资预算收益"科目

该科目核算高校取得的股权投资和债券投资所实现的现金收益流入。根据《政府会计制度》和部门预算决算报表编报要求，一是按照《政府收支分类科目》支出功能分类科目的项级科目进行明细核算；二是按照股权和债券分类核算。

目前，学校投资预算收益按照投资的种类等进行明细科目核算。

三、主要业务账务处理实践解读

1. 短期投资

（1）收到短期债券投资持有期间利息时，学校按照实际收到的金额，财务会计借记"银行存款"科目，贷记"投资收益"科目。同时，根据实际收到的金额，预算会计借记"资金结存"科目，贷记"投资预算收益"科目。

（2）出售或到期收回短期债券本息时，学校按照实际收到的金额，财务会计借记"银行存款"科目；按照出售或收回短期投资的成本，贷记"短期投资"科目；按照其差额，贷记或借记"投资收益"科目。涉及增值税业务的，相关账务处理参见"应交增值税"科目。

同时，如果出售或到期收回的是本年度取得的债券投资，学校按照实际收到的金额，预算会计借记"资金结存/货币资金"科目；按照取得债券投资时的"投资支出"科目发生额，贷记"投资支出"科目；按照实际取得的价款扣除债券"投资支出"的差额，贷记或借记"投资预算收益"科目；如果出售或到期收回的是以前年度取得的债券投资，学校按照实际收到的金额，预算会计借记"资金结存/货币资金"科目；按照取得债券投资时的"投资支出"科目发生额，贷记"其他结余"科目；按照实际取得的价款扣除债券"投资支出"的差额，贷记或借记"投资预算收益"科目。

2. 长期债券投资

（1）持有分期付息、一次还本的长期债券投资，按期确认利息收入时，学校按照计算确定的应收未收利息，财务会计借记"应收利息"科目，贷记"投资收益"科目。实际收到利息时，财务会计借记"银行存款"科目，贷记"应收利息"科目。同时，根据实际收到的利息，预算会计借记"资金结存"科目，贷记"投资预算收益"科目。

持有到期一次还本付息的长期债券投资，按期确认利息收入时，学校按照计算确定的应收未收利息，财务会计借记"长期债券投资/应计利息"科目，贷记"投资收益"科目。

（2）出售或到期收回长期债券投资本息时，学校按照实际收到的金额，财务会计借记"银行存款"等科目；按照债券初始投资成本和已计未收利息金额，贷记"长期债券投资/投资成本""长期债券投资/应计利息"科目（到期一次还本付息债券）或"长期债券投资/投资成本""应收利息"科目（分期付息一次还本债券）；按照其差额，贷记或借记"投资收益"科目。涉及增值税业务的，相关账务处理参见"应交增值税"科目。

同时，如果出售或到期收回的是本年度取得的债券投资，学校根据实际收到的金额，预算会计借记"资金结存/货币资金"科目；按照取得债券投资时的"投资支出"科目发生额，贷记"投资支出"科目；按照实际取得的价款扣除债券"投资支出"的差额，贷记或借记"投资预算收益"科目。如果出售或到期收回的是以前年度取得的债券投资，学校根据实际收到的金额，预算会计借记"资金结存/货币资金"科目；按照取得债券投资时的"投资支出"科目发生额，贷记"其他结余"科目；按照实际取得的价款扣除债券"投资支出"的差额，贷记或借记"投资预算收益"科目。

3. 长期股权投资

（1）采用成本法核算的长期股权投资持有期间，被投资单位宣告分派现金股利或利润时，学校按照宣告分派的现金股利或利润中属于学校应享有的份额，财务会计借记"应收股利"科目，贷记"投资收益"科目。预算会计不处理。

当实际收到股利时，学校按照实际收到的股利金额，财务会计借记"银行存款"科目，贷记"应收股利"科目。同时，按照实际取得的数额，预算会计借记"资金结存/货币资金"科目，贷记"投资预算收益"科目。

采用权益法核算的长期股权投资持有期间，学校按照应享有或应分担的被投资单位实现的净损益的份额，财务会计借记或贷记"长期股权投资/ 损益调整"科目，贷记或借记"投资收益"科目；被投资单位发生净亏损，但以后年度又实现净利润的，学校待其收益分配额度能弥补未确认的亏损额度后，再恢复确认投资收益，财务会计借记"长期股权投资/损益调整"科目，贷记"投资收益"科目。预算会计不处理。

（2）按照规定处置长期股权投资时，学校按照实际取得价款，财务会计借记"银行存款"科目，借记或贷记"投资收益"科目，贷记"长期股权投资""银行存款"等科目（如果应上缴国有资本经营预算，则按其规定，贷记"应缴财政款"科目）。

同时，如果是非货币资产取得的长期股权投资，按照实际取得的价款扣减支付的相关费用的差额，预算会计借记"资金结存/货币资金"科目，贷记"投资预算收益"科目。如果是货币资产取得的长期股权投资，则本年度形成的长期股权投资，预算会计借记"资金结存/货币资金"科目；按照原"投资支出"科目发生额，贷记"投资支出"科目；按其差额，借记或贷记"投资预算收益"科目。以前年度形成的长期股权投资，预算会计借记"资金结存/货币资金"科目；按照原"投资支出"科目发生额，贷记"其他结余"科目；按其差额借记或贷记"投资预算收益"科目。

4. 期末

期末，学校将"投资收益"科目本期发生额转入本期盈余，财务会计借记或贷记"投资收益"科目，贷记或借记"本期盈余"科目。预算会计不处理。

5. 年末

年末，学校将"投资预算收益"本年发生额结转至其他结余科目。预算会计借记"投资预算收益"科目，贷记"其他结余"科目。财务会计不处理。

期末结转后，本科目应无余额。

四、主要业务会计核算实务举例

【例5-23】 5月10日，学校收到××公司年度分红款14.4万元，不需要上缴财政（经确认入713#项目核算）。（入账单据：银行收款回单、分红协议等）

摘要	财务会计	预算会计
收到××公司分红款	借：银行存款 144 000 　贷：投资收益［713#项目］144 000	借：资金结存/货币资金 144 000 　贷：投资预算收益［713#项目］144 000

第十一节　捐赠收入业务核算

根据《政府会计制度》有关财务会计与预算会计"平行记账"核算要求，高校设置"4603#捐赠收入"和"6603#捐赠预算收入"两类科目，分别按照权责发生制和收付实现制确认原则对捐赠收入业务进行确认核算。

一、业务概述

1. 捐赠收入

捐赠收入是指高校接受其他单位或者个人捐赠取得的收入。

2. 捐赠预算收入

捐赠预算收入是指高校接受其他单位或者个人捐赠取得的现金流入。为加强捐赠管理，学校相关捐赠收入由学校教育发展基金会统一管理，再由教育发展基金会按照捐赠协议转赠给学校，并由学校按照捐赠协议实施。

根据捐赠协议上是否指定具体捐赠用途确定不同的项目核算。如果未限定具体单位和具体用途，则确认为学校"捐赠收入718#项目"核算；若限定具体单位和用途使用，则确认为相应的"捐赠收入719#项目"核算或按照用途对应到具体项目核算。如果是捐赠现金，须等款项到账后才能开票，一般不预先开具捐赠票据。

提示：学校捐赠收入按来源分为学校教育基金会捐赠收入和外部直接捐赠收入；按使用用途限制分为限定性用途捐赠收入和非限定性用途捐赠收入。其中，非限定性用途捐赠收入直接纳入学校部门预算进行统筹使用。限定性用途的捐赠收入核算处理又可分为三种情况：一是根据《政府会计准则制度解释第3号》按照捐赠用途单独设置项目进行收支专项核算；二是根据《高等学校执行〈政府会计准则制度——行政事业单位会计科目和报表〉的衔接规定和补充规定》，确认为单独设置的专用基金核算处理，特别是对留本捐赠收入和跨年非留本捐赠收入（详见专用基金部分）；三是确认是留本基金还是非留本基金。为全面反映学校捐赠收入情况，实际工作中可先确认为"捐赠收入"，再通过100%提取方式设置"专用基金"。

3. 捐赠收入业务管理

捐赠收入业务管理活动主要包括接受捐赠的协议签订、捐赠款项收取及票据开具、捐赠资金使用和运作、捐赠资金资产的验收入库与分配使用等。

二、科目设置

1. 高校应设置"4603#捐赠收入"科目

该科目核算高校接受个人和其他单位捐赠取得的收入。根据《政府会计制度》有关明细核算要求，"捐赠收入"科目应按照捐赠用途和捐赠单位设置明细科目进行核算。

2. 高校应设置"6603#捐赠预算收入"科目

该科目核算高校接受个人和其他单位捐赠取得的现金流入。根据《政府会计制度》和年度部门预算决算报表编报要求，一是按照《政府收支分类科目》支出功能分类科目项级科目进行明细核算；二是按照捐赠资金使用限制分为"专项收入"和"非专项收入"两类核算。其中，"专项收入"应按照捐赠资金的用途和捐赠单位等进行明细核算。

目前，学校"捐赠（预算）收入"仅按照不同来源和用途实施项目化明细核算。

三、主要业务账务处理实践解读

1. 接受货币资金捐赠时的账务处理

学校按照实际收到的金额,财务会计借记"银行存款""库存现金"等科目,贷记"捐赠收入"科目。同时,根据实际收到的捐赠金额,预算会计借记"资金结存/货币资金"等科目,贷记"捐赠预算收入"科目。

提示:结合"专用基金"核算制度,对于限定用途的捐赠收入,不论是留本还是非留本,实务工作中可以先确认为"捐赠(预算)收入",再根据捐赠协议,财务会计提取设置"专用基金",预算会计不处理(未发生资金流出)。实际支付时,财务会计借记"专用基金"科目,预算会计借记"事业支出"科目。

2. 接受存货、固定资产、无形资产等非现金资产捐赠时的账务处理

学校按照确定的价值(含接受方支付的相关税费),财务会计借记"库存物品""固定资产"等科目;按照实际支付的相关税费,贷记"银行存款"等科目;按照捐赠存货、固定资产、无形资产原价值,贷记"捐赠收入"科目。同时,根据实际支付的相关税费,预算会计借记"其他支出"科目,贷记"资金结存/货币资金"科目。

当接受的捐赠资产是按照名义金额入账时,支付的相关税费不计入捐赠资产价值内,财务会计借记"其他费用"科目,贷记"银行存款"科目。同时,根据实际支付的相关税费,预算会计借记"其他支出"科目,贷记"资金结转/货币资金"科目。

3. 期末,结转捐赠收入

学校将"捐赠收入"科目本期发生额转入本期盈余,财务会计借记"捐赠收入"科目,贷记"本期盈余"科目。预算会计不处理。

4. 年末,结转捐赠预算收入

年末,结转捐赠预算收入,学校将"捐赠预算收入"本年发生额中的专项资金收入转入非财政拨款结转,预算会计借记"捐赠预算收入"科目,贷记"非财政拨款结转/本年收支结转"科目;将本科目本年发生额中的非专项资金收入结转入其他结余,预算会计借记"捐赠预算收入"科目,贷记"其他结余"科目。财务会计不处理。

提示:捐赠收入的核算与管理,建议结合"专用基金"业务进行理解与处理。

四、主要业务会计核算实务举例

1. 接受货币资金捐赠

【例5-24】 5月25日,学校收到××公司对××学院的非定向助学专项捐赠收入10万元,经确认入学校719#项目核算。(入账单据:捐赠协议、银行收款回单、公益事业捐赠统一票据)

摘要	财务会计	预算会计
收××公司捐赠款	借：银行存款 100 000 　　贷：捐赠收入［719#项目］100 000	借：资金结存/货币资金 100 000 　　贷：捐赠预算收入［719#项目］100 000

2. 接受固定资产捐赠

目前学校接受捐赠固定资产主要是按照同类商品的市场价入账。

【例 5-25】 6 月 20 日，学校收到××公司对学校捐赠的电脑 10 台，办理入库，价值 10 万元，经确认入学校统筹捐赠收入 718#项目核算。（入账单据：捐赠协议、固定资产入库单、公益事业捐赠统一票据）

摘要	财务会计	预算会计
收××公司捐赠电脑	借：固定资产/通用设备［718#项目］100 000 　　贷：捐赠收入［718#项目］100 000	不处理

第十二节　利息收入业务核算

根据《政府会计制度》有关财务会计权责发生制与预算会计收付实现制确认基础的差异，按照财务会计与预算会计"平行记账"核算要求，高校对银行存款利息收入分别设置"4604#利息收入"和"6604#利息预算收入"两类科目，分别按照权责发生制和收付实现制确认原则对利息收入业务进行确认核算。

一、业务概述

1. 利息收入

利息收入是指高校取得的银行存款利息收入，包括定期存款利息收入和活期存款利息收入。

提示：根据国家有关行政事业单位动用货币资金投资理财的限定和资金存放的规定，学校货币资金理财主要是活期以及 7 天通知、3 个月、6 个月、9 个月等定期存款（用于日常资金收付运转）和 1 年以上定期存款及购买国债等，相应的收益为利息收入。

2. 利息预算收入

利息预算收入是指高校取得的银行存款利息现金流入。"利息预算收入"和"利息收入"间除确认原则不同导致的确认时点差异外，二者的确认范围一致。

学校利息收入业务相对简单，主要包括应收利息的确认、核对与入账核算等。

二、科目设置

1. 高校应设置"4604#利息收入"科目

该科目核算高校取得的活期银行存款和定期银行存款利息。

2. 高校应设置"6604#利息预算收入"科目

该科目核算高校取得的活期银行存款和定期银行存款利息资金。根据《政府会计制度》和年度部门预算决算报表编报要求,"利息预算收入"科目应当按照《政府收支分类科目》中支出功能分类科目"项"级科目设置明细科目进行明细核算。

学校对"利息收入"科目一般不设置明细科目核算。其中,学校受托代理资金账户利息收入不通过"利息收入"科目核算,而是通过"受托代理负债"科目核算。

提示:对于定期存款直接续存的存款利息账务处理,在《政府会计制度》下建议按年确认利息收入。如2018年3月存1 000万元,2019年3月到期再续存到2020年3月,则2019年年底,按照存款金额和利息确认2019年利息收入。目前学校按照收付实现制确认利息收入。

三、主要业务账务处理实践解读

1. 取得银行存款利息时的账务处理

学校按照实际收到的金额,财务会计借记"银行存款"科目,贷记"利息收入"科目。同时,根据实际收到的金额,预算会计借记"资金结存/货币资金"等科目,贷记"利息预算收入"科目。

备注:利息收入确认入账时,应根据银行回单上的日期于相应月份入账。摘要写清楚银行名称和所收利息具体时间段,如"收××银行××账户第二季度利息"。

2. 期末,结转利息收入

期末,结转利息收入,学校将"利息收入"本期发生额转入本期盈余,财务会计借记"利息收入"科目,贷记"本期盈余"科目。预算会计不处理。

3. 年末,结转利息预算收入

年末,结转利息预算收入,学校将"利息预算收入"发生额结转至其他结余科目。预算会计借记"利息预算收入"科目,贷记"其他结余"科目。财务会计不处理。

四、主要业务会计核算实务举例

1. 取得银行存款利息

取得银行存款利息须根据银行到款回单上的日期于相应月份入账。摘要写清楚银行名称和所收利息具体时间段,如"收××银行第一季度利息"。

【例5-26】 4月21日,学校收到××银行第一季度活期存款利息收入2万元(经确认入713#项目核算)。(入账单据:银行收款回单等)

摘要	财务会计	预算会计
收××银行第一季度利息	借：银行存款 20 000 　　贷：利息收入［713#项目］20 000	借：资金结存/货币资金 20 000 　　贷：利息预算收入［713#项目］20 000

2. 定期存款到期转成活期入账

【例5-27】 5月16日，学校一年期定期存款到期转成活期，本金100万元及利息2.28万元均存入一般账户（经确认入713#项目核算）。（入账单据：银行定期存款本金和利息到款回单）

摘要	财务会计	预算会计
收××银行定期本息转存活期	借：银行存款/一般存款账户 1 022 800 　　贷：银行存款/定期存款 1 000 000 　　　　利息收入［713#项目］22 800	借：资金结存/货币资金 22 800 　　贷：利息预算收入［713#项目］22 800

3. 收到受托代理资金银行账户利息收入

【例5-28】 4月21日，学校收到受托代理资金账户第一季度利息收入3万元。（入账单据：银行到款回单等）

摘要	财务会计	预算会计
收××银行党费账户第一季度利息	借：银行存款/受托代理存款账户/××账户 30 000 　　贷：受托代理负债/党费 30 000	不处理

第十三节　租金收入业务核算

根据《政府会计制度》有关财务会计权责发生制与预算会计收付实现制确认基础的差异，按照财务会计与预算会计"平行记账"核算规则，高校对租金收入业务分别设置"4605#租金收入"和"6605#租金预算收入"两类科目，分别按照权责发生制和收付实现制确认基础对不需要上缴财政的资产出租收入业务进行确认核算。

一、业务概述

1. 租金收入

租金收入是指高校经批准利用国有资产出租取得并按照规定纳入学校年度部门预算管理的租金收入。

2. 租金预算收入

租金预算收入是指高校经批准利用国有资产出租取得并按照规定纳入学校年度部门预算管理的租金现金流入。

3. 租金收入业务管理

租金收入业务管理活动主要包括租赁协议的签订，按照协议预收和应收租金的管理，预收租金款项的收取和应收租金款项的收取，相关租金增值税、房产税等税费汇缴，租金收入纳入上缴财政管理等。

提示：高校国有资产出租出借收入核算，应严格按照国家有关国有资产出租出借收入管理规定执行。一是资产出租出借需要向教育主管部门和同级财政部门办理报批；二是资产出租出借的期限一般不超过五年；三是加强合同管理，严格执行出租招标和租金评估机制；四是严格执行国家有关资产出租出借收益纳入部门预算管理的规定。

学校所有房屋出租必须签订租赁合同，首次开票收款时须携带合同原件并办理合同登记。根据开具的发票进行收入确认入账，学校房租收入归集到"716#项目"核算。房产出租增值税税率是5%，并相应计提城建税、教育费附加、房产税和印花税。计提的税费均借记"业务活动费用"等科目。其中，计提印花税时，贷记"其他应交税费/应交其他税费"科目，税率为含税总金额的0.1%；计提房产税时，税率为不含税收入金额的12%。

二、科目设置

1. 高校应设置"4605#租金收入"科目

该科目核算高校经批准利用国有资产出租所取得并按照规定纳入学校预算管理的租金收入。根据《政府会计制度》规定，"租金收入"科目应当按照出租国有资产类别和收入来源等进行明细核算，目前学校仅设置"4605.01#租金收入/房租收入"二级明细科目。

提示：学校为加强不同区域房租收入管理，明确房屋出租及租金收缴责任，可在"4605.01#租金收入/房租收入"科目下分区域或单位设置明细科目核算，如"4605.01.01#租金收入/房租收入/××校园门面房租金"等。

2. 高校应设置"6605#租金预算收入"科目

该科目核算学校经批准利用国有资产出租所取得并按照规定纳入学校预算管理的现金流入。根据《政府会计制度》和年度部门预算决算报表编报要求，"租金预算收入"科目应当按照《政府收支分类科目》中支出功能分类科目"项"级科目设置明细科目进行明细核算。

三、主要业务账务处理实践解读

1. 国有资产出租收入的账务处理

国有资产出租收入应当在租赁期内各个期间按照直线法予以确认。

（1）采取分期方式收取租金时，学校在收到资产承租人按期支付的租金时，按照实际收到的金额，财务会计借记"银行存款"等科目，贷记"租金收入"科目。同时，根据实际收到的租金金额，预算会计借记"资金结存/货币资金"等科目，贷记"租金预算收入"科目。

（2）采取预收方式收取租金时，学校在收到资产承租人按照租赁协议预交的租金时，财务会计借记"银行存款"科目，贷记"预收账款"科目。同时，根据收付实现制确认原则，预算会计借记"资金结存/货币资金"科目，贷记"租金预算收入"科目。

分期确认租金收入时，根据权责发生制确认原则，财务会计借记"预收账款"科目，贷记"租金收入"科目。预算会计不处理。

（3）采取后收方式收取租金时，学校根据租赁协议确认应收租金但尚未收到款项时，按照权责发生制确认原则，财务会计借记"应收账款"科目，贷记"租金收入"科目。预算会计不处理。

实际收到租金款项时，财务会计借记"银行存款"科目，贷记"应收账款"科目。同时，按照实际收到的租金款项，预算会计借记"资金结存/货币资金"科目，贷记"租金预算收入"科目。

涉及增值税业务的，相关账务处理参见"应交增值税"科目。

提示：财务会计确认租金收入需要根据权责发生制进行确认，一般以年度为确认时间单元，年度内应收的租金全部确认为当年租金收入，不区分是年初开票收到还是年末开票收到。对于跨年度收取的租金，需要按照权责发生制进行调整确认租金收入。但相应的房产税、城建税及附加需要按实际支付确认费用或支出。

2. 期末，结转租金收入

期末，结转租金收入，学校将"租金收入"科目本期发生额转入本期盈余，财务会计借记"租金收入"科目，贷记"本期盈余"科目。预算会计不处理。

3. 年末，结转租金预算收入

年末，结转租金预算收入，学校将"租金预算收入"科目本年发生额转入其他结余，预算会计借记"租金预算收入"科目，贷记"其他结余"科目。财务会计不处理。

四、主要业务会计核算实务举例

【例5-29】 8月4日，经批准，学校将闲置门面房出租给××公司，签订租赁合同并约定租金每半年支付一次，年租金600 000元（不含5%增值税）。12月20日，学校收到××公司通过银行转账支付半年房屋租金300 000元（经确认入713#项目核算）。（入账单据：银行收款回单、租赁合同、增值税发票、缴款通知等）

摘要	财务会计	预算会计
收××公司××年××月房租	借：银行存款 315 000 　　贷：租金收入/房租收入［713#项目］300 000 　　　　应交增值税/简易计税/简易计税5% 15 000	
收××公司××年房租计提税金 收××公司××年房租计提城建税 收××公司××年房租计提教育附加 收××公司××年房租计提房产税 收××公司××年房租计提印花税	借：业务活动费用/教育费用/商品和服务支出/税金及附加费用［713#项目］38 115 　　贷：其他应交税费/应交城建税 1 050（15 000×7%） 　　　　其他应交税费/应交教育费附加 750（15 000×5%） 　　　　其他应交税费/应交房产税 36 000（300 000×12%） 　　　　其他应交税费/其他应交税费 315（315 000×0.1%）	借：资金结存 261 885 　　其他支出/其他支出/商品和服务支出/税金及附加费用［713#项目］38 115 　　贷：租金预算收入/房租预算收入［713#项目］300 000

第十四节 其他收入业务核算

根据《政府会计制度》有关财务会计权责发生制与预算会计收付实现制确认基础的差异,按照财务会计与预算会计"平行记账"核算要求,高校对其他收入业务分别设置"4609#其他收入"和"6609#其他预算收入"两类科目进行确认核算。

一、业务概述

1. 其他收入

其他收入是指高校除财政拨款收入、事业收入、上级补助收入、附属单位上缴收入、经营收入、非同级财政拨款收入、投资收益、捐赠收入、利息收入、租金收入外的各项收入,包括现金盘盈收入、科技成果转化收入、无法偿还的应付及预收款项等。

2. 其他预算收入

其他预算收入是指高校除财政拨款预算收入、事业预算收入、上级补助预算收入、附属单位上缴预算收入、经营预算收入、非同级财政拨款预算收入、投资预算收益、捐赠预算收入、利息预算收入、租金预算收入外的纳入高校部门预算管理的现金流入。

关于其他收入和其他预算收入间的确认区分,不仅要关注其确认的时点不同,还需要注意是否纳入部门预算管理和是否有现金流入,只有当该项其他收入业务同时满足纳入部门预算管理且有现金流入时才能同时确认为"其他预算收入",否则应按照权责发生制原则仅确认为"其他收入"。

备注:① 目前,学校将科技成果转化取得的收入归入"事业收入/科研事业收入""事业预算收入/科研事业预算收入"核算范畴,按照政府会计制度规定应确认为"其他收入"。② 根据《政府会计准则制度解释第1号》规定,学校售房款项(售房收入扣除按标准计提的住宅专项维修资金)及其利息收入,确认为"其他收入"。③ 根据《政府会计准则制度解释第4号》规定,学校从税务机关取得的代扣代缴、代收代缴、委托代征税款手续费按规定计入"其他收入""其他预算收入"。

二、科目设置

1. 其他收入

根据《政府会计制度》有关明细科目核算要求,学校在"4609#其他收入"科目下设"4609.01#其他收入/内部服务收入""4609.09#其他收入/其他收入"两个明细科目。

(1)"4609.01#其他收入/内部服务收入"科目主要核算校内部门向校内其他部门或课题组收取的测试费收入、后勤维修服务收入、校车租车服务收入、网络使用服务收入等。校内服务收入一般通过内部服务转账单收取,内部服务转账单须校内收支双方盖章,其中收入一方须经办人签字,支出一方根据不同项目号对应的报销规定进行签字审核。

提示：内部服务收入为利用学校资源对内部相关部门或人员提供服务取得的收入，目前确认为"其他收入/内部服务收入"核算范畴。内部服务确认为收入核算易导致虚增收支（费用）发生额的情况，需要特别注意。

（2）"4609.09#其他收入/其他收入"科目主要核算学校现金盘盈收入、科技成果转化收入、代扣代缴个人所得税的手续费收入、员工辞职违约金、国产设备退税款、员工兼职应上缴学校收入、外单位对学校毕业生进行招聘收取的招聘费、外单位的活动资助以及学校住宅售房款收入等未纳入其他明细科目核算的收入款项。

2. 其他预算收入

除内部服务收入外，相应的"其他预算收入"明细科目设置和核算口径基本与"其他收入"相一致，只是因确认基础不同，导致确认时点存在差异。

三、主要业务账务处理实践解读

1. 内部服务收入的账务处理

内部服务收入是指学校校内部门利用、占用、使用资产资源向校内其他部门提供服务取得的收入。内部服务收入根据内部服务转账单及合同等相关文件进行账务处理，财务会计借记"相关费用"科目，贷记"其他收入/内部服务收入"科目。预算会计不处理。

2. 其他收入的账务处理

（1）现金盘盈收入。学校在每日现金账款核对中发现的现金溢余，属于无法查明原因的部分，报经批准后，财务会计借记"待处理资产损溢"科目，贷记"其他收入/其他收入"科目。同时，预算会计借记"资金结存/货币资金"科目，贷记"其他预算收入/其他收入"科目。

（2）收回已核销应收及预付款项。已核销应收账款、预付账款、其他应收款在以后期间收回时，学校按照实际收回的金额，财务会计借记"银行存款"等科目，贷记"其他收入/其他收入"科目。同时，根据实际收回的金额，预算会计借记"资金结存/货币资金"科目，贷记"其他预算收入/其他收入"科目。

（3）无法偿付的应付及预收款项。无法偿付或债权人豁免偿还的应付账款、预收账款、其他应付款及长期应付款，学校按照无法偿付及豁免金额，财务会计借记"应付账款""预收账款""其他应付款""长期应付款"等科目，贷记"其他收入/其他收入"科目。预算会计不处理。

（4）科技成果转化收入。学校科技成果转化所取得的收入，按照规定留归本单位的，按照所取得收入扣除相关费用之后的净收益，财务会计借记"银行存款"等科目，贷记"其他收入/其他收入"科目。同时，根据净收益额，预算会计借记"资金结存/货币资金"科目，贷记"其他预算收入/其他收入"科目。

（5）以未入账的无形资产投资取得的长期股权投资。以未入账的无形资产对外投资取得长期股权投资时，学校按照投资时的评估价值加相关税费计入投资成本，财务会计借记"长期股权投资"科目；按照支付的相关税费，贷记"银行存款""其他应交税费"科目；按照其差额，贷记或借记"其他收入"科目。同时，按照实际支付的相关税费，预算会计借记"其他支出"科目，贷记"资金结存/货币资金"科目。

（6）确认（1）至（5）以外的其他收入时，学校按照应收或实际收到的金额，财务会计借记"其他应收款""银行存款""库存现金"等科目，贷记"其他收入/其他收入"科目。同时，按照实际收到的金额，预算会计借记"资金结存/货币资金"科目，贷记"其他预算收入/其他收入"科目。涉及增值税业务的，相关账务处理参见"应交增值税"科目。

提示： 目前，学校其他收入来源比较多，其往往与科研事业收入、非同级财政拨款收入等相混淆，特别是来自有关政府部门的其他收入，如来自各地人才交流中心的毕业生招聘补助等，一般应确认为"非同级财政拨款收入"。

3. 期末，结转其他收入

学校将"其他收入"科目本期发生额转入本期盈余，财务会计借记"其他收入"科目，贷记"本期盈余"科目。预算会计不处理。

4. 年末，结转其他预算收入

年末，结转其他预算收入科目，学校将"其他预算收入"科目本年发生额中的专项资金收入转入非财政拨款结转，预算会计借记"其他预算收入"科目，贷记"非财政拨款结转/本年收支结转"科目；将"其他预算收入"本年发生额中的非专项资金收入转入其他结余，预算会计借记"其他预算收入"科目，贷记"其他结余"科目。财政会计不处理。

四、主要业务会计核算实务举例

1. 内部服务收入

【例5-30】 5月1日，学校××老师从纵向科研经费506#项目中支付图书馆查新费300元（经确认入713#项目核算）。（入账单据：内部转账审批单）

摘要	财务会计	预算会计
××转图书馆查新费	借：业务活动费用/科研费用/商品和服务支出/其他商品和服务支出/文献信息资料费［506#项目］300 贷：其他收入/内部服务收入［713#项目］300	不处理

【例5-31】 5月21日，学校××老师从纵向科研经费506#项目中转分析测试中心测试费1 200元（经确认入712#项目核算）。（入账单据：内部转账单）

摘要	财务会计	预算会计
××转分析测试中心测试费	借：业务活动费用/科研费用/商品和服务支出/委托业务费/测试分析费［506#项目］1 200 贷：其他收入/内部服务收入［712#项目］1 200	不处理

【例5-32】 6月1日，学校××老师从部门业务经费421#项目中转入后勤服务集团工作餐费2 000元（经确认入后勤其他应付代管838#项目核算）。（入账单据：内部转账单、工作餐费审批单）

摘要	财务会计	预算会计
××转工作餐费	借：单位管理费用/行政管理费用/商品和服务支出/其他商品和服务支出/工作餐费［421#项目］2 000 　　贷：其他应付款/各种代管款［838#项目］2 000	不处理

2. 其他收入

【例5-33】 3月10日，学校银行账户收到国产设备退税款项共200 000元，经确认入学校统筹其他收入713#项目核算。（入账单据：银行收款回单、入账通知等）

摘要	财务会计	预算会计
收国产设备退税款	借：银行存款200 000 　　贷：其他收入/其他收入［713#项目］200 000	借：资金结存/货币资金200 000 　　贷：其他预算收入/其他收入［713#项目］200 000

【例5-34】 3月30日，学校××教师因离职缴纳违约金6万元，款项已到账。（入账单据：银行到款回单、违约金缴费通知单等）

摘要	财务会计	预算会计
收××离职违约金	借：银行存款60 000 　　贷：其他收入/其他收入［713#项目］60 000	借：资金结存/货币资金60 000 　　贷：其他预算收入/其他收入［713#项目］60 000

【例5-35】 5月10日，学校银行账户收到南京××公司一笔就业指导费10万元。（入账单据：银行收款回单、缴费通知等）

摘要	财务会计	预算会计
收南京××公司就业指导费	借：银行存款100 000 　　贷：其他收入/其他收入［713#项目］100 000	借：资金结存/货币资金100 000 　　贷：其他预算收入/其他收入［713#项目］100 000

【例5-36】 5月10日，学校××领导在企业兼职获得报酬70 000元，按学校有关规定，20 000元归入学校收入，50 000元奖励给个人所有。（通过"应付职工薪酬"核算，分别入713#项目和811#项目核算）。（入账单据：POS机刷卡单、缴费通知等）

摘要	财务会计	预算会计
收××缴纳企业兼职酬金	借：银行存款70 000 　　贷：其他收入/其他收入［713#项目］70 000	借：资金结存/货币资金20 000 　　其他支出/其他支出/工资福利支出/绩效工资/其他绩效［713#项目］50 000 　　贷：其他预算收入/其他收入［713#项目］70 000
分配××缴纳企业兼职酬金	借：其他费用/其他费用/工资福利支出/绩效工资/其他绩效［713#项目］50 000 　　贷：应付职工薪酬/其他个人收入［811#项目］50 000	
××领取企业兼职酬金	借：应付职工薪酬/其他个人收入［811#项目］50 000 　　贷：银行存款50 000	不处理

第六章

费用支出类业务核算

《政府会计准则——基本准则》第二十一条规定，预算支出是指政府会计主体在预算年度内依法发生并纳入预算管理的现金流出。《政府会计准则——基本准则》第四十五条规定，费用是指报告期内导致政府会计主体净资产减少的、含有服务潜力或者经济利益的经济资源的流出。

高校支出按照是否计入当期费用，可分为资本性支出业务和费用性支出业务。资本性支出转化成相应的存货、固定资产、无形资产、对外投资以及在建工程等，再在受益期内通过存货领用消耗、固定资产折旧、无形资产摊销等方式转化为当期费用。费用性支出直接转化为待摊费用、长期待摊费用或当期费用等，其中待摊费用和长期待摊费用再通过分摊方式转化为当期费用。不论是资本性支出还是费用性支出，按照收付实现制确认基础，涉及货币资金（含财政应返还额度、应收票据、应付票据）支付且属于预决算管理范畴的支出业务，都应生成预算支出。

因高校支出业务较为庞杂，《政府会计制度》《政府收支分类科目》以及年度部门预算决算报表编报等对支出业务核算要求也就比较高。本章主要对纳入财务会计核算范畴的费用性支出及其同步纳入预算会计核算范畴的支出业务，分别从费用支出的支出功能分类和支出经济分类两个维度进行核算解读，前者侧重高校人才培养、科学研究、社会服务等成本费用分摊对象层面的核算，后者侧重工资薪酬、商品和服务、其他资本性支出等具体用途层面的核算。

第一节 基本概述

按照《政府会计制度》及《补充规定》、《政府收支分类科目》、部门预算决算管理及学校内部业务管理要求，高校费用支出类业务需要多维度明细核算，特别是预算支出明细核算，其不仅要满足单位内部业务管理需要，还要满足政府收支分类管理需要，需要从政府支出功能分类科目和政府支出经济分类科目两个维度对经济业务进行细化区分和明细核算。为此，准确划分和确认费用支出业务类别就非常重要，它是判断并确认一些业务发生的支出或费用是"业务活动费用"还是"单位管理费用"，抑或是"事业支出"还是"经营支出"，再或是"差旅费"还是"会议费"等科目的基础。

一、按照支出用途进行分类

根据《政府会计准则》、《政府会计制度》和《补充规定》中有关费用耗费的支出用途分类核算要求，高校按其教学科研以及行政、后勤等管理职能，划分为业务活动费用/教育费用、业务活动费用/科研费用、单位管理费用/行政管理费用、单位管理费用/后勤保障费用、单位管理费用/离退休费用、单位管理费用/其他管理费用、经营费用、资产处置费用、上缴上级费用、对附属单位补助费用、所得税费用、其他费用等12类，相应设置12类费用明细科目。

为了实现预算支出与费用核算分类的一致性和对应性，同样将预算支出业务划分为事业支出/教育事业支出、事业支出/科研事业支出、事业支出/行政管理支出、事业支出/后勤保障支出、事业支出/离退休支出、事业支出/其他事业支出、经营支出、上缴上级支出、对附属单位补助支出、投资支出、债务还本支出、其他支出等12类，相应设置12类支出明细科目。费用科目与支出类科目对应关系见表6-1。

二、按照政府支出功能进行分类

根据《政府收支分类科目》有关支出功能项级分类科目和年度部门预算决算管理要求，高校预算支出按其支出功能分类包括"205#高等教育类""206#科学研究类""211#社会保障类"等类别进行明细核算。

根据《政府会计制度》有关规定，预算支出类科目要按政府支出功能设置明细科目核算，费用类科目一般不需要按照政府支出功能进行细化核算。实际核算过程中预算支出明细科目也未进行支出功能明细科目设置，主要通过对应项目属性设置来区分其支出功能分类科目。

三、按照政府支出经济分类进行分类

根据《政府收支分类科目》有关部门预算支出经济"款"级分类明细科目，高校支出经济分类科目主要包括工资福利支出、商品和服务支出、对个人和家庭的补助、资本性支出（基本建设）、资本性支出等，具体内容可见本章第三节"支出经济分类业务核算"中各经济科目的设置介绍。

根据《政府会计制度》有关预算会计明细科目设置的规定和高校内部管理需要，预算支出下的"事业支出""经营支出""上缴上级支出""对附属单位补助支出""投资支出""债务还本支出""其他支出"等科目需要进一步按支出经济分类科目进行明细核算，相应设置"工资福利支出""商品和服务支出""对个人和家庭的补助"等"类""款"明细科目。

根据《政府会计制度》有关财务会计明细科目设置规定和高校内部管理需要，费用类科目下的"业务活动费用""单位管理费用""经营费用"等科目，为保持与预算支出核算的对应，可以按照政府收支分类科目中的支出经济分类科目设置明细科目核算，相应设置"工资福利支出""商品和服务支出""对个人和家庭的补助""债务利息及费用支出""资本性支出（基本建设）""资本性支出"等明细科目，以及"固定资产折旧费用""无形资产摊销费用""计提专用基金""计提项目间接费用或管理费"等明细科目。

财务会计有关资产负债业务核算与预算会计预算支出间的"平行记账"核算详见第三章"资产类业务核算"和第四章"负债类业务核算"相关内容，本章着重介绍财务会计有关费用化支出和预算会计预算支出间的会计确认、计量、记录等"平行记账"核算规范。

提示：不论是预算支出还是费用明细科目设置，包括科目代码设置，首先应按照《政府会计制度》规定的科目代码及科目名称设置预算支出科目和费用科目。其次是费用科目应按照学校职能及业务活动范畴设置二级明细科目。最后是根据支出经济分类科目代码及名称设置三级明细科目。在会计核算系统下，支出经济分类明细科目独立于费用或支出科目设置。

四、费用的其他分类明细核算

1. 学校项目核算管理要求

为准确核定项目经费收支指标使用与结余情况，一般将累计盈余分为基本盈余和项目盈余两类，相应的"费用"科目还须分为基本性和项目性费用两类，便于期末收入费用结转到"本期盈余/基本盈余""本期盈余/项目盈余"。

2. 财务报表附注披露要求

为准确披露费用的不同支付对象，相应的"费用"科目还须分为"本部门内部单位""本部门以外同级政府单位""其他"等对方单位辅助类别核算。

五、预算支出的分类确认标准

（一）预算支出的确认

根据《政府会计制度》有关"平行记账"核算的规定，一项业务在对其进行财务会计核算处理时，要准确判断和确定是否要进行预算支出核算。

一是要确定该项业务是否带来货币资金的流出。假如没有带来货币资金的流出，一般不确认为预算支出。

二是要确定该项业务流出的货币资金是否属于部门预算决算管理范畴。不属于预算决算管理范畴的资金流出一般不确认为预算支出，如应缴财政专户款、受托代理资产、押金或保证性资金流出、应纳入下年度预算管理的资金流出等，不确认为预算支出。

三是一些特殊业务事项的货币资金流出是否确认为预算支出。需要根据流出资金性质和业务性质，按照"平行记账"核算规则的一致性原则最终确定。如国库集中支付方式下的国库资金流出，一般都确认为预算支出；职工出差暂借款等，在资金支付时一般不确认为预算支出，待实际报销时才确认为预算支出。

四是货币资金存在形态变化间的流出流入，不确认为预算支出。如从单位零余额账户提取现金、从单位零余额账户转账到单位实有银行账户、不同银行账户间资金转账等。

1. 国库集中支付方式

国库集中支付方式下，除从零余额账户用款额度提出现金或转入资金外，一般都根据国库集中支付额度确认相应的预算支出，包括暂付性质的资金支付。

2. 实有资金支付方式

（1）实际支付时同时确认预算支出。高校发生货币资金支付业务时，一般在进行财务会计相应资产负债及费用处理的同时确认预算支出。

（2）实际支付时不同时确认预算支出。该类情况相对比较复杂，一般先确认财务会计相应资产、负债或费用发生，后确认预算支出，如支付押金、职工暂借款、动用纳入下年预算管理范畴的财政资金。

（3）实际支付时不确认预算支出。该部分基本都是不纳入本期预算决算管理范畴的资金支付，包括以下四种情况：① 使用结余分配形成的专用结余资金，直接减少专用结余，不确认预算支出；② 按照规定上缴资产处置收入、纳入"收支两条线"管理的非税收入等资金；③ 退还不纳入预算管理范畴的押金和保证金等；④ 支付受托代理的资金。

（二）预算支出分类的确认

根据《政府会计制度》《政府收支分类科目》有关支出功能分类"项"级科目和支出经济分类"款"级科目明细核算，以及年度部门预算决算报表编报要求，需要对预算支出进行支出功能分类科目、支出经济分类科目、资金来源分类以及项目支出、基本支出等维度的细化核算，需要判断和确认该支出的具体支出功能分类、支出经济分类科目核算。

一是依据各业务发生的预算项目性质确定。目前，高校基本实现完全项目化核算，支出功能分类科目和资金来源分类、基本支出与项目支出区分等都需要依据项目属性来实现。为此，项目核算设置就非常重要，关系到部门预算执行分类责任单位划分、预算执行限额与开支范围、进度控制等。

二是依据各业务发生时的用途或事项确认支出经济分类科目，具体确认标准参考本章第三节"支出经济分类业务核算"相关内容。

六、费用和预算支出间的区别与联系

根据《政府会计制度》有关财务会计和预算会计"平行记账"核算规则，财务会计费用科目核算和预算会计预算支出科目核算间相互区分又紧密联系。

（一）不同之处

1. 确认基础不同

费用的确认和计量基础是权责发生制。在权责发生制基础上，凡是当期已经发生或应当由当期负担的费用，不论款项是否支付，都应确认为当前的费用；而预算支出的确认和计量基础是收付实现制。二者的不一致造成了"费用"核算确认和"支出"核算确认间存在时间性差异。

2. 确认时点不同

"费用"核算确认需要满足费用确认的"可能流出""导致资产减少或负债增加""可靠计量"三个条件。而"支出"核算确认需要满足"纳入年度预决算管理"和"现金流出"两个条件。二者的确认时点差异形成了"费用"核算和"支出"核算确认间的时间性差异。

3. 确认范围不同

偿还银行贷款、接受服务应缴纳的增值税等,财务会计都确认为"负债"核算,不确认为"费用"核算,但预算会计根据预算管理要求,都确认为相应的"支出"核算。按照所得税有关规定缴纳所得税行为,财务会计确认为"费用"核算,但预算会计根据预算管理,不确认为"支出"核算,仅确认为预算结余减少。二者之间形成了永久性差异。

预算支出的确认判断标准之一就是有无现金流出,而财务会计费用核算的确认判断标准之一是有无经济资源流出,如固定资产累计折旧等资产价值的损耗。

总之,高校费用类科目与预算支出类科目核算间存在明确联系。学校费用类科目与支出类科目对应关系见表6-1。

表6-1 费用类科目与预算支出类科目的对应关系表

财务会计费用类科目		预算会计支出类科目	
5001#业务活动费用	5001.01#教育费用	7201#事业支出	7201.01#教育事业支出
	5001.02#科研费用		7201.02#科研事业支出
5101#单位管理费用	5101.01#行政管理费用		7201.03#行政管理支出
	5101.02#后勤保障费用		7201.04#后勤保障支出
	5101.03#离退休费用		7201.05#离退休支出
	5101.09#其他管理费用		7201.09#其他事业支出
5201#经营费用		7301#经营支出	
5301#资产处置费用		7901#其他支出	
5401#上缴上级费用		7401#上缴上级支出	
5501#对附属单位补助费用		7501#对附属单位补助支出	
1101#短期投资 1501#长期股权投资 1502#长期债券投资		7601#投资支出	
2001#短期借款(借方发生额) 2501#长期借款(借方发生额)		7701#债务还本支出	
5801#所得税费用		8202#非财政拨款结余	
5901#其他费用	5901.01#利息费用	7901#其他支出	7901.01#利息支出
	5901.02#坏账损失		7901.02#现金盘亏损失
	5901.03#罚没支出		7901.03#罚没支出
	5901.04#现金资金捐赠		7901.04#现金资金捐赠
	5901.09#其他费用		7901.09#其他支出

提示：学校预算支出分为费用化支出、资本化支出、偿还性支出等。费用化支出是按照财务会计费用核算时确认的预算会计支出，如报销差旅费的支出，财务会计记入"业务活动费用/教育费用/商品和服务支出/差旅费"科目，预算会计记入"事业支出/教育事业支出/商品和服务支出/差旅费"科目；资本化支出是形成资产时的支出，如购置固定资产的支出，财务会计记入"固定资产"科目，预算会计记入"事业支出/资本性支出"明细科目；偿还性支出是借款偿还的支出，财务会计借记"长期借款"科目，预算会计借记"债务还本支出"科目。

（二）内在联系

由于会计核算基础不同，费用核算和预算支出核算在一定期间内会存在差异，但从长期来看，支出和费用金额基本趋于一致。这种因确认时点上的不同而造成的差异统称为时间性差异，如应付账款产生时，一般财务会计确认为费用，而预算会计不确认为预算支出；待应付账款实际支付冲账时，一般财务会计不再确认为费用，而预算会计确认为预算支出。但从应付账款整个生命周期来看，预算支出确认金额和费用确认金额又是一致的。又如购置固定资产时，财务会计确认为固定资产，而预算会计确认为预算支出；待固定资产投入使用时，财务会计根据固定资产累计折旧确认为费用，而预算会计不确认为预算支出。但从固定资产全生命周期来看，在正常情况下，预算支出确认金额和固定资产折旧费用确认金额又是一致的（预计残值为零）。

费用和预算支出由于核算基础不同，部分可以确认为预算支出的事项永远不能确认为费用，这种因确认范围上的不同而导致的差异统称为永久性差异。如偿还银行贷款，预算会计在债务还本时确认为预算支出，而财务会计确认为短期借款或长期借款的减少。

第二节 支出用途分类业务核算

本节中的支出用途分类不同于政府收支分类中的支出功能分类，主要从高校人才培养、科学研究、社会服务以及行政管理、后勤保障、离退休管理等角度，按照《政府会计制度》有关费用支出科目设置规定，对高校相关业务活动进行财务会计和预算会计细化核算。

一、5001#业务活动费用

（一）业务概念

业务活动费用是指高校为实现人才培养、科学研究和社会服务等主要职能目标，依法履职或开展专业业务活动及其辅助活动所发生的各项费用，包括人员工资福利支出、商品和服务支出以及固定资产折旧、无形资产摊销等费用。

提示：准确区分不同费用的归集和分摊非常重要。一项费用是确认为业务活动费用还是单位管理费用，抑或是教育费用还是科研费用，需要学校根据实际管理需要预先明确，并结合项目预算管理和项目核算规定，通过项目科目关联关系实现从"项目预算"到"业务职能支出分类科目"确认的联动。其中，项目设置与管理又非常重要，特别是项目用途的确定及与费用明细科目的关联关系的设置。

（二）科目设置

根据《政府会计制度》及相关补充规定，高校应设置"5001#业务活动费用"科目及"5001.01#业务活动费用/教育费用""5001.02#业务活动费用/科研费用"等明细科目。

"5001#业务活动费用"科目应按照项目、服务或者业务类别、支付对象等进行进一步明细核算。其中，项目核算通过科目项目核算实现，支付对象核算通过单位核算实现。

1. 5001.01#业务活动费用/教育费用

该明细科目核算学校开展各类教学及其辅助活动发生的各项费用。其中，教学活动是指学校各学院、系（含院系下属不单独编列预算的研究所和研究中心，下同）等教学机构，以及校团委、学生处、教务处、研究生院等各类教育部门为培养各类学生发生的各项费用；教学辅助活动是指学校信息管理中心、电教中心、教学实验中心、图书馆和档案馆等教学辅助部门发生的费用。

为满足学校内部成本费用管理需要，学校在"5001.01#业务活动费用/教育费用"科目下设"工资福利支出""商品和服务支出""对个人和家庭的补助"等与《政府收支分类科目》中支出经济分类科目相对应的费用明细科目。同时，设置"固定资产折旧费""无形资产摊销费""计提专用基金费"等明细科目，以核算与基本建设支出或其他资本性支出相对应的资产价值消耗的费用。

2. 5001.02#业务活动费用/科研费用

该明细科目核算学校开展科研及其辅助活动发生的各项费用，包括学校在学院、系外单独设立的研究所、研究中心、工程中心等各类科研机构发生的各项费用，以及学校为完成各项科研任务发生的费用。

为满足学校内部成本管理需要，学校在"5001.02#业务活动费用/科研费用"科目下设"工资福利支出""商品和服务支出""对个人和家庭的补助"等与《政府收支分类科目》中支出经济分类科目相对应的费用明细科目。同时，设置"固定资产折旧费""无形资产摊销费""计提项目间接费用或管理费"等明细科目，以核算与资本性支出（基本建设）、资本性支出相对应的资产价值消耗费用。

提示：①费用类科目不需要按照《政府收支分类科目》和部门预算决算管理要求，实行支出功能分类、基本支出与项目支出划分，但从内部成本费用管理角度，应按照支出经济分类科目进行明细核算。②为有效实现财务会计和预算会计间的"平行记账"核算，业务活动费用科目下设"工资福利支出""商品和服务支出""对个人和家庭的补助""固定资产折旧费"等明细科目。③各类费用和预算支出科目间的划分确认非常重要，需要建立一致性确认标准，一般都是通过科目项目对应关系设置来实现。为此，项目属性设置就是关键，不同项目的教育属性、科研属性的划分直接关系到各项费用、预算支出科目间的确认划分。

(三) 主要业务账务处理实践解读

1. 为履职或开展教学科研及其辅助业务活动人员计提的薪酬的账务处理

学校按照计算确定的金额和业务活动归类,财务会计分别借记"业务活动费用/教育费用/工资福利支出""业务活动费用/教育费用/对个人和家庭的补助""业务活动费用/科研费用/工资福利支出""业务活动费用/科研费用/对个人和家庭的补助"等明细科目,贷记"应付职工薪酬"科目。因没有货币资金流出,预算会计不处理。

提示:确认一项业务活动所发生的支出或所分摊的费用是否属于"业务活动费用"及其"教育费用"或"科研费用",应结合该类业务活动所对应的项目属性进行确认。学校在进行预算项目和核算项目设置时,应明确项目的教育、科研或行政管理、后勤保障等职能属性,这样才能从项目核算中判断该类业务活动是属于业务活动费用类还是单位管理费用类,才能准确确认科目核算。

2. 为履职或开展教学科研及其辅助业务活动发生的外部人员劳务费的账务处理

学校按照计算确定的金额和业务活动归类,财务会计借记"业务活动费用/教育费用/商品和服务支出""业务活动费用/科研费用/商品和服务支出"等明细科目;按照代扣代缴个人所得税的金额,贷记"其他应交税费/应交个人所得税"科目;按照扣税后应付或实际支付的金额,贷记"其他应付款""零余额账户用款额度""银行存款"等科目。同时,根据实际支付的劳务费金额及承担对象,预算会计借记"事业支出/教育事业支出/商品和服务支出"等明细科目,贷记"资金结存/货币资金"等科目。

3. 为履职或开展教学科研及其辅助业务活动领用库存物品的账务处理

学校按照领用库存物品的账面余额及承担对象,财务会计借记"业务活动费用/教育费用/商品和服务支出""业务活动费用/科研费用/商品和服务支出"等明细科目,贷记"库存物品"科目。因未发生现金流出,预算会计不处理。

4. 为履职或开展教学科研及其辅助业务活动所使用的固定资产、无形资产的折旧、摊销计提的账务处理

学校按照计提金额,财务会计借记"业务活动费用/教育费用/固定资产折旧费""业务活动费用/教育费用/无形资产摊销费"等明细科目,贷记"固定资产累计折旧""无形资产累计摊销"科目。因未发生现金流出,预算会计不处理。

5. 为履职或开展教学科研及其辅助业务活动发生的城市维护建设税、教育费附加、地方教育附加、车船税、房产税、城镇土地使用税等的账务处理

学校按照计算确定应缴纳的金额,财务会计借记"业务活动费用/教育费用/税金及附加费用"等明细科目,贷记"其他应交税费"等科目。因未发生现金流出,预算会计不处理。

6. 为履职或开展教学科研及其辅助业务活动发生的会议费、差旅费等其他各项费用时的账务处理

学校按照费用报销确认金额,财务会计借记"业务活动费用/教育费用/商品和服务支出""业务活动费用/科研费用/商品和服务支出"等明细科目,贷记"零余额账户用款额度""银行存款""应付账款""其他应付款""其他应收款"等科目。同时,根据实际支付的货币资金,预算会计借记"事业支出/教育事业支出/商品和服务支出"等明细科目,贷记"资金结存/货币资金"等科目。

7. 按照规定从教育事业收入中提取职工福利基金、学生奖助基金等专用基金并计入费用时的账务处理

学校按照预算会计下基于预算收入计算提取的金额，财务会计借记"业务活动费用/教育费用/计提专用基金费"等明细科目，贷记"专用基金"科目。因从收入中提取专用基金费，按照《政府会计制度》有关规定，不需要纳入专用结余核算。预算会计不处理。

8. 按照规定发放学生奖助金的账务处理

学校根据奖助学金来源及发放金额，财务会计借记"业务活动费用/教育费用/对个人和家庭的补助/奖助学金/学校奖学金""业务活动费用/教育费用/对个人和家庭的补助/奖助学金/政府奖学金"等明细科目，贷记"银行存款"等科目。同时，根据实施发放金额，预算会计借记"事业支出/教育事业支出/对个人和家庭的补助/奖助学金"等明细科目，贷记"资金结存"等明细科目。

9. 发生当年购货退回等业务的账务处理

对已计入本年业务活动费用的，学校按照收回或应收的金额，财务会计借记"零余额账户用款额度""银行存款""其他应收款"等科目，贷记"业务活动费用"等明细科目。同时，如发生退回货币资金，预算会计借记"资金结存"科目，贷记"事业支出"等科目。

10. 期末，将"业务活动费用"本期发生额转入本期盈余

财务会计借记"本期盈余"科目，贷记"业务活动费用"等明细科目。期末结转后，科目应无余额。预算会计不处理。

（四）主要业务会计核算实务举例

具体参见本章第三节"支出经济分类业务核算"相关举例。

二、5101#单位管理费用

（一）业务概述

单位管理费用是指高校校级行政及后勤保障部门开展管理活动发生的各项费用，包括单位行政及后勤保障部门发生的人员工资福利支出、商品和服务支出以及固定资产累计折旧、无形资产累计摊销等费用，以及由高校统一承担的离退休人员经费、工会经费、诉讼费、中介费等。

（二）科目设置

根据《政府会计制度》相关明细核算要求，高校应设置"5101#单位管理费用"科目及"5101.01#单位管理费用/行政管理费用""5101.02#单位管理费用/后勤保障费用""5101.03#单位管理费用/离退休费用""5101.09#单位管理费用/其他管理费用"等明细科目。

"5101#单位管理费用"科目应当按照项目、费用类别、支付对象等进行进一步明细核算。

1. 5101.01#单位管理费用/行政管理费用

该科目核算学校校级行政管理部门（不含教务处、团委、学生处、研究生院、科学研究院等直接服务教学科研的行政管理部门）开展行政管理活动发生的各项费用。

为加强学校内部成本费用管理，学校在"5101.01#单位管理费用/行政管理费用"科目下设"工资福利支出""商品和服务支出""对个人和家庭的补助"等与《政府收支分类科目》中支出经济分类科目相对应的明细科目。同时，设置"固定资产折旧费""无形资产摊销费"等明细科目，以核算与资本性支出相对应的资产价值消耗费用。

2. 5101.02#单位管理费用/后勤保障费用

该科目核算学校为教学、科研、行政管理等活动提供后勤保障发生的各项费用，包括学校后勤保障部门为提供后勤保障服务发生的各类人员工资福利支出，以及学校统一承担的水、电、煤、取暖费用，以及物业管理费、绿化费、校园班车运行费、日常维修费、食堂价格补贴等。

为加强学校内部成本费用管理，学校在"5101.02#单位管理费用/后勤保障费用"科目下设"工资福利支出""商品和服务支出""对个人和家庭的补助"等与《政府收支分类科目》中支出经济分类科目相对应的明细科目。同时，设置"固定资产折旧费""无形资产摊销费""计提专用基金费"等明细科目，以核算与资本性支出相对应的资产价值消耗费用。

3. 5101.03#单位管理费用/离退休费用

该科目核算学校负担的离退休人员的工资、津贴补贴以及离退休人员活动费等费用。学校在"5101.03#单位管理费用/离退休费用"科目下设"工资福利支出/商品和服务支出""对个人和家庭的补助"等与《政府收支分类科目》中支出经济分类科目相对应的明细科目。同时，设置"固定资产折旧费""无形资产摊销费"等明细科目，以核算与资本性支出相对应的资产价值消耗费用。

4. 5101.09#单位管理费用/其他管理费用

该科目主要核算由学校统一负担的不属于后勤保障支出的工会经费、诉讼费、中介费、印花税、房产税、车船税等。学校在"5101.09#单位管理费用/其他管理费用"科目下设"商品和服务支出"等与《政府收支分类科目》中支出经济分类科目相对应的明细科目。

（三）主要业务账务处理实践解读

1. 为从事行政管理、后勤管理、离退休管理等在职人员计提的薪酬账务处理

学校按照计算确定的金额和成本费用分摊对象，财务会计借记"单位管理费用/行政管理费用/工资福利支出""单位管理费用/后勤保障费用/工资福利支出""单位管理费用/离退休费用/工资福利支出"等明细科目，贷记"应付职工薪酬"科目。因没有发生实际支付金额，预算会计不处理。

提示：确认一项业务活动所发生的支出或所分摊的费用是否属于"单位管理费用"下"行政管理费用""后勤保障费用""离退休费用"和"其他管理费用"，应结合该类业务活动所对应的项目属性进行确认。学校在进行预算项目和核算项目设置时，应明确项目的教育、科研或行政管理、后勤保障等职能属性，这样才能在项目核算时判断相关费用属于业务活动费用还是单位管理费用。

2. 为开展管理活动发生的外部人员劳务费的账务处理

学校按照计算确定的费用金额和支撑管理活动类别，财务会计借记"单位管理费用/行政管理费用/商品和服务支出""单位管理费用/后勤保障费用/商品和服务支出"等明细科目；按照代扣代缴个人所得税的金额，贷记"其他应交税费/应交代扣个人所得税"科目；按照扣税后应付或实际支付的金额，贷记"其他应付款""零余额账户用款额度""银行存款"等科目。同时，根据实际支付的金额，预算会计借记"事业支出/行政管理支出/商品和服务支出"或"事业支出/后勤保障支出/商品和服务支出"等明细科目，贷记"资金结存"等科目。

3. 开展管理活动内部领用库存物品的账务处理

学校按照领用物品的实际成本，财务会计借记"单位管理费用/行政管理费用/商品和服务支出""单位管理费用/后勤保障费用/商品和服务支出"等明细科目，贷记"库存物品"科目。因没有发生实际支付金额，预算会计不处理。

4. 为管理活动所使用固定资产、无形资产计提的折旧、摊销的账务处理

学校按照应计提折旧、摊销额，财务会计借记"单位管理费用/行政管理费用/固定资产折旧费""单位管理费用/后勤保障费用/固定资产折旧费"等明细科目，贷记"固定资产累计折旧""无形资产累计摊销"等科目。因没有发生实际支付金额，预算会计不处理。

5. 为开展教学科研管理活动发生的城市维护建设税、教育费附加、地方教育费附加、车船税、房产税、城镇土地使用税等的账务处理

学校按照计算确定应缴纳的金额，财务会计借记"单位管理费用/行政管理费用/商品和服务支出/税金及附加费用""单位管理费用/其他管理费用/商品和服务支出/税金及附加费用"等明细科目，贷记"其他应交税费"等科目。因没有发生实际支付金额，预算会计不处理。

6. 为开展管理活动发生的会议费、培训费、差旅费等其他各项费用的账务处理

学校按照费用报销审批确认金额，财务会计借记"单位管理费用/行政管理费用/商品和服务支出""单位管理费用/后勤保障费用/商品和服务支出""单位管理费用/离退休费用/商品和服务支出"等明细科目，贷记"零余额账户用款额度""银行存款""其他应付款""其他应收款"等科目。同时，根据实际支付的金额，预算会计借记"事业支出/行政管理支出/商品和服务支出"等明细科目，贷记"资金结存"等科目。

7. 发生当年购货退回等业务时的账务处理

学校按照当年计入"单位管理费用"科目的退回额，财务会计借记"零余额账户用款额度""银行存款""其他应收款"等科目，贷记"单位管理费用"等明细科目。同时，根据实际退回的货币资金，按照原入账处理，预算会计借记"资金结存/零余额账户用款额度"等明细科目，贷记"事业支出"等明细科目。

8. 期末，学校将"单位管理费用"本期发生额转入本期盈余

财务会计借记"本期盈余"科目，贷记"单位管理费用"等明细科目。期末结转后，科目无余额。预算会计不处理。

（四）学校业务活动费用与单位管理费用的区分确认

如何判断一项费用是确认为"业务活动费用"还是"单位管理费用"，抑或是"教育费用""科研费用"等，目前学校按照预算项目和核算项目所对应的会计核算科目进行区分确认。

提示：① 学校按照项目大类设置来区分"业务活动费用"和"单位管理费用"及其"教育费用""科研费用"等。按照《政府会计制度》规定，将单位行政管理和后勤服务活动的支出从辅助活动总支出剥离出来，加上离退休人员开支的经费和统一负担的工会经费等，计入"单位管理费用"；或按照部门划分，行政部门和后勤部门所属的项目大类计入"单位管理费用"，其余项目大类所对应经费支出计入"业务活动费用"。② 对于"固定资产累计折旧""无形资产累计摊销"等费用归集，一般按照固定资产和无形资产的占用使用部门或用途进行划分，用于教育事业的，一般归集到"业务活动费用/教育费用"科目下；用于科研事业的，一般归集到"业务活动费用/科研费用"科目下。

（五）主要业务会计核算实务举例

具体参见本章第三节"支出经济分类业务核算"相关举例。

三、5201#经营费用

（一）业务概述

经营费用是指高校在教学科研业务活动及其辅助活动之外开展的非独立核算经营活动发生的各项费用。"非独立核算经营活动"一般是指不便或无法独立核算的经营活动，目前主要是指高校后勤食堂经营活动，其余经营活动都统一归集为科研业务活动。

（二）科目设置

根据《政府会计制度》相关明细科目设置与核算要求，高校应设置"5201#经营费用"科目及下设"工资福利支出""商品和服务支出""对个人和家庭的补助"等与《政府收支分类科目》中支出经济分类科目相对应的明细科目。同时，设置"固定资产折旧费""无形资产摊销费"等明细科目，以核算与资本性支出相对应的资产价值消耗费用。"5201#经营费用"科目应按照活动类别、项目和支付对象等进行进一步明细核算。

（三）主要业务账务处理实践解读

1. 为经营活动人员计提的工资福利的账务处理

学校按照计提确定的金额，财务会计借记"经营费用/工资福利支出""经营费用/对个人和家庭的补助"等明细科目，贷记"应付职工薪酬"科目。因没有发生实际支付金额，预算会计不处理。

2. 开展经营活动领用或发出库存物品的账务处理

学校按照物品实际成本，财务会计借记"经营费用/商品和服务支出"等明细科目，贷记"库存物品"科目。因没有发生实际支付金额，预算会计不处理。

3. 为经营活动所使用固定资产、无形资产计提的折旧、摊销的账务处理

学校按照应提折旧、摊销额，财务会计借记"经营费用/固定资产折旧费""经营费用/无形资产摊销费"等明细科目，贷记"固定资产累计折旧""无形资产累计摊销"等科目。因没有发生实际支付金额，预算会计不处理。

4. 开展经营活动发生的城市维护建设税、教育费附加、地方教育费附加、车船税、房产税、城镇土地使用税等的账务处理

学校按照计算确定应缴纳的金额，财务会计借记"经营费用/商品和服务支出/税金及附加费用"等明细科目，贷记"其他应交税费"等科目。因没有发生实际支付金额，预算会计不处理。

5. 发生与经营活动相关的会议费、差旅费等其他各项费用时的账务处理

学校按照费用报销审批确认金额，财务会计借记"经营费用/商品和服务支出"等明细科目，贷记"银行存款""其他应付款""其他应收款"等科目。同时，根据实际支付的金额，预算会计借记"经营支出/商品和服务支出"等明细科目，贷记"资金结存"等科目。涉及增值税业务的，相关账务处理参见"第四章第三节应缴税费"业务核算模块。

6. 经营活动发生当年购货退回时的账务处理

学校按照收回或应收的金额，财务会计借记"银行存款""其他应收款"等科目，贷记"经营费用"科目。同时，按照原入账科目和收回或退回的金额，预算会计借记"资金结存"科目，贷记"经营支出"科目。

7. 期末，将经营费用本期发生额转入本期盈余

财务会计借记"本期盈余"科目，贷记"经营费用"等明细科目。期末结转后，科目应无余额。预算会计不处理。

（四）主要业务会计核算实务举例

具体参见本章第三节"支出经济分类业务核算"相关举例。

四、5301#资产处置费用

（一）业务概述

资产处置费用是指高校经批准处置资产时发生的费用，包括转销的被处置资产价值，以及在处置过程中发生的相关费用或者处置收入小于相关费用形成的净支出。根据行政事业单位国有资产管理相关规定，国有资产处置收入大于处置费用的部分，一般应上缴财政。

高校资产处置业务包括资产无偿调拨、出售、出让、转让、置换、对外捐赠、报废以及盘亏和毁损等。

备注： 为何资产清查查明的资产盘亏、毁损以及资产报废需要通过"待处置资产损溢"进行过渡性处理？其主要原因是便于资产清查工作的顺利推进，不停留在具体资产处置环节。而正常的资产处置就需要完成资产处置的各环节工作，最终完成资产处置。因为二者的侧重点不同，相应的会计核算过程就存在细微差异。但纳入"待处置资产损溢"的资产的处置就与正常资产的处置一样，需要按照国有资产管理规定进行处理，二者的处置要求和程序基本一致。

(二) 科目设置

根据《政府会计制度》有关明细核算要求，高校应设置"5301#资产处置费用"科目及与《政府收支分类科目》中支出经济分类相对应的"5301.302#资产处置费用/商品和服务支出/其他商品和服务支出"明细科目，核算高校经批准处置资产时发生的费用，包括转销的被处置资产价值，以及在处置过程中发生的相关费用或者处置收入小于相关费用形成的净支出。

"5301#资产处置费用"科目应当按照处置资产的类别、资产处置形式等进行明细核算。

(三) 主要业务账务处理实践解读

1. 不通过"待处理资产损溢"科目核算的资产处置

（1）按照规定报经批准处置资产时，学校按照处置资产的账面价值，财务会计借记"资产处置费用"科目（处置固定资产的，还应借记"固定资产累计折旧"科目）；按照处置资产的账面余额，贷记"库存物品""固定资产""其他应收款""在建工程"等科目。因未发生现金流出，预算会计不处理。

（2）处置资产过程中发生相关费用时，学校按照实际发生金额，财务会计借记"资产处置费用/商品和服务支出/其他商品和服务支出"科目，贷记"银行存款""库存现金"等科目。同时，根据实际支付的相关费用，预算会计借记"其他支出/商品和服务支出/其他商品和服务支出"科目，贷记"资金结存"等科目。

（3）处置资产过程中取得收入时，学校按照取得的价款，财务会计借记"库存现金""银行存款"等科目；按照处置资产过程中发生的相关费用，贷记"银行存款""库存现金"等科目；按照其差额，借记"资产处置费用"科目（留归本单位使用）或贷记"应缴财政款"等科目（按规定上缴财政）。涉及增值税业务的，相关账务处理参见"第四章第三节应缴税费业务核算模块"。

提示： 目前，学校资产处置有以下几种情况。一是处置资产直接抵充新购资产部分价款。该种情况建议按资产置换处理（具体参考资产置换相关会计核算规范）；二是处置资产单独取得资产处置收入，该种情况视为收到资产处置收入，按照国有资产管理规定，直接归集到"应缴财政款"；三是资产处置过程中发生了资产处置费用支付，该种情况相对比较复杂，因为资产处置过程中支付处置费用和收到资产处置收入的时间不一致，故建议平时都单设项目归集资产处置收入和费用，年终时根据资产处置收入与处置费用的多少，直接从"应缴财政款"科目上缴资产处置净收入或将资产处置净支出转入"资产处置费用"科目。

2. 通过"待处理资产损溢"科目核算的资产处置

（1）现金账款核对中发现现金短缺。首先，学校根据账账核对记录单，财务会计借记"待处理资产损溢"科目，贷记"库存现金"科目。同时，根据现金短缺金额及相关盘点记录，预算会计借记"其他支出"科目，贷记"资金结存"科目。其次，如核查后属于无法查明原因的，学校按照报经批准的核销材料，财务会计借记"资产处置费用"科目，贷记"待处理资产损溢"科目。预算会计不处理。

备注：查明原因后如属于现金出纳等应赔偿的现金短缺损失，财务会计借记"其他应收款"科目，贷记"待处理资产损溢"科目。预算会计不需要处理。

（2）单位资产清查过程中盘亏或者毁损、报废的存货、固定资产等。首先，学校根据清查记录及相应审批手续，财务会计借记"待处理资产损溢""固定资产累计折旧"等科目，贷记"库存物品""固定资产"科目。其次，报经相关部门批准，学校按照处理资产价值，财务会计借记"资产处置费用"科目，贷记"待处理资产损溢"科目。最后，处理过程中所取得处置收入小于所发生相关处置费用时，按照相关费用减去处理收入后的净支出，财务会计借记"资产处置费用"科目，贷记"待处理资产损溢"科目。

提示：待处理资产在处置过程中，一般会发生资产处置费用和收到资产处置收入，如发生资产处置收入大于资产处置支出，资产处置净收入一般计入"应缴财政款"，相应的预算会计不处理。如发生资产处置收入小于资产处置支出，资产处置净支出一般应计入"资产处置费用"科目，相应的预算会计要处理，计入"其他支出"科目。因此，资产处置业务在日常的处置收入收缴或处置费用支付时仅做财务会计处理，不做预算会计处理，待年终根据资产处置净收入或净支出时再判断是否进行预算会计确认、计量和记录。

3. 期末，将"资产处置费用"本期发生额转入本期盈余

财务会计借记"本期盈余"科目，贷记"资产处置费用"科目。期末结转后，科目应无余额。预算会计不处理。

（四）主要业务会计核算实务举例

具体参见本章第三节"支出经济分类业务核算"相关举例。

五、5401#上缴上级费用

（一）业务概述

上缴上级费用是指高校按照财政部门和主管部门的规定上缴上级单位款项发生的费用。

（二）科目设置

根据《政府会计制度》有关明细核算要求，高校应设置"5401#上缴上级费用"科目及与《政府收支分类科目》中支出经济分类相对应的"5401.302#上缴上级费用/商品和服务支出"等明细科目，核算高校按财政部门和主管部门的规定上缴上级单位款项发生的费用。

"5401#上缴上级费用"科目还应当按照收缴款项单位、缴款项目等进行明细核算。

（三）主要业务账务处理实践解读

1. 发生上缴上级支出时的账务处理

学校按照实际上缴的金额或者按照规定计算应上缴上级单位的金额，财务会计借记"上缴上级费用/商品和服务支出/其他商品和服务支出"等明细科目，贷记"银行存款"

"其他应付款"等科目。同时，按照实际上缴的金额，预算会计借记"上缴上级支出/商品和服务支出/其他商品和服务支出"科目，贷记"资金结存/零余额账户用款额度"等科目。

2. 期末，将"上缴上级费用"本期发生额转入本期盈余

财务会计借记"本期盈余"科目，贷记"上缴上级费用"科目。期末结转后，科目应无余额。预算会计不处理。

（四）主要业务会计核算实务举例

具体参见本章第三节"支出经济分类业务核算"相关举例。

六、5501#对附属单位补助费用

（一）业务概述

对附属单位补助费用是指高校用财政拨款收入之外的收入对附属单位补助发生的费用。

高校附属单位一般是指附属的独立核算非营利法人单位，如附属幼儿园、附属小学、附属科学研究机构等。

（二）科目设置

根据《政府会计制度》及政府综合财务报告编报有关明细核算要求，高校应设置"5501#对附属单位补助费用"科目及与《政府收支分类科目》中支出经济分类相对应的"5501.302#对附属单位补助费用/商品和服务支出"等明细科目。

"5501#对附属单位补助费用"科目应当按照接受补助单位、补助项目等进行明细核算。

（三）主要业务账务处理实践解读

1. 发生对附属单位补助支出时的账务处理

学校按照实际补助的金额或者按照规定应对附属单位补助的金额，财务会计借记"对附属单位补助费用/商品和服务支出"等明细科目，贷记"银行存款""其他应付款"等科目。同时，根据实际支出的补助金额，预算会计借记"对附属单位补助支出/商品和服务支出"科目，贷记"资金结存"科目。

2. 期末，将"对附属单位补助费用"本期发生额转入本期盈余

财务借记"本期盈余"科目，贷记"对附属单位补助费用"科目。期末结转后，科目应无余额。预算会计不处理。

（四）主要业务会计核算实务举例

具体参见本章第三节"支出经济分类业务核算"相关举例。

七、5801#所得税费用

（一）业务概述

所得税费用是指高校按规定缴纳企业所得税所形成的费用。

提示：目前，高校可向所在地国家税务总局申请获得免税资格的非营利组织认定，通过认定的高校可按照规定享受企业所得税免税资格，不需要缴纳企业所得税。

（二）科目设置

根据《政府会计制度》有关规定，高校应设置"5801#所得税费用"科目及与《政府收支分类科目》有关支出经济分类相对应的"5801.302#所得税费用/商品和服务支出"明细科目。该科目核算具有企业所得税缴纳义务的高校按规定缴纳企业所得税所形成的费用。

（三）主要业务账务处理实践解读

1. 发生企业所得税纳税义务时的账务处理

学校按照税法规定计算的应交所得税金额，财务会计借记"所得税费用/商品和服务支出/税金及附加费用"科目，贷记"其他应交税费/应交单位所得税"科目。预算会计不处理。

2. 实际缴纳企业所得税时的账务处理

学校按照缴纳金额，财务会计借记"其他应交税费/应交单位所得税"科目，贷记"银行存款"科目。同时，根据实际缴纳金额，预算会计借记"非财政拨款结余/商品和服务支出/税金及附加费用"科目，贷记"资金结存/货币资金"科目。

3. 期末，将"所得税费用"本年发生额转入本期盈余

财务会计借记"本期盈余"科目，贷记"所得税费用"科目。年末结转后，本科目应无余额。不涉及预算支出科目结转，预算会计不处理。

（四）主要业务会计核算实务举例

具体参见本章第三节"支出经济分类业务核算"相关举例。

八、5901#其他费用

（一）业务概述

其他费用是指高校发生的除业务活动费用、单位管理费用、经营费用、资产处置费用、上缴上级费用、附属单位补助费用、所得税费用外的各项费用，包括利息费用、坏账损失、罚没支出、现金资产捐赠等。

（二）科目设置

根据《政府会计制度》项目明细核算设置要求，高校应设置"5901#其他费用"科目。考虑到贷款利息等其他费用支付较多，学校在"5901#其他费用"科目下设"利息费用""坏账损失""罚没支出""现金资产捐赠""其他费用"等明细科目。为保持与预算支出核算的对应关系，"5901#其他费用"科目可进一步按照《政府收支分类科目》有关支出经济科目下设"商品和服务支出/其他商品和服务支出"等明细科目。

(三) 主要业务账务处理实践解读

1. 利息费用

按期计算确认贷款利息费用时，学校按照计算确定的金额，财务会计借记"在建工程/待摊投资/利息支出"或"其他费用/利息费用"等明细科目，贷记"应付利息""长期借款/应计利息"科目。预算会计不处理。

实际支付贷款利息时，学校按照支付利息数额，财务会计借记"应付利息"或"长期借款/应计利息"科目，贷记"银行存款""零余额账户用款额度"等科目。同时，根据实际支付金额，预算会计借记"其他支出/利息支出"等明细科目，贷记"资金结存"等科目。

2. 坏账损失

年末，按照规定对收回后不需要上缴财政的应收账款和其他应收款计提坏账准备时，学校按照计提金额，财务会计借记"其他费用/坏账损失"科目，贷记"坏账准备"科目；冲减多提的坏账准备时，学校按照冲减金额，财务会计借记"坏账准备"科目，贷记"其他费用/坏账损失"科目。预算会计不处理。

3. 罚没支出

发生罚没支出时，学校按照实际缴纳或应当缴纳的金额，财务会计借记"其他费用/罚没支出"等明细科目，贷记"银行存款""库存现金""其他应付款"等科目。同时，根据实际缴纳的罚款，预算会计借记"其他支出/罚没支出"等明细科目，贷记"资金结存"科目。

4. 现金资产捐赠

按照规定对外捐赠现金资产时，学校按照实际捐赠的金额，财务会计借记"其他费用/现金资产捐赠/商品和服务支出"等明细科目，贷记"银行存款""库存现金"等科目。同时，根据实际捐赠的资金，预算会计借记"其他支出/现金资产捐赠/商品和服务支出"等明细科目，贷记"资金结存/货币资金"科目。

5. 其他费用

接受捐赠（或无偿调入）以名义金额计量的存货、固定资产、无形资产等发生的相关税费、运输费等，学校按照实际支付的相关税费金额，财务会计借记"其他费用/其他费用"等明细科目，贷记"财政拨款收入""零余额账户用款额度""银行存款""库存现金"等科目。同时，根据实际支付资金，预算会计借记"其他支出/其他支出"科目，贷记"资金结存"科目。

发生的与受托代理资产相关的税费、运输费、保管费等，学校按照实际支付或应付的金额，财务会计借记"其他费用/其他费用"科目，贷记"零余额账户用款额度""银行存款""库存现金""其他应付款"等科目。同时，根据实际支付的金额，预算会计借记"其他支出/其他支出"科目，贷记"资金结存"等科目。

6. 期末，将"其他费用"本期发生额转入本期盈余

财务会计借记"本期盈余"科目，贷记"其他费用"科目。期末结转后，本科目应无余额。预算会计不处理。

（四）主要业务会计核算实务举例

具体参见本章第三节"支出经济分类业务核算"相关举例。

九、7201#事业支出

（一）业务概述

事业支出是指高校开展教学科研等专业业务活动及其辅助活动实际发生的各项现金流出。

高校专业业务活动及其辅助活动主要包括教育教学活动、科学研究活动及其相关的行政管理、后勤保障、离退休保障和其他管理活动等。相应的业务支出可进一步细分为教育事业支出、科研事业支出、行政管理支出、后勤保障支出、离退休支出和其他支出等几部分。

（二）科目设置

根据《政府会计制度》及其《衔接规定》、年度部门预算决算报表编报要求等，高校事业支出核算需要满足以下3个要求。

一是根据业务发生所需资金的来源性质分为一般公共预算财政资金、政府性基金资金、财政专户管理资金和单位实有资金等，其中政府性基金又进一步分为不同的政府性基金进行管理与核算。

二是根据《政府收支分类科目》中的支出功能"项"级科目和支出经济"款"级科目进行明细分类核算，其中暂付性资金支付可以在现有支出经济分类科目之外增加"待处理"支出经济分类科目进行单独核算，但年度末需要对"待处理"支出经济科目进行分析填列年度部门决算报表编报。

三是根据基本支出和项目支出分别管理与核算，其中项目支出须分具体项目进行细化管理与核算。

为此，高校应设置"7201#事业支出"科目及"7201.01#事业支出/教育事业支出""7201.02#事业支出/科研事业支出""7201.03#事业支出/行政管理支出""7201.04#事业支出/后勤保障支出""7201.05#事业支出/离退休支出""7201.09#事业支出/其他事业支出"等二级明细科目核算，分别对应"业务活动费用"和"单位管理费用"相应二级明细科目。再按照《政府收支分类》中的支出经济分类设置三级明细科目核算（具体见本章第三节）。

目前，学校"事业支出"科目未按支出功能、基本支出和项目支出等维度进行细化核算，而是一方面通过项目化核算所对应的项目性质进行确认，另一方面通过国库集中支付系统中的支出功能和支出经济分类科目进行确认。因为通常情况下，按照年度部门预算决算填报规则，一般公共预算财政拨款、政府性基金拨款等预算支出分类核算信息应按其国库集中支付信息系统对应的支出经济科目确认。

提示：事业支出类科目作为预算会计科目，性质及其使用方法、核算范围与原《高等学校会计制度》中的"教育事业支出""科研事业支出""行政管理支出""后勤保障支出"等基本相同,与《政府会计制度》财务会计的业务活动费用和单位管理费用等科目核算范围基本一致,只是确认时间因权责发生制和收付实现制的不同而存在时间性差异。

(三) 主要业务账务处理实践解读

1. 支付单位职工（经营部门或经营活动职工除外）薪酬的账务处理

（1）学校向教职工个人支付薪酬时,学校按照实际支付的数额和支付对象类别,财务会计借记"业务活动费用"（直接支付）或"应付职工薪酬"（先计提后支付）,贷记"银行存款"或"零余额账户用款额度"科目。同时,根据实际支付的金额,预算会计借记"事业支出"科目,贷记"资金结存"科目。

提示：确认一项业务活动所发生的支出是否属于"事业支出"及其"教育事业支出"或"科研事业支出""行政管理支出""后勤保障支出"等,目前主要依据该支出对应的项目属性进行确认。学校在进行预算项目和核算项目设置时,应明确项目的教育、科研或行政管理、后勤保障等职能属性,这样才能从项目核算中判断该类支出是属于教育事业支出,还是科研事业支出,从而准确选择核算科目。

（2）按照规定代扣代缴个人所得税以及为职工缴纳社会保险费、住房公积金等时,学校按照实际缴纳的金额,财务会计借记"业务活动费用"（直接支付）或"其他应交税费"等科目,贷记"银行存款"或"零余额账户用款额度"科目。同时,根据实际支付的金额,预算会计借记"事业支出"科目,贷记"资金结存"科目。

2. 为专业业务活动及其辅助活动支付外部人员劳务费的账务处理

（1）按照规定支付给外部人员个人劳务费时,学校按照支付数额,财务会计借记"业务活动费用"（直接支付）或"其他应付款"（先计提后支付）等科目,贷记"银行存款"或"零余额账户用款额度"等科目。同时,根据实际支付的金额,预算会计借记"事业支出"科目,贷记"资金结存"科目。

（2）按照规定代扣代缴个人所得税时,学校按照实际缴纳的金额,财务会计借记"业务活动费用"（直接支付）或"其他应交税费"（先计提后支付）等科目,贷记"银行存款"或"零余额账户用款额度"等科目。同时,根据实际缴纳的金额,预算会计借记"事业支出"科目,贷记"资金结存"科目。

3. 开展教学科研等专业业务活动及其辅助活动过程中为购买存货、固定资产、无形资产等以及在建工程支付相关款项时的账务处理

学校根据实际支付金额,财务会计借记"存货""固定资产"等科目,贷记"银行存款"或"零余额账户用款额度"等科目。同时,根据实际支付的金额,预算会计借记"事业支出"科目,贷记"资金结存"科目。

4. 开展专业业务活动及其辅助活动过程中发生预付账款时的账务处理

学校按照实际支付的金额,财务会计借记"预付账款"科目,贷记"银行存款"或"零余额账户用款额度"科目。同时,根据实际支付的金额,预算会计借记"事业支出"科目,贷记"资金结存"科目。

提示：对于暂付款项,在支付款项时可不做预算会计处理,待结算或报销时,按照结算或报销的金额,财务会计借记"固定资产"或"业务活动费用"等科目,贷记"其他应收款"科目，预算会计借记"事业支出"科目，贷记"资金结存"科目。

5. 开展专业业务活动及其辅助活动过程中缴纳的相关税费以及发生的其他各项支出的账务处理

学校按照实际支付的金额，财务会计借记"其他应交税费"等科目，贷记"银行存款"科目。同时，根据实际支付的金额，预算会计借记"事业支出"科目，贷记"资金结存"科目。

6. 开展专业业务活动及其辅助活动过程中因购货退回等发生款项退回，或者发生差错更正时的账务处理

发生款项退回，或者发生差错更正时，属于当年支出收回的，学校按照收回或更正金额，财务会计借记"银行存款"或"零余额账户用款额度"科目，贷记"固定资产"或"业务活动费用"等科目。同时，根据实际退回金额，预算会计借记"资金结存"科目，贷记"事业支出"科目。

属于以前年度支出收回的，学校按照收回或更正金额，财务会计借记"银行存款"或"零余额账户用款额度"科目，贷记"固定资产"或"累计盈余"等科目。同时，预算会计借记"资金结存"科目，贷记"非财政拨款结转"等科目（按照原结转结余分类科目）。

7. 开展专业业务活动及其辅助活动过程中的固定资产购置支出、在建工程构建支出等的账务处理

学校按照实际支付的金额，财务会计借记"预付账款""固定资产""在建工程"等科目，贷记"银行存款""零余额账户用款额度"等科目。同时，预算会计借记"事业支出"科目，贷记"资金结存"等科目。

8. 年末，结转"事业支出"科目本年发生额的财务处理

学校将"事业支出"科目本年发生额中的财政拨款支出转入财政拨款结转，预算会计借记"财政拨款结转/本年收支结转"科目，贷记"事业支出"科目下各财政拨款支出明细科目。将"事业支出"科目本年发生额中的非财政专项资金支出转入非财政拨款结转，预算会计借记"非财政拨款结转/本年收支结转"科目，贷记"事业支出"科目下各非财政专项资金支出明细科目。将"事业支出"科目本年发生额中的其他资金支出（非财政、非专项资金支出）转入其他结余，预算会计借记"其他结余"科目，贷记"事业支出"科目下其他资金支出明细科目。不涉及费用科目，财务会计不处理（下同）。

（四）主要业务会计核算实务举例

具体参见本章第三节"支出经济分类业务核算"相关举例。

十、7301#经营支出

（一）业务概述

经营支出是指高校在教学科研等专业业务活动及其辅助活动之外开展非独立核算经营活动实际发生的各项现金流出。

目前，学校经营活动一般是指非独立法人食堂餐饮经营服务支出等。

提示：高校易存在混淆经营活动和科研活动的情况，特别是易将经营活动或非学历教育活动确认为科研活动。

（二）科目设置

根据《政府会计制度》和年度部门预算决算报表编报管理要求，高校应设置"7301#经营支出"科目及按照《政府收支分类科目》中支出经济分类设置明细科目核算，具体明细科目设置见本章第三节"支出经济分类业务核算"相关内容。

"7301#经营支出"科目应进一步按照经营活动类别、项目核算。

（三）主要业务账务处理解读

1. 支付经营部门职工薪酬的账务处理

（1）向职工个人支付薪酬时，学校按照应支付或实际支付的金额，财务会计借记"经营费用"科目，贷记"银行存款""应付职工薪酬"等科目。同时，根据实际支付金额，预算会计借记"经营支出"科目，贷记"资金结存"科目。

（2）按照规定代扣代缴个人所得税以及或为职工缴纳社会保险费、住房公积金时，学校按照实际缴纳的金额，财务会计借记"其他应交税费"等科目，贷记"银行存款"科目。同时，根据实际支付金额，预算会计借记"经营支出"科目，贷记"资金结存"科目。

2. 为经营活动支付外部人员劳务费的账务处理

（1）应支付或实际支付给外部人员劳务费时，学校按照应支付或实际支付金额，财务会计借记"经营费用"科目，贷记"银行存款""其他应付款"科目。同时，按照实际支付金额，预算会计借记"经营支出"科目，贷记"资金结存"科目。

（2）按照规定代扣代缴个人所得税时，学校按照实际缴纳的金额，财务会计借记"其他应交税费"科目，贷记"银行存款"科目。同时，根据实际缴纳金额，预算会计借记"经营支出"科目，贷记"资金结存"科目。

3. 开展经营活动过程中为购买存货、固定资产、无形资产等以及在建工程等支付相关款项时的账务处理

学校按照应支付或实际支付的金额，财务会计借记"固定资产"等科目，贷记"银行存款""应付账款"等科目。同时，按照实际支付的金额，预算会计借记"经营支出"科目，贷记"资金结存"科目。

4. 开展经营活动过程中发生预付账款时的账务处理

学校按照实际支付的金额，财务会计借记"预付账款"科目，贷记"银行存款"科目。同时，根据实际支付金额，预算会计借记"经营支出"科目，贷记"资金结存"科目。

对于预付、暂付款项，在支付款项时可不做预算会计处理，待结算或报销时，按照结算或报销的金额，财务会计借记"经营费用"科目，贷记"其他应收款"科目。同时，预算会计借记"经营支出"科目，贷记"资金结存"科目。

5. 因开展经营活动缴纳的相关税费以及发生的其他各项支出的账务处理

学校按照实际支付或应支付的金额，财务会计借记"经营费用"等科目，贷记"银行存款""其他应交税费"科目。同时，根据实际支付金额，预算会计借记"经营支出"科目，贷记"资金结存"科目。

6. 开展经营活动中因购货退回等发生款项退回，或者发生差错更正的账务处理

发生款项退回，或者发生差错更正的，属于当年支出收回的，学校按照收回或更正金额，财务会计借记"银行存款"科目，贷记"固定资产"或"经营费用"等科目。同时，根据实际收回金额，预算会计借记"资金结存"科目，贷记"经营支出"科目。

属于以前年度支出收回的，学校按照收回或更正金额，财务会计借记"银行存款"科目，贷记"固定资产"或"累计盈余"等科目。同时，根据实际收回金额，预算会计借记"资金结存"科目，贷记"非财政拨款结转""经营结余"等科目（按照原结转结余分类科目）。

7. 年末，将"经营支出"科目本年发生额转入经营结余

预算会计借记"经营结余"科目，贷记"经营支出"科目。

（四）主要业务会计核算实务举例

具体参见本章第三节"支出经济分类业务核算"相关举例。

十一、7401#上缴上级支出

（一）业务概述

上缴上级支出是指高校按照财政部门和主管部门的规定将款项上缴上级单位的现金流出。

（二）科目设置

根据《政府会计制度》和年度部门预算决算报表编报管理要求，高校应设置"7401#上缴上级支出"科目，核算高校按照财政部门和主管部门的规定上缴上级单位款项发生的现金流出。"7401#上缴上级支出"应按照收缴款项单位、缴款项目、《政府收支分类科目》中支出功能分类"项"级科目和部门预算支出经济分类"款"级科目设置明细科目核算。

学校"上缴上级支出"明细科目设置见本章第三节"支出经济分类业务核算"相关内容介绍。

（三）主要业务账务处理实践解读

1. 按照规定将款项上缴上级单位时的账务处理

学校按照实际上缴的金额，财务会计借记"上缴上级费用"科目，贷记"银行存款"科目。同时，根据实际上缴支付金额，预算会计借记"上缴上级支出"科目，贷记"资金结存"科目。

2. 年末，学校将"上缴上级支出"科目本年发生额转入其他结余

预算会计借记"其他结余"科目，贷记"上缴上级支出"科目。

（四）主要业务会计核算实务举例

具体参见本章第三节"支出经济分类业务核算"相关举例。

十二、7501#对附属单位补助支出

(一) 业务概述

对附属单位补助支出是指高校用财政拨款预算收入之外的收入对附属单位补助发生的现金流出。

提示： 高校附属单位一般是指具有独立法人资格的非营利单位，如附属研究院所、幼儿园及中小学校、医院等。具有独立法人资格的全资、控股与参股企业等不属于附属单位。

(二) 科目设置

根据《政府会计制度》和年度部门预算决算报表编报管理要求等，高校应设置"7501#对附属单位补助支出"科目，核算高校用财政拨款预算收入之外的收入对附属单位补助发生的现金流出。"7501#对附属单位补助支出"科目应按照接受补助单位、补助项目、《政府收支分类科目》中支出功能分类"项"级科目和支出经济分类"款"级科目设置明细科目核算。

学校"对附属单位补助支出"明细科目设置见本章第三节"支出经济分类业务核算"相关内容。

(三) 主要业务账务处理实践解读

1. 发生对附属单位补助支出时的账务处理

学校按照实际补助的金额，财务会计借记"对附属单位补助费用"科目，贷记"银行存款"科目。同时，根据实际支付的补助金额，预算会计借记"对附属单位补助支出"科目，贷记"资金结存"科目。

2. 年末，将"对附属单位补助支出"科目本年发生额转入其他结余

预算会计借记"其他结余"科目，贷记"对附属单位补助支出"科目。

(四) 主要业务会计核算实务举例

具体参见本章第三节"支出经济分类业务核算"相关举例。

十三、7601#投资支出

(一) 业务概述

投资支出是指高校以货币资金对外投资发生的现金流出。

非货币资金对外投资不同于货币资金对外资产投资，其不涉及货币资金流出，不通过投资支出核算。但在非货币资金对外投资过程中，涉及货币资金投资的部分，需要通过投资支出进行核算管理。

(二) 科目设置

根据《政府会计制度》和年度部门预算决算报表编报管理要求等，高校应设置

"7601#投资支出"科目,核算高校以货币资金对外投资发生的现金流出。"投资支出"科目应按照投资类型、投资对象、《政府收支分类科目》中支出功能分类"项"级科目和支出经济分类"款"级科目设置明细科目核算。

学校"投资支出"明细科目设置见本章第三节"支出经济分类业务核算"相关内容。

(三) 主要业务账务处理实践解读

1. 以货币资金对外投资时的账务处理

学校按照投资金额和所支付的相关税费金额的合计数,财务会计借记"短期投资""长期股权投资""长期债券投资"等科目,贷记"银行存款"。同时,根据实际支付投资金额,预算会计借记"投资支出"科目,贷记"资金结存"科目。

2. 出售、对外转让或到期收回本年度以货币资金取得的对外投资时的账务处理

如果按规定将投资收益纳入学校预算,则学校按照实际收到的金额,财务会计借记"银行存款"科目,贷记"长期股权投资""长期债券投资""应收股利""应收利息"等科目。同时,根据实际收到的投资金额,预算会计借记"资金结存"科目;按照取得投资时的"投资支出"科目的发生额,贷记"投资支出"科目;按照其差额,贷记或借记"投资预算收益"科目。

如果按规定将投资收益上缴财政,则学校按照实际收到的金额,财务会计借记"银行存款";按取得投资时的发生额,贷记"长期股权投资""长期债券投资"等科目;按其差额贷记"应缴财政款"。按照取得投资时的"投资支出"科目发生额,预算会计借记"资金结存"科目,贷记"投资支出"科目(收益部分不做预算会计处理)。

3. 出售、对外转让或到期收回以前年度以货币资金取得的对外投资时的账务处理

如果按规定将投资收益纳入单位预算,则学校按照实际收到的金额,财务会计借记"银行存款"科目,贷记"长期股权投资""长期债券投资"及"投资收益"等科目。同时,按照实际收到的金额,预算会计借记"资金结存"科目;按照取得投资时的"投资支出"科目发生额,贷记"其他结余"科目;按照其差额,贷记或借记"投资预算收益"科目。

如果按规定将投资收益上缴财政,则财务会计借记"银行存款"科目;按取得投资时的发生额,贷记"长期股权投资""长期债券投资"等科目;按其差额贷记"应缴财政款"。同时,按照取得投资时的"投资支出"科目发生额,预算会计借记"资金结存"科目,贷记"其他结余"科目。

4. 年末,将"投资支出"科目本年发生额转入其他结余

预算会计借记"其他结余"科目,贷记"投资支出"科目。

(四) 主要业务会计核算实务举例

具体参见本章第三节"支出经济分类业务核算"相关举例。

十四、7701#债务还本支出

（一）业务概述

债务还本支出是指高校偿还自身承担的纳入预算管理的从金融机构举借的债务本金的现金流出，不包括偿还债务利息的现金流出。

提示：该债务是指从金融机构举借的债务，不同于申请获得的地方政府专项债券资金。因地方政府专项债券资金为政府性基金收入，根据政府专项债券有关规定，需要以逐年从专项收入中上缴债券本金的形式来偿还债券本金。

（二）科目设置

按照《政府会计制度》和年度部门预算决算报表编报管理要求等，高校应设置"7701#债务还本支出"科目，核算高校因偿还纳入预算管理的债务本金的现金流出。"债务还本支出"科目应按照贷款单位、贷款种类、《政府收支分类科目》中支出功能分类"项"级科目和支出经济分类"款"级科目设置明细科目核算。

（三）主要业务账务处理实践解读

1. 偿还各项短期或长期借款时

学校按照偿还借款本金，财务会计借记"短期借款"或"长期借款"等科目，贷记"银行存款"科目。同时，根据实际支付的偿还本金额，预算会计借记"债务还本支出"科目，贷记"资金结存"科目。

提示：目前，江苏省高校按照银行贷款债务化解方案，需要每年化解10%的债务，所化债务优先从部门预算"债务化解与待建"专项列支。

2. 年末，将"债务还本支出"科目本年发生额转入其他结余

预算会计借记"其他结余"科目，贷记"债务还本支出"科目。

（四）主要业务会计核算实务举例

具体参见本章第三节"支出经济分类业务核算"相关举例。

十五、7901#其他支出

（一）业务概述

其他支出是指高校除事业支出、经营支出、上缴上级支出、对附属单位补助支出、投资支出、债务还本支出外的各项现金流出，包括利息支出、对外捐赠现金支出、现金盘亏损失、接受捐赠（调入）和对外捐赠（调出）非现金资产发生的税费支出、资产置换过程中发生的相关税费支出、罚没支出等。

（二）科目设置

根据《政府会计制度》和年度部门预算决算报表编报管理要求等，高校应设置"7901#其他支出"科目，核算高校除事业支出、经营支出、上缴上级支出、对附属单位补

助支出、投资支出、债务还本支出外的各项现金流出。高校"其他支出"科目须按照其他支出的类别、支出资金来源性质、项目支出和基本支出，以及《政府收支分类科目》中支出功能分类"项"级科目和支出经济分类"款"级科目设置明细科目核算。其中，专项资金支出还应按照具体项目进行明细核算。

目前，学校在"7901#其他支出"科目下设"利息支出""现金盘亏损失""罚没支出""其他支出"等明细科目。

提示：学校有关支出的资金来源性质、项目支出和基本支出，以及《政府收支分类科目》中支出功能分类"项"级科目核算，须通过科目项目核算中的项目属性设置实现。部分国库集中支付方式下的其他支出是通过国库支付系统相关支出功能和支出经济分类科目列支情况反映。

（三）主要业务账务处理实践解读

1. 利息支出

支付银行借款利息时，学校按照应支付或实际支付金额，财务会计借记"应付利息""其他费用/利息费用"等科目，贷记"银行存款"或"零余额账户用款额度"科目。同时，按照实际支付金额，预算会计借记"其他支出/利息支出"明细科目，贷记"资金结存"科目。

2. 对外捐赠现金资产

对外捐赠现金资产时，学校按照捐赠金额，财务会计借记"其他费用/现金资产捐赠"科目，贷记"银行存款"科目。同时，根据捐赠支出金额，预算会计借记"其他支出/现金资产捐赠"科目，贷记"资金结存"科目。

对外捐赠非现金资产属于资产处置业务，纳入"资产处置费用"核算与管理范畴，具体见"本章第二节资产处置费用"相关业务核算规定。

3. 现金盘亏损失

每日现金账款核对中如发现现金短缺，属于资产处置业务中的货币资产损失核销，学校按照短缺的现金金额，财务会计借记"资产处置费用"，贷记"库存现金"等科目。同时，预算会计借记"其他支出/现金盘亏损失"科目，贷记"资金结存"科目。

经核实，如属于应当由有关人员赔偿的，财务会计借记"其他应收款"科目，贷记"现金"科目。按照收到的赔偿金额，预算会计借记"资金结存"科目，贷记"其他支出/现金盘亏损失"科目。

4. 接受捐赠（无偿调入）和对外捐赠（无偿调出）非现金资产发生的税费支出

接受捐赠（无偿调入）非现金资产发生的归属捐入方（调入方）的相关税费、运输费等，以及对外捐赠（无偿调出）非现金资产发生的归属捐出方（调出方）的相关税费、运输费等，学校按照实际支付金额，财务会计借记"库存物品""无形资产""固定资产"（增加调入资产价值）或"资产处置费用"（增加调出资产处理费用）科目，贷记"银行存款"等科目。同时，预算会计借记"其他支出/其他支出"科目，贷记"资金结存"科目。

5. 资产置换过程中发生的相关税费支出

资产置换过程中发生的相关税费，学校按照实际支付金额，财务会计借记"库存物品""固定资产"等科目（增加换入资产价值），贷记"银行存款"等科目。同时，根据实际支付金额，预算会计借记"其他支出/其他支出"科目，贷记"资金结存"科目。

6. 其他支出

发生罚没等其他支出时，学校按照实际支出金额，财务会计借记"其他费用/罚没费用""其他费用/其他费用"等科目，贷记"库存现金""银行存款"等科目。同时，根据实际支付金额，预算会计借记"其他支出/罚没支出""其他支出/其他支出"等科目，贷记"资金结存"科目。

7. 年末，将"其他支出"科目本年发生额中的非财政专项资金支出转入非财政拨款结转

预算会计借记"非财政拨款结转/本年收支结转"科目，贷记"其他支出"科目下各非财政专项资金支出明细科目；将"其他支出"科目本年发生额中的其他资金支出（非财政、非专项资金支出）转入其他结余，借记"其他结余"科目，贷记"其他支出"科目下各其他资金支出明细科目。

（四）主要业务会计核算实务举例

具体参见本章第三节"支出经济分类业务核算"相关举例。

第三节 支出经济分类业务核算

根据《政府会计准则》、《政府会计制度》、年度部门预算管理以及年度决算报表编报要求等，高校预算支出科目须按照"301#工资福利支出""302#商品和服务支出""303#对个人和家庭的补助""307#债务利息及费用支出""310#资本性支出"和"399#其他支出"等"款"级支出经济明细科目进行明细核算。为加强内部成本费用核算管理，保持与预算支出核算的对应，财务会计费用核算同样需要按照"301#工资福利支出""302#商品和服务支出""303#对个人和家庭的补助""307#债务利息及费用支出""310#资本性支出"等"款"级支出经济明细科目进行明细核算。考虑到"固定资产累计折旧""无形资产累计摊销"等资产损耗性费用分摊，及"计提专用基金费""计提项目间接费用或管理费"等费用计提需要，费用科目相应增加"固定资产折旧费""无形资产摊销费""计提专用基金费""计提项目间接费用或管理费"等特设经济科目，以细化费用科目核算。

为此，有关满足预算支出明细核算的《政府收支分类科目》支出经济明细科目核算规范等，同时适用于政府财务会计费用明细核算，二者是"一体两翼"的"平行记账"核算关系。

提示：①为有效和便捷实现会计核算系统自动触发生成预算会计核算，财务会计中除费用核算需要按照支出经济分类明细科目进行细化核算外，资产、负债等核算同样需要附加实施支出经济分类明细科目核算。通过财务会计相关科目和预算会计相关科目间的共同支出经济分类科目核算，准确、便捷地实现由财务会计核算自动触发生成预算会计核算。②本节相关科目设置及相关业务管理、账务处理规范和报销政策等，是案例学校实践和实务处理的整合归纳。

一、301#工资福利支出业务核算

工资福利支出是反映学校支付的在职职工和编制外长期聘用人员的各类工资性支出以及为上述人员缴纳的各项社会保险费等。

学校支出经济分类科目中的工资福利支出"款"级明细科目设置见表6-2。

表6-2 工资福利支出经济明细科目设置表

经济科目代码	经济科目名称	核算内容及要求
301	工资福利支出	
301.01	基本工资	反映学校按规定发放的基本工资,包括学校在职职工的岗位工资和薪级工资、见习期工资等
301.01.01	固定工资	
301.01.02	薪级工资	
301.02	津贴补贴	反映学校按规定发放的津贴、补贴,包括学校在职职工特殊岗位津贴补贴、提租补贴、购房补贴、采暖补贴、物业服务补贴等
301.02.01	特岗补贴	
301.02.02	交通补贴	
301.02.99	其他津贴	
301.06	伙食补助费	反映学校发给在职职工的伙食补助费
301.07	绩效工资	反映学校发给在职职工的绩效工资
301.07.01	基础绩效	
301.07.02	奖励绩效	
301.07.09	其他绩效	反映学校在职人员从非科研经费中获取的成人教育课酬、培训课酬、评审费、评阅费、阅卷费、出题费等
301.08	基本养老保险缴费	反映学校为职工缴纳的基本养老保险费,不含单位代扣的个人部分的基本养老保险费
301.09	职业年金缴费	反映学校按规定为职工缴纳的职业年金,不含单位代扣的个人部分的职业年金
301.10	基本医疗保险缴费	反映学校为职工缴纳的基本医疗保险费,不含单位代扣个人部分医疗保险缴费
301.12	其他社会保障缴费	反映学校为职工缴纳的失业、工伤等社会保险费,残疾人就业保障金等
301.12.01	失业保险	
301.12.02	工伤保险	
301.12.03	生育保险	

续表

经济科目代码	经济科目名称	核算内容及要求
301.13	住房公积金	反映学校为在职职工缴纳的住房公积金,不含单位代扣代缴的个人住房公积金
301.14	医疗费	反映学校发生的在职人员医疗费、医药费等
301.99	其他工资福利支出	反映学校长期病假人员工资、职工探亲旅费,困难职工生活补助等
301.99.01	临工工资	
301.99.02	外聘人员工资	
301.99.03	返聘人员工资	
301.99.09	其他工资福利	

备注:依据财政部2021年《政府收支分类科目》和学校内部管理需要设置。学校在实际核算过程中,部分支出经济科目依然依据2017年《政府收支分类科目》口径选用,如提租补贴、购房补贴、职工探亲旅费等。

为进一步规范学校工资薪酬支出核算,准确确认和选择对应会计科目和支出经济分类科目,需要按照人员性质、所在部门和岗位及工资薪酬(含劳务酬金)构成项目、列支渠道等因素建立科目项目核算对应关系,学校工资福利支出经济科目与核算项目对应关系见表6-3。

表6-3 工资福利支出经济分类科目与核算项目对应关系表

人员性质		支出经济分类科目	核算项目		发放形式	备注
			固定工资	奖励绩效		
在职在编人员(含事业编制、人事代理编)	常规师资制教职工	基本工资、津贴补贴、绩效工资、基本养老保险缴费、基本医疗保险缴费、职业年金缴费、其他社会保险缴费、住房公积金	201#项目	311#项目	每月固定发放	根据工资项选择对应支出经济分类"款"级科目核算
	年薪制教职工					
	校办企业中校编教职工		201#项目			通过其他应收款核算
离退休教职工		离退休费	201#项目		每月固定发放	根据工资项选择对应支出经济分类"款"级科目核算
劳务派遣人员	学校层面	劳务费	413#项目		每月与劳务代理公司结算发放	① 学校统一签订劳务派遣合同,具体使用单位再签订补充合同;② 学校层面由人事处统一考核并由学校承担,学院和课题组层面由各单位考核并承担费用
	学院层面	劳务费	387#项目			
	课题组层面	劳务费	501#项目			

续表

人员性质		支出经济分类科目	核算项目		发放形式	备注
			固定工资	奖励绩效		
临时聘用人员	学校层面	临工工资	413#项目		通过学校酬金发放系统管理	由人事处统一扎口管理，部门负责日常管理
	部门层面	劳务费	387#项目			
返聘人员	学校层面	返聘人员工资	413#项目			通过人事处发放
	部门、学院、课题组层面	劳务费	387#项目			无返聘人员工资科目的入劳务费科目

提示：根据《政府会计制度》有关财务会计权责发生制和预算会计收付实现制确认规定，以及财务会计与预算会计"平行记账"核算要求，财务会计"费用"科目应按照"支出经济分类科目"设置明细科目，实现财务会计"费用"科目和预算会计"支出"科目间的有效比对，有利于实现自动触发生成预算支出"平行记账"核算。故会计核算系统通过设置"项目＋费用"科目—选择支出经济分类科目—触发预算会计支出明细科目的核算规则，实现"平行记账"核算。

每月固定性工资等通过"应付职工薪酬"科目贷方做计提。"应付职工薪酬"科目按照《政府会计制度》相关规定下设"基本工资""国家统一规定的津贴补贴""规范津贴补贴（绩效工资）""改革性补贴""社会保险费""住房公积金""其他个人收入"科目进行明细核算。

提示：① 工资构成项目与明细科目的核算关系，可参照财政部印发的《行政事业单位工资和津贴补贴有关会计核算办法》（财库〔2016〕48号）文件进行归类确认。为实现财务会计自动触发生成预算会计，会计核算系统一般要求将应付职工薪酬的计提和发放同时（同张入账凭证）入账处理。② 为有效实现"平行记账"核算要求，职工薪酬相关的"应付职工薪酬""其他应交税费/应交个人所得税"等视为货币资金，直接在"应付职工薪酬""应交个人所得税"贷方发生时生成预算支出。在实际支付和缴纳时，不再生成预算会计。相应"应付职工薪酬"可不再按照《政府会计制度》要求设置相应明细科目。③ 根据有关科技成果转化绩效纳入学校绩效管理的要求，学校从科研项目发放科研绩效时，一律通过"应付职工薪酬"科目转入学院部门811#项目（学院科研绩效项目）与学校奖励绩效一同发放。计提时，财务会计借记"业务活动费用/科研费用/商品和服务支出/劳务费"科目（科研项目），贷记"应付职工薪酬"科目（811#科研绩效项目）。同时，预算会计借记"事业支出/科研事业支出/商品和服务支出/劳务费"科目，贷记"资金结存/货币资金"科目。实际发放时，财务会计借记"应付职工薪酬"科目（811#科研绩效项目），贷记"银行存款"科目；预算会计不处理。

（一）301.01#工资福利支出/基本工资

1. 业务界定

基本工资反映学校按规定发放给校内在职人员的基本工资，包括在职人员（含年薪制人员）的岗位工资、薪级工资等。

2. 科目设置

根据内部成本费用管理需要,学校在"301.01#工资福利支出/基本工资"支出经济分类科目下设"固定工资""薪级工资"两个明细科目。每月根据工资汇总表构成的项目和金额进行统一核算。其中,代发校办企业人员的工资返还需通过"其他应收款"科目核算,二级单位教职工奖励性绩效从各单位311#绩效奖励项目列支。

3. 主要业务会计核算实务举例

【例6-1】 4月9日,学校计提4月教学人员各类应发工资薪酬合计100万元,其中岗位工资60万元、薪级工资40万元(通过"应付职工薪酬"计提,教学人员相关工资全部确认为教育费用和教育事业支出,通过201#项目核算)。(入账单据:报销支付凭证、在职人员工资发放汇总表等)

摘要	财务会计	预算会计
计提4月份教学人员岗位工资 计提4月份教学人员薪级工资	借:业务活动费用/教育费用/工资福利支出/基本工资/固定工资 [201#项目] 600 000 业务活动费用/教育费用/工资福利支出/基本工资/薪级工资 [201#项目] 400 000 贷:应付职工薪酬 1 000 000	借:事业支出/教育事业支出/工资福利支出/基本工资/固定工资 [201#项目] 600 000 事业支出/教育事业支出/工资福利支出/基本工资/薪级工资 [201#项目] 400 000 贷:资金结存/货币资金 1 000 000

【例6-2】 4月9日,学校计提4月份代发校办企业人员应返还工资50万元。先通过"应付职工薪酬"计提,因代发性应付职工薪酬相应从应收工资返还项目核算,不生成预算会计核算。(入账单据:学校工资发放汇总表、代发相关人员工资明细汇总表等)

摘要	财务会计	预算会计
代发4月份资产经营公司人员应返还工资	借:其他应收款 [201#项目] 500 000 贷:应付职工薪酬 500 000	不处理

(二) 301.02#工资福利支出/津贴补贴

1. 业务界定

津贴补贴是指学校按规定发放给校内在职人员的津贴、补贴,包括特殊岗位补贴、交通补贴、公务交通补贴及夜班津贴等支出。

2. 科目设置

根据内部成本费用管理需要,学校在"301.02#工资福利支出/津贴补贴"支出经济分类科目下设"特岗补贴""交通补贴""其他津贴"三个明细科目。其中,如夜班津贴、保密津贴、营养保健津贴等通过"其他津贴"支出经济分类明细科目核算。

3. 主要业务会计核算实务举例

【例6-3】 4月26日,学校从夜班津补贴413#项目经费中发放保卫部门3月份夜班津贴3 000元(保卫部门隶属行政管理部门,界定为行政管理类业务),通过银行账户支付。(入账单据:酬金报账审批单、夜班值班统计表、银行支付回单等)

摘要	财务会计	预算会计
发保卫部门3月份夜班津贴 发保卫部门3月份夜班津贴代扣个税	借：单位管理费用/行政管理费用/工资福利支出/津贴补贴/其他津贴[413#项目] 3 000 　　贷：其他应交税费/应交个人所得税 70 　　　　银行存款 2 930	借：事业支出/行政管理支出/工资福利支出/津贴补贴/其他津贴[413#项目] 3 000 　　贷：资金结存/货币资金 3 000

（三）301.06#工资福利支出/伙食补助费

1. 业务界定

伙食补助费是指学校按规定发放的伙食补助支出。

2. 科目设置

目前学校设置"301.06#工资福利支出/伙食补助费"科目，主要核算学校伙食补助支出情况。

3. 主要业务核算实务举例

【例6-4】 4月15日，学校体育学院从伙食补助费201#项目中直接发放4月女子垒球队队员1—3月伙食补助费30 000元（纳入教育费用核算范畴）。（入账单据：网约报销审批单、伙食补助明细单、银行支付回单等）

摘要	财务会计	预算会计
体育学院发女子垒球队队员1—3月份伙食补助费	借：业务活动费用/教育费用/工资福利支出/伙食补助费[201#项目] 30 000 　　贷：银行存款 30 000	借：事业支出/教育事业支出/工资福利支出/伙食补助费[201#项目] 30 000 　　贷：资金结存/货币资金 30 000

（四）301.07#绩效工资

1. 业务界定

绩效工资是指学校按规定发放给在职教职工的绩效工资，包括基础绩效、奖励绩效和其他绩效等支出。

2. 科目设置

学校绩效工资由基础绩效、奖励绩效和其他绩效三部分组成，其中，奖励绩效和其他绩效共同构成学校奖励绩效额度。相应在"301.07#工资福利支出/绩效工资"科目下设"基础绩效""奖励绩效""其他绩效"三个明细科目，其中"基础绩效"核算统一发放的岗位津贴、生活补贴；"奖励绩效"核算学校按照奖励绩效政策发放的绩效工资；"其他绩效"主要核算在各类培训费、研究生培养费、学科建设费以及科技成果转化、科研间接经费中发放给校内在职人员的阅卷费、评审费、答辩费、课酬、科技成果转化奖励、科研绩效等其他绩效。

3. 主要业务会计核算实务举例

【例6-5】 1月20日，学校××学院从学院奖励绩效311#项目中发给在职科研人员2020年科研奖励绩效40万元（不考虑个人所得税）。（入账单据：网约报销审批单、绩效工资发放明细汇总表、银行支付回单等）

摘要	财务会计	预算会计
××学院发2020年在职人员科研奖励绩效	借：业务活动费用/教育费用/工资福利支出/绩效工资/奖励绩效 [311#项目] 400 000 贷：银行存款 400 000	借：事业支出/教育事业支出/工资福利支出/绩效工资/奖励绩效 [311#项目] 400 000 贷：资金结存/货币资金 400 000

【例6-6】 4月19日，学校从学科建设经费391#项目经费中发放在职教职工××评审劳务酬金10 000元，通过银行账户支付。（入账单据：酬金报账审批单、评审通知与签到表、银行支付回单等）

摘要	财务会计	预算会计
××发××学科评审劳务费	借：业务活动费用/教育费用/工资福利支出/绩效工资/其他绩效 [391#项目] 10 000 贷：其他应交税费/应交个人所得税 400 银行存款 9 600	借：事业支出/教育事业支出/工资福利支出/绩效工资/其他绩效 [391#项目] 10 000 贷：资金结存/货币资金 10 000

【例6-7】 4月20日，学校××学院从奖励绩效311#项目中直接发放××老师2020年教学业绩奖励20 000元（不考虑个人所得税），通过银行账户支付。（入账单据：绩效工资发放单、银行支付回单等）

摘要	财务会计	预算会计
××发××2020年教学业绩奖励	借：业务活动费用/教育费用/工资福利支出/绩效工资/奖励绩效 [311#项目] 20 000 贷：银行存款 20 000	借：事业支出/教育事业支出/工资福利支出/绩效工资/奖励绩效 [311#项目] 20 000 贷：资金结存/货币资金 20 000

【例6-8】 4月25日，学校继续教育学院从培训经费327#项目中发放校内人员3月讲课课酬20 000元，通过银行账户支付。（入账单据：校内人员成人教育课酬酬金报销审批单、银行支付回单等）

摘要	财务会计	预算会计
发继续教育学院3月校内人员课酬 发继续教育学院3月校内人员课酬代扣个税	借：业务活动费用/教育费用/工资福利支出/绩效工资/其他绩效 [327#项目] 20 000 贷：其他应交税费/应交个人所得税 1 000 银行存款 19 000	借：事业支出/教育事业支出/工资福利支出/绩效工资/其他绩效 [327#项目] 20 000 贷：资金结存/货币资金 20 000

（五）301.08#工资福利支出/基本养老保险缴费

1. 业务界定

基本养老保险缴费是指学校按规定比例统一缴纳的事业编制在职教职工基本养老保险和人事代理编制在职教职工基本养老保险。

2. 科目设置

根据内部成本费用管理等，学校设置"301.08#工资福利支出/基本养老保险缴费"支出经济分类明细科目，仅核算由学校承担的养老保险缴纳部分（通过201#项目核算）。由学校代扣代缴的个人承担的养老保险缴费部分（通过842#项目核算），通过"应付职工薪酬"科目核算。

3. 主要业务会计核算实务举例

【**例 6-9**】 4 月 28 日，学校上缴 4 月份在职在编行政管理人员基本养老保险 24 万（其中单位部分 16 万元，个人代扣代缴部分 8 万元），通过学校银行账户自动扣款缴纳。（入账单据：支付凭证、社会保险费缴费申报表、银行支付回单等）

摘要	财务会计	预算会计
缴 4 月单位基本养老保险（单位部分） 缴 4 月单位基本养老保险（个人部分）	借：单位管理费用/行政管理费用/工资福利支出/基本养老保险缴费［201#项目］160 000 　　应付职工薪酬/社会保险费/养老保险 80 000 　贷：银行存款 240 000	借：事业支出/行政管理支出/工资福利支出/基本养老保险缴费［201#项目］160 000 　贷：资金结存/货币资金 160 000 （备注：代扣个人应缴纳部分时已生成预算会计核算）

（六）301.09#工资福利支出/职业年金缴费

1. 业务界定

职业年金是指学校按规定比例统一缴纳的事业编制在职人员职业年金，即在参加机关事业单位基本养老保险的基础上，建立的补充养老保险制度。

2. 科目设置

根据内部成本费用管理等需要，学校设置"301.09#职业年金缴费"支出经济明细科目，核算学校承担的事业编制在职人员职业年金缴纳部分（通过 201#项目列支核算）。由学校代扣代缴的个人承担职业年金缴纳部分（通过 842#项目进行往来核算），通过"应付职工薪酬"科目核算。

3. 主要业务会计核算实务举例

【**例 6-10**】 4 月 28 日，学校上缴科研类事业编在职人员 4 月份职业年金 12 万（其中单位承担 8 万元，个人代扣代缴 4 万元），通过学校银行资金账户自动代扣。（入账单据：社会保险费缴费申报表、支付凭证、银行支付回单等）

摘要	财务会计	预算会计
缴 4 月单位职业年金（单位部分） 缴 4 月单位职业年金（个人部分）	借：业务活动费用/科研费用/工资福利支出/职业年金缴费［201#项目］80 000 　　应付职工薪酬/职业年金［842#项目］40 000 　贷：银行存款 120 000	借：事业支出/科研事业支出/工资福利支出/职业年金缴费［201#项目］80 000 　贷：资金结存/货币资金 80 000 （备注：原计提"应付职工薪酬"时，已进行预算会计账务处理，此时不再重复）

（七）301.12#工资福利支出/其他社会保障缴费

1. 业务界定

其他社会保障缴费是指由学校按规定比例统一缴纳的在职人员的失业保险、工伤保险和生育保险等费用。其中，工伤保险和生育保险由单位承担缴纳，个人不承担缴纳。

2. 科目设置

根据内部成本费用管理需要，学校设置"301.12#工资福利支出/其他社会保障缴费"

支出经济明细科目,核算由学校承担的其他社会保障缴费部分,下设"失业保险""工伤保险""生育保险"等明细科目。由单位代扣的个人缴纳失业保险缴费部分等通过"应付职工薪酬"科目核算(通过842#项目实施往来核算)。

提示:学校缴纳养老保险、医疗保险、失业保险、生育保险、工伤保险、公积金、职业年金等从201#项目核算,代扣个人部分养老保险、职业年金、失业保险、公积金等从842#项目核算。

3. 主要业务会计核算实务举例

【例6-11】 4月28日,学校上缴4月人事代理编制科研财务助理人员失业保险2万元(其中单位部分14 000元,个人代扣部分6 000元),医疗保险3万元(单位部分2万元,个人代扣部分1万元),通过银行账户自动扣款支付。(入账单据:支付凭证、社保明细清单、银行支付回单等)

摘要	财务会计	预算会计
缴4月人事代理制在职人员失业保险(单位部分) 缴4月人事代理制在职人员失业保险(个人部分) 缴4月人事代理制在职人员医疗保险(单位部分) 缴4月人事代理制在职人员医疗保险(个人部分)	借:业务活动费用/科研费用/工资福利支出/其他社会保障缴费/失业保险[201#项目] 14 000 　　应付职工薪酬/社会保险费/失业保险[842#项目] 6 000 　　业务活动费用/科研费用/工资福利支出/基本医疗保险缴费[201#项目] 20 000 　　应付职工薪酬/社会保险费/医疗保险[842#项目] 10 000 　贷:银行存款 50 000	借:事业支出/科研事业支出/工资福利支出/其他社会保障缴费/失业保险 14 000 　　事业支出/科研事业支出/工资福利支出/基本医疗保险费 20 000 　贷:资金结存/货币资金 34 000

备注:假定该批人事代理制人员全部为教学人员,相应工资福利支出应全部确认为教育费用和教育事业支出。

(八)301.13#工资福利支出/住房公积金

1. 业务界定

住房公积金是指学校根据公积金管理规定应承担的住房公积金单位缴纳部分。代扣的个人缴纳部分通过"应付职工薪酬"科目核算。

2. 科目设置

根据内部成本费用细化管理需要,学校设置"301.13#工资福利支出/住房公积金"支出经济分类明细科目,核算学校承担的公积金(12%的比例)缴纳情况。应缴公积金(单位部分12%+个人部分12%)的代扣和缴纳均通过842#项目下的"应付职工薪酬/住房公积金"科目核算。

3. 主要业务会计核算实务举例

【例6-12】 4月5日,学校汇总计提4月份单位承担的在职人员公积金50万元(其中教学人员30万元,科研人员13万元、行政管理人员5万元、后勤人员2万元,通过"应付职工薪酬"842#项目核算)。(入账单据:工资发放汇总表、支付审批单等)

摘要	财务会计	预算会计
计提4月份教学人员公积金（单位部分） 计提4月份科研人员公积金（单位部分） 计提4月份行政管理人员公积金（单位部分） 计提4月份后勤人员公积金（单位部分）	借：业务活动费用/教育费用/工资福利支出/住房公积金［201#项目］300 000 　　业务活动费用/科研费用/工资福利支出/住房公积金［201#项目］130 000 　　单位管理费用/行政管理费用/工资福利支出/住房公积金［201#项目］50 000 　　单位管理费用/后勤保障费用/工资福利支出/住房公积金［201#项目］20 000 　贷：应付职工薪酬/住房公积金［842#项目］500 000	借：事业支出/教育事业支出/工资福利支出/住房公积金［201#项目］300 000 　　事业支出/科研事业支出/工资福利支出/住房公积金［201#项目］130 000 　　事业支出/行政管理支出/工资福利支出/住房公积金［201#项目］50 000 　　事业支出/后勤保障支出/工资福利支出/住房公积金［201#项目］20 000 　贷：资金结存/货币资金 500 000

备注：因工资福利支出的计提和发放基本都在同月份完成，为简化工资福利支出"平行记账"核算，会计核算系统一般都设置在计提应付职工薪酬时自动触发生成预算会计，实际发放时不再生成预算款。

【**例6-13**】 4月21日，学校缴纳代扣个人部分和单位部分公积金共100万元，通过银行支票缴纳。（入账单据：公积金缴费明细汇总表、银行支付回单等）

摘要	财务会计	预算会计
缴纳4月份住房公积金	借：应付职工薪酬/住房公积金［842#项目］1 000 000 　贷：银行存款 1 000 000	不处理（备注：计提时或代扣时已生成预算会计）

备注：为全面反映学校人员支出费用，学校已将单位承担部分公积金列入工资发放单中，单位承担部分公积金已体现在应发工资总额中，相应在实发工资时就需要将个人部分和单位部分通过代扣计提到"应付职工薪酬/住房公积金"科目核算。

（九）301.14#工资福利支出/医疗费

1. 业务界定

医疗费是指学校支付的在职教职工医疗费、医药费等支出，不含离退休医疗费、儿童和在校学生医疗费及其他医疗费支出等。学校参加属地职工基本医疗保险后，相应的基本医疗保险缴费属于"基本医疗缴费"业务。

2. 科目设置

学校设置"301.14#工资福利支出/医疗费"科目，主要核算在职教职工医疗费，包括在校医院领取药品等，下设"在职人员医疗费"明细科目。学校参加属地职工基本医疗保险，相应的基本医疗保险缴费通过"基本医疗缴费"支出经济科目核算。

3. 主要业务会计核算实务举例

【**例6-14**】 4月12日，学校××老师报销在职人员医药费500 000元，通过银行账户支付（经确认入469#项目核算）。（入账单据：医药费报销审批单、支付凭证、银行支付回单等）

摘要	财务会计	预算会计
报4月在职人员医药费	借：单位管理费用/后勤保障费用/工资福利支出/医疗费/在职人员医疗费［469#项目］500 000 　　贷：银行存款 500 000	借：事业支出/后勤保障支出/工资福利支出/医疗费/在职人员医疗费［469#项目］500 000 　　贷：资金结存/货币资金 500 000

（十）301.99#工资福利支出/其他工资福利支出

1. 业务界定

其他工资福利支出是指学校发放的临时工、外聘返聘人员、外教、外籍人员工资和社保，职工探亲旅费，困难职工生活补助，编制外长期聘用人员（不包括劳务派遣人员）劳务报酬及社保缴费等。

提示：工资福利支出对象一般应是和单位具有聘用关系的个体人员，单位通过劳务购买方式所支付的劳务费，一般不纳入工资福利支出范围，应视为商品和服务支出范围，如柔性引进人员工资、劳务派遣人员工资等。

2. 科目设置

根据对不同人员的其他工资福利支出细化核算需要，学校在"301.99#工资福利支出/其他工资福利支出"科目下设"临工工资""外聘人员工资""返聘人员工资"等支出经费分类明细科目。

（1）"301.99.01#工资福利支出/其他工资福利支出/临工工资"科目核算学校每月固定的外聘人员工资。学院临工人员和课题组临工人员通过"商品和服务支出/劳务费"支出经济分类科目核算。

（2）"301.99.02#工资福利支出/其他工资福利支出/外聘人员工资"科目核算学校外籍教师的工资，每月通过劳务酬金系统发放。

（3）"301.99.03#工资福利支出/其他工资福利支出/返聘人员工资"科目核算学校退休返聘人员的工资，主要通过"413#返聘人员工资"项目列支。

（4）"301.99.04#工资福利支出/其他工资福利支出/其他工资福利"科目核算学校在职人员参加学校举办的各类培训所获得的讲课费、加班获取的加班费等。

3. 主要业务会计核算实务举例

（1）临工工资。

【例6-15】　4月13日，学校发放后勤车队人员3月份班车运行外聘临工人员工资5万元（通过临时聘用人员工资413#项目核算），通过银行账户支付。（入账单据：报销审批单、劳务派遣发票、外聘临工人员工资明细单、银行支付回单等）

摘要	财务会计	预算会计
发3月份后勤车队外聘人员工资费	借：单位管理费用/后勤保障费用/工资福利支出/其他工资福利支出/临工工资［413#项目］50 000 　　贷：银行存款 50 000	借：事业支出/后勤保障支出/工资福利支出/其他工资福利支出/临工工资［413#项目］50 000 　　贷：资金结存/货币资金 50 000

(2) 外聘人员工资。

【例 6-16】 4 月 20 日，学校××学院从学科建设经费 391#项目中发放外聘外籍高层次人才 3 月份协议工资 50 000 元，通过零余额账户支付。（入账单据：外聘人员工资酬金发放报销审批单、零余额账户支付回单等）

摘要	财务会计	预算会计
发外聘外籍高层次人才 3 月份协议工资 发外聘外籍高层次人才 3 月份协议工资代扣个税	借：业务活动费用/教育费用/工资福利支出/其他工资福利支出/外聘人员工资［391#项目］50 000 　　贷：其他应交税费/应交个人所得税/校内工薪 7 000 　　　　零余额账户用款额度 43 000	借：事业支出/教育事业支出/工资福利支出/其他工资福利支出/外聘人员工资［391#项目］50 000 　　贷：资金结存/零余额账户用款额度 50 000

(3) 返聘人员工资。

【例 6-17】 4 月 21 日，学校××学院从返聘工资 413#项目经费中列支退休返聘人员 3 月份工资 6 000 元，通过银行账户支付。（入账单据：返聘人员工资酬金发放报销审批单、银行支付回单等）

摘要	财务会计	预算会计
发 3 月份返聘人员工资 发 3 月份返聘人员工资代扣个税	借：业务活动费用/教育费用/工资福利支出/其他工资福利支出/返聘人员工资［413#项目］6 000 　　贷：其他应交税费/应交个人所得税 400 　　　　银行存款 5 600	借：事业支出/教育事业支出/工资福利支出/其他工资福利支出/返聘人员工资［413#项目］6 000 　　贷：资金结存/货币资金 6 000

二、302#商品和服务支出业务核算

商品和服务支出是指学校购买商品和接受服务的支出，不包括用于购买固定资产、无形资产等资本性支出。

学校商品和服务支出经济分类明细科目设置见表 6-4。

表 6-4　商品和服务支出经济分类明细科目设置表

经济科目代码	经济科目名称	核算要点
302	商品和服务支出	
302.01	办公费	反映学校购买不符合固定资产确认标准的日常办公用品支出，如纸张、笔记本、笔、书报杂志，非资本化的小额软件、档案盒、U 盘、接线板，复印耗材、办公茶叶及纸杯等支出
302.02	印刷费	反映学校因日常工作需要所发生的印刷费支出，如账簿、票证、信封、复印和打印等印刷支出
302.03	咨询费	反映学校咨询方面的支出
302.04	手续费	反映学校的各类手续费支出
302.05	水费	反映学校的水费、污水处理费等支出

续表

经济科目代码	经济科目名称	核算要点
302.06	电费	反映学校的电费支出
302.07	邮电通讯费	反映学校开支的信件、包裹、货物等物品的邮寄费、电话费、电报费、传真费、网络通信费等
302.08	取暖费	反映学校取暖用燃料费、热力费、炉具购置费以及临工工资、采暖补贴以及宿舍取暖费等
302.09	物业管理费	反映学校开支的办公用房以及未实行职工住宅物业服务改革的在职职工和离退休人员宿舍等的物业管理费,包括综合治理绿化、环境卫生、电梯系统维护等方面的支出
302.11	差旅费	反映学校工作人员国(境)内出差发生的城市间交通费、住宿费、伙食补助费和市内交通费
302.12	因公出国(境)费	反映学校公务出国(境)的国际旅费、国外城市间交通费、住宿费、伙食费、培训费、公杂费等支出
302.13	维修(护)费	反映学校日常开支的固定资产(不包括车、船等交通工具)的修理和维护费用,网络信息系统运行与维护费用,以及按规定提取的修购基金
302.14	租赁费	反映学校租赁办公用房、宿舍、专用通信网以及其他设备等方面的费用
302.15	会议费	反映学校在会议期间按规定开支的住宿费、伙食费、会议场地租金、交通费、文件印刷费、医药费等
302.16	培训费	反映学校除因公出国(境)培训费外的,在培训期间发生的师资费、住宿费、伙食费、培训场地费、培训资料费、交通费等各类培训费用
302.17	接待费	反映学校按规定开支的各类内宾接待和外宾接待费用,其中外宾接待费包括外宾住宿费、日常伙食费、宴请费、交通费等
302.18	专用材料费	反映学校购买日常专用材料的支出。具体包括药品及医疗耗材、实验室用品、体育专用服装、消耗性体育用品、专用工具和仪器、艺术设计专用材料和用品等方面的支出
302.25	专用燃料费	反映学校用作业务工作设备的车(不含公务用车)、船设施等的油料支出
302.26	劳务费	反映学校支付给外单位和个人的劳务费用,如临时聘用人员、钟点工的工资,稿费、翻译费、评审费、咨询费、科研助理费等
302.27	委托业务费	反映学校因委托外单位办理业务而支付的委托业务费
302.28	工会经费	反映学校按《工会法》规定提取或支付的工会经费
302.29	福利费	反映学校按规定提取和支付的职工福利费,含职工疗休养、生病困难职工慰问、年终离退休慰问、劳保用品等支出

续表

经济科目代码	经济科目名称	核算要点
302.31	公车运行维护费	反映学校按规定保留的公车燃料费、维修费、过桥过路费、保险费、安全奖励费用等支出
302.39	交通费	反映学校除公车运行维护费外的其他交通费用，如公务交通补贴、租车费用、出租车费用，飞机、船舶等的燃料费、维修费、保险费等
302.40	税金及附加费用	反映学校提供劳务或销售产品应负担的税金及附加费用，包括所得税、城市维护建设税、教育费附加等
302.99	其他商品和服务支出	反映上述科目未包括的日常公用支出，如诉讼费、国内组织的会员费、来访费、广告宣传费以及离休人员特需费、离退休人员活动经费等

备注：表中经济科目依据财政部2021年《政府收支分类科目》和年度预算有关日常公用支出分类、内部管理需要设置。学校在实际使用支出经济分类科目过程中，部分经济分类科目核算内容有所拓展，如差旅费支出经济科目。

（一）302.01#商品和服务支出/办公费

1. 业务界定

办公费是指学校不纳入固定资产管理范围的一般性办公用品等费用，主要包括日常办公用的如签字笔、电话机、档案袋、计算器、U盘、信封、笔记本、文件夹、打印纸、硒鼓、墨盒、会员费、微信认证费、邮箱服务费，以及办公室接待用茶叶、办公用矿泉水、纸杯等支出。

（1）办公费和专用材料费的区分。

一是从概念上，办公费是指在日常的办公工作中使用的纸笔等用品费用。专用材料费是指在教学和科研活动过程中使用的实验材料、实验耗材等材料的费用。对此，学校根据《政府收支分类科目》的要求对办公费和专用材料费分别进行核算。

二是从报销内容上，办公费一般包括日常办公活动中用到的纸、笔等文具以及硒鼓、墨盒等支出；专用材料费一般包括实验室用品、化学用品和药品、教学实验材料等的费用。其中，鼠标、键盘等电脑配件在日常办公和实验室中都会使用，对此类型的费用，则根据具体的用途来进行科目的选择和确认。

（2）办公费与固定资产的区分。

可从金额及报销内容对办公费与固定资产进行区分。

① 单价＜1 000元的设备，学校要求按照低值易耗品入库。

② 单价≥1 000元的设备，其使用年限超过1年（不含1年）且在使用过程中基本保持原有物质形态的资产，或单位价值虽未达到规定标准，但使用期限超过1年（不含1年）的大批同类物资，应作为固定资产核算和管理。

③ 单价≥1 000元但不符合固定资产验收条件的设备，申请作为办公费报销的，须填写办公用品验收单，或者核实加盖"不入库固定资产"章后进行报销。

④ 单价≥500元且使用期限超过1年的办公家具须纳入固定资产核算范畴。

2. 办公费报销政策

（1）附件管理。金额超过200元（含）且开具内容未列出明细的发票，须附开票单位盖有发票专用章的销货清单，清单须列明品名、数量、单价、金额；发票内容为"日用品"的，须附销货清单或网购订单截图；发票金额超1 000元（含）须对公转账支付或者提供转账支付记录。

（2）开支范围。学校纵向科研直接经费不得列支办公费，结余经费或间接经费不受此限制。项目预算书另有规定的除外。

（3）验收管理。报销办公用品、办公资料等的办公费时，需要验收经办人签字确认。

（4）合同管理。采购总金额超过2万元（含）以上的，必须签订采购合同，报销时需要附合同原件或复印件。

（5）支付管理。报销单张或者连号票据金额1 000元及以上的，原则上应对公转账支付或提供自行垫付转账记录，且支付记录收款方应与发票单位一致。实际支付金额与发票金额不一致时，应按照实际支付金额与发票金额孰低的标准进行报销。

提示：目前很多高校实施公务卡管理，在支付方式上均要求为学校公务卡支付，否则需要增加特别说明或不予报销支付。

3. 科目设置

学校设置"302.01#商品和服务支出/办公费"支出经济分类明细科目，核算学校日常购买办公用品等支出。"302.01#商品和服务支出/办公费"科目下设明细科目进一步核算。

（1）"302.01.01#商品和服务支出/办公费/办公用品"明细科目，主要核算包括笔记本、打印纸、签字笔、文件夹、档案袋、电池、接线板等办公耗材费用。

（2）"302.01.09#商品和服务支出/办公费/其他办公费"明细科目，主要核算其他办公性质的零星支出。

提示：①除学校办公室接待用茶叶、咖啡等可在办公费中列支核算外，其他情况均不可报销茶叶、咖啡等。②各类会议、各种学生活动等活动中购置的办公用品，不在"办公费"科目中核算，直接在"会议费"或"其他商品和服务支出"科目中进行核算。

4. 主要业务会计核算实务举例

（1）日常购买办公用品。

【例6-18】 4月2日，学校××学院从学院发展经费309#项目中购买办公用品，花费2 008元（因是学院发生的办公费，确认为教育类费用支出），通过银行账户对私支付。（入账单据：网约报销审批单、办公用品发票、办公用品清单、银行支付回单等）

摘要	财务会计	预算会计
××报办公用品费	借：业务活动费用/教育费用/商品和服务支出/办公费 [309#项目] 2 008 贷：银行存款 2 008	借：事业支出/教育事业支出/商品和服务支出/办公费 [309#项目] 2 008 贷：资金结存/货币资金 2 008

（2）购买办公室用茶叶等。

【例6-19】 4月10日，学校××职能部门从办公经费401#项目中支付办公室茶叶费500元（因是行政部门订购使用，确认为行政管理类费用支出），通过银行账户支付。（入

账单据：网约报销审批单、办公用品清单等）

摘要	财务会计	预算会计
××支付办公茶叶订购费	借：单位管理费用/行政管理费用/商品和服务支出/办公费［401#项目］500 贷：银行存款 500	借：事业支出/行政管理支出/商品和服务支出/办公费［401#项目］500 贷：资金结存/货币资金 500

（二）302.02#商品和服务支出/印刷费

1. 业务界定

印刷费是指学校印刷、复印的支出，主要包括学校支付的打印费、复印费、制作费、出版费、版面费、审稿费等费用。

（1）印刷费和委托业务费的区分。

印刷费主要是指印刷和图文制作的费用，其中的图文制作包含铭牌制作、易拉宝制作、喷绘、宣传册印制等费用。委托业务费主要是指加工和测试等其他类型的委托服务费用，其中包含设计和定制服务。

（2）印刷费和其他商品和服务支出/版面费的区分。

目前商品和服务支出明细科目中未明确版面费内容，部分学校将版面费、审稿费、编校费等列为"其他商品和服务支出"范畴，未包含在印刷费科目。

2. 印刷费报销政策

（1）发票金额超过1 000元（含）须对公转账支付，不得用现金垫付（版面费、审稿费除外）。如经办人已垫付的，须附垫付记录截图或复印件等。

（2）发票的开票单位与收款单位须一致，开票单位必须开具国内正规增值税发票。报销版面费时须提供发票。若缴费通知、邀请书、录用通知、会议通知（外文会议通知单须附中文翻译）与开票单位不一致的，应提供相关说明材料，如有需要还可附上带有作者姓名的正文第一页或目录页复印件等。

（3）同一单位印刷发票金额超过2 000元（含）须附印刷明细附件清单，超过20 000元（含）须附印刷、出版等服务合同。附件清单要求对应附开票单位开具的印刷服务清单（类似打印、复印清单），列明品名、数量、单价、总金额，并且清单上应有与单位一致的公章或发票专用章。

（4）涉及外币的版面费、审稿费等报销的，另须负责国际合作的部门负责人签字。

（5）若与境外机构发生版面费等交易，报销时须提供境外单位开具的发票（invoice）或收据（receipt）、支付证明（银行汇款单或转账截图）、缴费通知、录用通知等（发票或收据上未包含文章题目、收款事由等信息则须提供）；若缴费通知、邀请书、录用通知、会议通知（须附简要中文翻译）或版面费开票单位与邮件单位不一致，应提供相关说明材料。

提示：① 学校版面费通过"印刷费"支出经济分类科目核算。研究生报销论文版面费时一般需要项目经费负责人和学院相关负责人签字盖章。② 涉及单篇论文版面费金额较高的，须提供论文相关备案表等材料备查。

3. 科目设置

学校设置"302.02#商品和服务支出/印刷费"支出经济分类明细科目，核算学校复印、印刷及出版等方面的支出。为进一步细化核算和管理，学校在"302.02#商品和服务支出/印刷费"科目下设明细科目。

（1）"302.02.01#商品和服务支出/印刷费/文印费"明细科目，主要核算包括打印费、复印费、彩印费、装订、排版、彩扩、出图等图文印刷费用。

（2）"302.02.02#商品和服务支出/印刷费/版面费"明细科目，主要核算包括论文的版面费、润色费、审稿费、校对费等论文编辑的费用。

（3）"302.02.09#商品和服务支出/印刷费/其他印刷费"明细科目，主要核算包括学校院系铭牌制作、易拉宝制作、喷绘、宣传册印制等费用。

4. 主要业务会计核算实务举例

【例6-20】 4月20日，学校××学院从学院发展309#项目中报销打印费用500元（教育类费用支出），通过银行账户支付。（入账单据：网约报销审批单、打印发票及清单、银行支付回单等）

摘要	财务会计	预算会计
××报打印费	借：业务活动费用/教育费用/商品和服务支出/印刷费［309#项目］500 贷：银行存款 500	借：事业支出/教育事业支出/商品和服务支出/印刷费［309#项目］500 贷：资金结存/货币资金 500

（三）302.03#商品和服务支出/咨询费

1. 业务界定

咨询费是指学校在教育活动、科研活动等过程中接受咨询方面的支出，一般分为业务咨询费和专家咨询费。业务咨询费主要是学校因项目需求等因素，需要校外单位（法人）提供相应的技术指导而产生的咨询费。专家咨询费主要是学校因项目需要等邀请校内、校外专家（自然人）进行咨询服务后应支付给专家的劳务费。

（1）业务咨询费和委托业务费的区分。业务咨询费是指在进行实验和项目规划的过程中，向校外单位或公司进行相关问题的咨询和技术指导产生的费用，一般来说，对方未提供相关的材料和设备等物资。委托业务费是指在进行实验和项目实施的过程中，需要校外的单位或公司协助，提供相关具体的材料和设备等物资，以便项目能够继续进行而产生的费用。

（2）专家咨询费和劳务费的区分。专家咨询费主要是支付给个人提供咨询的费用，专家咨询费和劳务费的区分度不是很高，更多是从提供劳务的原因来区分。

提示：学校目前专家咨询费通过"302.26#商品和服务支出/劳务费"科目下的"302.26.01#商品和服务支出/劳务费/在职人员劳务费"明细科目核算。"302.03#商品和服务支出/咨询费"主要核算单位层面提供的咨询服务。

2. 咨询费报销政策

（1）业务咨询费。一是报销时须提供发票，据实填写咨询内容；对于未开具明细的发票，部分学校要求提供单位开具的咨询清单并加盖单位公章或发票专用章。二是业务咨询费无具体的费用支付标准，凭发票和清单金额据实报销，超过一定额度的须招标或签订合同。

(2) 专家咨询费。一是专家咨询费报销时，原则上须通过酬金系统进行发放，报销时须写明发放咨询费的具体事由及具体时长，或提供具体咨询证明文件，如邀请函、会议通知等。二是对于不同职称的专家发放的咨询费标准不一致，学校应设立专家咨询费标准。其中，学校教职工在工作日为校内提供咨询的，咨询费须减半执行，若咨询人员属于全国知名专家的，须另外提供说明。

3. **科目设置**

根据《政府会计制度》和内部管理要求，学校设置"302.03#商品和服务支出/咨询费"支出经济分类明细科目，主要核算有关咨询费的开支情况。

（1）"302.03.01#商品和服务支出/咨询费/业务咨询费"明细科目，主要核算实验流程、桥梁设计、城市规划等咨询费。

（2）"302.03.02#商品和服务支出/咨询费/专家咨询费"明细科目，主要核算包括专家来校讲座交流、咨询等费用。

4. **主要业务会计核算实务举例**

【例6-21】 4月20日，学校××学院××科研项目评审，邀请一位校外专家进行咨询，从课题经费501#项目中支付该专家咨询费（税前金额）2 300元，通过银行账户支付。（入账单据：网约报销审批单、校外专家薪酬发放审批单、专家咨询业务相关通知、银行支付回单等）

摘要	财务会计	预算会计
发××科研项目评审专家咨询费	借：业务活动费用/科研费用/商品和服务支出/咨询费/专家咨询费［501#项目］2 300 　　贷：其他应交税费/应交个人所得税 300 　　　　银行存款 2 000	借：事业支出/科研事业支出/商品和服务支出/咨询费/专家咨询费［501#项目］2 300 　　贷：资金结存/货币资金 2 300

（四）302.04#商品和服务支出/手续费

1. **业务界定**

手续费主要是指学校支付给银行的转账付款手续费、回单费、结算票据工本费等费用支出。

2. **科目设置**

学校设置"302.04#商品和服务支出/手续费"支出经济分类明细科目，核算各银行账户汇款手续费、境外汇款产生的手续费等费用支出。

根据银行单据入账时，摘要应按不同费用注明，在发生当月入账。根据学校预算安排，银行手续费从421#校级公共支出预算项目中列支。

3. **主要业务会计核算实务举例**

【例6-22】 5月2日，学校付银行账户第二季度手续费1 000元，该费用从421#校级公共支出预算项目中列支（确认为其他费用/支出类）。（入账单据：报销支付凭证、银行支付回单等）

摘要	财务会计	预算会计
付××银行第二季度手续费	借：其他费用/其他费用/商品和服务支出/手续费［421#项目］1 000 　　贷：银行存款 1 000	借：其他支出/其他支出/商品和服务支出/手续费［421#项目］1 000 　　贷：资金结存/货币资金 1 000

（五）302.05#商品和服务支出/水费和302.06#商品和服务支出/电费

1. 业务界定

水费是指学校供水、污水处理等发生的费用支出。电费是指学校供电等费用支出。学校水电费主要包括学校支付给供电、供水公司的水电费支出以及水电费回收等。

学校水电费按照承担用途的不同，分为教学科研用水电费、行政管理用水电费、基本建设工程用水电费、后勤食堂用水电费、校内外承租经营用水电费、住宅用户用水电费等。按照承担主体的不同，分为学校自用水电费和应回收水电费等。

2. 水电费报销政策

水电费属于后勤保障性费用支出，在学校经费支出中占比较大，是当前学校"增收节支"管理的重点之一。

（1）工程水电费报销管理：须提供基建（维修）工程结算审计意见表，其中代扣的水费、电费会在意见表备注栏中注明金额，并与审计报告中审定的水电费金额一致，在审核入账时，应单独列支代扣水电费科目。

（2）代收水电费报销管理：须提供代收的江苏省行政事业单位资金往来结算票据、银行回单。

（3）校内水电费报销管理：须提供内部结算单据及相关水电费使用收据，结算单据须列明具体周期及使用金额，学校可通过现场交款或营业款进行扣除。

（4）校外租赁场所水电费报销管理：须提供发票并附上开票单位开具的水电费清单，列明缴纳周期，并且清单上应有与单位一致的公章或发票专用章。

学校在办理水电费支付报销时，一是根据银行单据及发票入账，注意发生当月是否有预付水电费须冲销。二是各校区支付水电费时，根据电力公司、水务公司所开发票显示的用户地址判断所处校区，不同的校区使用不同的经费项目号核算。三是水电费返还，校外单位租用学校房屋统一由学校缴纳水电费，之后再通过回收返还到学校，抵充学校水电费支出。

3. 科目设置

学校设置"302.05#商品和服务支出/水费"和"302.06#商品和服务支出/电费"支出经济分类明细科目，核算水（电）费支出及回收情况。①下设"水电费/水费或电费"支出经济分类明细科目，核算按照规定向供水单位缴纳的费用以及耗费"电能"所应付给供电机构的费用；②下设"水（电）费/水费、电费收回"明细科目，学校各餐厅、食堂、后勤服务中心、超市等的水电费需要统一收回高校账户，统一扣款。③为进一步明确水电费消耗责任主体的管理责任，一般分区域或单位进行明细核算，如按校区或学院、部门设置明细核算。

4. 主要业务会计核算实务举例

（1）回收校内企业的水电费。

【例6-23】 5月12日，学校收到校内承租户南京××公司缴纳的6月电费3 000元和水费2 000元（通过水电费402#项目核算）。（入账单据：水电费缴费通知单、水电费收缴收据、银行收款回单等）

摘要	财务会计	预算会计
回收南京××公司6月水电费	借：银行存款 5 000 　　贷：单位管理费用/后勤保障费用/商品和服务支出/电费［402#项目］3 000 　　　　单位管理费用/后勤保障费用/商品和服务支出/水费［402#项目］2 000	借：资金结存/货币资金 5 000 　　贷：事业支出/后勤保障支出/商品和服务支出/电费［402#项目］3 000 　　　　事业支出/后勤保障支出/商品和服务支出/水费［402#项目］2 000

（2）付各校区水电费。

【例6-24】 4月5日，学校付南京××公司××校区1月水费1 500元，付××校区1月份电费1 800元，通过银行账户支付。（入账单据：报销支付凭证、水费、电费发票、银行支付回单等）

摘要	财务会计	预算会计
××付××校区1月水费 ××付××校区1月电费	借：单位管理费用/后勤保障费用/商品和服务支出/水费［402#项目］1 500 　　单位管理费用/后勤保障费用/商品和服务支出/电费［402#项目］1 800 　　贷：银行存款 3 300	借：事业支出/后勤保障支出/商品和服务支出/水费［402#项目］1 500 　　事业支出/后勤保障支出/商品和服务支出/电费［402#项目］1 800 　　贷：资金结存/货币资金 3 300

（3）工程结算代扣水电费。

【例6-25】 7月2日，学校结算代扣校内维修工程461#项目施工用水费500元，电费4 500元。（入账单据：工程竣工财务结算审批单等）

摘要	财务会计	预算会计
结算××基建工程用水电费	借：应付账款/应付维修工程款 5 000 　　贷：单位管理费用/后勤保障费用/商品和服务支出/水费［461#项目］500 　　　　单位管理费用/后勤保障费用/商品和服务支出/电费［461#项目］4 500	不处理

（六）302.07#商品和服务支出/邮电通迅费

1. 业务界定

邮电通迅费是指学校寄送信函、包裹、货物等物品的邮寄费及固定电话费、移动电话费、电报费、传真费、网络通信费等费用支出。

2. 邮电通迅费报销政策

个人邮电通迅费严格按照学校规定报销，开具内容为"现金充值""预充值"等的发票不能报销。

(1) 从横向科研经费列支的个人手机通信费的报销人必须为科研课题组成员，且单次（月）报销金额不超过 1 000 元（含）；发票开具内容必须为"电信服务费""通迅服务费"等，开具内容为"现金充值""预充值"的发票不能报销。

(2) 目前除了横向科研项目可列支个人电话费（网络费），其他项目均不可列支个人电话（网络费），只能列支办公电话费（网络费）。

(3) 单张或者连号票据金额在标准及以上的，原则上由学校账户直接办理对公转账支付。在无法对公支付的情况下，须提供支付记录，且支付记录收款方应与发票单位一致。若实际支付金额与发票金额不一致，应按照实际支付金额与发票金额孰低的标准进行报销。总金额在 2 万元（含）以上的发票必须签订采购合同，报销时需要附合同原件或复印件。

3. 科目设置

学校设置"302.07#商品和服务支出/邮电通迅费"支出经济分类明细科目，核算邮寄费、电话费、网络通信费等，其下设明细科目。

(1) "302.07.01#商品和服务支出/邮电通迅费/邮寄费"明细科目，主要核算邮政、顺丰等快递公司开具的货物邮寄费发票。

(2) "302.07.02#商品和服务支出/邮电通迅费/电话费"明细科目，主要核算以学校名称为抬头的办公电话费。

(3) "302.07.03#商品和服务支出/邮电通迅费/网络费"明细科目，主要核算以学校名称为抬头的办公网络使用费和以个人名字为抬头的科研用网络使用费。

4. 主要业务会计核算实务举例

(1) 转各部门网络费。

【例 6-26】 5 月，学校××部门从 434#项目中转办公网络费 300 元至信息管理中心 713#项目。（入账单据：网络费内部转账审批单等）

摘要	财务会计	预算会计
××转××办公室网络费	借：业务活动费用/教育费用/商品和服务支出/邮电通迅费［434#项目］300 贷：其他收入/内部服务收入［713#项目］300	不处理

(2) 邮费、办公电话费、移动电话费。

【例 6-27】 5 月，学校××老师从部门办公费 401#项目中报销办公电话费 100 元，邮寄费 50 元。（入账单据：网约报销审批单、电话费等发票、银行支付回单等）

摘要	财务会计	预算会计
××报办公电话费 ××报移动电话费 ××报邮费等	借：业务活动费用/教育费用/商品和服务支出/邮电通迅费［401#项目］100 　　业务活动费用/教育费用/商品和服务支出/邮电通迅费［401#项目］50 贷：银行存款 150	借：事业支出/教育事业支出/商品和服务支出/邮电通迅费［401#项目］150 贷：资金结存/货币资金 150

（七）302.08#商品和服务支出/取暖费

提示：取暖费主要是指学校取暖用燃料费、热力费、炉具购置费以及临工工资、采暖补贴以及宿舍取暖费等。取暖费相关会计核算参照水电费会计核算。

（八）302.09#商品和服务支出/物业管理费

1. 业务界定

物业管理费是指学校教学科研、办公用房以及未实行职工住宅物业服务改革的在职职工和离退休人员宿舍等的物业管理费，包括综合治理、绿化、卫生、保安服务等费用，不包括应由住户承担的住宅物业管理费。

学校物业管理费包括学生宿舍物业管理费、行政办公物业管理费、体育场馆物业管理费、教学科研用房物业管理费、单身宿舍物业管理费、安保管理费等，一般按照区域或用户主体实施项目化核算与管理。

目前，物业管理费和委托业务费之间存在交叉和混淆问题。物业管理费主要是指校园卫生保洁、安全防范、环境美化等因素而产生的日常生活服务支出，如保洁费、垃圾清运费、保安费等。委托业务费主要是指教学、科研等项目的开展和实施而产生的服务支出，如测试加工费、科研协作费、数据采集费、委托试验费等。

提示：物业管理费核算内容与委托业务费中涉及外包服务的内容有所交叉，部分高校将外包物业管理费纳入委托业务费科目核算。

2. 物业管理费报销政策

（1）发票清单要求。发票在开具时应据实填写服务类型、单价、数量，如无具体信息，需要附销售方盖章的服务明细清单或订单。若为校内转账的物业管理费，一般提供后勤部门开具的校内转账凭证和具体服务清单。

（2）合同要求。发票金额在标准以上的必须签订服务合同，报销时一般须附合同原件。

（3）支付记录要求。单张或者连号票据金额在标准及以上的，原则上由学校银行账户直接办理公对公转账支付。若无法对公转账支付时，须提供经办人转账支付记录，支付记录与单位核实一致。若双方签订的合同中存有分期支付的条款，则应严格按照该条款的进度进行支付，只有在满足合同约定的付款条件时，方可进行支付。若不满足支付条件，则不予支付。

（4）经费开支渠道要求。从各部门物业管理费列支或能开支物业管理费预算的经费项目列支。

3. 科目设置

物业管理费属于学校日常运行经费的支出范畴，物业化管理趋势越来越明显，相应的经费开支额度和标准也越来越高，加强物业管理费的核算与管理，准确提供物业管理费的会计核算信息就非常重要。学校设置"302.09#商品和服务支出/物业管理费"支出经济分类明细科目，并根据校内管理需要再细化设置明细科目。

（1）"302.09.01#商品和服务支出/物业管理费/自营物业管理费"明细科目，主要核算学校后勤部门承接的校内各类物业管理费。对于校内后勤部门承接的物业管理费，可进一步按照人员工资、材料消耗等内容细化核算。

（2）"302.09.02#商品和服务支出/物业管理费/外包物业管理费"明细科目，主要核算学校校外单位承接的校内各类物业管理费。

（3）"302.09.03#商品和服务支出/物业管理费/安保物业管理费"明细科目，主要核算学校安全保卫方面发生的费用。

为进一步细化管理，明确物业管理责任，可进一步按照物业管理的区域或楼宇、学院进行细化管理，实施项目化核算管理。如按照学生宿舍区域，设置学生宿舍物业管理费项目，专门归集宿舍管理费，不论是自营物业还是外包物业。

4. 主要业务会计核算实务举例

（1）支付安保物业服务费。

【例6-28】 4月10日，学校保卫处××老师从学校安保物业管理费905#项目中付江苏××保安服务公司3月份安保服务费100 000元，通过银行对公转账支付。（入账单据：网约报销审批单、安保物业发票、安保服务合同复印件、银行支付回单等）

摘要	财务会计	预算会计
××付江苏××保安服务公司3月份安保服务费	借：单位管理费用/后勤保障费用/商品和服务支出/物业管理费［905#项目］100 000 　　贷：银行存款 100 000	借：事业支出/后勤保障支出/商品和服务支出/物业管理费［905#项目］100 000 　　贷：资金结存/货币资金 100 000

（2）支付教学楼物业管理费。

【例6-29】 4月10日，学校后勤××老师从教学楼物业管理费905#项目中支付第一季度教学楼公共物管费50 000元，通过银行对公转账支付。（入账单据：网约报销单、物业发票、合同复印件、银行支付回单等）

摘要	财务会计	预算会计
××老师支付××教学楼第一季度公共物管费	借：单位管理费用/后勤保障费用/商品和服务支出/物业管理费［905#项目］50 000 　　贷：银行存款 50 000	借：事业支出/后勤保障支出/商品和服务支出/物业管理费［905#项目］50 000 　　贷：资金结存/货币资金 50 000

（九）302.11#商品和服务支出/差旅费

1. 业务界定

差旅费是指学校工作人员在国（境）内因开展教学科研调研、学术交流等临时到常驻地以外地区出差所发生的城市间交通费、住宿费、伙食补助费和市内交通等费用。

（1）差旅费与出国（境）费的区分。

① 审批要求。国内差旅费实行事前审批制度。为进一步简化报销审批手续，出差人员事前审批手续由各二级单位根据学校相关规定办理。出国（境）费应提供政府批件和学校国际合作部门审批的因公出国（境）审批表。

② 住宿费标准。国内差旅费的住宿标准执行《中央和国家机关工作人员赴地方差旅住宿费标准明细表》相关规定。出国（境）差旅费的住宿标准执行《临时出国（境）住宿、伙食、公杂费用标准》相关规定。

③ 补助标准。国内差旅费的伙食补贴为每人每天100元，交通补贴为每人每天80元。

西藏、青海、新疆为每人每天120元。出国（境）差旅费的补助标准根据《临时出国（境）住宿、伙食、公杂费用标准》执行。

（2）外籍人员在境内的外埠差旅费与出国（境）费的区分。

学校所聘外籍人员在境内的城际间差旅费与中国公民在境内的城际间差旅费相同，统一归为差旅费，不纳入出国（境）费管理。

为与"三公经费"中的"因公出国（境）费用"支出相区分，学校在"差旅费"科目下设置"国（境）内差旅费"和"国（境）外差旅费"两个明细科目，其中"国（境）外差旅费"主要核算校内教职工或在校学生从科研经费项目、学校奖助经费项目等非"三公经费"预算中列支的参加国际会议、学术访问、国际竞赛、联合办学、国际交流等出国（境）产生的费用。"国（境）外差旅费"包括国际旅费、国外城市间交通费、住宿费、伙食费、公杂费和其他费用，其开支范围和标准基本等同于"因公出国（境）费用"管理规定。

2. 差旅费报销政策

（1）报销手续与票据。

学校应当建立健全公务出差审批制度，出差必须按规定报经批准，从严控制出差人数和天数；严格差旅费预算管理，控制差旅费支出规模；严禁无实质内容、无明确公务目的的差旅活动，严禁以任何名义和方式变相旅游，严禁异地部门间无实质内容的学习交流和考察调研。

① 学校出差人员报销差旅费时简化报销审批手续，出差人员事前审批手续由各二级单位根据学校相关规定办理，报销时填写"差旅费报销单"或网约系统申请"国内旅费业务"大类并打印"差旅费报账单"。

② 公务出差原则上不超过两周，报销时须提供航空运输电子客票行程单（机票）、登机牌、车船票、住宿发票、市内交通费票据等。在出差期间所发生的会议费、培训费、资料费等其他合理费用，凭会议、培训通知或主办方其他有效证明文件，按照"一事一报"原则，与当次差旅费同时报销。

（2）城市间交通费。

城市间交通费是指工作人员因公到常驻地以外地区出差乘坐火车、轮船、飞机、客车等交通工具所发生的费用。出差人员应当按规定等级乘坐交通工具，未按规定等级乘坐交通工具的，超支部分由个人自理。

① 出差原则上应于学校驻地出发，最后回到学校驻地。若出差去了多个城市，各段行程城市间交通发票应保持连续、完整。

② 乘坐交通工具可以报销规定额度内的保险费，乘坐一次交通工具限报一份交通意外险。

（3）住宿费。

住宿费是指工作人员因公出差期间入住宾馆（包括酒店、招待所，下同）发生的费用。

住宿费发票应注明天数（或时间）、人数（或房间数）、单价等基本信息，如果发票上无法体现这些信息，应由住宿提供方提供住宿清单并盖章确认。如果发票开具时间不在出差时间段内或者因各类网站代订代开发票（如携程网）等导致无法判断住宿时间、住宿地点的情况时，须提供住宿清单或者在网站订购住宿的截图。

提示：学校纵向科研经费中列支城际交通、住宿费等差旅费，标准可放宽一档。横向科研经费中遵循勤俭节约原则可据实列支城际交通、住宿费等差旅费。

（4）城市间交通费和住宿费报销标准。

① 出差人根据相应的职务职称乘坐相应级别的交通工具和报销相应标准内的住宿费。既在管理岗又有专业技术职称的"双肩挑"人员，可以"就高"在其科研经费中报销。院士及省部级管理岗以上人员出差，随行一人可以乘坐同等级交通工具。

② 由于任务紧急、保密需要以及会议、培训定点安排等原因超标准乘坐交通工具或住宿费超标的，由业务经办人提交书面说明并经项目经费负责人、二级单位负责人审核后，经联系或分管校领导审批，可视情况据实报销。

（5）伙食补助费和市内交通费。

① 伙食补助费是指对工作人员在因公出差期间给予的伙食补助费用。工作人员出差伙食补助费按出差自然（日历）天数计算，按财政部公布的分地区伙食补助费标准包干使用。

出差人员应当自行用餐。凡由接待单位统一安排用餐的，除由会议、培训举办单位统一安排，按规定统一开支的情况外，应当向接待单位交纳伙食费并由其出具收取证明。凡由接待单位统一安排用餐或者自行报销餐费的，不发放伙食补助。横向科研经费或间接经费中报销出差地餐费应通过"日常报销业务"同差旅费同时报销，并从"业务招待费"科目列支。

② 市内交通费是指工作人员因公出差期间发生的出差地交通费用。一般按出差自然（日历）天数计算，每人每天80元包干使用。出差人员由接待单位或其他单位协助提供交通工具的，除由会议、培训举办单位统一安排，按规定统一开支的情况外，应自行支付交通费用并收取相关凭据。

学校教职工出差期间交通补助每人每天80元，也可选择据实报销市内交通费，但额度不超过市内交通费包干总额。其中，科研经费中报销不受包干额度的限制，可据实报销。乘坐往返机场的机场专线大巴费用可据实报销，不在80元的定额标准内。自驾车出差的不得发放市内交通补助，但可按自驾车出差方式办理出差报销。

③ 学校教职工离开常驻地参加会议、培训，凭会议通知或主办单位证明和差旅费的相关发票凭据报销。举办单位统一安排并负担食宿的，会议、培训期间的食宿费和市内交通费由会议、培训举办单位按规定统一开支，学校不予报销；往返会议、培训地点的差旅费及伙食、交通补助由学校按照规定报销。

教职工报销参加会议差旅费时应附会议通知，特别是报销会议注册费时，须根据会议通知所附内容判断是否可给予补助。

④ 各类学生参加经导师或项目负责人同意的科研活动或出席学术会议，可按照"其余人员"相同待遇在科研项目经费中报销城市间交通费和住宿费，伙食补助费和市内交通费由项目负责人根据具体情况在相关标准内确定发放。

（6）差旅行程不完整的情况。

伙食补助费、市内交通费应以城市间交通费票据和住宿费发票为凭据按规定标准计算报销。无城市间交通费票据的，凭住宿费发票计算。当天来回的按一天计算报销。

备注：若是从科研经费中列支，其情况说明由项目负责人签字确认；若是从其他经费中列支，经办人签字后须经部门负责人签章。

（7）其他注意事项。

① 邀请校外专家来校产生的城际交通票和住宿发票可以报销。从"差旅费"科目列支。若是举办会议邀请专家来校，可选择以会议费或者差旅费方式报销。

② 出差在外地产生的除差旅费外的其他合理费用，填写"通用报销单"或网约系统申请"日常报销业务"大类，在报销差旅费时一并报销。

提示：差旅费、会议费、培训费三者易混淆。差旅费是离开常驻地，或邀请专家来校费用（不含外籍人员）、参加常驻地外培训和会议等发生的差旅费、会务费等；会议费是学校主办、协办会议等发生的费用，不含学校人员参加其他单位举办会议发生的费用；培训费是学校举办培训等发生的费用，含培训资料费等。

3. 科目设置

学校设置"302.11#商品和服务支出/差旅费"支出经济分类明细科目及下设明细经济科目。

（1）"302.11.01#商品和服务支出/差旅费/国（境）内差旅费"明细科目，主要核算学校工作人员因教学、科研和行政后勤管理等任务往返国（境）内城际期间产生的交通费、住宿费、会议费等。

（2）"302.11.02#商品和服务支出/差旅费/国（境）外差旅费"明细科目，主要核算学校工作人员因教学、科研等任务往返国（境）外城际期间产生的交通费、住宿费、会议费等。

4. 主要业务会计核算实务举例

【例6-30】 3月8日，学校××学院××老师从学院教学差旅费319#项目中预借太原差旅费2 000元（因教学差旅费中列支的教学会议，故确认为教育活动），从零余额账户中列支。（入账单据：暂付款审批单、国库授权支付回单）

摘要	财务会计	预算会计
××借太原差旅费	借：其他应收款/其他暂付/商品和服务支出/差旅费/国（境）内差旅费［319#项目］2 000 贷：零余额账户用款额度 2 000	不处理（备注："平行记账"核算规则约定暂付款时不生成预算会计）

【例6-31】 3月18日，学校××学院××老师从太原出差回到学校，该老师在太原出差期间共发生费用1 900元，冲销当时预借2 000元中的1 900元，剩余100元通过POS机刷卡归还学校至学校账户（POS机刷卡收款暂挂"其他应收款499#项目"往来核算）。（入账单据：网约报销审批单、交通费、住宿费等相关票据、POS机刷卡回单、出差报销审批等）

摘要	财务会计	预算会计
××报太原差旅费 冲××借太原差旅费 冲××借太原差旅费	借：业务活动费用/教育费用/商品和服务支出/差旅费/国（境）内差旅费［319#项目］1 900 　　其他应收款/其他暂付/商品和服务支出/其他商品和服务支出［499#项目］100 　贷：其他应收款/其他暂付/商品和服务支出/差旅费/国（境）内差旅费［319#项目］2 000	借：事业支出/教育事业支出/商品和服务支出/差旅费/国（境）内差旅费［319#项目］1 900 　贷：资金结存/货币资金 1 900

【例6-32】 3月18日，学校××学院××老师从德国访学回到学校，该老师在德国出差期间共发生差旅费用46 580元，从学院优势学科387#项目中列支（该出国访学行为属于学术交流活动，不属于校级领导临时因公出国，故纳入差旅费核算范畴），通过零余额账户支付。（入账单据：网约报销审批单、访学期间相关发票、出国批件、因公护照复印件、因公出国明细费用表、国库授权支付回单等）

摘要	财务会计	预算会计
××报德国访学差旅费	借：业务活动费用/教育费用/商品和服务支出/差旅费/国（境）外差旅费［387#项目］46 580 　贷：零余额账户用款额度 46 580	借：事业支出/教育事业支出/商品和服务支出/差旅费/国（境）外差旅费［387#项目］46 580 　贷：资金结存/零余额账户用款额度 46 580

（十）302.12#商品和服务支出/因公出国（境）费

1. 业务界定

因公出国（境）费是指学校在教学、科研、管理过程中开展教学、业务调研、学术交流、校际合作等因公务出国（境）产生的国际旅费、国外城市间交通费、住宿费、伙食费、公杂费和其他费用。

学校因公出国（境）费一般是指学校校级领导以学校名义公务组团或参团出国产生的费用，不包括因教学科研等需要而参加国际学术会议发生的出国（境）费用。

2. 费用报销政策

（1）发票清单要求。须提供国际间的交通费、住宿费、会议费、国外打车费等的发票。交通费应提供对应出差人姓名的所有国际（境）间交通票。国外住宿和会议的发票或收据（invoice/receipt）在提供时应据实填写服务类型、单价、数量；如无具体信息，需要附销售方盖章的物品明细清单或网上订单。

（2）出国批件要求。报销时需要提供省人民政府批准的出国批件或学校批文。

（3）护照要求。报销时需要提供因公出国的护照复印件。

（4）定额标准要求。因公出国（境）须严格执行有关出国（境）费用开支范围和开支标准，详见《因公出国（境）管理办法》（略）。

① 旅费：国内外往返机票，是指从国内往返出差国家的机票款。建议选择国内航班进行购票。国外航班须提供发票或收据和订单详情。国外城市间交通费，是指为完成工作

任务所必须发生的、在出访国家的城市与城市之间的交通费用。出国（境）人员根据出访任务需要在一个国家的城市间往来，应当事先在出国（境）计划中列明，原则上未列入出国（境）计划、未经批准的，其城市间交通费不能报销。

② 住宿费：住宿费是指出国（境）人员在国（境）外发生的住宿费用。住宿费标准按照住宿费标准之内予以报销。参加国际会议的出国（境）人员，原则上应当按照住宿费标准报销，因个人原因超过标准住宿的，超标部分由个人承担。如对方组织单位指定或推荐的酒店住宿费超出规定标准的，在预算总额范围内，报分管校领导批准后，凭指定酒店相关材料、住宿费发票据实报销。

③ 伙食费和公杂费：伙食费是指出国（境）人员在国（境）外期间的日常伙食费用。公杂费是指出国（境）人员在国外期间的市内交通、邮电、办公用品、必要的小费等费用。伙食费和公杂费按照国家规定的开支标准实行个人包干使用。

④ 其他费用：其他费用主要是指出国（境）签证费用、必需的保险费用、防疫费用、国际会议注册费、会员费、培训费等，凭有效原始票据据实报销。

3. 主要业务会计核算实务举例

【例6-33】 3月18日，学校××校领导因合作办学需要，报经批准组团去美国××大学商谈合作办学事宜，从学校临时出国经费312#项目中报销费用150 000元（因合作办学原因临时出国，故确认为教育费用支出），通过零余额账户支付。（入账单据：网约报销审批单，公务出国期间相关交通费、住宿费等票据，出国批件，因公护照复印件，因公出国明细费用表，国库授权支付回单等）

摘要	财务会计	预算会计
××报美国合作办学出国费	借：业务活动费用/教育费用/商品和服务支出/因公出国（境）费［312#项目］150 000 　贷：零余额账户用款额度150 000	借：事业支出/教育事业支出/商品和服务支出/因公出国（境）费［312#项目］150 000 　贷：资金结存/零余额账户用款额度150 000

（十一）302.13#商品和服务支出/维修（护）费

1. 业务界定

维修（护）费主要是指日常开支的固定资产（不包括车船等交通工具）修理和维护的费用、网络信息系统运行与维护费用等。

学校维修（护）费主要是指学校为保持或延长固定资产等设备设施、环境绿化等正常使用而发生的日常修理和维护费用，包括单位公用房屋、建筑物及附属设施、各类供水供电设备设施、各类仪器设备和家具等发生的维修（护）费。维修（护）费报销实行归口管理。

（1）学校后勤部门负责单位公用房屋、建筑物及附属设施等的维修（护）费报销的归口审批管理。

（2）学校资产管理部门负责各类办公仪器设备和家具的维修（护）费报销的归口审批管理。

（3）学校实验室建设与管理部门负责各类教学科研仪器设备和家具的维修（护）费

报销的归口审批管理。

2. 费用报销政策

（1）报销须打印网上预约报账单或填写学校"通用报销单"，属于仪器设备维修的须办理登记并加盖学校"仪器维修报销章"。

（2）用于公用房屋、建筑物及附属设施的工程维修（如实验室改造等）合同金额超过5 000元（含）的另需要财务、审计、后勤等部门核定水电费。

（3）发票清单要求。发票在开具时应据实填写维修内容、单价、数量，如无具体信息，需要附销售方盖章的物品明细清单或网上订单截图。

（4）验收要求。报销时发票金额在标准以上的需要提供维修服务验收单。

（5）合同要求。超过一定金额的维修（护）项目须签订合同，明确工程款支付进度、工程结算审计等事项。

（6）结算要求。凡需要进行工程结算的维修（护）项目，在完成工程造价审计的基础上，办理维修（护）工程项目财务结算工作，明确维修（护）费总额、已付应付款项、质保金等。

3. 科目设置

学校维修（护）范围较广，维修周期较长，金额较大。学校设置"302.13#商品和服务支出/维修（护）费"支出经济分类明细科目及下设明细科目。

（1）"302.13.01#商品和服务支出/维修（护）费/仪器设备维护费"明细科目，主要核算购置的实验设备和办公设备的维修（护）费用。

（2）"302.13.02#商品和服务支出/维修（护）费/房屋及设施维护费"明细科目，主要核算房屋建筑物、供水供电等设施的维修（护）费用。

（3）"302.13.03#商品和服务支出/维修（护）费/网络信息维护费"明细科目，主要核算校园网络信息系统的运行维护费等，包括各类软件系统等的年度使用费等。

（4）"302.13.09#商品和服务支出/维修（护）费/其他零星维护费"明细科目，主要核算校内日常零星维修发生的各类维修材料、维修人工等费用支出。

4. 主要业务会计核算实务举例

【例6-34】 7月18日，学校××学院××老师从学院发展经费309#项目中直接报销办公室投影仪维修费2 500元，通过零余额账户支付。（入账单据：网约报销审批单、维修费发票、国库授权支付回单等）

摘要	财务会计	预算会计
××付××公司投影仪维修费	借：业务活动费用/教育费用/商品和服务支出/维修（护）费/仪器设备维护费［309#项目］2 500 贷：零余额账户用款额度2 500	借：事业支出/教育事业支出/商品和服务支出/维修（护）费/仪器设备维护费［309#项目］2 500 贷：资金结存/零余额账户用款额度2 500

【例6-35】 7月20日，学校结算校内实验室维修改造461#项目，该项目预算费用60 000元，工程造价审计审定数55 000元，已预付工程进度款30 000元，本次支付剩余工程款，不扣质保金，通过银行账户对公转账支付。（入账单据：网约报销审批单、维修

改造工程发票、工程竣工财务结算审批单（含代扣水电费）、银行支付回单等）

① 核算方式一：预付工程进度款通过"预付账款"核算。

摘要	财务会计	预算会计
××结算××维修工程款	借：单位管理费用/后勤保障费用/商品和服务支出/维修（护）费/房屋及设施维护费［461#项目］55 000 　　贷：预付账款/预付工程款/商品和服务支出/维修（护）费/房屋及设施维护费［461#项目］30 000 　　　　银行存款 25 000	借：事业支出/后勤保障支出/商品和服务支出/维修（护）费/房屋及设施维护费［461#项目］25 000 　　贷：资金结存/货币资金 25 000

② 核算方式二：预付工程进度款通过"在建工程/维修工程/工程进度款"科目核算。

摘要	财务会计	预算会计
××结算××维修工程款	借：单位管理费用/后勤保障费用/商品和服务支出/维修（护）费/房屋及设施维护费［461#项目］55 000 　　贷：在建工程/维修工程/商品和服务支出/维修（护）费/房屋及设施维护费［461#项目］30 000 　　　　银行存款 25 000	借：事业支出/后勤保障支出/商品和服务支出/维修（护）费/房屋及设施维护费［461#项目］25 000 　　贷：资金结存/货币资金 25 000

备注：一项维修工程是确认为教育费用还是后勤保障费用，由学校内部成本费用管理需要或维修改造责任管理体系决定。根据学校后勤部门统一负责学校各类建筑物和供水供电等基础设施维修改造的管理体制，一般将该类维修改造费用确认为教育费用或教育事业支出。

【例6-36】 3月18日，学校后勤部门××老师从日常零星维修经费462#项目中报日常维修材料费3 000元，通过银行账户支付。（入账单据：网约报销审批单、维修费发票、维修材料清单、银行支付回单等）

摘要	财务会计	预算会计
××报日常维修用材料	借：单位管理费用/后勤保障费用/商品和服务支出/维修（护）费/其他零星维护费［462#项目］3 000 　　贷：银行存款 3 000	借：事业支出/后勤保障支出/商品和服务支出/维修（护）费/其他零星维护费［462#项目］3 000 　　贷：资金结存/货币资金 3 000

提示：不同学校对于大中修"维修（护）费"是否通过"在建工程"进行核算与管理存在一定的处理差异：一是部分维修（护）项目涉及固定资产增值，需要调整固定资产价值；二是部分维修（护）项目施工周期长，需要经历工程款预付、结算和竣工结算等多环节。学校对于需要进行工程结算的维修（护）项目一般日常通过"在建工程"科目进行归集核算与管理，年度末或项目竣工验收决算后，按实际支出转为"维修（护）费"开支。

（1）"在建工程"过渡核算。"在建工程"科目下设"基建工程"和"维修工程"两类二级明细科目，在"维修工程"二级明细科目下再设置三级明细科目。平时，财务会计借记"在建工程/维修工程"相应明细科目,贷记"银行存款"等科目;预算会计根据实际支付金额借记"事业支出/后勤保障支出",贷记"资金结存"等科目。

(2)年末归集暂估转"维修(护)费"科目。每年末,根据"在建工程/维修工程"科目借方发生额,财务会计借记"业务活动费/教育费用"或"单位管理费用/后勤保障费用"相应明细科目,贷记"在建工程/维修工程"相应明细科目。预算会计不处理。

(3)实际业务会计核算举例(具体见第三章第七节"在建工程业务核算"相关内容)。

(十二)302.14#商品和服务支出/租赁费

1. 业务界定

租赁费是指学校租赁办公用房、教学科研用房、宿舍、专用通信网以及其他设备等方面产生的费用。

2. 租赁费报销政策

发票金额超1 000元(含)须对公转账支付,不得用现金垫付。超过一定金额的租赁费需要附明细清单和合同。

3. 科目设置

学校设置"302.14#商品和服务支出/租赁费"支出经济分类明细科目及下设明细经济科目。

(1)"302.14.01#商品和服务支出/租赁费/场地租赁费"明细科目,主要核算学校租赁活动场地等支付的租赁费用。

(2)"302.14.02#商品和服务支出/租赁费/房屋租赁费"明细科目,主要核算学校租赁办公用房、宿舍等支付的租赁费用。

(3)"302.14.03#商品和服务支出/租赁费/设备租赁费"明细科目,主要核算学校租赁教学科研及办公设备等发生的租赁费用。

(3)"302.14.09#商品和服务支出/租赁费/其他租赁费"明细科目,主要核算网络租赁、服装租赁、舞台音响租赁等其他设备支付的租赁费用。

4. 主要业务会计核算实务举例

【例6-37】 5月18日,学校××部门在外租赁展位开展招生宣传工作,发生场地租赁费3 000元,从438#项目中列支,通过零余额账户支付。(入账单据:网约报销审批单、场地租赁费发票、国库授权支付回单等)

摘要	财务会计	预算会计
××付××单位招生宣传场地租赁费	借:业务活动费用/教育费用/商品和服务支出/租赁费/场地租赁费[438#项目]3 000 贷:零余额账户用款额度 3 000	借:事业支出/教育事业支出/商品和服务支出/租赁费/场地租赁费[438#项目]3 000 贷:资金结存/零余额账户用款额度 3 000

【例6-38】 9月18日,学校××学院从教学示范中心建设经费393#项目中报销设备租赁费8 000元(因用于教学示范中心建设,确认为教育费用),通过零余额账户授权支付。(入账单据:网约报销审批单、设备租赁费发票、租赁协议、国库授权支付回单等)

摘要	财务会计	预算会计
付××公司教学设备租赁费	借：业务活动费用/教育费用/商品和服务支出/租赁费/设备租赁费［393#项目］8 000 　　贷：零余额账户用款额度 8 000	借：事业支出/教育事业支出/商品和服务支出/租赁费/设备租赁费［393#项目］8 000 　　贷：资金结存/零余额账户用款额度 8 000

【例6-39】 9月18日，学校××部门从学生活动经费438#项目中报销××公司迎新活动服装租赁费2 500元（根据学校费用归集约定，学生活动费用全部归集为教育费用），通过零余额账户支付。（入账单据：网约报销审批单、服装及舞台设备租赁费发票、国库授权支付回单等）

摘要	财务会计	预算会计
××付××公司迎新活动服装租赁费	借：业务活动费用/教育费用/商品和服务支出/租赁费/其他租赁费［438#项目］2 500 　　贷：零余额账户用款额度 2 500	借：事业支出/教育事业支出/商品和服务支出/租赁费/其他租赁费［438#项目］2 500 　　贷：资金结存/零余额账户用款额度 2 500

（十三）302.15#商品和服务支出/会议费

1. 业务界定

会议费是指会议期间按规定开支的住宿费、伙食费、会议场地租金、交通费、文件印刷费、医药费等。

学校会议费主要指学校各单位、各部门举办（含主办、承办、联办）的各级、各类工作会议，根据会议内容和性质分为业务类会议和管理类会议（仅指办会的费用而非参会费）。

业务类会议是指因教学、科研业务需要举办的业务性会议，包括学术交流会、学术论坛、评审会、验收会、咨询会、座谈研讨会、答辩会等，会议经费预算5万元（含）以上的，会议举办前需要会议举办单位分管校领导或联系校领导审批。管理类会议是指除学术类会议外的其他会议，包括工作研讨会、管理座谈会、工作布置会议、传达类会议、总结表彰会等。会议举办前需要举办单位分管校领导或联系校领导审批。

会议费开支范围包括会议住宿费、伙食费、会场租赁费、交通费、资料印刷费、办公用品费、设备租赁费等。交通费是指用于会议代表接送站、往返驻地与会场的用车费以及会议统一组织的会议代表考察、调研等发生的交通支出。会议代表参加会议发生的城市间交通费，按照差旅费管理规定原则上回原工作单位报销。

学校会议费在实际确认过程中，部分费用开支易与培训费、差旅费等混淆。

第一，会议费与培训费的区分。① 从概念区分：会议费是指学校各单位或部门自行举办的会议相关费用；培训费是指根据各项文件规定或通知对教职工开展培训产生的费用。② 从开支标准区分：会议费主要是按会议类型对住宿费、伙食费和其他费用设置不同标准，实行综合定额控制，各项费用之间可以调剂使用；培训费的标准核算除师资费外，实行分类综合定额标准，分项核定，总额控制，各项费用之间可以调剂使用。一般情况，会议费开支标准高于培训费开支标准。

第二，会议费与差旅费的区分。差旅中的会议是指参加其他单位举办的会议。会议费的主办方会发布会议通知并标注参会人员须支付的会议金额。报销人在报销时须提供会议发票和会议通知，并统一在差旅费科目中核算。会议费主要指由本校主办的会议，主要核算内容有住宿费、伙食费、会场费用、交通费、办公用品费、材料印刷费、医药费、专家咨询费等。报销时须提供会议审批单、签到表、发票及清单等，并统一计入会议费科目核算。

2. 费用报销政策

（1）各单位召开的会议实行分类管理、分级审批。各单位应当严格执行会议费预算管理，控制会议费预算规模。会议费预算应当细化到具体会议项目，执行中不得突破。会议费应当纳入部门预算，并单独列示。

学校各会议举办单位应加强会议经费开支的预算细化管理，做好年度会议费预算编报工作，严格按照经批准的会议预算举办会议。各类会议举办单位应在会议召开前两周内填写学校"会议审批单"，列明会议的名称，主要内容，举办会议的时间、地点及场所，参会人员范围及人数，工作人员数，经费开支渠道和项目，等等。会议审批单中所列明的经费支出项目原则上与最终报销的经费支出项目相一致。

（2）会议场所是学校会议经费节约管理中的重要因素。在条件允许的情况下，各级、各类会议应优先安排在学校内部的会议室、礼堂、宾馆等场所。校内人员原则上不安排住宿。确需要安排在校外的，原则上在驻地区域内举办，且应安排到四星级及以下，不高于政府采购范围内的定点酒店、宾馆等就近场所举办，不得到高档宾馆、会所、度假村和党中央、国务院明令禁止的风景名胜区等地方举办会议。

（3）报销时须将会议相关费用一次性汇总报销，须提供以下凭证：① 会议费审批单及报销单；② 会议通知（含活动议程等）；③ 实际参会人员签到表（含工作人员、志愿者等）；④ 与会议相关的有效票据；⑤ 会议合同或协议、会议服务单位提供的费用原始明细单据（票据开具单位须盖章）、电子结算单（支付凭条）等。

（4）学校各级、各类会议费开支实行综合定额控制，各项费用之间可以调剂使用。其中，利用横向科研举办业务类会议，会议综合定额应秉承促进发展、务实节约的原则据实列支。其他费用包括除了住宿及伙食外的场地租赁费、交通费、复印费、办公用品购置费等费用。各项费用标准见表6-5。

表6-5　会议费各项费用标准表　　　　　　　　　　　　　　　　　单位：元

会议类别	住宿费	伙食费	其他费用	合计
业务费会议	400	150	100	650
管理类会议	340	130	80	550

（5）会议费支付应当严格按照国库集中支付制度和公务卡管理制度的有关规定执行，以银行转账或公务卡方式结算，禁止以现金方式结算。

学校报销会议费金额超1 000元（含）须对公转账支付，不得现金垫付，超过20 000元（含）须附会议服务协议。业务类会议由各学院（部）、科研机构等学校二级单位审批；其中，会议经费预算 5 万元（含）以上的，需要会议举办单位分管校领导或联系校领导审批；管理类会议由各学院（部）、科研机构、机关党政部门、直属单位等学校二级单位审批，并报其分管校领导或联系校领导批准。

（6）学校举办的各级、各类工作会议原则上不收取会议费。如收取会议费，须使用合法票据，严格"收支两条线"管理。

（7）下列费用纳入会议费预算，可在会议费综合控制定额外据实列支。

① 对确因工作需要，邀请专家、学者和有关人员参加会议所发生的城市间交通费、国际旅费，以及会议期间发生的食宿费，可对照学校相应标准在会议费或差旅费科目中报销。

② 会议举办期间发生的与会议相关的专家咨询费、讲课费、评审费，会务工作人员劳务费等，按照相关经费管理办法规定执行，在相关科目中列支，并代扣代缴个人所得税。

③ 会议代办费等，如委托外单位代办会议的，外单位收取的代办费需要单列，对代办的理由、代办费收取标准等进行专项说明。

（8）会议主办部门、单位不得组织与会议无关的参观和游览活动，不得开支与会议无关的费用。

3. 科目设置

学校设置"302.15#商品和服务支出/会议费"支出经济分类明细科目及下设明细科目。

（1）"302.15.01#商品和服务支出/会议费/业务类会议费"明细科目，主要核算业务类会议发生的各项开支情况。

（2）"302.15.02#商品和服务支出/会议费/管理类会议费"明细科目，主要核算管理类会议发生的各项开支情况。

为进一步细化核算，业务类会议和管理类会议可进一步细化设置"住宿费""伙食费""其他费用"等明细科目核算。

4. 主要业务会计核算实务举例

【例 6-40】 9 月 18 日，学校××学院举办毕业生就业创业推进会，从学院发展经费 309#项目中报销学生助理劳务费 2 900 元，打印费 1 200 元，校外餐费 2 000 元，校外住宿费 5 000 元，校内餐厅餐费 800 元，校内后勤车费 900 元，劳务费通过银行账户支付，其他通过零余额账户支付或校内转账支付。（入账单据：网约报销审批单、会议费清单、会议审批单、会议通知、相关发票、内部转账审批单、住宿费清单、租车清单、会议签到表、银行支付回单、国库授权支付回单等）

摘要	财务会计	预算会计
发××会议学生助理劳务费（酬金）	借：单位管理费用/行政管理费用/商品和服务支出/会议费/管理类会议费［309#项目］2 900 　　贷：银行存款 2 900	借：事业支出/行政管理支出/商品和服务支出/会议费/管理类会议费［309#项目］2 900 　　贷：资金结存/货币资金 2 900

续表

摘要	财务会计	预算会计
××付××公司会议打印费	借：单位管理费用/行政管理费用/商品和服务支出/会议费/管理类会议费［309#项目］1 200 　　贷：零余额账户用款额度 1 200	借：事业支出/行政管理支出/商品和服务支出/会议费/管理类会议费［309#项目］8 200 　　贷：资金结存/零余额账户用款额度 8 200
××付××公司会议餐费	借：单位管理费用/行政管理费用/商品和服务支出/会议费/管理类会议费［309#项目］2 000 　　贷：零余额账户用款额度 2 000	
××付××公司会议住宿费	借：单位管理费用/行政管理费用/商品和服务支出/会议费/管理类会议费［309#项目］5 000 　　贷：零余额账户用款额度 5 000	
××转××会议餐费	借：单位管理费用/行政管理费用/商品和服务支出/会议费/管理类会议费［309#项目］800 　　贷：其他收入/内部服务收入［903#项目］800	不处理
××转××会议租车费	借：单位管理费用/行政管理费用/商品和服务支出/会议费/管理类会议费［309#项目］900 　　贷：其他收入/内部服务收入［903#项目］900	

（十四）302.16#商品和服务支出/培训费

1. 业务界定

培训费是指除因公出国（境）培训费外的，在培训期间发生的师资费、住宿费、伙食费、培训场地费、培训资料费、交通费等各类培训费用。

学校培训费是指学校为师生举办培训以及师生参加培训发生的有关直接费用，包括参加培训发生的培训费以及举办培训期间发生的师资费、住宿费、伙食费、培训场地费、培训资料费、交通费等各类培训费用。

提示： 学校举办培训所发生的费用与参加外单位举办培训发生的差旅费、培训费往往易混淆。参加培训发生的差旅费均在"差旅费"科目中列支，参加培训缴纳的培训费一般应在"培训费"科目中列支，可以同时在培训费经费项目或能开支培训费的其他项目经费中列支。

2. 费用报销政策

（1）报销须打印网上预约报账单或填写学校"通用报销单"。

（2）报销时须另附标明收费标准的相关培训通知。

（3）参加本市外的培训，须与产生的交通费、住宿费等一起参照差旅费规定报销。

（4）发票清单要求。

① 发票开票时间：培训费相关发票开票时间须在培训期间及培训前后不超过3天，若开票时间间隔较久，须提供相关说明并审批签字。

② 发票开具内容：主要开具内容包括住宿费、餐费、场租、交通费、文印办公费等，须据实填写品名、单价、数量。

③ 发票清单要求：住宿费清单须备注住宿人员姓名、入住天数、入住标准等；餐费清单须备注用餐人数、用餐时间、金额等；场租清单须备注场地、单价、场次；租车费须提供清单备注行程、日期、金额等。

除上述提及的发票清单要求外，其余与培训费实际业务发生相关发票均须据实填写品名、单价、数量，对于未开具明细的发票，还须提供相关清单及辅助说明。

（5）审批要求。

报销时需要提供培训审批单，审批单中需要写明培训名称、主要内容、举办场所、培训日期、参加人数、工作人员数量、预算金额等信息，并通过相关负责人审批。

① 各单位召开的培训实行分类管理、分级审批。各单位应当严格培训费预算管理，控制会议费预算规模。培训费预算应当细化到具体会议项目，执行中不得突破。培训费应当纳入部门预算，并单独列示。

② 培训名称及内容：培训名称须包含"培训"字样。

③ 培训场所：培训优先安排在学校内部会议室、宾馆及培训定点场所等。因工作需要必须在校外召开的，国内培训原则上应安排在四星级以下（含四星）宾馆。校内人员原则上不安排住宿。不得到党中央、国务院明令禁止的风景名胜区召开培训。

④ 培训人数：培训审批人数须不少于培训签到表人数。一般情况下，组织培训的工作人员控制在参训人员数量的10%以内，最多不超过10人。

（6）费用限额管控。

培训费的综合定额是指举办该次培训产生相关餐费、住宿费、其他费用的规定限额标准。其他费用是指用于现场教学费、设备租赁费、文体活动费、医药费等与培训有关的其他支出。根据高校出具的培训费对应类型的综合定额标准，核算本次会议费的综合定额。

各类培训应按照定额控制标准执行，超支部分不予报销。特殊情况报主管校领导审批。不安排住宿的培训，综合定额按照扣除住宿费后的定额标准执行，住宿费不能调剂使用；不安排就餐的培训，综合定额按照扣除伙食费后的定额标准执行，伙食费不能调剂使用。

对纳入培训预算的费用，可在培训费综合定额控制外据实列支：

① 对确因工作需要，邀请专家、学者和有关人员参加培训讲座等所发生的城市间交通费、国际旅费，以及培训期间发生的食宿费，可对照学校相应标准在差旅费科目中报销。

② 培训举办期间发生的与培训相关的专家咨询费、讲课费、评审费，以及培训工作人员劳务费等，按照相关经费管理办法规定执行，在劳务费科目中列支，并代扣代缴个人所得税。

③ 培训代办费等。委托外单位代办培训的，外单位收取的代办费需要单列，对代办的理由、代办费收取标准等进行专项说明。

(7) 培训签到表。报销培训费需要培训通知、实际参训人员签到表（原件）或培训人员名册、培训费报销审批表、培训费汇总报销表等。

3. 科目设置

学校设置"302.16#商品和服务支出/培训费"支出经济分类明细科目，该科目下按照培训发生的师资费、住宿费、伙食费、培训场地费、培训资料费、交通费等设置明细科目核算。

提示：目前参加外地培训发生的差旅费在"差旅费"科目中列支，该科目仅核算学校组织培训所发生的相关费用以及参加当地培训所支付的培训费等。

4. 主要业务会计核算实务举例

【例6-41】 9月18日，学校××老师从科研经费549#项目中报南京××培训费2 300元，通过零余额账户支付。（入账单据：网约报销审批单、培训费发票、培训通知、国库授权支付回单等）

摘要	财务会计	预算会计
××报××培训费	借：业务活动费用/科研费用/商品和服务支出/培训费［549#项目］2 300 贷：零余额账户用款额度2 300	借：事业支出/科研事业支出/商品和服务支出/培训费［549#项目］2 300 贷：资金结存/零余额账户用款额度2 300

【例6-42】 9月20日，学校××老师报出国参加××师资专项培训费40 000元，原从学校师资培训经费312#项目中暂借款20 000元，现全额予以冲销。（入账单据：网约报销审批单，培训费及相关交通、住宿费发票、培训通知，出国批件，因公护照复印件，因公出国明细费用表，国库授权支付回单等）

摘要	财务会计	预算会计
××报××出国参加师资专项培训费 冲××借××出国费	借：业务活动费用/教育费用/商品和服务支出/培训费［312#项目］40 000 贷：其他应收款/其他暂付［312#项目］20 000 零余额账户用款额度20 000	借：事业支出/教育事业支出/商品和服务支出/培训费［312#项目］20 000 贷：资金结存/零余额账户用款额度20 000

（十五）302.17#商品和服务支出/接待费

1. 业务界定

接待费是指按规定开支的各类公务接待（含外宾接待）费用。

学校接待费分为公务接待费、业务接待费和外事接待费。公务接待费主要是指接受检查指导、请示汇报、校际交流研讨等公务活动产生的接待费。业务接待费是指为促进学校事业发展，对来校开展社会服务洽谈、学术交流、人才引进、专家评审、资金募集、产学研业务拓展等方面活动的来访人员进行接待发生的费用。公务接待费纳入"三公经费"管理范畴。

2. 费用报销政策

（1）公务接待实行公函接待制度，须有公函或邀请函等。

提示：根据江苏省科技改革"三十条"有关要求，目前学校横向科研经费中报销接待费已简化手续，只需要提供发票和履行正常的报销审批手续即可，不需要提供相应的函件和就餐人员名单等。

（2）接待严格控制陪餐人员的数量和用餐标准，接待对象在10人以内的，陪餐人数不得超过3人；接待对象超过10人的，陪餐人数不得超过接待对象人数的三分之一；每人每餐不超过120元，院士、高级专家等重要公务接待每人每餐不超过150元。

（3）接待（不含外事接待）不得使用酒水、香烟，不得安排在私人会所和高消费餐饮场所，公务接待需要学校安排住宿的，应严格执行差旅费的住宿标准，不得安排豪华酒店、高档会所、房间等。

（4）发票清单要求。

① 发票开票时间：相关发票开票时间须在接待期间及接待后3天内，若开票时间间隔较久，须提供相关说明并审批签字。

② 发票开具内容：主要开具内容包括住宿费、餐费等，须据实填写品名、单价、数量。

③ 发票清单要求：住宿费清单须备注住宿人员姓名、入住天数、入住标准等；餐费清单须备注用餐人数、用餐时间、金额等。

（5）报销材料要求。

公务接待费报销时还需要提供公函、公务接待审批单、公务接待清单。

3. 科目设置

学校设置"302.17#商品和服务支出/接待费"支出经济分类明细科目及下设明细科目。

（1）"302.17.01#商品和服务支出/接待费/公务接待费"明细科目，主要核算学校因公务宴请发生的就餐费用开支。

（2）"302.17.02#商品和服务支出/接待费/业务接待费"明细科目，主要核算学校因科研合作等业务宴请发生的就餐费用开支。

（3）"302.17.03#商品和服务支出/接待费/外事接待费"明细科目，主要核算学校因外事活动发生的相关接待费用开支。

4. 主要业务会计核算实务举例

【例6-43】 9月18日，学校××老师从横向科研542#项目中报销××业务接待费1 300元，通过银行账户支付。（入账单据：网约报销审批单、接待费发票、银行支付回单等）

摘要	财务会计	预算会计
××报科研接待费	借：业务活动费用/科研费用/商品和服务支出/接待费/业务接待费［542#项目］1 300 　　贷：银行存款 1 300	借：事业支出/科研事业支出/商品和服务支出/接待费/业务接待费［542#项目］1 300 　　贷：资金结存/货币资金 1 300

【例6-44】 3月20日，学校××部门接待××单位公务调研交流，从部门公务接待费414#项目中报销接待费800元，通过学校银行账户支付。（入账单据：网约报销审批单、公务接待审批单、对方公务函及调研名单、接待费发票、银行支付回单等）

摘要	财务会计	预算会计
××报××单位调研接待费	借：单位管理费用/行政管理费用/商品和服务支出/接待费/公务接待费 [414#项目] 800 　　贷：银行存款 800	借：事业支出/行政管理支出/商品和服务支出/接待费/公务接待费 [414#项目] 800 　　贷：资金结存/货币资金 800

（十六）302.18#商品和服务支出/专用材料费

1. 业务界定

专用材料费主要是指按规定不纳入固定资产管理范围的各种原材料、辅助材料、试剂药品、工器具等低值易耗品的采购及运输、装卸、整理等费用。

学校专用材料费主要包括如化玻材料、劳保用品、实验室用品、芯片、聚丙烯等消耗性材料或配件等。

2. 费用报销政策

超过一定金额的专用材料费报销，需要提供出入库单以及明细清单和合同等相关附件，履行必要的验收手续。

（1）金额超过200元（含）且开具内容未列出明细的发票，须附开票单位盖有发票专用章的销货清单。

（2）通过学校实验材料管理平台统一采购的实验材料，须自行打印"实验材料备案表"作为报销附件，线下自行购买的实验材料中化学品、动物及预算超过3 000元的其他材料，须办理实验材料登记备案手续并打印"实验材料自购备案表"，备案表上的内容与报销票据内容一致。

（3）同一销货单位发票金额超过2万元（含）须附双方盖章的购销合同或采购协议。

（4）大额材料采购及使用，须自行建立材料出入库台账。金额超过10万元（含）须在报销票据上注明"已建台账"，学院负责人或科研项目负责人签字确认。

3. 科目设置

为加强专用材料费的核算管理，学校设置"302.18#商品和服务支出/专用材料费"支出经济分类明细科目及下设明细科目。

（1）"302.18.01#商品和服务支出/专用材料费/实验材料费"明细科目，主要核算实验用的试剂及相关材料费支出，该支出经济明细科目可根据危化品管理要求，进一步细化为一般材料费和危化品材料费。

（2）"302.18.02#商品和服务支出/专用材料费/低值易耗品"明细科目，主要核算容易发生损耗的日常专用材料支出，包括移动硬盘、内存条等电脑配件等。

（3）"302.18.99#商品和服务支出/专用材料费/其他材料费"明细科目，主要核算文化体育材料费以及除上述材料费外的其他材料费支出。

提示：学校横向科研服务合同约定配套提供给委托方的各类仪器设备等视为"专用材料费"进行核算管理。

4. 主要业务会计核算实务举例

【例6-45】　3月18日，学校××老师从科研经费551#项目中自行采购报销实验用专用材料费 4 500 元，通过零余额账户支付。（入账单据：网约报销审批单、材料采购发票及清单、材料自购材料系统备案表、国库授权支付回单等）

摘要	财务会计	预算会计
××付××单位材料费	借：业务活动费用/科研费用/商品和服务支出/专用材料费/实验材料费［551#项目］4 500 　　贷：零余额账户用款额度 4 500	借：事业支出/科研事业支出/商品和服务支出/专用材料费/实验材料费［551#项目］4 500 　　贷：资金结存/零余额账户用款额度 4 500

（十七）302.25#商品和服务支出/专用燃料费

1. 业务界定

专用燃料费是指在科研项目研究开发过程中专用大型仪器设备、专用科学装置等运行发生的可以单独计量的燃料、燃气等消耗费用。

2. 专用燃料费报销政策

（1）发票清单要求。报销时须提供发票，发票在开具时应据实填写品名、服务期间；对于未开具明细的发票，其中清单须列明品名、数量、单价、金额，且应有与开票单位一致的公章或发票专用章。

（2）合同要求。超过一定金额的专用燃料费须签订合同，报销时须附合同复印件等。

3. 科目设置

学校设置"302.25#商品和服务支出/专用燃料费"支出经济分类明细科目，主要核算学校科研项目所列支或所计提的燃料费等。

4. 主要业务会计核算实务举例

【例6-46】 5月10日，学校××老师从财政科研经费510#项目中报实验专用燃料费1 300 元，通过零余额账户支付。（入账单据：网约报销审批单、燃料发票、燃料明细清单、国库授权支付回单等）

摘要	财务会计	预算会计
××付××专用燃料费	借：业务活动费用/科研费用/商品和服务支出/专用燃料费［510#项目］1 300 　　贷：零余额账户用款额度 1 300	借：事业支出/科研事业支出/商品和服务支出/专用燃料费［510#项目］1 300 　　贷：资金结存/零余额账户用款额度 1 300

（十八）302.26#商品和服务支出/劳务费

1. 业务界定

劳务费是指学校支付给校外单位和个人的劳务费以及校内人员从科研项目经费中获取的科研提成、专家咨询费等，如临时聘用人员、外聘劳务派遣人员、钟点工的工资，以及稿费、翻译费、评审费等。

学校劳务费包括校外专家做学术报告的劳务费，专业咨询评审费，稿费，翻译费，学校组织的各类评审、鉴定、答辩、监考、命题、阅卷、审稿等工作所发生的费用，外聘教师课时费，学校媒体相关稿酬，以及学生劳务酬金、劳务派遣人员劳务费等，其中校内工作人员获得的非科研项目经费中列支的劳务费计入"301.07.09#工资福利支出/绩效工资/其他绩效"科目核算，校内人员从科研项目经费中获得的科研绩效或科研劳务列入"302.26#商品和服务支出/劳务费"科目核算，但都纳入绩效工资总额控制管理。

2. 劳务费报销政策

（1）所有劳务费发放均须通过"高级财务平台"网上预约申请办理，选择对应的酬金性质，摘要中须写明具体发放事由，如"××年度××奖学金""××项目专家咨询费""××事由劳务费"等。

（2）各类劳务酬金原则上不预先借款，不发放现金；因故须现金发放的，须附领款人签收原件。

（3）纵向科研在研项目直接经费不可列支论文答辩费、盲审费、论文奖励等与本项目无直接关系的劳务费用。

（4）学校教职工参加学校的工作会议、学术活动等不得发放劳务酬金。因任务特殊须紧急超时、超量完成工作的，可在学校"其他绩效"中收放"超工作量劳务酬金"。

（5）从实习经费321#项目中发放学生实习补贴和实习所在单位指导人员劳务费须教务部门加签。

（6）酬金支付均为税前金额，由学校计算预扣预缴个人所得税后发放税后金额，预缴的个人所得税次年汇算清缴期间由本人自行汇算清缴。其中，须对发放对象进行个税代扣代缴管理，通过"其他应交税费/应交个人所得税"下"校内工薪"和"校外劳务"分别核算与管理。

3. 科目设置

高校劳务费开支的类型和情况十分多样，为加强核算与管理，学校设置"302.26#商品和服务支出/劳务费"科目及下设明细科目。

（1）"302.26.01#商品和服务支出/劳务费/在职人员劳务费"明细科目，主要用于核算发放校内在职人员科研绩效取得的劳动报酬。

（2）"302.26.02#商品和服务支出/劳务费/离退休人员劳务费"明细科目，主要用于核算发放给离退休人员的退休返聘工资、稿酬等获得的劳动报酬。

（3）"302.26.03#商品和服务支出/劳务费/临时工劳务费"明细科目，主要用于核算发放给临时工提供的短暂性劳务所获得的劳务费报酬。

（4）"302.26.04#商品和服务支出/劳务费/学生劳务费"明细科目，主要用于核算发放给在校学生的各种非奖助性质的劳务酬金，可进一步分为本科生劳务费、硕士生劳务费、博士生劳务费、留学生劳务费等。

（5）"302.26.05#商品和服务支出/劳务费/校外人员劳务费"明细科目，主要用于发放校外人员为学校提供咨询、评审、讲座等劳务所获得的劳动报酬。

提示：校内人员劳务费与工资福利支出间易出现混淆，这也是造成高校"乱发津补贴"的重要来源。应准确界定校内人员劳务费和工资福利支出的关系，该纳入工资福利支出范畴的劳务费支出，就需要严格按照工资福利支出管理规定执行，不管是从学校工资福利支出预算项目中列支，还是从其他项目经费预算中列支。

4. 主要业务会计核算实务举例

【例6-47】 9月18日,学校××老师从学院发展经费309#项目中列支校外人员××事项咨询劳务费1 000元,通过银行账户支付。(入账单据:网约劳务酬金报销审批单、一般劳务酬金发放明细表、银行支付回单等)

摘要	财务会计	预算会计
发××事项劳务费(酬金) 发××事项劳务费代扣个税 发××事项劳务费	借:业务活动费用/教育费用/商品和服务支出/劳务费/校外人员劳务费[309#项目] 1 000 　　贷:其他应交税费/应交个人所得税/校外劳务 40 　　　　银行存款 960	借:事业支出/教育事业支出/商品和服务支出/劳务费/校外人员劳务费[309#项目] 1 000 　　贷:资金结存/货币资金 1 000

【例6-48】 9月20日,学校××学院××教师从横向科研542#项目中提取科研绩效300 000元,该科研绩效先转学院其他绩效811#项目再按月发放。

(1)提取时的会计核算。(入账单据:科研间接费用绩效支出申请表等)

摘要	财务会计	预算会计
转××科研劳务费	借:业务活动费用/科研费用/商品和服务支出/劳务费/在职人员劳务费[542#项目] 300 000 　　贷:应付职工薪酬/科研绩效[811#项目] 300 000	借:事业支出/科研事业支出/商品和服务支出/劳务费/在职人员劳务费[542#项目] 300 000 　　贷:资金结存/货币资金 300 000

(2)发放时的会计核算。[入账单据:网约劳务酬金发放审批单(单独发放)或工资发放汇总明细表(纳入每月工资集中发放)、银行支付回单等]

摘要	财务会计	预算会计
发××科研劳务费 发××科研劳务费代扣个税 发××科研劳务费	借:应付职工薪酬/科研绩效[811#项目] 300 000 　　贷:其他应交税费/应交个人所得税/校内工薪 20 000 　　　　银行存款 280 000	不处理

(十九)302.27#商品和服务支出/委托业务费

1. 业务界定

委托业务费是指因委托外单位办理业务而支付的委托业务费。学校委托业务费主要指支付给外单位及本校内部独立经济核算单位的检验、测试、化验、加工、菌种保藏、技术服务及计算分析等费用,包括委托其他单位办理相关业务产生的测试加工费、科研协作费、数据采集费、委托试验费、律师费、审计费、咨询费、招投标代理服务费、广告宣传费以及其他费用等。

(1)审计费应根据审计内容进行区分,其中因项目结题产生的审计费,应纳入其他商品和服务支出列支;大型工程维修项目涉及的审计费,可纳入"维修(护)费"科目核算。

(2)因论文发表及答辩产生的编辑费、润色费,可纳入"印刷费"等明细科目列支。

（3）在科研、教学实验过程中使用的发动机等设备运转所需燃料等能源动力费应纳入"专用燃料费"科目核算。

（4）因行政、教学部门日常办公教学网络通信产生的软件开发费应纳入"邮电通迅费"明细科目列支；对于校园网络信息系统的运行维护而产生软件使用费等应纳入"维修（护）费"科目列支。

（5）物业管理费核算内容与委托业务费中涉及外包服务内容有所交叉，部分高校将外包物业管理费纳入"委托业务费"科目核算。

2. 委托业务费报销政策

（1）校内转账：支付给本校内部独立经济核算单位的测试化验加工费须填写《内部转账结算凭证》，超过 5 000 元（含）须附明细。

（2）校外支付：支付给外单位的测试化验加工费报销须打印网上预约报账单或填写"通用报账单"并提供相关发票，发票金额超过 5 000 元（含）须附明细；超过 20 000 元（含）的须附服务合同。

（3）发票清单要求。报销时须提供发票，多数高校报销要求报销单中注明具体加工或制作的物品名称及内容，包括测序、化验、加工等费用支出。超过一定金额且开具内容未列出明细的发票，须附开票单位盖有发票专用章的委托业务清单。若为校内转账的委托业务费，一般须提供校内转账凭证和具体服务清单。

（4）报销支付要求。有的测试合同上注明只有试验已结束才可以支付尾款，比如合同上写明"支付尾款时，提供检测报告"，但经办人实际报销时缺少检测报告附件，须向经办人确认测试是否结束。确认后，经办人须在报销单页面用签字笔标记"测试已结束"，并签字。

3. 科目设置

为细化委托业务费核算，强化委托业务费管理，学校设置"302.27#商品和服务支出/委托业务费"支出经济分类明细科目及下设明细科目。

（1）"302.27.01#商品和服务支出/委托业务费/测试分析费"明细科目，主要核算通过多种技术性的手段对被测对象进行分析，得出被测物定性或定量的元素成分组成结果而发生的费用。

（2）"302.27.02#商品和服务支出/委托业务费/科研协作费"明细科目，主要核算项目申请书中所注合作单位以外的其他单位的协作费用。

（3）"302.27.03#商品和服务支出/委托业务费/数据采集费"明细科目，主要核算围绕项目研究而开展数据跟踪采集、案例分析等所需的费用。

（4）"302.27.04#商品和服务支出/委托业务费/委托试验费"明细科目，主要核算要求检验试验的费用和建设单位委托检测机构进行检测的费用。

（5）"302.27.09#商品和服务支出/委托业务费/其他委托费"明细科目，主要核算上述之外的委托业务费，如配音服务费、摄影服务费、信息技术服务费、委托审计费。

4. 主要业务会计核算实务举例

【例6-49】 9月18日，学校××老师从财政科研经费551#项目中支付××单位测试分析费5 000元，通过零余额账户支付。（入账单据：网约报销审批单、测试分析费发票

及测试分析明细清单、国库授权支付回单等)

摘要	财务会计	预算会计
××付××单位测试分析费	借:业务活动费用/科研费用/商品和服务支出/委托业务费/测试分析费[551#项目]5 000 　　贷:零余额账户用款额度 5 000	借:事业支出/科研事业支出/商品和服务支出/委托业务费/测试分析费[551#项目]5 000 　　贷:资金结存/零余额账户用款额度 5 000

【例6-50】 9月18日,学校××老师从科研经费510#项目中转账支付校内××实验室测试分析费800元,转入××实验室测试分析费712#项目核算。(入账单据:内部转账审批单、测试分析明细清单等)

摘要	财务会计	预算会计
××转测试分析费	借:业务活动费用/科研费用/商品和服务支出/委托业务费/测试分析费[510#项目]800 　　贷:其他收入/内部服务收入[712#项目]800	不处理

【例6-51】 9月18日,学校××老师从科研经费542#项目付××单位课题结题审计费1 300元,通过银行账户支付。(入账单据:网约报销审批单、审计服务费发票、银行支付回单等)

摘要	财务会计	预算会计
××付××单位审计费	借:业务活动费用/科研费用/商品和服务支出/委托业务费/其他委托费[542#项目]1 300 　　贷:银行存款 1 300	借:事业支出/科研事业支出/商品和服务支出/委托业务费/其他委托费[542#项目]1 300 　　贷:资金结存/货币资金 1300

(二十) 302.28#商品和服务支出/工会经费

1. 业务界定

工会经费是指按规定提取或安排的用于工会事务的经费。学校工会经费仅指学校预算安排用于上解上级工会的组织经费,不用于日常报销。

2. 工会经费收入范围

学校工会的各项经费收入,要严格按照《中华人民共和国工会法》《中国工会章程》的规定,依法获得,包括:① 工会会员缴纳的会费;② 学校按《工会法》规定向工会拨缴的经费;③ 上级工会补助的款项;④ 学校行政按照《中华人民共和国工会法》《中国工会章程》和国家的有关规定给予工会组织的补助款项;⑤ 其他收入。

3. 主要业务会计核算实务举例

【例6-52】 12月18日,学校上缴工会下半年工会经费260 000元。(入账单据:支付凭证、上解经费缴费说明、工会经费收据、工资代扣工会确认表、银行支付回单等)

摘要	财务会计	预算会计
上缴工会下半年工会经费	借:单位管理费用/行政管理费用/商品和服务支出/工会经费 260 000 　　贷:银行存款 260 000	借:事业支出/行政管理支出/商品和服务支出/工会经费 260 000 　　贷:资金结存/货币资金 260 000

（二十一）302.29#商品和服务支出/福利费

1. 业务界定

福利费是指按规定提取和安排的、用于职工福利的经费。学校福利费主要指按规定标准由学校预算安排，用于节假日发放的实物福利、慰问费、零星因特殊困难发放的物资，以及教职工生日蛋糕等，享用对象为学校全体在职教职工。

学校福利费支出还包括教职工生活困难等各类慰问：教职工特殊困难补助、教职工伤病住院慰问、教职工意外事故慰问、教职工及直系亲属去世慰问、节假日对劳模先进等慰问、女教职工生育慰问、教职工退休离岗欢送慰问、教职工疗休养等。

2. 费用报销注意事项

（1）报销福利物资需要附发放人员清单。

（2）发放慰问费用通过网约"劳务酬金业务"申请办理。

3. 主要业务会计核算实务举例

【例6-53】 9月18日，学校××学院××在职老师从学院福利费416#项目中领住院慰问费800元。[入账单据：网约慰问费（酬金）发放审批单、银行支付回单等]

摘要	财务会计	预算会计
××领住院慰问费	借：业务活动费用/教育费用/商品和服务支出/福利费[416#项目] 800 贷：银行存款 800	借：事业支出/教育事业支出/商品和服务支出/福利费[416#项目] 800 贷：资金结存/货币资金 800

（二十二）302.31#商品和服务支出/公车运行维护费

1. 业务界定

公车运行维护费是指学校按规定保留的公务用车燃料费、维修费、过路过桥费、保险费、安全奖励费等支出，公车运行维护费纳入"三公经费"管理范畴。学校公车运行维护费还包括停车费、检修费等。

2. 报销政策规定

（1）发票要求。报销时须提供公车产生的油费、修车费、过路费、保险费等相关票据。发票在开具时应据实填写品名、单价、数量，如无具体信息，需要附销售方开具的清单。

（2）重要性要求。公车运行维护费是"三公经费"重要组成，学校对公车运行维护费报销的真实性、合理性、合规性和相关性承担直接责任。

（3）预算管理要求。公车运行维护费一般纳入学校"三公经费"预算编制管理，实行严格的项目预算编制与执行管理。

3. 科目设置

为细化公务用车运行维护费核算，强化公务用车运行维护费管理，学校设置"302.31#商品和服务支出/公车运行维护费"支出经济分类明细科目及下设明细科目。

（1）"302.31.01#商品和服务支出/公车运行维护费/燃料费"明细科目，包括单位按规定保留的公车使用过程中产生的汽油费。

(2)"302.31.02#商品和服务支出/公车运行维护费/检修费"明细科目，包括单位按规定保留的公车维修所发生的相关支出。

(3)"302.31.03#商品和服务支出/公车运行维护费/过路过桥停车费"明细科目，包括单位按规定保留的公车行驶过程中产生的过路过桥费。

(4)"302.31.04#商品和服务支出/公车运行维护费/税费保险费"明细科目，包括单位按规定保留的公车保险等费用支出。

(5)"302.31.09#商品和服务支出/公车运行维护费/其他费用"明细科目，包括单位按规定保留的公车使用过程中出现的其他费用支出，如驾驶人员补贴、安全奖励费以及事故理赔等。

提示：根据高校公车改革规定，仅限于学校规定保留的公务用车相关费用，其他车辆运行维护费通过"302.39#商品和服务支出/交通费"支出经济分类科目核算。学校在使用公务用车在所在城市内执行公务发生的费用，在"302.31#商品和服务支出/公车运行维护费"科目下核算；使用公车赴外地执行公务事由所产生的相关用车费用等，可纳入"302.11#商品和服务支出/差旅费"科目核算。

4. 主要业务会计核算实务举例

【例6-54】 9月18日，学校××老师从学校公务用车经费405#项目中报销公车检修费2 000元，通过银行账户支付。（入账单据：网约报销审批单、检修费等发票及检修清单、银行支付回单等）

摘要	财务会计	预算会计
××付××公司检修费	借：单位管理费用/行政管理费用/商品和服务支出/公车运行维护费/检修费［405#项目］2 000 贷：银行存款2 000	借：事业支出/行政管理支出/商品和服务支出/公车运行维护费/检修费［405#项目］2 000 贷：资金结存/货币资金2 000

（二十三）302.39#商品和服务支出/交通费

1. 业务界定

交通费是指学校除公务用车运行维护费外的交通费用，主要包括市内的公共交通费、租车费（含网约车、出租车）、汽车燃油费、停车费、保险费等。

学校通勤班车发生的燃油费、维修费、保险费、停车费等纳入"302.39#商品和服务支出/交通费"科目核算。学校交通费预算项目和交通费经济科目的核算范围存在差异，交通费预算项目的开支范围更广，包括通勤班车外聘人员工资等。

提示：交通费更多是学校所在市内发生的租车费、通勤班车费等，所在城市外发生的租车费、燃油费等视为"差旅费"核算与管理。

2. 费用报销政策

（1）公交充值票：横向科研经费中可单次（月）报销1 000元，其余经费中单次报销500元。

（2）打车费：关联号码出租车打的票等不合理情况不予报销；打车发票按时间顺序排序整理；单张打车费超过100元的须注明经办人和事由。

（3）网约车：报销时须提供路线行程清单，外地用车所发生的费用应纳入差旅费报销范围。

（4）汽车燃油费：除公车使用部门外，未形成实际支出的加油卡预充值一律不予报销，公车使用部门须注明公车车牌号；因公务需要自驾车去外地发生的相应汽车燃油费参照"差旅费"规定报销。

（5）高速公路通行费：ETC预充值未形成实际支出，不予报销；横向科研经费在本市内发生的高速公路通行费可凭有效票据，据实报销；因公务需要自驾车去外地发生的相应高速公路通行费参照差旅费规定报销。

（6）租车费：若租用学校后勤部门交通车辆，须提供具体行程单，通过内部转账形式办理；若租用社会车辆（打的除外），须提供双方盖章确认的租车协议，协议上列明时间、地点、事由等信息；因公务租车去外地，须与产生的住宿费等一起参照差旅费规定报销。

（7）停车费：市内停车费可从相关事业经费及横向科研列支；私家用车所租用的固定期限停车位费不予报销；因公务需要自驾车去外地发生的相应停车费参照差旅费规定报销。

（8）发票及清单要求。

① 定额发票：主要包括公交手撕定额发票、地铁定额发票、停车费，其应明确显示金额，除手撕定额票外，还须有完整的国家税务总局××省（区、市）税务局发票监制章并加盖相关部门发票专用章。

② 卷式发票：主要包括出租车票以及汽油费发票，其中出租车票须有车牌号、上下车时间、里程、单价及金额，完整的国家税务总局××省（区、市）税务局发票监制章及发票专用章，须关注是否在高校所在城市产生。同一辆车的打车票、连号或隔号的打车等不合理情况不予报销；对于超出一定金额打车票建议备注经办人、事由等信息，特殊情况须说明原因。

③ 增值税（电子）发票：主要包括网约车的打车费、汽油费、电动车汽车充电费、共享单车租用费、停车费、租车费、ETC通行费。发票抬头为高校所在单位，开具时应据实填写品名、单价、数量，如无具体信息，需要附销售方开具的行程单，须关注是否在高校所在城市产生以及是否因教学、科研活动而产生，其中家庭自用等情况不可报销。

④ 通用机打发票：主要包括租车费、过路过桥费，发票抬头为高校所在单位，开具时应据实填写品名、单价、数量，如无具体信息，需要附销售方开具的租车明细单，过路过桥费须关注是否在高校所在城市产生。

3. 科目设置

为细化交通费核算，严格交通费管理，学校设置"302.39#商品和服务支出/交通费"支出经济分类明细科目及下设相关明细科目。

（1）"302.39.01#商品和服务支出/交通费/租车费"明细科目，包括除公车运行维护费外所发生的市内租车相关费用支出。

（2）"302.39.02#商品和服务支出/交通费/维修费"明细科目，包括除公车运行维护费外维修车辆所发生的相关支出。

（3）"302.39.03#商品和服务支出/交通费/过路过桥停车费"明细科目，包括除公车运行维护费外行驶过程中产生的过路过桥及停车费。

（4）"302.39.04#商品和服务支出/交通费/保险费"明细科目，包括除公车运行维护费外的保险等费用支出。

（5）"302.39.05#商品和服务支出/交通费/燃料费"明细科目，包括除公车运行维护费外的行驶过程中产生的汽油费。

（6）"302.39.09#商品和服务支出/交通费/其他费用"明细科目，包括除公车运行维护费外的使用过程中出现的其他费用支出等。

提示：差旅过程中出现的打车费、租车费以及自驾车出差产生的汽油费等支出均纳入"差旅费"科目核算。

4. 主要业务会计核算实务举例

【例6-55】 3月2日，学校××学院××老师从学院发展经费309#项目中报销市内交通费用110元，通过银行账户支付。（入账单据：网约报销审批单、市内交通费发票、银行支付回单等）

摘要	财务会计	预算会计
××报交通费	借：业务活动费用/教育费用/商品和服务支出/交通费/其他费用［309#项目］110 贷：银行存款 110	借：事业支出/教育事业支出/商品和服务支出/交通费/其他费用［309#项目］110 贷：资金结存/货币资金 110

【例6-56】 5月10日，学校××学院学生实习租用后勤部门客车，从实习经费321#项目中转账列支租车费用1 000元，入后勤部门交通服务中心903#项目。（入账单据：内部转账审批单、实习经费报销审批单等）

摘要	财务会计	预算会计
××转实习租车费	借：业务活动费用/教育费用/商品和服务支出/交通费/租车费［321#项目］1 000 贷：其他收入/内部服务收入［903#项目］1 000	不处理

（二十四）302.40#商品和服务支出/税金及附加费用

1. 业务界定

税金及附加费用是指提供劳务或销售产品应负担的税金及附加费用，包括城市维护建设税、教育费附加、地方教育费附加、车船税、房产税、城镇土地使用税、资源税、环保税、印花税等。

学校税金及附加费用包括计提的城建税、教育费附加、房产税，以及缴纳的技术合同印花税等。具体税率及业务介绍可见第四章"负债类业务核算"中"2102#其他应交税费"部分的内容。

2. 主要业务会计核算实务举例

【例6-57】 6月，学校××老师收到××公司科研合作费用1万元（不含税价格），开具增值税发票（税率为3%）并入账科研经费542#项目。其中，根据规定提取管理费1 000元至学院806#项目。（入账单据：银行回单、增值税发票、到款通知单等）

摘要	财务会计	预算会计
收××公司课题费	借：银行存款 10 300 　　贷：事业收入/科研事业收入/横向科研经费/科研增值税收入[542#项目] 10 000 　　　　应交增值税/简易计税/简易计税3% 300	借：资金结存/货币资金 10 300 　　贷：事业预算收入/科研事业预算收入/横向科研经费/科研增值税收入[542#项目] 10 300
收××公司课题费计提税金 收××公司课题费计提城建税 收××公司课题费计提教育附加	借：业务活动费用/科研费用/商品和服务支出/税金及附加费用[542#项目] 36（300×0.12） 　　贷：其他应交税费/应交城市维护建设税 21（300×0.07） 　　　　其他应交税费/应交教育费附加 15（300×0.05）	
提取管理费	借：业务活动费用/科研费用/特设经济科目/计提项目间接费用或管理费[542#项目] 1 000 　　贷：预提费用/项目间接费用或管理费[806#项目] 1 000	借：非财政拨款结转/项目间接费用或管理费[542#项目] 1 000 　　贷：非财政拨款结余/项目间接费用或管理费[806#项目] 1 000

（二十五）302.99.01#商品和服务支出/其他商品和服务支出/文献信息资料费

1. 业务界定

文献信息资料费主要包括购买图书（含电子图书）、资料的费用，以及文献检索费、查新费等。

学校文献信息资料费主要包括购买图书（含电子图书）、资料的费用，以及文献检索费、查新费、论文查重费、软件服务费、软件费、网络通信费等。

2. 费用报销政策

（1）报销须打印网上预约报销单或填写"通用报销单"。

（2）图书单次报销合计金额超过500元（含）须至图书馆办理入库手续，凭固定资产入库单和发票入账。若是发放给老师或者学生用于培训上课等用途的图书则不需要办理入库，须经办老师在发票上注明"该图书因××用途发放至××"并签字。入账时区分三种情况：

① 图书不做固定资产入库的，财务会计借记"业务活动费用/其他商品和服务支出/文献信息资料费"科目，贷记"银行存款"等科目。

② 图书做固定资产入库的，财务会计借记"固定资产/图书档案"科目，贷记"银行存款"等科目。

③ 在间接经费中报销入库图书的，财务会计借记"预提费用/项目间接费用或管理费"科目，贷记"银行存款"等科目。同时，财务会计借记"固定资产/图书档案"科目，贷记"累计盈余/一般累计盈余/基本盈余"科目。

3. 主要业务会计核算实务举例

【例6-58】 9月18日，学校××老师从421#项目报销京东商城购图书费300元，通

过零余额账户支付。(入账单据:网约报销审批单、图书发票、国库授权支付回单等)

摘要	财务会计	预算会计
××购图书	借:业务活动费用/教育费用/商品和服务支出/其他商品和服务支出/文献信息资料费[421#项目] 300 　　贷:零余额账户用款额度/授权支付 300	借:事业支出/教育事业支出/商品和服务支出/其他商品和服务支出/文献信息资料费[421#项目] 300 　　贷:资金结存/零余额账户用款额度 300

【例 6-59】 9月18日,学校××老师从科研经费512#项目中转账支付校内查新费800元至图书馆713#项目。(入账单据:内部转账审批单)

摘要	财务会计	预算会计
××转查新费	借:业务活动费用/科研费用/商品和服务支出/其他商品和服务支出/文献信息资料费[512#项目] 800 　　贷:其他收入/内部服务收入[713#项目] 800	不处理

(二十六) 302.99.02#商品和服务支出/其他商品和服务支出/知识产权费

1. 业务界定

知识产权费主要包括专利申请费、著作权申请费等费用。学校知识产权费包括软件购买费、专利申请费、专利代理费及其他知识产权事务等发生的费用。

2. 费用报销政策

(1) 专利费票据抬头必须为学校名称;报销须打印网上预约报销单或填写"通用报销单"。

(2) 国内专利从申请到授权、维护,须经过多环节多次缴费,所缴纳费用都应取得"国家知识产权局专用收据"。所缴纳费用主要包括:申请费("申"字样)、文印费、专利代理费、实质审查费("审"字样)、办理登记费(或称专利授权费,"登"字样)、印花税和年费等。

(3) 实质审查费可以与专利申请费、文印费、专利代理费汇总报销,也可以单独报销。

(4) 专利登记费、印花税和授权当年年费须一同报销,且应开具在同一张收据上,可以从纵向科研项目内报销。单独的专利年费发票不在纵向科研项目内报销。

(5) 其他中介服务机构开具的专利申请服务费发票超过1 000元(含)须对公转账支付,不得用现金垫付。

(6) 研究生业务费报销专利费需要附知识产权受理通知书或申请书等,发明人要至少有一位研究生。

3. 主要业务会计核算实务举例

【例 6-60】 3月2日,学校××学院××老师从学院发展309#项目中报销专利年费300元,通过银行账户支付。(入账单据:网约报销审批单、专利年费发票、银行支付回单等)

摘要	财务会计	预算会计
××报专利年费	借：业务活动费用/教育费用/商品和服务支出/其他商品和服务支出/知识产权费［309#项目］300 　　贷：银行存款 300	借：事业支出/教育事业支出/商品和服务支出/其他商品和服务支出/知识产权费［309#项目］300 　　贷：资金结存/货币资金 300

（二十七）302.99.03#商品和服务支出/其他商品和服务支出/外籍专家费

1. 业务界定

外籍专家费是指学校聘请国外专家来华所发生的费用，包括国际机票费、专家住宿费、城市间交通费、翻译费及专家劳务费。

2. 费用报销政策

（1）外籍专家劳务费发放须通过"高级财务平台"网上预约报销办理，摘要中须写明具体发放事由，如"××项目外籍专家咨询费""××事由外籍专家劳务费"等；因故需要以现金发放的，须另附领款人签收原件。

（2）发放外籍专家劳务费以及报销外籍专家的国际机票费等费用，需要提供外籍人员护照复印件和外籍人员短期来访报批表等。

3. 主要业务会计核算实务举例

【例6-61】 9月18日，学校××老师邀请国外专家来校讲座，从学院学科建设391#项目中报销该专家国际差旅费5 000元、劳务费3 000元，通过零余额账户支付。（入账单据：网约报销审批单、外籍人员短期来访报批表、差旅费等发票、费用明细表、护照复印件、劳务酬金报账单、国库授权支付回单等）

摘要	财务会计	预算会计
××报××外籍专家来宁差旅费 ××发××事项外籍专家费（酬金）（不考虑扣税情况）	借：业务活动费用/教育费用/商品和服务支出/其他商品和服务支出/外籍专家费［391#项目］5 000 　　业务活动费用/教育事业费用/商品和服务支出/其他商品和服务支出/外籍专家费［391#项目］3 000 　　贷：零余额账户用款额度 8 000	借：事业支出/教育事业支出/商品和服务支出/其他商品和服务支出/外籍专家费［391#项目］8 000 　　贷：资金结存/零余额账户用款额度 8 000

（二十八）302.99.04#商品和服务支出/其他商品和服务支出/工作餐费

1. 业务界定

工作餐费主要指确因业务研讨、管理研讨、工作加班、学生活动或其他专项工作等产生的误餐餐费。为有效与接待费相区分，应细化工作餐费核算和管理。

2. 费用报销政策

（1）学校工作餐报销实行"一事一单一签一报"，报销时必须提供"工作餐审批单"，包括用餐事由、时间、地点、用餐人员名单及所在单位、用餐金额等内容。对于同一事由发生的多次工作餐或多事由小额工作餐，可在审批单下附清单。

（2）工作餐标准为每人每餐30元以内，如有校外人员原则上50元以内。

（3）工作餐原则上在校内食堂（餐厅）订购，严格控制校外就餐。

3. 主要业务会计核算实务举例

【例 6-62】 4月16日，学校××学院××教师从横向课题542#项目中报销工作餐300元，通过校内转账支付给后勤部门食堂服务中心。（入账单据：网约报销审批单、工作餐审批单及名单、内部转账单等）

摘要	财务会计	预算会计
××转工作餐费	借：业务活动费用/科研费用/商品和服务支出/其他商品和服务支出/工作餐费［542#项目］300 贷：其他收入/内部转账收入［713#项目］300	不处理

（二十九）302.99.09#商品和服务支出/其他商品和服务支出/其他支出

1. 业务界定

其他支出主要是指上述科目未包括的日常公用支出，如诉讼费、国内外组织的会员费、来访费、广告宣传费，以及离休人员特需费、离退休人员公用经费等。

学校其他支出包括会员费、设计费、诉讼费、搬运费、清运费、外拨科研经费等。

2. 报销注意事项

关于外拨科研经费，需要提供支付凭证、外拨经费分配方案表，批复后的任务书、合同或协议复印件，拨入单位提供的收款收据等。

3. 主要业务会计核算实务举例

【例 6-63】 4月16日，学校××学院××教师外拨给协作单位浙江××研究所科研经费339 700元，其中外拨直接经费［551#项目］332 900元，外拨间接经费［502#项目］6 800元。（入账单据：科研经费分配表、外拨经费支付凭证、银行支付回单等）

摘要	财务会计	预算会计
外拨浙江××直接经费 外拨浙江××间接经费	借：业务活动费用/科研费用/商品和服务支出/其他商品和服务支出/其他支出［551#项目］332 900 　　预提费用/间接费用/商品与服务支出/其他商品和服务支出/其他支出［502#项目］6 800 　贷：银行存款 339 700	借：事业支出/科研事业支出/商品和服务支出/其他商品和服务支出/其他支出［551#项目］332 900 　　事业支出/科研事业支出/商品和服务支出/其他商品和服务支出/其他支出［502#项目］6 800 　贷：资金结存 339 700

三、303#对个人和家庭的补助核算

对个人和家庭补助是反映对个人和家庭的补助支出，包括离退休费用、抚恤金、奖助学金、住房补贴及除在职人员外报销的医疗费等。学校对个人和家庭的补助支出经济明细科目设置见表6-6。

表 6-6 对个人和家庭的补助明细科目表

经济科目代码	经济科目名称	核算内容及要求
303	对个人和家庭的补助	
303.01	离休费	反映学校离休人员的离休费、护理费以及提租补贴、购房补贴、采暖补贴、物业服务补贴等补贴
303.01.01	离休金	
303.01.02	离休政策补贴	
303.01.03	离休生活补贴	
303.01.04	离休单位补贴	
303.02	退休费	反映学校退休人员的退休费以及提租补贴、购房补贴、采暖补贴、物业服务补贴等补贴
303.02.01	退休金	
303.02.02	退休政策补贴	
303.02.03	退休生活补贴	
303.02.04	退休单位补贴	
303.03	退职（役）费	反映学校退职人员的生活补贴，一次性支付给职工或运动员的退职补助
303.04	抚恤金	反映学校按规定开支的烈士遗属、牺牲病故人员遗属的一次性和定期抚恤金，伤残人员的抚恤金，离退休人员等其他人员的各项抚恤金，以及按规定开支的机关事业单位职工和离退休人员丧葬费
303.04.01	抚恤金	
303.04.02	丧葬费	
303.05	生活补助	反映学校按规定开支优抚对象定期定量生活补助费、事业单位职工遗属生活补助费、长期赡养人员补助费等
303.05.01	遗属补助	
303.05.02	伤残补助	
303.05.03	离退休困难补助	
303.07	医疗费补助	反映学校离退休人员的医疗费、学生医疗费、优抚对象医疗补助费等，包括教职工二次补充医疗保障支出等
303.07.01	离休医疗费	
303.07.02	退休医疗费	
303.07.03	儿童医疗费	
303.07.04	学生医疗费	
303.07.05	公共医耗费	
303.07.06	离退休体检费	
303.07.09	其他医疗补助费	

续表

经济科目代码	经济科目名称	核算内容及要求
303.08	奖助学金	反映学校学生助学金、奖学金、助学贷款，按照协议由学校负担或享受学校奖学金的来华留学生、进修生生活费等
303.08.01	学校奖学金	
303.08.02	学校助学金	
303.08.03	学校特困补助	
303.08.04	学校勤工助学金	
303.08.05	政府奖学金	
303.08.06	政府助学金	
303.08.07	社会奖学金	
303.08.08	社会助学金	
303.08.09	学校助研金	
303.08.99	其他奖助金	
303.12	提租补贴	反映学校按房改政策规定的标准向1998年及以前工作的在职人员发放的租金补贴
303.13	购房补贴	反映学校按房改政策规定的标准位向在职职工发放的用于购买住房的补贴
303.13.01	职工住房补贴	
303.13.02	新职工购房补贴	
303.99	其他补助	反映学校除上述科目外的其他对个人和家庭的补助
303.99.01	职工探亲费	
303.99.02	职工子女入托费	
303.99.03	职工子女入学费	
303.99.99	其他补助费	

备注：依据财政部2017年度、2021年度《政府收支分类科目》和学校内部管理需要设置。

（一）303.01#对个人和家庭的补助/离休费

1. 业务界定

离休费主要是指学校离休人员的离休费、护理费以及提租补贴、购房补贴、采暖补贴、物业服务补贴等补贴支出。

2. 科目设置

学校设置"303.01#对个人和家庭的补助/离休费"支出经济分类明细科目，反映发放给离休人员的离休金和各项补贴。离休人员的养老金大部分已纳入社保基金发放，尚未纳入社保发放人员的离退休费及提租补贴等非社保统筹的补贴由学校承担。该科目下设"离休金""离休政策补贴""离休生活补贴""离休单位补贴"等明细科目。

(1)"303.01.01#对个人和家庭的补助/离休费/离休金"明细科目,主要核算离休人员尚未纳入社保发放的离休工资。

(2)"303.01.02#对个人和家庭的补助/离休费/离休政策补贴"明细科目,主要核算(上级部门发放的)离休干部参观费、休养费、高龄补贴,以及每月固定发放的通信补贴、提租补贴、交通补贴、护理补贴等。

(3)"303.01.03#对个人和家庭的补助/离休费/离休生活补贴"明细科目,主要核算离休人员规范津贴、生活补助等。

(4)"303.01.04#对个人和家庭的补助/离休费/离休单位补贴"明细科目,主要核算学校发放的其他的离休人员补贴,列支项目为"201#离退休工资"。

每月离休人员工资等通过"应付职工薪酬"科目先做计提再做发放。学校离退休人员工资发放与核算科目对应关系见表6-7。

表6-7 离退休人员工资发放与核算科目对应关系表

人员类型	贷方科目	对应借方科目	对应工资表构成内容
离休人员	2201.01.02#应付职工薪酬/基本工资/离休人员	5101.03.303.01.01#单位管理费用/离退休费用/对个人和家庭的补助/离休费/离休金	离休人员工资
		5101.03.303.01.02#单位管理费用/离退休费用/对个人和家庭的补助/离休费/离休政策补贴	通信补贴、提租补贴、交通补贴、护理补贴
		5101.03.303.01.03#单位管理费用/离退休费用/对个人和家庭的补助/离休费/离休生活补贴	规范津贴
退休人员	2201.01.03#应付职工薪酬/基本工资/退休人员	5101.03.303.02.01#单位管理费用/离退休费用/对个人和家庭的补助/退休费/退休金	退休人员工资
		5101.03.303.02.02#单位管理费用/离退休费用/对个人和家庭的补助/退休费/退休政策补贴	回民补贴、教护补贴、特殊津贴、提租补贴、交通补贴、护理补贴

提示:为正确触发预算会计核算,将计提和发放做在同一张凭证里。按照不同的工资构成项目对应不同的明细科目,离休人员工资及补贴等计入"2201.01.02#应付职工薪酬/基本工资/离休人员"科目,退休人员工资及补贴等计入"2201.01.03#应付职工薪酬/基本工资/退休人员"科目,贷方无项目核算。

3. 主要业务会计核算实务举例

【例6-64】 4月6日,学校从离退休人员经费201#项目中计提发放离休人员工资100万元。通过"应付职工薪酬"先计提再发放。(入账单据:工资发放汇总表)

摘要	财务会计	预算会计
计提4月份离休人员工资	借：单位管理费用/离退休费用/对个人和家庭的补助/离休费/离休金［201#项目］1 000 000 　　贷：应付职工薪酬/基本工资/离休人员 1 000 000	借：事业支出/离退休支出/对个人和家庭的补助/离休费/离休金［201#项目］1 000 000 　　贷：资金结存/货币资金 1 000 000

【例6-65】 4月25日，学校从离休人员经费201#项目中发放离休干部参观休养费7 500元，通过银行账户支付。（入账单据：相关文件通知、人员名单信息、银行支付回单等）

摘要	财务会计	预算会计
发离休干部参观休养费	借：单位管理费用/离退休费用/对个人和家庭的补助/离休费/离休政策补贴［201#项目］7 500 　　贷：银行存款 7 500	借：事业支出/离退休支出/对个人和家庭的补助/离休费/离休政策补贴［201#项目］7 500 　　贷：资金结存/货币资金 7 500

【例6-66】 4月25日，学校从离休经费201#项目中发放离休人员一次性生活补助（病故人员）50 000元，通过银行账户支付。（入账单据：文件通知、人员名单信息、银行支付回单等）

摘要	财务会计	预算会计
发放离休人员一次性生活补助（病故人员）	借：单位管理费用/离退休费用/对个人和家庭的补助/离休费/离休生活补贴［201#项目］50 000 　　贷：银行存款 50 000	借：事业支出/离退休支出/对个人和家庭的补助/离休费/离休生活补贴［201#项目］50 000 　　贷：资金结存/货币资金 50 000

（二）303.02#对个人和家庭的补助/退休费

1. 业务界定

退休费是指学校退休人员的退休费以及提租补贴、购房补贴、采暖补贴、物业服务补贴等补贴支出。

2. **科目设置**

学校设置"303.02#对个人和家庭的补助/退休费"支出经济分类明细科目，反映发放给退休人员的退休金和各项补贴。退休人员的养老金大部分已纳入社保基金发放，尚未纳入社保发放人员的离退休费及提租补贴等非社保统筹的补贴由学校承担。该科目下设"退休金""退休政策补贴""退休生活补贴""退休单位补贴"等明细科目。

（1）"303.02.01#对个人和家庭的补助/退休费/退休金"明细科目，主要核算退休人员的退休工资。

（2）"303.02.02#对个人和家庭的补助/退休费/退休政策补贴"明细科目，主要核算（上级部门发放的）退休干部参观休养费、高龄补贴，以及每月固定发放的回民补贴、教护补贴、特殊津贴、提租补贴、交通补贴、护理补贴等。

（3）"303.02.03#对个人和家庭的补助/退休费/退休生活补贴"明细科目，主要核算退休人员生活补助。

(4)"303.02.04#对个人和家庭的补助/退休费/退休单位补贴"明细科目,主要核算学校发放的其他的退休人员补贴。

3. 主要业务会计核算实务举例

【例6-67】 4月5日,学校从退休人员经费201#项目中计提发放退休人员工资1 500 000元。先通过"应付职工薪酬"计提。(入账单据:退休人员工资发放汇总表)

摘要	财务会计	预算会计
计提4月份退休人员工资	借:单位管理费用/离退休费用/对个人和家庭的补助/退休费/退休金 [201#项目] 1 500 000 　　贷:应付职工薪酬/基本工资/退休人员 1 500 000	借:事业支出/离退休支出/对个人和家庭的补助/退休费/退休金 [201#项目] 1 500 000 　　贷:资金结存/货币资金 1 500 000

【例6-68】 4月25日,学校从退休人员经费201#项目中发放退休人员高龄补贴180 000元,通过银行账户支付。(入账单据:文件通知、发放人员名单信息、银行支付回单等)

摘要	财务会计	预算会计
发放退休人员高龄补贴	借:单位管理费用/离退休费用/对个人和家庭的补助/退休费/退休政策补贴 [201#项目] 180 000 　　贷:银行存款 180 000	借:事业支出/离退休支出/对个人和家庭的补助/退休费/退休政策补贴 [201#项目] 180 000 　　贷:资金结存/货币资金 180 000

【例6-69】 6月27日,学校从退休人员经费201#项目中发放上半年离退休兼职津贴10 000元,通过银行账户支付。(入账单据:文件通知、发放人员名单信息、银行支付回单)

摘要	财务会计	预算会计
发放2020年上半年党委兼职组织员津贴(离退休)	借:单位管理费用/离退休费用/对个人和家庭的补助/退休费/退休单位补贴 [201#项目] 10 000 　　贷:银行存款 10 000	借:事业支出/离退休支出/对个人和家庭的补助/退休费/退休单位补贴 [201#项目] 10 000 　　贷:资金结存/货币资金 10 000

【例6-70】 4月9日,学校应发本月离退休人员工资50万元,其中代扣水电费3万元,剩余通过银行账户支付。(入账单据:离退休人员工资发放汇总表、水电费等代扣清单等)

摘要	财务会计	预算会计
发4月份离退休人员工资等代扣4月份离退休人员水电费	借:应付职工薪酬/基本工资 [201#项目] 500 000 　　贷:其他应付款/工资代扣款项 30 000 　　　　银行存款 470 000	不处理

备注:为规范、统一自动触发预算会计核算,应付工资薪酬计提时就"平行记账"生成预算会计核算。

(三)303.03#对个人和家庭的补助/退职(役)费

退职(役)费是指学校退职(役)人员的生活补贴,属于一次性支付给职工的退职

（役）补助。学校设置"303.03#对个人和家庭的补助/退职（役）费"支出经济分类明细科目，反映发放给退职（役）人员的补助。

相关会计核算解读略。

（四）303.04#对个人和家庭的补助/抚恤金

1. 业务界定

抚恤金主要是指学校按规定开支的烈士遗属、牺牲病故人员遗属等一次性和定期抚恤金，伤残人员的抚恤金，离退休人员等其他人员的各项抚恤金，以及按规定开支的职工和离退休人员丧葬费。

学校设置"303.04#对个人和家庭的补助/抚恤金"支出经济分类明细科目，并下设"抚恤金"和"丧葬费"两个明细科目。

2. 费用报销注意事项

学校抚恤金从"413#其他对个人和家庭的补助"项目中列支。实际支付时，须凭离退休管理部门的"办理一次性抚恤金和丧葬费通知书"和人事部门支付凭证上注明的抚恤金和丧葬费金额入账，一般直接发放到去世人员工资卡中。

3. 主要业务会计核算实务举例

【例6-71】 4月30日，学校从413#项目经费中发放××人员抚恤金70 000元，丧葬费6 000元，通过零余额账户支付。（入账单据：一次性抚恤金和丧葬费通知书、支付凭证、相关发票、国库授权支付回单等）

摘要	财务会计	预算会计
发放××去世人员抚恤金 发放××去世人员丧葬费	借：单位管理费用/后勤保障费用/对个人和家庭的补助/抚恤金/抚恤金[413#项目] 70 000 　　单位管理费用/后勤保障费用/对个人和家庭的补助/抚恤金/丧葬费[413#项目] 6 000 　　贷：零余额账户用款额度 76 000	借：事业支出/后勤保障支出/对个人和家庭的补助/抚恤金/抚恤金[413#项目] 70 000 　　事业支出/后勤保障支出/对个人和家庭的补助/抚恤金/丧葬费[413#项目] 6 000 　　贷：资金结存/零余额账户用款额度 76 000

（五）303.05#对个人和家庭的补助/生活补助

1. 业务界定

生活补助主要是指学校按规定开支的优抚对象定期定量生活补助费、职工遗属生活补助等支出。

学校生活补助的发放主要包括特定人员的遗属补助、伤残补助和离退休困难补助。

2. 科目设置

学校设置"303.05#对个人和家庭的补助/生活补助/生活补助"支出经济分类明细科目，并下设"遗属补助""伤残补助""离退休困难补助"等明细科目。

（1）"303.05.01#对个人和家庭的补助/生活补助/遗属补助"明细科目，主要核算按规定由单位开支的抚恤金、烈士遗属和牺牲病故人员遗属的补助。

（2）"303.05.02#对个人和家庭的补助/生活补助/伤残补助"明细科目，主要核算发放给伤残人员的补助金,列支项目为413#项目。

(3)"303.05.03#对个人和家庭的补助/生活补助/离退休困难补助"明细科目,主要核算离退休困难人员的补助,列支项目为202#项目。

3. 主要业务会计核算实务举例

【例6-72】 4月30日,学校从413#项目中发放××去世人员××家属本年1—12月遗补费12 600元,通过零余额账户支付。(入账单据:遗补费领取通知单、支付凭证、财政授权支付回单等)

摘要	财务会计	预算会计
发放××本年1—12月遗补费	借:单位管理费用/后勤保障费用/对个人和家庭的补助/生活补助/遗属补助[413#项目] 12 600 贷:零余额账户用款额度 12 600	借:事业支出/后勤保障支出/对个人和家庭的补助/生活补助/遗属补助[413#项目] 12 600 贷:资金结存/零余额账户用款额度 12 600

【例6-73】 4月30日,学校从413#项目中发放伤残人员补助金50 000元,通过银行账户对私支付。(入账单据:支付凭证、补助领取人员名单、银行支付回单等)

摘要	财务会计	预算会计
发放伤残人员补助金	借:单位管理费用/后勤保障费用/对个人和家庭的补助/生活补助/伤残补助[413#项目] 50 000 贷:银行存款 50 000	借:事业支出/后勤保障支出/对个人和家庭的补助/生活补助/伤残补助[413#项目] 50 000 贷:资金结存/货币资金 50 000

【例6-74】 4月30日,学校从离退休福利费202#项目中发放××等离退休人员困难慰问费20 000元,通过银行账户发放。(入账单据:网约酬金发放审批单或支付凭证、发放人员领款签字表、银行支付回单等)

摘要	财务会计	预算会计
张三代领××等离退休人员困难慰问补助	借:单位管理费用/离退休费用/对个人和家庭的补助/生活补助/离退休困难补助[202#项目] 20 000 贷:银行存款 20 000	借:事业支出/离退休支出/对个人和家庭的补助/生活补助/离退休困难补助[202#项目] 20 000 贷:资金结存/货币资金 20 000

(六)303.07#对个人和家庭的补助/医疗费补助

1. 业务界定

医疗费补助主要是指学校承担的离退休人员、教职工未满18岁的子女、在校学生医疗费以及优抚对象的医疗补助等支出。

2. 科目设置

学校设置"303.07#对个人和家庭的补助/医疗费补助"支出经济分类明细科目,并下设"离休医疗费""退休医疗费""儿童医疗费""学生医疗费""公共医耗费""离退休体检费""其他医疗补助费"等明细科目。

(1)"303.07.05#对个人和家庭的补助/医疗费补助/公共医耗费"明细科目,主要核算校医院采购的器械款、药品款，以及药品入库、出库费用及差价。该经济科目在"库存物品/库存药品"做明细核算，财务会计不做费用核算，预算会计确认支出核算。采购的器械款、药品款通过812#项目核算。药品入库、出库结算及差价借方通过469#项目核算（自费人员通过713#项目核算），贷方通过812#项目核算。

（2）"303.07.06#对个人和家庭的补助/医疗费补助/离退休体检费"明细科目，主要核算学校每年度支付的离退休教职工体检费，通过469#项目核算。

3. 主要业务会计核算实务举例

【例6-75】 4月12日，学校××老师报销离休人员医药费150 000元，退休人员医药费100 000元，20日通过银行账户支付（经确认入812#项目核算）。

（1）报销入账时的会计核算。（入账单据：外诊报销清单、医疗票据、银行支付回单等）

摘要	财务会计	预算会计
报4月份离休人员医药费 报4月份退休人员医药费	借：单位管理费用/后勤保障费用/对个人和家庭的补助/医疗费补助/离休医疗费［469#项目］150 000 　　单位管理费用/后勤保障费用/对个人和家庭的补助/医疗费补助/退休医疗费［469#项目］100 000 　贷：其他应付款/内部往来结算［469#项目］250 000	借：事业支出/后勤保障支出/对个人和家庭的补助/医疗费补助/离休医疗费［469#项目］150 000 　　事业支出/后勤保障支出/对个人和家庭的补助/医疗费补助/退休医疗费［469#项目］100 000 　贷：资金结存/货币资金 250 000

备注：学校医疗费报销实行"日常审批一次性支付"政策，在每月底集中办理支付手续，相应会计核算系统约定在挂账时自动触发生成预算会计，实际发放时不再生成预算款。

（2）实际支付时的会计核算。（入账单据：职工医疗费报销明细汇总单、酬金系统发放明细、银行支付回单等）

摘要	财务会计	预算会计
冲报4月份离退休人员等医药费挂账	借：其他应付款/内部往来结算［469#项目］250 000 　贷：银行存款 250 000	不处理

【例6-76】 4月12日，学校校医院××老师从医疗费812#项目中支付××医药公司1月器械款60 000元，支付××医药公司1月份药品款40 000元。通过零余额账户支付。（入账单据：支付凭证、器械及药品发票、采购合同、国库授权支付回单等）

摘要	财务会计	预算会计
××付××医药公司1月份器械款 ××付××医药公司1月份药品款	借：单位管理费用/后勤保障费用/对个人和家庭的补助/医疗费补助/公共医耗费［812#项目］60 000 　　库存物品/库存药品/工资福利支出/医疗费/公共医耗费［812#项目］40 000 　贷：零余额账户用款额度 100 000	借：事业支出/后勤保障支出/对个人和家庭的补助/医疗费补助/公共医耗费［812#项目］60 000 　　事业支出/后勤保障支出/工资福利支出/医疗费/公共医耗费［812#项目］40 000 　贷：资金结存/零余额账户用款额度 100 000

【例6-77】 4月12日，学校××老师从医疗费469#项目中报销学生医药费30 000

元、儿童医药费 20 000 元，20 日集中通过银行账户对私支付。

（1）报销入账时的会计核算。（入账单据：外诊报销清单、医药费发票等）

摘要	财务会计	预算会计
报 4 月份学生医药费 报 4 月份儿童医药费	借：单位管理费用/后勤保障费用/对个人和家庭的补助/医疗费补助/学生医疗费［469#项目］30 000 　　单位管理费用/后勤保障费用/对个人和家庭的补助/医疗费补助/儿童医疗费［469#项目］20 000 　　贷：其他应付款/内部往来结算［469#项目］50 000	借：事业支出/后勤保障支出/对个人和家庭的补助/医疗费补助/学生医疗费［469#项目］30 000 　　事业支出/后勤保障支出/对个人和家庭的补助/医疗费补助/儿童医疗费［469#项目］20 000 　　贷：资金结存/货币资金 50 000

（2）发放时的会计核算。[入账单据：网约医疗费发放审批单（通过酬金形式）、发放清单、银行支付回单]

摘要	财务会计	预算会计
冲报 4 月份离退休人员等医药费挂账 发 4 月份离退休人员、学生及儿童医药费	借：其他应付款/内部往来结算［469#项目］50 000 　　贷：银行存款 50 000	不处理

【例 6-78】　2 月 10 日，学校校医院对 1 月份出库药品进行结算，其中在职人员领用药品 4 万，离休人员领用药品 3 万，退休人员领用药品 12 万元。（入账单据：教职工领用药品出库汇总明细表、内部审批单等）

摘要	财务会计	预算会计
结算 1 月份在职人员领用药品出库 结算 1 月份离休人员领用药品出库 结算 1 月份退休人员领用药品出库	借：单位管理费用/后勤保障费用/工资福利支出/医疗费/在职人员医疗费［469#项目］40 000 　　单位管理费用/后勤保障费用/对个人和家庭的补助/医疗费补助/离休医疗费［469#项目］30 000 　　单位管理费用/后勤保障费用/对个人和家庭的补助/医疗费补助/退休医疗费［469#项目］120 000 　　贷：库存物品/库存药品［812#项目］190 000	不处理

（七）303.08#对个人和家庭的补助/奖助学金

1. 业务界定

奖助学金主要是指学校发放的学生助学金、奖学金、学生贷款、出国留学（实习）人员生活费及按照协议由校方负担或享受校方奖学金的来华留学生、进修生生活费。学校奖助学金是指学校发放给学生的各种奖助学金和特困补助等支出。

学校奖助学金主要有国家设立的奖助学金、学校设立的奖助学金和社会捐赠设立的奖助金等三个部分。

2. 科目设置

学校设置"303.08#对个人和家庭的补助/奖助学金"支出经济分类明细科目及下设明细科目，学校奖助学金支出经济明细科目设置见表6-8。

表6-8 奖助学金明细科目表

经济科目代码	经济科目名称	核算内容
303.08	奖助学金	
303.08.01	学校奖学金	学校按规定和公示名单发放给在校学生校级奖助学金，包括综合奖学金、单项奖学金、学业奖学金、先进个人和集体奖金等
303.08.02	学校助学金	
303.08.03	学校特困补助	核算学校对因家庭经济困难等原因发放给学生的补助
303.08.04	学校勤工助学金	核算学校在校学生因从事助管、助教等勤工俭学工作发放的补助
303.08.05	政府奖学金	国家及上级政府发放给学生的奖助学金，包括国家奖助学金、励志奖学金、学生境外交流省政府奖助学金等
303.08.06	政府助学金	
303.08.07	社会奖学金	核算校外捐赠的各项奖助学金等
303.08.08	社会助学金	
303.08.09	学校助研金	核算研究生导师从科研经费中列支给研究生的科研劳务补助
303.08.99	其他奖助金	核算学校建档立卡学费减免补助等其他支出

备注：学校科研启动费、自选科研费、重点科研资助、学科基金资助、学科建设费等一般不列支学校助研金。

3. 主要业务会计核算实务举例

【例6-79】 4月30日，学校××学院通过酬金系统从学生奖助学金602#项目中发放××级学生综合奖学金150 000元，通过银行转账支付。（入账单据：网约奖学金发放审批单或酬金报账单、综合奖学金发放名单、银行支付回单等）

摘要	财务会计	预算会计
发××学院学生综合奖学金	借：业务活动费用/教育费用/对个人和家庭的补助/奖助学金/学校奖学金［602#项目］150 000 　　贷：银行存款 150 000	借：事业支出/教育事业支出/对个人和家庭的补助/奖助学金/学校奖学金［602#项目］150 000 　　贷：资金结存/货币资金 150 000

【例6-80】 4月30日，学校××学院通过酬金系统从学生助学金615#项目中发学生助学金12 000元，通过银行账户支付。（入账单据：网约助学金发放审批单或酬金报账单、助学金发放名单、银行支付回单等）

摘要	财务会计	预算会计
发××学院学生助学金	借：业务活动费用/教育费用/对个人和家庭的补助/奖助学金/学校助学金［615#项目］12 000 　　贷：银行存款 12 000	借：事业支出/教育事业支出/对个人和家庭的补助/奖助学金/学校助学金［615#项目］12 000 　　贷：资金结存/货币资金 12 000

【例6-81】 4月30日，学校××学院通过酬金系统从困难补助经费615#项目中发放

学生困难补助50 000元，通过银行账户支付。（入账单据：网约困难补助发放审批单或酬金报账单、困难补助发放名单、银行支付回单等）

摘要	财务会计	预算会计
发××学院学生困难补助	借：业务活动费用/教育费用/对个人和家庭的补助/奖助学金/学校特困补助［615#项目］50 000 　　贷：银行存款 50 000	借：事业支出/教育事业支出/对个人和家庭的补助/奖助学金/学校特困补助［615#项目］50 000 　　贷：资金结存/货币资金 50 000

【例6-82】 4月30日，学校通过酬金系统从困难补助经费615#项目中发放学生助理班主任津贴7 000元，通过银行账户支付。（入账单据：网约助理班主任津贴发放审批单或酬金报账单、银行支付回单等）

摘要	财务会计	预算会计
发学生助理班主任津贴	借：业务活动费用/教育费用/对个人和家庭的补助/奖助学金/学校勤工助学金［615#项目］7 000 　　贷：银行存款 7 000	借：事业支出/教育事业支出/对个人和家庭的补助/奖助学金/学校勤工助学金［615#项目］7 000 　　贷：资金结存/货币资金 7 000

【例6-83】 4月30日，学校从国家奖学金615#项目中发放硕士国家奖学金600 000元，通过银行账户支付。（入账单据：网约奖学金发放审批单或酬金报账单、国家奖学金发放名单、银行支付回单等）

摘要	财务会计	预算会计
发硕士国家奖学金	借：业务活动费用/教育费用/对个人和家庭的补助/奖助学金/政府奖学金［615#项目］600 000 　　贷：银行存款 600 000	借：事业支出/教育事业支出/对个人和家庭的补助/奖助学金/政府奖学金［615#项目］600 000 　　贷：资金结存/货币资金 600 000

【例6-84】 4月30日，学校从政府助学金615#项目中发放博士生国家助学金500 000元，通过银行账户支付（原国库指标已转回）。（入账单据：网约助学金发放审批单或酬金报账单、国家助学金发放名单、银行支付回单等）

摘要	财务会计	预算会计
发博士生国家助学金	借：业务活动费用/教育费用/对个人和家庭的补助/奖助学金/政府助学金［615#项目］500 000 　　贷：银行存款 500 000	借：事业支出/教育事业支出/对个人和家庭的补助/奖助学金/政府助学金［615#项目］500 000 　　贷：资金结存/货币资金 500 000

【例6-85】 4月30日，学校从601#项目中发××社会奖学金20 000元，通过银行账户对私支付。（入账单据：网约酬金发放审批单、奖学金发放名单、银行支付回单等）

摘要	财务会计	预算会计
发××社会奖学金	借：业务活动费用/教育费用/对个人和家庭的补助/奖助学金/社会奖学金［601#项目］20 000 　　贷：银行存款 20 000	借：事业支出/教育事业支出/对个人和家庭的补助/奖助学金/社会奖学金［601#项目］20 000 　　贷：资金结存/货币资金 20 000

【例6-86】 4月30日,学校从718#项目中发放××社会助学金80 000元,通过银行账户支付。(入账单据:网约助学酬金发放审批单、获资助学生名单、银行支付回单等)

摘要	财务会计	预算会计
发××社会助学金	借:业务活动费用/教育费用/对个人和家庭的补助/奖助学金/社会助学金[718#项目] 80 000 　贷:银行存款 80 000	借:事业支出/教育事业支出/对个人和家庭的补助/奖助学金/社会助学金[718#项目] 80 000 　贷:资金结存/货币资金 80 000

【例6-87】 4月30日,学校××老师从横向科研542#项目中发研究生一季度助研费10 000元,通过银行账户对私支付。(入账单据:网约酬金发放审批单、银行支付回单等)

摘要	财务会计	预算会计
发一季度研究生助研费	借:业务活动费用/科研费用/对个人和家庭的补助/奖助学金/学校助研金[542#项目] 10 000 　贷:银行存款 10 000	借:事业支出/科研事业支出/对个人和家庭的补助/奖助学金/学校助研金[542#项目] 10 000 　贷:资金结存/货币资金 10 000

【例6-88】 4月30日,学校从学费减免经费615#项目减免建档立卡贫困户学生学费500 000元,其中直接抵学费150 000(通过811#项目核算),剩余通过银行账户支付。(入账单据:网约发放审批单、减免学费清单及减免说明决议、学费发票、银行支付回单等)

摘要	财务会计	预算会计
减免建档立卡学生学费 抵充建档立卡学生学费减免	借:业务活动费用/教育费用/对个人和家庭的补助/奖助学金/其他奖助金[615#项目] 500 000 　贷:应缴财政款/应缴财政专户款/非税事业收入[881#项目] 150 000 　　银行存款 350 000	借:事业支出/教育事业支出/对个人和家庭的补助/奖助学金/其他奖助金[615#项目] 500 000 　贷:资金结存/货币资金 500 000

(八)303.12#对个人和家庭的补助/提租补贴

提租补贴是指学校按房改政策规定标准发放的教职工租金补贴支出。老职工提租补贴、新职工逐月房贴计算基数与计缴住房公积金相同。

从2020年开始,学校老职工提租补贴和新职工逐月房贴统一通过"303.13.01#对个人和家庭的补助/购房补贴/职工住房补贴"科目核算。

(九)303.13#对个人和家庭的补助/购房补贴

1. 业务界定

购房补贴是指学校按房改政策规定的标准,向在职职工发放的用于购买住房的补贴支出。学校设置"303.13#对个人和家庭的补助/购房补贴"支出经济分类明细科目,主要核算购房补贴的支付情况,该科目设置以下明细科目:

(1)"303.13.01#对个人和家庭的补助/购房补贴/职工住房补贴"明细科目,主要核算学校每月应发工资中发放的教职工住房补贴和逐月房贴。

(2)"303.13.02#对个人和家庭的补助/购房补贴/新职工购房补贴"明细科目,主要核算学校为引进人才支付的安家费和按照相关规定发放的购房补贴。

2. 费用报销注意事项

支付给引进人才的安家费等，由所在学院和人事部门审批后领取。购房补贴转入学院纳入工资薪酬按月统一发放时，财务会计借记"业务活动费用/教育费用/对个人和家庭的补助/购房补贴/新职工购房补贴"科目，贷记"应付职工薪酬/其他个人收入"（通过学院811#项目核算）科目，摘要写"转××人才引进购房补贴"。

3. 主要业务会计核算实务举例

（1）职工住房补贴。

【例6-89】 4月5日，学校发放在职人员住房补贴150万元（经确认为教育费用）。先通过应付职工薪酬计提，代扣和发放分录见第一部分"住房公积金"举例。（入账单据：工资发放汇总清单表等）

摘要	财务会计	预算会计
计提4月份在职人员住房补贴	借：业务活动费用/教育费用/对个人和家庭的补助/购房补贴/职工住房补贴 [201#项目] 1 500 000 　　贷：应付职工薪酬/在职职工 1 500 000	借：事业支出/教育事业支出/对个人和家庭的补助/购房补贴/职工住房补贴 [201#项目] 1 500 000 　　贷：资金结存/货币资金 1 500 000

（2）职工购房补贴。

① 通过酬金直接发放。

【例6-90】 4月30日，学校××学院从学科建设经费391#项目中发人才引进安家购房补贴15万元，通过酬金系统发放至个人并代扣代缴个税。（入账单据：安家费支付凭证、购房协议、国库授权支付回单等）

摘要	财务会计	预算会计
××领人才引进购房补贴 ××领人才引进购房补贴代扣个税	借：业务活动费用/教育费用/对个人和家庭的补助/购房补贴/新职工购房补贴 [391#项目] 150 000 　　贷：其他应交税费/应交个人所得税/校内工薪 25 000 　　　　零余额账户用款额度 125 000	借：事业支出/教育事业支出/对个人和家庭的补助/购房补贴/新职工购房补贴 [391#项目] 150 000 　　贷：资金结存/零余额账户用款额度 150 000

② 转学院811#项目按月统一发放。

【例6-91】 4月30日，学校××学院从学科建设391#项目经费中发人才引进××老师一次性购房补贴15万元，通过内部转账转入学院811#项目按月发放。（入账单据：安家费支付凭证、人才引进协议等）

摘要	财务会计	预算会计
转××人才引进购房补贴	借：业务活动费用/教育费用/对个人和家庭的补助/购房补贴/新职工购房补贴 [391#项目] 150 000 　　贷：应付职工薪酬/其他个人收入 [811#项目] 150 000	不处理

（十）303.99#对个人和家庭的补助/其他补助

1. 业务界定

其他补助主要是指学校职工探亲、职工子女入托、职工子女入学等费用支出。

2. 科目设置

学校设置"303.99#对个人和家庭的补助/其他补助"支出经济分类明细科目及下设"职工子女入托费""职工子女入学费"和"其他补助"等明细科目。

（1）"303.99.01#对个人和家庭的补助/其他补助/职工子女入托费"明细科目，包括托费和私托费。私托费直接凭校医院计划生育委员会办公室签字盖章的报销单领取；托费须另附相应月份数的学费发票，统一从"413#其他对个人和家庭的补助"项目中列支。

（2）"303.99.02#对个人和家庭的补助/其他补助/职工子女入学费"明细科目，包括教职工子女高中学费补贴，每年18元，凭校医院计划生育委员会办公室签字盖章的报销单领取，须另附相应的学费发票，统一从"413#其他对个人和家庭的补助"项目中列支。

（3）"303.99.99#对个人和家庭的补助/其他补助"明细科目，包括对教职工的相关补助。

"849#教职工医疗互助基金"项目代扣医互金、领取医疗补助等均通过"专用基金/其他专用基金"科目下的该级科目核算，预算会计确认为教育事业支出核算。

3. 主要业务会计核算实务举例

（1）职工子女入托费。

【例6-92】 4月30日，学校××老师从413#项目经费中报一孩托费400元（附4个月幼儿园学费发票），通过银行账户支付。（入账单据：托费报销支付凭证、幼儿园学费发票、银行支付回单等）

摘要	财务会计	预算会计
××领一孩托费	借：业务活动费用/后勤保障费用/对个人和家庭的补助/其他补助/职工子女入托费[413#项目] 400 贷：银行存款 400	借：事业支出/后勤保障支出/对个人和家庭的补助/其他补助/职工子女入托费[413#项目] 400 贷：资金结存/货币资金 400

（2）其他补助。

【例6-93】 4月30日，学校××老师从医疗互助基金849#项目中领医疗补助5 000元，通过银行账户支付。（入账单据：医疗互助基金支付凭证、银行支付回单等）

摘要	财务会计	预算会计
××领医疗补助	借：专用基金/职工医疗互助基金/对个人和家庭的补助/其他补助/其他补助费[849#项目] 5 000 贷：银行存款 5 000	借：事业支出/教育事业支出/对个人和家庭的补助/其他补助/其他补助费[849#项目] 5 000 贷：资金结存/货币资金 5 000

四、307#债务利息及费用支出

1. 业务界定

债务利息及费用支出是指学校偿还银行贷款利息的支出，包括地方政府专项债券资金利息、银行贷款利息、公务卡违约金利息等支出。

2. 报销政策规定

学校在支付银行贷款利息和政府专项债券利息时，一是需要将其相关利息费用支付编入部门预算，纳入预算管理；二是需要附银行贷款利息支付回单或国库授权支付回单。注意贷款手续费不计入利息费用，从手续费科目列支，利息费用根据银行单据入账，从"421#校级财务公共费用项目"列支。贷款利息未通过"应付利息"科目计提，按月直接根据银行回单从"利息费用/利息支出"科目核算。

提示：财务会计"其他费用"一级科目一般对应预算会计"其他支出"一级科目，相应地可下设不同的政府支出经济科目组成二级明细科目或三级明细科目。如贷款利息支付核算，其财务会计设置"5901.01#其他费用/利息费用"科目，预算会计设置"7901.01#其他支出/利息支出"科目，二者共同的支出经济分类科目为"307#债务利息及费用支出"科目。为此，最终的明细科目为"5901.01.307#其他费用/利息费用/债务利息及费用支出"和"7901.01.307#其他支出/利息支出/债务利息及费用支出"。

3. 主要业务会计核算实务举例

【例6-94】 4月5日，学校付××银行一季度贷款利息30 000元。（入账单据：银行贷款利息支付回单等）

摘要	财务会计	预算会计
付××银行一季度贷款利息（本金××元）	借：其他费用/利息费用/债务利息及费用支出/国内债务付息[421#项目] 30 000 贷：银行存款 30 000	借：其他支出/利息支出/债务利息及费用支出/国内债务付息[421#项目] 30 000 贷：资金结存/货币资金 30 000

五、309#资本性支出（基本建设）

1. 业务界定

资本性支出（基本建设）主要是指由发展改革部门安排的用于购置固定资产、战略性和应急性储备、土地和无形资产，以及购建基础设施、大型修缮和财政支持单位更新改造所发生的支出。该类支出都为资本化支出，最终形成资产或资产增值。

2. 科目设置

学校设置"309#资本性支出（基本建设）"支出经济分类明细科目，并下设"房屋建筑物购建""办公设备购置""专用设备购置""基础设施建设""大型修缮""信息网络及软件购置更新""公车购置""其他基本建设支出"等明细科目。

3. 主要业务会计核算实务举例（略）

提示：资本性支出（基本建设）和资本性支出在支出用途上基本一致，主要差异在资本性支出（基本建设）的资金来源于发改部门拨款，而资本性支出的资金来源比较复杂，包括一般公共预算拨款和其他资金等。具体核算规则及报销政策可直接参考"在建工程"及"资本性支出"相关会计核算。

六、310#资本性支出

1. 业务界定

资本性支出是指学校安排的用于购置固定资产、土地和无形资产，以及购建基础设施、大型修缮和更新改造所发生的支出。其形成的各类资产核算详见"资产类业务核算"。

2. 科目设置

学校设置"310#资本性支出"支出经济科目及明细科目，学校资本性支出经济明细科目设置见表6-9。

表6-9 资本性支出明细科目设置表

经济科目代码	经济科目名称	核算内容
310	资本性支出	
310.01	房屋建筑物购建	反映学校购买、自行建造办公用房、教学科研用房、学生宿舍、食堂等建筑物（含附属设施）的支出
310.02	办公设备购置	反映学校购置并按规定纳入固定资产管理的办公家具和办公设备的支出
310.03	专用设备购置	反映学校购置具有专门用途并按规定纳入固定资产管理的各类专用设备的支出
310.05	基础设施建设	反映学校校园内道路、运动场地等公共基础设施建设方面的支出
310.06	大型修缮	反映学校按规定可以资本化（纳入固定资产管理）的各类设备设施、建筑物、公共基础设施等大型修缮的支出
310.07	信息网络及软件购置更新	反映学校用于资本化的信息网络方面的支出，包括软硬件系统支出
310.13	公务用车购置	反映学校公车购置支出，含车辆购置税等
310.19	其他交通工具购置	反映学校除公车外的其他各类交通工具购置支出，如交通班车购置
310.21	文物及陈列品购置	包括学校接管、接收捐赠、购置的特别具有价值的文物和陈列品
310.22	无形资产的购置	反映学校著作权、商标权、专利权等无形资产购置支出
310.99	其他资本性支出	反映学校图书购置、影片播放权购买等资本性支出

备注：资本性支出经济科目一般关联在"固定资产""在建工程"科目下，遇到"固定资产"增加时通过选择"资本性支出"经济科目会自动"触发"生成预算会计支出科

目核算。

3. 报销注意事项

（1）单台设备超过 1 000 元（含）、单价低于 1 000 元的批量采购设备及单价在 500 元（含）以上的家具须办理固定资产入库。图书单次报销合计金额超过 500 元（含）须办理图书入库。

（2）购置设备原则上开具增值税专用发票（家具及进出口外贸公司代理的进口设备除外）。

（3）设备报销时须提供设备购置发票、固定资产入库单、设备购销合同、设备图片（全貌及附有产地的局部图片在一张 A4 纸上打印，图片下方注明入库单号、资产名称、资产类别、使用部门、存放地点），以办理国产设备退税手续。其中，发票联、固定资产入库单红联、设备购销合同作为入账附件。所制记账凭证封面、银行付款单、发票抵扣联、设备图片以及设备购销合同等作为办理国产设备退税处理。

（4）已入库固定资产因设备改造增加的部件、配件，作为原仪器设备的附件进行资产增值处理。

4. 主要业务会计核算实务举例

【例 6-95】 3 月 10 日，学校××学院××老师从协同创新 386#项目中购置一台科研用离心机，花费 36 000 元（经确认归集为科研事业支出类），通过零余额账户支付。（入账单据：网约报销审批单、增值税普通发票、固定资产入库单、国库授权支付回单等）

摘要	财务会计	预算会计
××购××公司离心机	借：固定资产/专用设备/资本性支出/专用设备购置［386#项目］36 000 贷：零余额账户用款额度 36 000	借：事业支出/科研事业支出/资本性支出/专用设备购置［386#项目］36 000 贷：资金结存/零余额账户用款额度 36 000

【例 6-96】 4 月 10 日，学校××部门××老师从优势学科 387#项目中购入一台激光打印机 5 000 元，已办理入库，通过银行账户支付。（入账单据：网约报销审批单、增值税普通发票、固定资产入库单及设备图片、银行支付回单等）

摘要	财务会计	预算会计
××购××公司激光打印机	借：固定资产/通用设备/资本性支出/办公设备购置［387#项目］5 000 贷：银行存款 5 000	借：事业支出/科研事业支出/资本性支出/办公设备购置［387#项目］5 000 贷：资金结存/货币资金 5 000

【例 6-97】 4 月 10 日，学校××老师从学校图书购置经费 328#项目中购入一批图书，共花费 180 000 元，通过银行账户支付。（入账单据：网约报销审批单、图书购置发票、固定资产入库单、银行支付回单等）

摘要	财务会计	预算会计
××购图书	借：固定资产/图书档案/资本性支出/其他资本性支出/图书资料购置［328#项目］180 000 　　贷：银行存款 180 000	借：事业支出/教育事业支出/资本性支出/其他资本性支出/图书资料购置［328#项目］180 000 　　贷：资金结存/货币资金 180 000

【例6-98】 4月15日，学校资产部门从学校教学家具经费410#项目中购入一批课桌椅共5 000元，已安装验收，通过银行账户转账支付。（入账单据：网约报销审批单、增值税发票、固定资产入库单、银行支付回单等）

摘要	财务会计	预算会计
××购××公司桌椅	借：固定资产/家具用具装具/资本性支出/办公设备购置［410#项目］5 000 　　贷：银行存款 5 000	借：事业支出/教育事业支出/资本性支出/办公设备购置［410#项目］5 000 　　贷：资金结存/货币资金 5 000

【例6-99】 5月10日，学校××老师从间接经费501#项目中购入激光打印机一台共5 000元，通过银行账户转账支付。（入账单据：网约报销审批单、增值税发票、固定资产入库单、银行支付回单等）

摘要	财务会计	预算会计
××购××公司激光打印机	借：预提费用/项目间接费用或管理费/资本性支出/办公设备购置［501#项目］5 000 　　贷：银行存款 5 000 借：固定资产/通用设备/资本性支出/办公设备购置［812#项目］5 000 　　贷：累计盈余/基本盈余 5 000	借：事业支出/科研事业支出/资本性支出/办公设备购置［501#项目］5 000 　　贷：资金结存/货币资金 5 000

七、999#特设经济科目

1. 科目设置

该类特设经济分类科目是会计核算系统为实现自动触发生成预算会计而特殊设置，目前学校下设"固定资产折旧费""无形资产摊销费""计提专用基金费""计提项目间接费用或管理费""计提坏账准备""长期借款收入""资产处置转移与直接入账"等明细科目。

2. 核算注意事项

（1）"固定资产折旧费"按每月折旧汇总表所分类汇总金额计提折旧，分为教育、科研、行政、后勤和其他等五个方向计算当月和累计折旧额。

（2）"计提项目间接费用或管理费"用于反映科研经费提取的管理费或间接经费。

（3）目前，关于计提项目间接费用或管理费生成预算会计，相关规则包括：第一，横向科研提取管理费，转入学院806#项目，触发预算会计；第二，非财政纵向科研项目预提间接经费触发预算会计，从间接经费提取管理费至学院806#项目，不触发预算会计；第三，财政科研项目借贷方资金来源选择要一致，预提间接经费不触发预算会计，从间接经费提取管理费至学院 806#项目，也不触发预算会计。

3. 主要业务会计核算实务举例

【例 6-100】 1 月 31 日，学校计提 1 月份教学用房屋及构筑物固定资产累计折旧（如教学类固定资产累计折旧入 812#项目核算），合计为 10 000 元。（入账单据：固定资产折旧分摊汇总表）

摘要	财务会计	预算会计
计提 1 月固定资产折旧	借：业务活动费用/教育费用/特设经济科目/固定资产折旧费[812#项目] 10 000 　　贷：固定资产累计折旧/房屋及构筑物/特设经济科目/固定资产折旧费 10 000	不处理

【例 6-101】 4 月 1 日，学校从××学院××老师横向科研 542#项目中提取管理费 2 000 元，入学院 806#项目核算。（入账单据：科研管理费提取通知单等）

摘要	财务会计	预算会计
提取科研管理费	借：业务活动费用/科研费用/特设经济科目/计提项目间接费用或管理费[542#项目] 2 000 　　贷：预提费用/管理费用/特设经济科目/计提项目间接费用或管理费[806#项目] 2 000	借：非财政拨款结转/项目间接费用或管理费[542#项目] 2 000 　　贷：非财政拨款结余/项目间接费用或管理费[806#项目] 2 000

第七章 年末结转类业务核算

《政府会计制度》构建了政府财务会计与预算会计"平行记账"核算模式，期末财务会计中净资产结转核算和年末预算会计中预算结转结余核算是政府会计核算的重点之一。同时，项目核算作为高校辅助核算的重要组成部分，是监督和控制预算执行的重要举措，项目余额结转也是年末结转的重要业务。

第一节 基本概述

一、基本概念

政府会计由政府财务会计和预算会计组成。财务会计净资产不再按限定用途和形成来源进行分类管理，主要通过"累计盈余"进行归集核算。预算会计预算结余依然依据资金来源和限定用途分别形成财政拨款结转、财政拨款结余、非财政拨款结转、非财政拨款结余、专用结余、经营结余等六部分。由于财务会计和预算会计的核算基础和确认范围不同，财务会计净资产类科目余额与预算会计预算结余类科目余额不完全相等。

为此，期末结转业务就是期末或年末准确归集、确认、计量、记录与披露财务会计中净资产结转和预算会计中预算结转结余的过程，包括核算项目余额结转下年的过程。本章的期末结转统一以年末结转业务为例。

1. 财务会计中的净资产年末结转工作

《政府会计准则——基本准则》指出，净资产是指高校资产扣除负债后的净额，取决于资产和负债的计量。政府财务会计设置"累计盈余""专用基金""权益法调整""本期盈余""本年盈余分配""无偿调拨净资产"和"以前年度盈余调整"等7个净资产科目核算。

年度净资产结转工作主要是指将财务会计收入费用结转到"本期盈余"以及"本期盈余"结转到"本年盈余分配"的账务处理，最终结转形成"累计盈余"的核算工作。而专用基金、权益法调整、无偿调拨净资产和以前年度盈余调整等虽是学校净资产的重要组成和形成来源，但不是由学校正常收支活动形成。

2. 预算会计中的预算结余年末结转工作

《政府会计准则——基本准则》指出，预算结余是指高校部门预算年度内预算收入扣除预算支出后的资金余额，包含历年滚存的资金余额，预算结余包含结转和结余两部分。结转资金一般是指预算安排的项目支出年终尚未执行完毕或者因故未执行，且下年需要按原用途继续使用的资金。结余资金是指年度预算执行后，预算收入实际完成数扣除预算支出和结转资金后剩余的资金。

为此，本期预算收入额 − 本期预算支出额 = 本期预算收支差额 = 本期预算结转结余额。

按照本期预算资金来源的性质，本期基本支出预算收入额 + 本期项目支出预算收入额 − 本期基本支出额 − 本期项目支出额 = 本期基本支出预算结余结转额 + 本期项目支出预算结余结转额 = 本期各项预算结转结余额。

按照累计预算执行总体，期初各项结转结余 + 本期预算收支差额 = 期末各项结转结余 = 资金结存。

如果按照支出功能分类科目可进一步将期末各项结转结余分为：期末各项结转结余 = 期末各支出功能下各项结转结余。

备注：预算收支余结构可参考年度部门决算相关报表进一步学习了解。

年末，高校预算结转结余的结转工作主要是指将预算会计预算收入和预算支出按照资金来源和用途分类结账到财政拨款结转、财政拨款结余、非财政拨款结转、非财政拨款结余、专用结余、经营结余和其他结余的过程。

3. 辅助核算中的项目余额年末结转工作

核算项目是在会计核算系统中实现预算项目经费收支管理的辅助核算安排。高校核算项目包括科目明细项目（类似科目明细账）和经费收支限额控制项目两类。项目余额年末结转业务主要是指经费收支限额控制项目的余额收回和结转，又进一步分为收支相抵项目的余额结转和预算下达项目的余额结转，二者都来源于科目发生额及余额的冲销结转。

提示：会计核算系统中的项目化核算，从项目设置本身来看，其是围绕一个业务主体（项目目标）而将相关收入支出（费用）归集到对应的独立责任中心。从科目明细核算角度来看，一个项目集合体又是一个个科目明细发生额或余额的加减汇总。所以，准确认识项目，需要从科目明细账角度和收支集合体角度出发。详细对应关系见会计核算基础相关项目设置部分。

二、净资产科目与预算结余科目的关系

1. 科目设置

净资产类科目共分为7项，即"3001#累计盈余""3101#专用基金""3201#权益法调整""3301#本期盈余""3302#本年盈余分配""3401#无偿调拨净资产""3501#以前年度盈余调整"。其中"3101#专用基金""3201#权益法调整"仅适用于事业单位。

预算结余类科目共分为"8101#财政拨款结转""8102#财政拨款结余""8201#非财政拨款结转""8202#非财政拨款结余""8301#专用结余""8401#经营结余""8501#其他结

余"等科目。

提示：专用基金和专用结余之间不完全对应，专用结余范围小于专用基金形成范围，专用结余仅来源于非财政拨款结余分配等。具体见后续"专用基金"或"专用结余"相关论述。

2. 预算结转结余科目间的调整

由于预算结转结余间的调整涉及预算支出功能分类科目、支出经济分类科目、项目支出与基本支出，以及资金来源划分和分类结转问题，相应的不同资金来源和用途之间的结转结余调整需要通过预算会计账务处理进行调整。

为此，预算在执行过程中必然存在项目预算结转问题，因为高校项目预算控制存在收支对应控制（表内收支科目对应控制）和预算下达控制（表外科目控制），相应的预算结转结余必然存在两部分：一是包含项目预算结转结余额，二是不对应项目预算结转结余额。如科研项目经费预算收支结转实行收支对应结转控制，所有的科研项目经费结转结余（未使用完）都通过科研事业预算收入和科研事业支出结账结转到预算结转结余科目（财政科研项目结账到"财政拨款结转——某项目"科目内，非财政科研项目结账到"非财政拨款结转——某项目"内）；对于财政部门预算安排的支出预算，目前都是通过表外预算下达科目进行下达控制，相应的预算结转结余（未使用完）都通过表外预算下达科目结转到表外科目中，其相应的预算收支结转到预算结转结余总额度内，该预算结转结余科目无法区分哪个项目的预算剩余多少。

提示：年度结账结转规定，不同会计核算系统有着不同的结转规则。但其核心还是要通过"资金来源核算""项目核算"等实现预算收支结转工作，包括项目预算执行额度的增加、使用、减少、结转结余等。

3. 预算结转结余的归集与上缴

（1）财政拨款结转结余的归集和上缴。按照财政国库集中支付规定和项目预算执行规定，财政基本支出预算拨款经费必须当年使用完，否则当年年末被收回；财政项目支出预算拨款经费必须次年用完，否则次年年末被收回。

备注：详见财政部关于印发《财政国库管理制度改革试点年终预算结余资金管理暂行规定》等通知有关规定。

（2）科研纵向经费结转结余的归集和上缴。参照纵向科研经费管理，具体支出范围：设备费、材料费、测试化验加工费、燃料动力费、出版/文献/信息传播/知识产权事务费、专家咨询费、劳务费；差旅费、会议费、国际合作与交流费、交通费；其他与科研活动相关的费用等。

提示：中共中央办公厅、国务院办公厅联合印发了《关于进一步完善中央财政科研项目资金管理等政策的若干意见》（中办发〔2016〕50号）（以下简称《意见》）。《意见》提出，科研项目实施期间，年度剩余资金可以结转到下一年度继续使用，当年的钱花不完不用收回。项目完成任务目标并通过验收后，结余资金按规定留归项目承担单位使用。

（3）预算结转结余的使用分配。该方面业务主要包括从科研项目直接经费或科研项目间接经费中计提科研项目间接费用或管理费，以及从计提的科研项目管理费中再计提分配到院系部门发展基金业务，还有文科科研项目管理费的返还业务。

（4）已完成任务的校内预算结转结余收回。对于校内安排的办公费等预算，当年年底未使用完的部分全部按照规定收回学校，该项目预算结转结余全部通过收回方式清除为零。

提示：校内预算项目经费是否在年底被注销收回或结转下年继续由原项目负责人使用，不同高校可根据本学校预算管理政策和历史传统进行确定。

（5）小额预算结转结余项目的清除和归并。为减少项目个数，对于部分预算结转结余（俗称项目余额）低于100元的零星项目，能够归并到其他项目的归并到其他项目，不能归并到其他项目的全部清除收回学校。

（6）预算结转结余项目清除或收回的处理。所有预备清除或收回的项目，为保证清除或收回的历史记录便于核查，必须通过记账凭证方式收回和清除，不建议通过年终结账结转方式自动消除。

提示：具体应收回的项目预算结转结余由高校根据预算管理规定执行，履行内部签批手续。

第二节　净资产年末结转业务核算

根据《政府会计制度》及《衔接规定》等，高校净资产按照形成来源及用途分为"累计盈余""专用基金""权益法调整"等三个方面，其中"累计盈余"又根据来源分为由本年收入费用结转形成的"本期盈余"及"本年盈余分配"、资产无偿调入调出形成的"无偿调拨净资产"、重要前期差错更正和调整形成的"以前年度盈余调整"等三个部分。学校净资产构成及结转流程见图7-1。

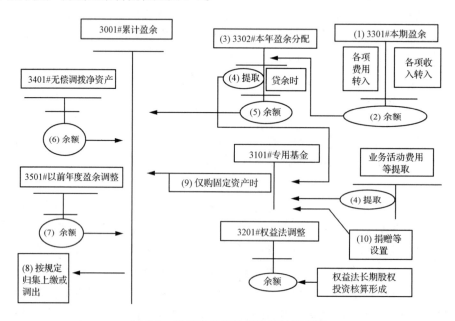

图7-1　学校净资产构成及结转流程图

一、3001#累计盈余核算

（一）业务界定

累计盈余主要是指高校历年实现的盈余扣除盈余分配后滚存的金额，以及因无偿调入调出资产产生的净资产变动额。

按照规定上缴、缴回、单位间调剂结转结余资金产生的净资产变动额，以及对以前年度盈余的调整金额，也通过"累计盈余"科目核算。

提示：按照规定上缴、缴回、单位间调剂结转结余资金产生的净资产变动额中的净资产是指现金净资产，非现金净资产调拨核算处理见"无偿调拨净资产"科目核算。

期末或年末累计盈余相关业务主要包括累计盈余增加、减少以及累计盈余间的调整变化等。

（二）科目设置

根据《政府会计制度》相关累计盈余核算要求，结合累计盈余使用管理要求，高校设置"3001#累计盈余"科目，核算历年分配后的盈余（或亏损）以及无偿调入调出资产产生的净资产变动金额，包括按照规定上缴、缴回、单位间调剂结转结余资金产生的净资产变动额，以及对以前年度盈余的调整金额等，其需要按照盈余来源设置明细科目。

学校累计盈余明细科目设置见表7-1。

表7-1 累计盈余明细科目设置表

科目代码	科目名称	核算内容及要求
3001	累计盈余	
3001.01	基本盈余	日常核算学校层面的累计盈余，年末"本年盈余分配"转入"基本盈余"
3001.02	项目盈余	日常核算校内各项目收入费用形成的项目盈余，年末"本年盈余分配"转入"项目盈余"

提示：高校累计盈余一般不需要区分形成的资金来源，但为区分校级层面的累计盈余和部门（项目）层面的累计盈余，便于加强项目化核算管理，可设置"累计盈余/基本盈余""累计盈余/项目盈余"两个明细科目，如无偿调拨净资产一般归为校级层面使用，不引起项目余额变化。

（三）主要业务账务处理实践解读

1. 结转本年盈余分配时的账务处理

年末，学校将"本年盈余分配"科目的余额转入累计盈余，财务会计借记或贷记"本年盈余分配"科目，贷记或借记"累计盈余"科目。预算会计不处理。

2. 结转无偿调拨净资产时的账务处理

年末，学校将"无偿调拨净资产"科目的余额转入累计盈余，财务会计借记或贷记"无偿调拨净资产"科目，贷记或借记"累计盈余"科目。预算会计不处理。

3. 按照规定上缴财政拨款结转结余、缴回非财政拨款结转资金、向其他单位调出财政拨款结转资金时的账务处理

学校按照实际上缴、缴回、调出金额，区分原资金来源的基本支出属性和项目支出属性等，财务会计借记"累计盈余"科目，贷记"财政应返还额度""零余额账户用款额度""银行存款"等科目。同时，根据实际上缴或缴回金额，预算会计借记"财政拨款结余/归集上缴"科目，贷记"资金结存/零余额账户用款额度"等科目。

按照规定从其他单位调入财政拨款结转资金时，学校按照实际调入金额，财务会计借记"零余额账户用款额度""银行存款"等科目，贷记"累计盈余"科目。同时，预算会计借记"资金结存/零余额账户用款额度"等科目，贷记"财政拨款结转/归集调入"科目。

4. 结转以前年度盈余调整时的账务处理

学校将"以前年度盈余调整"科目的余额转入"累计盈余"科目，财务会计借记或贷记"以前年度盈余调整"科目，贷记或借记"累计盈余"科目。预算会计不处理。

5. 按照规定使用专用基金购置固定资产、无形资产时的账务处理

学校按照固定资产、无形资产成本金额，财务会计借记"固定资产""无形资产"科目，贷记"银行存款"等科目。同时，按照专用基金使用金额，财务会计借记"专用基金"科目，贷记"累计盈余"科目。

如使用从收入中提取并列入费用的专用基金，根据实际支付金额，预算会计借记"事业支出"等科目，贷记"资金结存"科目；使用从非财政拨款结余或经营结余中提取的专用基金，预算会计借记"专用结余"科目，贷记"资金结存"科目。

6. 根据《补充规定》和《衔接规定》有关规定计提预提费时的账务处理

使用计提的项目间接费用或管理费购买固定资产、无形资产时，学校按照固定资产、无形资产的成本金额，财务会计借记"固定资产""无形资产"科目，贷记"银行存款"等科目；同时，按照相同的金额，财务会计借记"预提费用/项目间接费用或管理费"科目，贷记"累计盈余"科目。同时，按照相同的支付金额，预算会计借记"事业支出"等科目，贷记"资金结存"科目。

提示：①年度累计盈余增减的渠道主要有六个方面：本期盈余分配形成，无偿调拨净资产形成，以前年度盈余调整形成，按照规定上缴财政拨款、缴回非财政拨款结转资金及向其他单位调出或从其他单位调入财政拨款结转资金形成，专用基金购置固定资产或无形资产形成，预提费用购置固定资产或无形资产形成。②学校日常核算中校级公共收入费用结转形成的净资产，均通过"累计盈余/基本盈余"科目核算。日常核算中项目收入费用结转形成的净资产，均通过"累计盈余/项目盈余"科目核算。

（四）主要业务会计核算实务举例

【例7-1】 10月15日，学校××老师从科研间接经费501#项目购入一台激光打印机共5 000元，通过银行无现金账户支付。该打印机已办理验收入库手续并投入科研实验使用。（入账单据：报销单、增值税发票、合同复印件、固定资产入库单、银行回单等）

摘要	财务会计	预算会计
××购××公司激光打印机	借：预提费用/项目间接费用或管理费/资本性支出/办公设备购置/办公设备 [501#项目] 5 000 　　贷：银行存款 5 000 借：固定资产/通用设备/资本性支出/办公设备购置/办公设备 [812#项目] 5 000 　　贷：累计盈余/基本盈余 5 000	借：事业支出/科研事业支出/资本性支出/办公设备购置/办公设备 [501#项目] 5 000 　　贷：资金结存/货币资金 5 000

【例7-2】 1月3日，学校恢复上年被清零的××老师预提费用806#项目余额35 000元。（入账单据：恢复清零项目余额审批表等）

摘要	财务会计	预算会计
恢复××老师预提费用清零额度	借：累计盈余/基本盈余 35 000 　　贷：预提费用/项目间接费用或管理费/特设经济科目/计提项目间接费用或管理费 [806#项目] 35 000	不处理

【例7-3】 9月10日，学校××老师办理离职，根据聘用协议，××老师须退还引进人才购房补贴（安家费）200 000元，款项已存入银行存款（如原通过零余额账户支付人才引进费，在发生离退职行为后的退款，不建议按原渠道退回到零余额账户，不论是以前年度还是本年度，直接视为非财政拨款收支退回行为）。（入账单据：离退职违约结算单、收款通知单、银行到款回单等）

（1）退还以前年度发放的安家费。

摘要	财务会计	预算会计
收××老师离职退还购房补贴（安家费）	借：银行存款 200 000 　　贷：累计盈余/基本盈余 200 000	借：资金结存/货币资金 200 000 　　贷：非财政拨款结余/累计结余 200 000

（2）退还当年度发放的安家费（原从学校人才引进经费203#项目列支）。

摘要	财务会计	预算会计
收××离职退还购房补贴（安家费）	借：银行存款 200 000 　　贷：业务活动费用/教育费用/对个人和家庭的补助/购房补贴 [203#项目] 200 000	借：资金结存/货币资金 200 000 　　贷：事业支出/教育事业支出/对个人和家庭的补助/购房补贴 [203#项目] 200 000

【例7-4】 4月5日，学校××老师从横向科研经费54201#项目中转给××老师技术咨询费40 000元（经确认入横向科研54202#项目核算），通过科研转账协议办理转账。（入账单据：入账通知单、科研转账协议等）

摘要	财务会计	预算会计
××老师内转××老师技术咨询费	借：累计盈余/项目盈余 [54201#项目] 40 000 　　贷：累计盈余/项目盈余 [54202#项目] 40 000	不处理 （备注：影响核算项目余额的科目不包含预算类科目）

【例7-5】 12月30日,年终结账核查确定,"无偿调拨净资产""以前年度盈余调整"科目期末贷方余额分别是40 000元和20 000元,学校根据年末结账要求办理结转核算。(入账单据:无偿调拨净资产及以前年度盈余调整两科目余额及相应的结转说明、审核签字等)

摘要	财务会计	预算会计
年末结转无偿调拨净资产余额 年末结转以前年度盈余调整余额	借:无偿调拨净资产 40 000 　　以前年度盈余调整 20 000 　贷:累计盈余/基本盈余 60 000	不处理

【例7-6】 12月31日,根据财政国库集中支付规定,学校须上缴未使用完的财政拨款基本支出结余50 000元,通过注销已下达的零余额账户用款额度的方式缴回。(入账单据:年末应上缴零余额账户用款额度汇总表、注销通知或注销额度通知单等)

摘要	财务会计	预算会计
年末上缴财政基本支出拨款	借:累计盈余/基本盈余 50 000 　贷:零余额账户用款额度 50 000	借:财政拨款结余/归集上缴 50 000 　贷:资金结存/零余额账户用款额度 50 000

二、3101#专用基金核算

(一) 业务界定

专用基金是指高校按照规定提取或设置的、具有专门用途的净资产,其来源按照规定分为从本年度非财政拨款结余或经营结余中提取、从收入中提取和按规定单独设置等。

学校专用基金目前主要包括职工福利基金、科技成果转化基金、大病医疗互助基金、社会奖助基金和单位提取的住宅维修基金等类别。相应业务包括基金提取、单独设置以及基金使用、基金资金理财收入确认等。

(二) 科目设置

高校应设置"3101#专用基金"科目,核算专用基金的提取、设置和使用等变动情况和结果。该科目应当按照专用基金的类别设置明细科目和实施明细项目核算。

根据《补充规定》和《衔接规定》,学校在"3101#专用基金"下设"留本基金"明细科目,核算学校使用捐赠资金建立的、具有永久性保留本金或在一定时期内保留本金的限定性基金。如有两个以上留本基金,应当按照每个留本基金设置明细科目或设置明细项目进行核算。在每个留本基金明细科目下还应当设置"本金"和"收益"明细科目;在"本金"明细科目下,还应当设置"已投资"和"未投资"两个明细科目。

学校专用基金明细科目设置见表7-2。

表 7-2 专用基金明细科目设置表

科目代码	科目名称	备注
3101.01	职工福利基金	核算学校从创收收入中提取的福利费,分单位设置项目进行核算管理。目前,仅非独立法人的后勤服务集团实施职工福利基金管理
3101.02	学生奖助基金	核算学校根据规定从事业收入中提取设置或单独设置的用于学生奖助的基金
3101.03	职工医疗互助基金	核算学校从非财政拨款收入中提取和职工缴纳设立的职工医疗互助基金的使用情况
3101.04	科技成果转化基金	核算从单位科技成果转化收入中提取的专项科技成果转化资金变化情况
3101.05	单位住宅维修基金	核算从单位售房款收入中按规定标准提取的专项住宅维修资金变化情况
3101.06	留本基金	
3101.09	其他专用基金	

提示:①目前,非留本奖助基金和捐赠收入之间存在混淆情况。收到奖助学金捐赠收入时,财务会计和预算会计须平行记账,但收到设立奖助基金时,仅需财务会计进行确认核算,其背后的逻辑就是捐赠收入需要纳入预算进行统一管理,而设立的捐赠基金是不需要纳入预算统一管理的,相应的预算会计不需要处理。为此,建议学校收到限定性非留本捐赠,统一确认为专用基金核算。②目前,学校专用基金的明细核算一般通过科目项目辅助核算实现,一是设置明细科目进行细化核算,二是对于每个(类)专用基金单设项目进行归集核算,如"××学院或××企业奖助留本基金"。

(三) 主要业务账务处理实践解读

1. 提取或设置专用基金时的账务处理

(1) 年末,根据有关规定从本年度非财政拨款结余或经营结余中提取专用基金时,学校按照提取的金额,财务会计借记"本年盈余分配"科目,贷记"专用基金"科目。同时,根据实际提取金额,预算会计借记"非财政拨款结余分配"科目,贷记"专用结余"科目。

(2) 根据有关规定从收入中提取专用基金并计入费用时,学校按照提取金额,财务会计借记"业务活动费用"等科目,贷记"专用基金"科目。国家另有规定的,从其规定。预算会计不处理。

提示:注意专用基金和专用结余之间的来源范围差异。

(3) 根据有关规定设置的其他专用基金,学校按照实际收到的基金金额,财务会计借记"银行存款"等科目,贷记"专用基金"科目。预算会计不处理。

(4) 对于留本基金,学校按取得的留本基金数额,财务会计借记"银行存款"科目,贷记"专用基金/留本基金/本金/未投资"科目。预算会计不处理。

2. 留本基金投资时的账务处理

（1）学校委托教育基金会或其他单位进行投资。

① 投资时，学校按照转给教育基金会的留本基金数额，财务会计借记"其他应收款/其他应收"科目，贷记"银行存款"科目。同时，按照相同的金额，财务会计借记"专用基金/留本基金/本金/未投资"科目，贷记"专用基金/留本基金/本金/已投资"科目。预算会计不处理。

② 收到教育基金会交回的投资收益，学校按照实际收到的金额，财务会计借记"银行存款"科目，贷记"专用基金/留本基金/收益"科目。预算会计不处理。

③ 从基金会收回使用留本基金委托的投资，学校按照收回的金额，财务会计借记"银行存款"科目；按照收回的留本基金本金金额，贷记"其他应收款/其他应收"科目；按照两者的差额，贷记或借记"专用基金/留本基金/收益"科目。同时，按照收回的留本基金本金金额，财务会计借记"专用基金/留本基金/本金/已投资"科目，贷记"专用基金/留本基金/本金/未投资"科目。预算会计不处理。

（2）学校直接使用留本基金进行投资。

① 投资时，学校按照动用留本基金投资的数额，财务会计借记"短期投资""长期债券投资"等科目，贷记"银行存款"科目。同时，按照相同的金额，财务会计借记"专用基金/留本基金/本金/未投资"科目，贷记"专用基金/留本基金/本金/已投资"科目。预算会计不处理。

② 期末，对持有的留本基金投资确认应计利息收入时，学校按照确认的应计利息，财务会计借记"应收利息""长期债券投资"科目，贷记"专用基金/留本基金/收益"科目。预算会计不处理。

③ 收到留本基金投资获得的利息时，学校按照实际收到的金额，财务会计借记"银行存款"科目，贷记"应收利息"科目。预算会计不处理。

④ 收回留本基金投资时，学校按照收回的金额，财务会计借记"银行存款"科目；按照收回的投资本金及相关利息金额，贷记"短期投资""长期债券投资"等科目；按照两者的差额，贷记或借记"专用基金/留本基金/收益"科目。同时，按照收回的留本基金本金金额，财务会计借记"专用基金/留本基金/本金/已投资"科目，贷记"专用基金/留本基金/本金/未投资"科目。预算会计不处理。

（3）按照协议将留本基金收益转增本金时，学校按照转增的金额，财务会计借记"专用基金/留本基金/收益"科目，贷记"专用基金/留本基金/本金/未投资"科目。预算会计不处理。

3. 使用专用基金时的账务处理

（1）按照规定使用从收入中提取并列入费用的专用基金时，学校按照实际使用数额，财务会计借记"专用基金"科目，贷记"银行存款"等科目。同时，根据实际支付金额，预算会计借记"事业支出"等科目，贷记"资金结存"科目。

（2）按照规定使用从本年非财政拨款结余或经营结余中提取的专用基金（如职工福利基金、职工医疗互助基金）时，学校按照实际提取金额和相关单据，财务会计借记"专用基金"科目，贷记"银行存款"等科目。同时，根据实际提取额度，预算会计借记

"专用结余"科目,贷记"资金结存"科目。

(3) 按照规定使用设置的专用基金(如留本奖助学基金)时,学校按照实际设置金额,财务会计借记"专用基金"科目,贷记"银行存款"等科目。预算会计不处理。

提示:①设置的专用基金,在设立时就未进行预算会计核算,相应地直接使用时,预算会计也不处理。这里的直接使用是指按照留本基金的用途进行使用。如调整用途或纳入学校预算统一管理使用,则需要转为"捐赠收入"和"捐赠预算收入",相应地再使用时,就应纳入预算会计核算。②对于留本基金理财收益部分的使用,可以直接借记"专用基金/留本基金/收益",也可以将"专用基金/留本基金/收益"转入学校捐赠收入后再使用,区别在于是否纳入预算管理。

留本基金限定期限到期,将留本基金转为可以自由使用的资金时,学校按照转为可以使用的资金数额,财务会计借记"专用基金/留本基金/本金/未投资"科目,贷记"捐赠收入"科目。同时,按照相同的金额,预算会计借记"资金结存/货币资金"科目,贷记"捐赠预算收入"科目。

提示:根据专用基金的三种来源情况,使用专用基金时,相应的预算会计也分三种情况进行确认处理。

4. 使用提取或设置的专用基金购置固定资产、无形资产时的账务处理

学校按照固定资产、无形资产成本金额,财务会计借记"固定资产""无形资产"等科目,贷记"银行存款"等科目。同时,按照专用基金使用金额,借记"专用基金"科目,贷记"累计盈余"科目。预算会计处理同上。

提示:关于专用基金对应货币资金理财收益(如存款利息)的确认归属尚无具体规定,除《衔接规定》中对于留本基金理财收益归属"专用基金/留本基金/收益"外,对于其他"专用基金"尚无明确规定。按照一致性和重要性原则,对于数额比较大的"单位住宅维修基金""职工医疗互助基金"等对应的存款利息等,一是直接通过单笔定期存放方式,直接归集到相应专用基金下;二是不能严格区分各项存款,可按照学校定期存款利息收入的一定比例分配计入。

(四) 主要业务会计核算实务举例

【例7-7】 5月15日,学校××老师代领××老师家属去世慰问费1 000元,从学校提取设置的职工福利基金809#项目经费中支出。(入账单据:酬金报账单或支付凭证、银行支付回单等)

摘要	财务会计	预算会计
××代领(支付)××老师慰问费	借:专用基金/职工福利基金/商品和服务支出/福利费[809#项目] 1 000 　　贷:银行存款/银行无现金账户 1 000	借:事业支出/教育事业支出/商品和服务支出/福利费[809#项目] 1 000 　　贷:资金结存/货币资金 1 000

【例7-8】 5月20日,学校收到××校友设置××留本奖助学金500万元(经确认入奖助金807#项目核算),捐赠约定每年动用留本基金理财收益发放学生奖助学金。

(1) 收到留本奖助学金基金款500万元。(入账单据:捐赠协议、银行入账单等)

摘要	财务会计	预算会计
收××留本奖助学基金	借：银行存款 5 000 000 　　贷：专用基金/留本基金/本金/未投资 　　　　［807#项目］5 000 000	不处理

（2）5月5日，学校委托教育基金会对该笔留本奖助学金进行理财，该留本奖助学金款项已转入教育基金会银行账户。（入账单据：委托理财协议、银行支付回单等）

摘要	财务会计	预算会计
委托教育基金会对××留本基金理财	借：其他应收款/其他应收［807#项目］5 000 000 　　贷：银行存款 5 000 000	不处理
	（同时） 借：专用基金/留本基金/本金/未投资［807#项目］5 000 000 　　贷：专用基金/留本基金/本金/已投资［807#项目］5 000 000	

（3）12月20日，学校收到教育基金会委托理财收益20万元，款项已存入银行存款。（入账单据：委托理财协议、银行到款回单等）

摘要	财务会计	预算会计
收到教育基金会委托理财收益	借：银行存款 200 000 　　贷：专用基金/留本基金/收益［807#项目］200 000	不处理

（4）次年2月5日，学校使用该笔留本基金理财收益20万元发放奖助学金，已通过无现金银行账户支付。（入账单据：获奖学生名单、银行支付回单等）

① 方式一：动用留本基金时（含留本基金理财收益），不纳入预算管理。

摘要	财务会计	预算会计
发××学生奖助学金	借：专用基金/留本基金/收益［807#项目］200 000 　　贷：银行存款 200 000	不处理

② 方式二：动用留本基金时（含留本基金理财收益），纳入预算管理。

摘要	财务会计	预算会计
动用留本基金理财收益	借：专用基金/留本基金/收益［807#项目］200 000 　　贷：捐赠收入［807#项目］200 000	借：资金结存/货币资金 200 000 　　贷：捐赠预算收入［807#项目］200 000
发××学生奖助学金	借：业务活动费用/教育费用/对个人和家庭的补助/奖助学金［807#项目］200 000 　　贷：银行存款 200 000	借：事业支出/教育事业支出/对个人和家庭的补助/奖助学金［807#项目］200 000 　　贷：资金结存/货币资金 200 000

提示：对于非留本的具有限制用途的捐赠收入，如是跨年或多年支出的，建议通过"专用基金"核算；如是当年支出的限定性捐赠收入，可以通过"捐赠收入"核算。

【例7-9】 5月12日，根据学校职工医疗互助基金管理规定，从参加职工医疗互助基金的职工每月工资中代扣职工参加职工医疗互助金合计 20 000 元，该基金为单独设置的非留本基金（经确认入职工医疗互助基金 849#项目核算）。（入账单据：工资代扣汇总单等）

摘要	财务会计	预算会计
代扣教职工××月职工医疗互助金	借：应付职工薪酬 20 000 　　贷：专用基金/职工医疗互助基金［849#项目］20 000	不处理 （备注：单独设置的基金，不纳入预算管理范围）

【例 7-10】 11 月 20 日，学校××老师根据审批，从职工医疗互助基金 849#项目中领取大病医疗互助金 10 000 元。（入账单据：支付凭证、银行支付回单等）

摘要	财务会计	预算会计
××老师领取大病医疗互助金	借：专用基金/职工医疗互助基金［849#项目］10 000 　　贷：银行存款 10 000	不处理

三、3201#权益法调整核算

（一）业务界定

权益法调整是指高校对其持有的长期股权投资采用权益法核算时，按照被投资单位除净损益和利润分配外的所有者权益变动份额调整长期股权投资账面余额而计入净资产的金额。

提示： 权益法调整中的被投资单位权益变动部分是指除净损益和利润分配外的部分，一般来自被投资单位获得的财政补助收入、捐赠收入等非经营性收益。

（二）科目设置

高校应设置"3201#权益法调整"科目，核算高校权益法调整的增减变化及余额。"权益法调整"科目余额，反映高校在被投资单位除净损益和利润分配外的所有者权益变动中累积享有或分担的份额。"权益法调整"科目一般按照被投资单位进行明细核算。

提示： 在会计核算系统下，被投资单位明细核算一般是通过按被投资单位设立项目进行科目项目辅助核算实现。

（三）主要业务账务处理实践解读

1. 年末，学校按照被投资单位除净损益和利润分配外的所有者权益变动应享有（或应分担）的份额进行账务处理

财务会计借记或贷记"长期股权投资/其他权益变动"科目，贷记或借记"权益法调整"科目。预算会计不处理。

提示： 准确界定被投资单位年末损益和利润的来源是准确核算"权益法调整"的关键基础。

2. 采用权益法核算的长期股权投资的账务处理

因被投资单位除净损益和利润分配外的所有者权益变动而将应享有（或应分担）的份额计入单位净资产的，处置该项投资时，学校按照原记入净资产的相应部分金额，财务会计借记或贷记"权益法调整"科目，贷记或借记"投资收益"科目。预算会计不处理。

（四）主要业务会计核算实务举例

【例7-11】 学校持有××公司30%股份并能对其实施重大影响，学校对××公司长期股权投资采用权益法核算。经审计，20××年12月31日××公司其他所有者权益（不含净损益和利润分配）增加40万元。不考虑其他因素，在权益法核算下，学校下一年度相关会计核算处理如下。（入账单据：被投资单位年度财务审计报告复印件、被投资单位所有者权益变动额度构成清单等）

摘要	财务会计	预算会计
调整××公司长期股权投资	借：长期股权投资/其他权益变动 120 000 　　贷：权益法调整 120 000	不处理

【例7-12】 3月10日，学校经批准将××公司30%股份（全部为现金投入）对外转让，转让价款100万元，款项已转存银行。该项长期股权投资的账面价值为82万元，其中成本50万元（现金投资），损益调整20万元，其他权益变动12万元。相应的会计处理如下。（入账单据：学校对外转让的决议、转让协议、银行到款回单、××公司相关财务报告、资产评估报告以及相关审批单等）

摘要	财务会计	预算会计
转让××公司长期股权投资	借：银行存款 1 000 000 　　贷：长期股权投资/投资成本 500 000 　　　　长期股权投资/损益调整 200 000 　　　　长期股权投资/其他权益调整 120 000 　　　　投资收益 180 000	借：资金结存/货币资金 1 000 000 　　贷：其他结余 500 000 　　　　投资预算收益 500 000
年末结转权益法调整	借：权益法调整 120 000 　　贷：投资收益 120 000	不处理

提示： 此阶段的投资收益合计为30万元，小于投资预算收益50万元，是因为以前存在损益调整时形成的投资收益20万元，两者合计，投资收益也是50万元。该种情况就是权责发生制和收付实现制在投资（预算）收益上的时间性差异的体现。

四、3301#本期盈余核算

（一）业务界定

本期盈余主要是指高校本期各项收入、费用结转相抵后的余额，反映本期事项的盈余或亏损。

（二）科目设置

根据《政府会计制度》有关明细核算要求和学校预算执行限额控制需求，高校应在"3301#本期盈余"科目下设"3301.01#本期盈余/基本盈余"和"3301.02#本期盈余/项目盈余"两个明细科目，分别对学校层面的收入费用相抵后的余额和项目化管理层面收入费用相抵后的余额进行结转核算。

（三）主要业务账务处理实践解读

1. 期末，财务会计结转本期收入的账务处理

学校将各类收入科目的本期贷方发生额转入本期盈余，财务会计借记"财政拨款收入""事业收入""上级补助收入""附属单位上缴收入""经营收入""非同级财政拨款收入""投资收益""捐赠收入""利息收入""租金收入""其他收入"等科目，贷记"本期盈余"科目。预算会计不处理。

学校将各类费用科目的本期借方发生额转入本期盈余，财务会计借记"本期盈余"科目，贷记"业务活动费用""单位管理费用""经营费用""所得税费用""资产处置费用""上缴上级费用""对附属单位补助费用""其他费用"等科目。预算会计不处理。

提示： 为避免虚增收入费用科目借贷发生额，也便于清晰反映收入费用科目借方发生额和贷方发生额，一般在日常会计核算时，如需要调减收入费用，建议用负数从收入贷方或费用借方调减。

2. 年末，完成上述结转后的账务处理

期末，本期盈余科目如为贷方余额的账务处理，反映学校自年初至当期期末累计实现的盈余；如为借方余额，反映学校自年初至当期期末累计发生的亏损。学校将"本期盈余"科目余额转入"本年盈余分配"科目，财务会计借记或贷记"本期盈余"科目，贷记或借记"本年盈余分配"科目。预算会计不处理。

3. 年末，学校会计核算系统结账期内系统自动设置和生成结转凭证的账务处理

将本年收入和费用转入本期盈余，将本期盈余转入本年盈余分配。

提示： ① 学校项目限额控制分为收支对应控制限额和预算下达控制限额两种，前者通过收入项目核算实现以收控支（资产采购和费用发生），后者通过表外预算科目控制支出（资产采购和费用发生）。② 目前，会计核算系统的项目限额控制模式又分为两种，一是以财务会计科目发生额和余额为计算基础，计算项目限额的执行情况（具体计算规则略）；二是以预算会计科目为主，附加财务会计相关往来科目为计算基础。③ 如果是以财务会计科目为项目余额计算基础，且是应收控制类项目，其收入支出（资产采购和费用发生）结账后的差异（剩余限额）需要结转到"本期盈余"科目相应的项目中，也就是说"本期盈余"科目需要项目核算设置。

（四）主要业务会计核算实务举例（略）

五、3302#本年盈余分配核算

（一）业务界定

本年盈余分配是指高校将本年度实现的盈余进行分配的情况和结果。在本年盈余分配之前，需要进行本期盈余结转处理，年末将本期盈余转入本年盈余分配。

（二）科目设置

高校应设置"3302#本年盈余分配"科目，核算本年度盈余分配的情况和结果。"本年盈余分配"科目一般不设置明细科目。

（三）主要业务账务处理实践解读

1. 期末，结转"本期盈余"的账务处理

学校将"本期盈余"科目余额转入"本年盈余分配"科目，财务会计借记或贷记"本期盈余"科目，贷记或借记"本年盈余分配"科目。预算会计不处理。

2. 期末，根据有关规定从本年度非财政拨款结余或经营结余中提取专用基金时的账务处理

学校按照预算会计有关专用结余提取金额，财务会计借记"本年盈余分配"科目，贷记"专用基金"科目。同时，根据实际提取金额，预算会计借记"非财政拨款结余分配"科目，贷记"专用结余"科目。

3. 期末，按照规定完成上述"1"、"2"处理后的账务处理

学校将"本年盈余分配"科目余额转入累计盈余，财务会计借记或贷记"本年盈余分配"科目，贷记或借记"累计盈余"科目。预算会计不处理。

提示：会计核算系统中，每年12月31日设置为结账期，通过系统设置相关盈余结转对应关系，系统自动生成结转凭证，将本期盈余转本年盈余分配，将本年盈余分配转入累计盈余（基本盈余、项目盈余）。具体设置略。

（四）主要业务会计核算实务举例

【例7-13】 期末，学校完成各项收入和费用的结转，结转后的"本期盈余"贷方余额为200 000元。（入账单据：通过系统自动生成，无入账附件；如通过审核制单方式处理结账，则需要本期盈余结转汇总单）

摘要	财务会计	预算会计
结转20××年本期盈余	借：本期盈余 200 000 　　贷：本年盈余分配 200 000	不处理

【例7-14】 20××年末，学校根据有关规定，从本年盈余分配（来自经营结余部分）中提取职工福利基金20 000元（经确认入849#项目核算）。（入账单据：职工福利基金提取计算单等）

摘要	财务会计	预算会计
提取20××年度职工福利基金	借：本年盈余分配 20 000 　　贷：专用基金/职工福利基金［849#项目］20 000	借：非财政拨款结余分配 20 000 　　贷：专用结余［849#项目］20 000

【例7-15】 20××年末，学校将结转与分配后的本年盈余分配结转入累计盈余。（入账单据：本年盈余分配表）

摘要	财务会计	预算会计
结转本年盈余分配	借：本年盈余分配 180 000 　　贷：累计盈余 180 000	不处理

六、3401#无偿调拨净资产核算

(一) 业务界定

无偿调拨净资产是指高校无偿调入或调出非现金资产所引起的净资产变动金额。

提示： 现金资产的调入调出直接增减累计盈余，财务会计直接调增减"累计盈余"，预算会计直接确认为"归集调入""归集调出"。

(二) 科目设置

高校应设置"3401#无偿调拨净资产"科目，核算无偿调入调出非现金资产的情况，一般不设置明细科目核算。

(三) 主要业务账务处理实践解读

1. 按照规定取得无偿调入的存货、长期股权投资、固定资产、无形资产等时的账务处理

学校按照调入非现金资产成本（原值）加调入过程中由调入方承担的税费，财务会计借记"库存物品""长期股权投资""固定资产""无形资产"等科目；按照调入过程中发生的归属于调入方的相关税费，贷记"零余额账户用款额度""银行存款"等科目；按照调入非现金资产成本（净值），贷记"无偿调拨净资产"科目；按照调入非现金资产累计折旧或摊销（固定资产或无形资产等），贷记"固定资产累计折旧""无形资产累计摊销"科目。

同时，按照调入过程中发生的归属于调入方的相关税费，预算会计借记"其他支出"科目，贷记"资金结存"等科目。

2. 按照规定经批准无偿调出存货、长期股权投资、固定资产、无形资产等时的账务处理

学校按照调出资产的账面余额或账面净值，财务会计借记"无偿调拨净资产"科目；按照固定资产累计折旧、无形资产累计摊销金额，借记"固定资产累计折旧""无形资产累计摊销"科目；按照调出资产的账面余额，贷记"库存物品""长期股权投资""固定资产""无形资产"等科目；按照调出过程中发生的归属于调出方的相关费用，财务会计借记"资产处置费用"科目，贷记"零余额账户用款额度""银行存款"等科目。

同时，按照调出过程中发生的归属于调出方的相关费用，预算会计借记"其他支出"科目，贷记"资金结存/货币资金"等科目。

提示： ① 无偿调入存货、长期股权投资、固定资产和无形资产等发生的由调入方承担的相关调入税费，财务会计一般记入该项资产成本，但预算会计记入"其他支出"；无偿调出存货、长期股权投资、固定资产和无形资产等发生的由调出方承担的相关调出税费，财务会计记入"资产处置费用"科目，预算会计记入"其他支出"科目。② 根据《政府会计准则制度解释第1号》有关规定，无偿调入资产在调出方的账面价值为零（已经按制度规定提足折旧）或者账面余额为名义金额的，学校（调入方）应当将调入过程中由学校承担的相关税费计入当期"其他费用（支出）"，不计入调入资产的初始入账成本。

3. 期末，学校将"无偿调拨净资产"科目余额转入累计盈余的账务处理

财务会计借记或贷记"无偿调拨净资产"科目，贷记或借记"累计盈余"科目。预算会计不处理。

（四）主要业务会计核算实务举例

【例 7-16】 5 月 10 日，经教育主管部门批准，学校从××高校无偿调入专用设备一台，票据注明价值为 500 000 元（原值 600 000 元，已累计提折旧 100 000 元）。学校收到该设备，不需要安装直接投入使用，付运输公司运费 2 000 元。

（1）调入单位（学校）入账。（入账单据：主管批文、设备验收入库单、设备清单、运输费用票据、银行支付回单等）

摘要	财务会计	预算会计
××高校无偿调入设备一台	借：固定资产 602 000 　　贷：无偿调拨净资产 500 000 　　　　固定资产累计折旧 100 000 　　　　银行存款 2 000	借：其他支出 2 000 　　贷：资金结存 2 000

（2）调出单位（××高校）入账。（入账单据：主管批文、送货单、设备发送单等）

摘要	财务会计	预算会计
××老师办理无偿调出设备入账	借：无偿调拨净资产 500 000 　　固定资产累计折旧 100 000 　　贷：固定资产 600 000	不处理

【例 7-17】 期末，学校根据规定，将无偿调拨净资产科目余额转入累计盈余。

（1）调入单位（学校）。（入账单据：无偿调拨净资产科目余额汇总表等）

摘要	财务会计	预算会计
20××年结转无偿调拨净资产	借：无偿调拨净资产 500 000 　　贷：累计盈余 500 000	不处理

（2）调出单位（××高校）。（入账单据：无偿调拨净资产科目余额汇总表等）

摘要	财务会计	预算会计
20××年结转无偿调拨净资产	借：累计盈余 500 000 　　贷：无偿调拨净资产 500 000	不处理

七、3501#以前年度盈余调整核算

（一）业务界定

以前年度盈余调整是指高校本年度发生的调整以前年度盈余的事项，包括本年度发生的重要前期差错更正涉及调整以前年度盈余的事项。

（二）科目设置

高校应设置"3501#以前年度盈余调整"科目，核算高校对以前年度盈余的增减调整情况，学校"以前年度盈余调整"科目未设置明细科目核算。

（三）主要业务账务处理实践解读

1. 调整以前年度收入的账务处理

当发现以前年度收入少记或多记时，学校按照应调整增加的金额，财务会计借记有关

科目，贷记"以前年度盈余调整"科目。调整减少的，做相反会计分录。同时，根据调整以前年度收入来源渠道，预算会计借记或贷记"资金结存"等科目，贷记或借记"财政拨款结转/年初余额调整""非财政拨款结转/年初余额调整"等科目。

2. 调整以前年度费用时的账务处理

当发现以前年度费用少记或多记时，学校按照调整增加的金额，财务会计借记"以前年度盈余调整"科目，贷记"应付账款"等有关科目。调整减少的，做相反会计分录。同时，根据调整以前年度支付渠道，预算会计借记或贷记"财政拨款结转/年初余额调整""非财政拨款结转/年初余额调整"等科目，贷记或借记"资金结存"等科目。

3. 盘盈的各种非流动资产，报经批准后处理时的账务处理

学校按照盘盈数额，财务会计借记"待处理资产损溢"科目，贷记"以前年度盈余调整"科目。预算会计不处理。

提示：盘亏的各种非流动资产，报经批准前，财务会计借记"待处理资产损溢"科目，贷记"库存物品""固定资产"等科目；报经批准后，财务会计借"资产处置费用"科目，贷记"待处理资产损溢"等科目。

4. 经上述调整后的账务处理

学校将"以前年度盈余调整"科目的余额转入累计盈余，财务会计借记或贷记"累计盈余"科目，贷记或借记"以前年度盈余调整"科目。预算会计不处理。

（四）主要业务会计核算实务举例

【例7-18】 5月10日，学校在对账务处理自查中发现，上年一笔20 000元的应作为其他收入的款项，误做成预收账款，现根据要求调整账务处理。（入账单据：原入账单据复印件，相关审批单等）

摘要	财务会计	预算会计
补记调整××号凭证××其他收入	借：预收账款 20 000 　　贷：以前年度盈余调整 20 000	不处理（备注：原做预收账款时已确认预算收入）

【例7-19】 5月10日，学校在对账务处理自查中发现，上年有一笔30 000元的应付账款误记成3 000元。现根据要求调整账务处理。（入账单据：原入账发票、合同等材料）

摘要	财务会计	预算会计
补记××号凭证××漏记费用	借：以前年度盈余调整 27 000 　　贷：应付账款 27 000	不处理

【例7-20】 12月31日，学校"以前年度盈余调整"科目贷方余额合计为30 000元，现根据要求进行账务处理。（入账单据：科目余额汇总表等）

摘要	财务会计	预算会计
结转期末以前年度盈余调整科目余额	借：以前年度盈余调整 30 000 　　贷：累计盈余 30 000	不处理

第三节　预算结转及分配类业务核算

根据《政府会计制度》及《衔接规定》等，高校预算结余按其来源及用途等分为财政拨款结转、财政拨款结余、非财政拨款结转、非财政拨款结余、专用结余、经营结余（负数）等六个方面。其中，非财政拨款结转与结余来自非财政拨款收支相抵以及经营结余（贷余）、其他结余等。预算结转流程见图7-2、图7-3、图7-4。

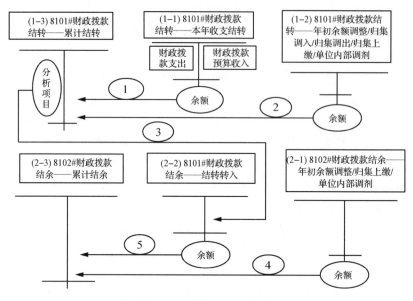

图 7-2　财政拨款结转结余流程图

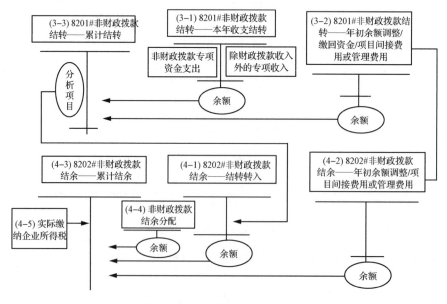

图 7-3　非财政拨款结转结余流程图

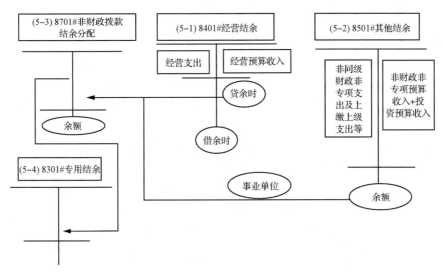

图 7-4 非财政拨款结余分配流程图

一、8001#资金结存核算

（一）业务界定

资金结存科目是预算会计平衡科目，为预算收入类、预算支出类和预算结余类的对应账户，本身无实质内容。资金结存科目与财务会计要素中的货币资金类以及财政应返还额度等科目有一定的对应关系，一般来说资金结存科目余额小于或等于单位实际货币资金类（含财政应返还额度）账户余额。本科目核算学校纳入部门预（决）算管理的资金流入、流出、调整和滚存等情况。

（二）科目设置

"8001#资金结存"科目应设置下列明细科目。

1. "8001.01#**资金结存/零余额账户用款额度**"明细科目

该科目主要核算实行国库集中支付制度的高校根据财政部门批复的用款计划收到和支用的零余额账户用款额度。年末结账后，本明细科目余额一般结转到"资金结存/财政应返还额度"账户，该科目应无余额。

2. "8001.02#**资金结存/货币资金**"明细科目

该科目主要核算高校以库存现金、银行存款、其他货币资金形态存在的预算管理资金额度。本明细科目年末借方余额反映单位尚未执行完的预算结转结余的货币资金。

3. "8001.03#**资金结存/财政应返还额度**"明细科目

该科目主要核算实行国库集中支付制度的高校可以使用的以前年度财政直接支付资金额度和财政应返还的财政授权支付资金额度。本明细科目下可进一步设置"直接支付""授权支付"两个明细科目进行明细核算。本明细科目年末借方余额反映学校应收财政返还的资金额度。

(三) 主要业务账务处理实践解读

1. 以财政授权支付方式取得预算收入时的账务处理

学校根据代理银行转来的财政授权支付额度到账通知书，按照通知书中的授权支付额度，财务会计借记"零余额账户用款额度"科目，贷记"财政拨款收入"科目。同时，根据授权支付额度，预算会计借记"资金结存/零余额账户用款额度"科目，贷记"财政拨款预算收入"科目。

2. 以国库集中支付以外的方式取得预算收入时的账务处理

学校按照实际收到的金额，财务会计借记"银行存款"等科目，贷记"事业收入""应收账款""预收账款"等科目。同时，按照实际收到的金额，预算会计借记"资金结存/货币资金"科目，贷记"财政拨款预算收入""事业预算收入""经营预算收入"等科目。

3. 在财政授权支付方式下，发生相关支出（费用）时的账务处理

学校按照授权支付数额，财务会计借记"业务活动费用""应付账款"等科目，贷记"零余额账户用款额度"科目。同时，按照实际支付的金额，预算会计借记"事业支出"等科目，贷记"资金结存/零余额账户用款额度"科目。

4. 从零余额账户提取现金或按规定转拨到实有银行账户（如转回发放工资等）时的账务处理

学校按照实际提取和划转金额，财务会计借记"库存现金""银行存款"等科目，贷记"零余额账户用款额度"科目。同时，根据实际提取和划转金额，预算会计借记"资金结存/货币资金"科目，贷记"资金结存/零余额账户用款额度"科目。退回现金时，做相反会计分录。

提示： 根据《政府会计准则制度解释第2号》，对于归垫资金转回和国库资金转入实有资金账户再支付处理这两种情况，需要关注支付对应的预算会计经济科目选择问题，特别是资金支付性质（财政拨款）以及实际支付情况，确保年度决算报表填报与实际资金支付额度、支出功能、支出经济分类科目相一致。

5. 使用以前年度结转结余的财政直接支付额度支付时的账务处理

学校按照支付数额，财务会计借记"业务活动费用""应付账款"等科目，贷记"财政应返还额度"科目。同时，按照实际支付金额，预算会计借记"事业支出"等科目，贷记"资金结存/财政应返还额度"科目。

6. 使用国库集中支付相关支出（费用）时的账务处理

学校按照实际支付费用，财务会计借记"业务活动费用""应付账款"等科目，贷记"零余额账户用款额度"等科目。同时，按照实际支付的金额，预算会计借记"事业支出""经营支出"等科目，贷记"资金结存/货币资金"科目。

7. 按照规定上缴财政拨款结转结余资金或注销财政拨款结转结余资金额度时的账务处理

学校根据上缴或注销额度，财务会计借记"累计盈余"等科目，贷记"零余额账户用款额度"等科目。同时，按照实际上缴资金数额或注销的资金额度数额，预算会计借记"财政拨款结转/归集上缴"或"财政拨款结余/归集上缴"科目，贷记"资金结存/财政应返还额度""资金结存/零余额账户用款额度""资金结存/货币资金"等明细科目。

8. 按规定向原资金拨入单位缴回非财政拨款结转资金时的账务处理

学校按照缴回金额,财务会计借记"累计盈余"科目,贷记"银行存款"等科目。同时,按照实际缴回资金数额,预算会计借记"非财政拨款结转/缴回资金"科目,贷记"资金结存/货币资金"科目。

9. 收到从其他单位调入的财政拨款结转资金时的账务处理

学校按照实际收到的调入款项,财务会计借记"银行存款""零余额账户用款额度"等科目,贷记"累计盈余"等科目。同时,按照实际调入的资金数额,预算会计借记"资金结存/财政应返还额度""资金结存/零余额账户用款额度""资金结存/货币资金"等明细科目,贷记"财政拨款结转/归集调入"科目。

10. 按照规定使用专用基金时的账务处理

学校按照动用额度,财务会计借记"专用基金"科目,贷记"银行存款"等科目。同时,按照实际支付金额,预算会计借记"专用结余"科目(从非财政拨款结余中提取的专用基金)或"事业支出"科目(从预算收入中计提的专用基金)等,贷记"资金结存/货币资金"科目。

11. 因购货退回、发生差错更正等退回国库直接支付、授权支付款项,或者收回货币资金时的账务处理

(1)属于本年度支付,学校按照收到的退回金额,财务会计借记"银行存款"等科目,贷记"业务活动费用"等科目。同时,预算会计借记"财政拨款预算收入"科目或"资金结存/零余额账户用款额度""资金结存/货币资金"等明细科目,贷记相关支出科目。

(2)属于以前年度支付,学校按照收到的退回金额,财务会计借记"银行存款"等科目,贷记"累计盈余"等科目。同时,预算会计借记"资金结存/财政应返还额度""资金结存/零余额账户用款额度""资金结存/货币资金"等明细科目,贷记"财政拨款结转""财政拨款结余""非财政拨款结转""非财政拨款结余"科目。

12. 年末,学校根据本年度财政直接支付预算指标数与当年财政直接支付实际支出数的差额所做的账务处理

财务会计借记"财政应返还额度"科目,贷记"财政拨款收入"科目。预算会计借记"资金结存/财政应返还额度"科目,贷记"财政拨款预算收入"科目。

13. 年末,学校依据代理银行提供的对账单进行额度注销处理

财务会计借记"财政应返还额度"科目,贷记"零余额账户用款额度"科目。预算会计借记"资金结存/财政应返还额度"科目,贷记"资金结存/零余额账户用款额度"科目。本年度财政授权支付预算指标数大于零余额账户用款额度下达数的,根据未下达的用款额度,预算会计借记"资金结存/财政应返还额度"科目,贷记"财政拨款预算收入"科目。

14. 下年初,学校依据代理银行提供的额度恢复到账通知书进行额度恢复处理

预算会计借记"资金结存/零余额账户用款额度"科目,贷记"资金结存/财政应返还额度"科目。收到财政部门批复的上年末未下达的零余额账户用款额度时,预算会计借记"资金结存/零余额账户用款额度"科目,贷记"资金结存/财政应返还额度"科目。财务会计借记"零余额账户用款额度"科目,贷记"财政应返还额度"科目。

提示:① 预算结余类中的资金结存科目,本质上反映国家所拥有和控制的所有资金,反映在收付实现制下的实有资金状况。② 年度预算收支结账结束后,该科目年末余额(借方余额)与其他预算结余类科目(贷方余额)之间应为平衡关系,该平衡关系反映了年末资金结存的实际构成与来源。

(四)主要业务会计核算实务举例(详见各预算会计核算举例)

二、8101#财政拨款结转核算

(一)业务界定

财政拨款结转是指高校取得的同级财政拨款结转资金的调整、收支结转和滚存情况。财政拨款结转资金是指高校当年财政拨款支出预算已执行但尚未完成,或因故未执行,下年须按原用途继续使用的财政拨款资金。

(二)科目设置

根据《政府会计制度》有关规定,高校应设置"8101#财政拨款结转"科目,该科目借方反映财政拨款结转资金的减少,贷方反映财政拨款结转资金的增加,年末贷方余额反映财政拨款结转年末累计余额明细科目。高校"8101#财政拨款结转"科目下设明细科目如下。

1. "8101.01#财政拨款结转/年初余额调整"明细科目

该科目主要核算高校因发生会计差错更正、以前年度支出收回等,需要调整财政拨款结转的金额。年末结账后,本明细科目应无余额。

2. 与财政拨款调拨业务相关的明细科目

(1)"8101.02#财政拨款结转/归集调入"明细科目,主要核算高校按照规定从其他单位调入财政拨款结转资金时,实际调增的额度数额或调入的资金数额。年末结账后,本明细科目应无余额。

(2)"8101.03#财政拨款结转/归集调出"明细科目,主要核算高校按照规定向其他单位调出财政拨款结转资金时,实际调减的额度数额或调出的资金数额。年末结账后,本明细科目应无余额。

(3)"8101.04#财政拨款结转/归集上缴"明细科目,主要核算高校按照规定上缴财政拨款结转资金时,实际核销的额度数额或上缴的资金数额。年末结账后,本明细科目应无余额。

(4)"8101.05#财政拨款结转/单位内部调剂"明细科目,主要核算高校经财政部门批准对财政拨款结余资金改变用途,调整用于本单位其他未完成项目等的调整金额。年末结账后,本明细科目应无余额。

3. 与年末财政拨款收支结账结转业务相关的明细科目

(1)"8101.06#财政拨款结转/本年收支结转"明细科目,主要核算高校本年度财政拨款收支相抵后的余额。年末结账后，本明细科目应无余额。

（2）"8101.07#财政拨款结转/累计结转"明细科目，主要核算高校滚存的财政拨款结转资金。本明细科目年末贷方余额反映单位财政拨款滚存的结转资金数额。

根据年度部门预算决算报表编报管理要求，财政拨款结转科目还应符合以下几点：一是根据《政府收支分类科目》支出功能分类科目进行明细核算；二是根据预算管理要求，设置"基本支出结转""项目支出结转"两个明细科目，并在"基本支出结转"明细科目下按照"人员经费""日常公用经费"进行明细核算，在"项目支出结转"明细科目下按照具体项目进行明细核算；三是根据财政拨款的种类进行明细核算，有一般公共预算拨款、政府性基金预算拨款结转等两种或者两种以上财政拨款。

学校财政拨款结转明细科目设置见表7-3。

表7-3 学校财政拨款结转明细科目设置表

一级科目	二级科目	三级科目	四级科目	五级科目
财政拨款结转	一般公共预算拨款结余	年初余额调整	支出功能分类明细科目	具体项目
		归集调入	支出功能分类明细科目	具体项目
		归集调出	支出功能分类明细科目	具体项目
		归集上缴	支出功能分类明细科目	具体项目
		单位内部调剂	支出功能分类明细科目	具体项目
		本年收支结转	支出功能分类明细科目	具体项目
		累计结转	支出功能分类明细科目	具体项目
	政府性基金预算拨款结余	年初余额调整	支出功能分类明细科目	具体项目
		归集调入	支出功能分类明细科目	具体项目
		归集调出	支出功能分类明细科目	具体项目
		归集上缴	支出功能分类明细科目	具体项目
		单位内部调剂	支出功能分类明细科目	具体项目
		本年收支结转	支出功能分类明细科目	具体项目
		累计结转	支出功能分类明细科目	具体项目

提示：学校实际会计核算科目设置及账务处理工作中，财政拨款结转没有设置这么多明细科目，主要保留一级科目和三级明细科目设置，相应的其他明细核算都是通过国库支付系统相关数据来反映。

（三）主要业务账务处理实践解读

1. 与会计差错更正、以前年度支出收回相关的账务处理

（1）因发生会计差错更正退回以前年度国库直接支付、授权支付款项或财政性货币资金，或者因发生会计差错更正增加以前年度国库直接支付、授权支付支出或财政性货币资金支出，属于以前年度财政拨款结转资金时，财务会计借记或贷记"零余额账户用款额度""财政应返还额度"等科目，贷记或借记"以前年度盈余调整"科目。学校按照实际收到的退回金额等，预算会计借记或贷记"资金结存/财政应返还额度""资金结存/零余额账户用款额度""资金结存/货币资金"科目,贷记或借记"财政拨款结转/年初余额调整"科目。

(2) 因购货退回、预付款项收回等发生以前年度支出又收回国库直接支付、授权支付款项或收回财政性货币资金,属于以前年度财政拨款结转资金时,学校按照实际收到的退回额,财务会计借记"零余额账户用款额度"等科目,贷记"库存物品""预付账款"等科目。同时,预算会计借记"资金结存/财政应返还额度""资金结存/零余额账户用款额度""资金结存/货币资金"科目,贷记"财政拨款结转/年初余额调整"明细科目。

2. 与财政拨款结转结余资金调拨业务相关的账务处理

(1) 按照规定从其他单位调入财政拨款结转资金时,学校按照实际调增的额度数额或调入的资金数额,财务会计借记"财政应返还额度"科目,贷记"累计盈余"科目。预算会计借记"资金结存/财政应返还额度""资金结存/零余额账户用款额度""资金结存/货币资金"等明细科目,贷记"财政拨款结转/归集调入"明细科目。

(2) 按照规定向其他单位调出财政拨款结转资金时,学校按照实际调减的额度数额或调出的资金数额,财务会计借记"累计盈余"等科目,贷记"零余额账户用款额度"等科目。预算会计借记"财政拨款结转/归集调出"明细科目,贷记"资金结存/财政应返还额度""资金结存/零余额账户用款额度""资金结存/货币资金"等明细科目。

(3) 按照规定上缴财政拨款结转资金或注销财政拨款结转资金额度时,学校按照实际上缴资金数额或注销的资金额度数额,财务会计借记"累计盈余"科目,贷记"零余额账户用款额度"等科目。预算会计借记"财政拨款结转/归集上缴"明细科目,贷记"资金结存/财政应返还额度""资金结存/零余额账户用款额度""资金结存/货币资金"等明细科目。财务会计不处理。

(4) 经财政部门批准对财政拨款结余资金改变用途,调整用于学校基本支出或其他未完成项目支出时,学校按照批准调剂的金额,预算会计借记"财政拨款结余/单位内部调剂/××项目"等明细科目,贷记"财政拨款结转/单位内部调剂/××项目"等明细科目。财务会计不处理。

3. 与年末财政拨款结账结转和结余业务相关的账务处理

(1) 年末,学校将财政拨款预算收入本年发生额转入"财政拨款结转"科目时,预算会计借记"财政拨款预算收入"科目,贷记"财政拨款结转/本年收支结转"科目;将各项支出中财政拨款支出本年发生额转入本科目时,预算会计借记"财政拨款结转/本年收支结转"科目,贷记"事业支出"等明细科目。财务会计不处理。

(2) 年末,学校冲销"财政拨款结转"明细科目余额,将"财政拨款结转/本年收支结转、年初余额调整、归集调入、归集调出、归集上缴、单位内部调剂"等明细科目余额转入"财政拨款结转/累计结转"明细科目时,预算会计借记"财政拨款结转/本年收支结转""财政拨款结转/年初余额调整"等明细科目,贷记"财政拨款结转/累计结转"科目。财务会计不处理。

结转后,"财政拨款结转"科目除"累计结转"明细科目外,其他明细科目应无余额。

(3) 年末,完成上述结转后,学校对财政拨款结转各明细项目执行情况进行分析,将符合财政拨款结余性质的项目余额转入财政拨款结余，预算会计借记"财政拨款结转/累计结转"科目，贷记"财政拨款结余/结转转入"科目。财务会计不处理。

提示：① 按照学校现行会计核算规则，对于财政拨款到账是通过"预算下达"进行项目核算，核算上无法实现预算收入与预算支出的对应，相应的年末结转就不能实现收支对应结转。② 为实现对应的收支对应结转，需要调整现行的"预算下达"规则，由"预算下达"改为"收入下达"实行项目核算，那么就存在提前确认财政拨款收入问题，否则就只能按照财政拨款进度实行分批下达"财政拨款收入"，导致计划下达核算任务增加。③ 由"预算下达"改为"收支下达"的重要作用就是有效实现"以收定支"，确保收支对应。

（四）主要业务会计核算实务举例

【例 7-21】 20××年，学校核查上年度账务处理时发现，上年度应计入财政拨款支出并已从零余额账户用款额度列支的 5 000 元材料款未进行账务处理，导致应付账款未冲销，该部分资金为财政拨款结转资金。（入账单据：往来款项清查单等）

摘要	财务会计	预算会计
调整补记冲销应付账款	借：应付账款 5 000 　　贷：零余额账户用款额度 5 000	借：财政拨款结转/年初余额调整 5 000 　　贷：资金结存/零余额账户用款额度 5 000

【例 7-22】 20××年，学校收到上年度财政授权支付的预付账款退回 5 000 元，该预付账款按原方式从零余额账户用款额度退回，额度已到账，为学校财政拨款结转资金。（入账单据：国库退回入账单等）

摘要	财务会计	预算会计
补记上年预付账款退回	借：零余额账户用款额度 5 000 　　贷：预付账款 5 000	借：资金结存/零余额账户用款额度 5 000 　　贷：财政拨款结转/年初余额调整 5 000

【例 7-23】 20××年，根据上级主管批复，学校收到××学校调入的财政拨款项目资金 5 000 元，该部分资金为财政零余额账户用款额度，用于学校疫情防控。（入账单据：调入批文、零余额账户用款额度入账单等）

摘要	财务会计	预算会计
收到××学校调入的财政专项资金	借：零余额账户用款额度 5 000 　　贷：累计盈余/基本盈余 5 000	借：资金结存/零余额账户用款额度 5 000 　　贷：财政拨款结转/归集调入 5 000

三、8102#财政拨款结余核算

（一）业务界定

财政拨款结余是指高校取得的同级财政拨款项目支出结余资金的调整、结转和滚存情况。财政拨款结余资金是指高校当年财政拨款支出预算已执行完成，或因政策变化、计划调整等因素导致工作终止，当年剩余的财政拨款资金。

（二）科目设置

根据《政府会计制度》有关明细核算要求，高校应设置"8102#财政拨款结余"科目及明细科目，核算财政拨款结余资金的调整、结转和滚存情况。

1. 与会计差错更正、以前年度支出收回相关的明细科目

"8102.01#财政拨款结余/年初余额调整"明细科目，主要核算高校因会计差错更正、以前年度支出收回等原因，需要调整财政拨款结余的金额。年末结账后，本明细科目应无余额。

2. 与财政拨款结余资金调整业务相关的明细科目

（1）"8102.02#财政拨款结余/归集上缴"明细科目，主要核算高校按照规定上缴财政拨款结余资金时，实际核销的资金额度或上缴的资金额度。年末结账后，本明细科目应无余额。

（2）"8102.03#财政拨款结余/单位内部调剂"明细科目，主要核算高校经财政部门批准对财政拨款结余资金改变用途，调整用于本单位其他未完成项目等的调整金额。年末结账后，本明细科目应无余额。

3. 与年末财政拨款结余结账业务相关的明细科目

（1）"8102.04#财政拨款结余/结转转入"明细科目，主要核算高校按照规定转入财政拨款结余的财政拨款结转资金。年末结账后，本明细科目应无余额。

（2）"8102.05#财政拨款结余/累计结余"明细科目，主要核算高校滚存的财政拨款结余资金。本明细科目年末贷方余额反映单位财政拨款滚存的结余资金数额。

根据年度部门预算决算管理要求，财政拨款结余应进一步进行明细核算。一是应按照《政府收支分类科目》中支出功能"项"级分类科目进行明细科目设置和核算；二是应按照不同资金来源分一般公共预算拨款、政府性基金预算财政拨款等两种或两种以上财政拨款等进行明细核算；三是应区分不同项目结余资金进行明细核算。

学校财政拨款结余明细科目设置见表7-4。

表7-4 财政拨款结余明细科目设置表

一级科目	二级科目	三级科目	四级科目	五级科目
财政拨款结余	一般公共预算拨款结余	年初余额调整	支出功能分类明细科目	具体项目
		归集上缴	支出功能分类明细科目	具体项目
		单位内部调剂	支出功能分类明细科目	具体项目
		结转转入	支出功能分类明细科目	具体项目
		累计结余	支出功能分类明细科目	具体项目
	政府性基金预算拨款结余	年初余额调整	支出功能分类明细科目	具体项目
		归集上缴	支出功能分类明细科目	具体项目
		单位内部调剂	支出功能分类明细科目	具体项目
		结转转入	支出功能分类明细科目	具体项目
		累计结余	支出功能分类明细科目	具体项目

备注：学校实际业务核算过程中并未严格按此进行明细科目设置，一般都是通过明细科目设置与项目设置融合处理，并结合国库集中支付系统有关信息获取财政拨款结余科目明细信息。

（三）主要业务账务处理实践解读

1. 与会计差错更正、以前年度支出收回相关的账务处理

（1）因发生会计差错更正退回以前年度国库直接支付、授权支付款项或财政性货币资金，或者因发生会计差错更正增加以前年度国库直接支付、授权支付支出或财政性货币资金支出，属于以前年度财政拨款结余资金时，财务会计借记或贷记"零余额账户用款额度"等科目，贷记或借记"以前年度盈余调整"科目。预算会计借记或贷记"资金结存/财政应返还额度""资金结存/零余额账户用款额度""资金结存/货币资金"等科目，贷记或借记"财政拨款结余/年初余额调整"科目。

（2）因购货退回、预付款项收回等发生以前年度支出又收回国库直接支付、授权支付款项或收回财政性货币资金，属于以前年度财政拨款结余资金时，财务会计借记"零余额账户用款额度"等科目，贷记"库存物品""预付账款"科目。预算会计借记"资金结存/零余额账户用款额度"等科目，贷记"财政拨款结余/年初余额调整"科目。

2. 与财政拨款结余资金调整业务相关的账务处理

（1）经财政部门批准对财政拨款结余资金改变用途，调整用于学校基本支出或其他未完成项目支出时，学校按照批准调剂的金额，预算会计借记"财政拨款结余/单位内部调剂"科目，贷记"财政拨款结转/单位内部调剂"科目。财务会计不处理。

提示：该情况一般是根据内部预算执行批准及预算编报规定，从学校层面将拨款结余下拨到具体项目，体现了从"结余"到"结转"的安排过程。

（2）按照规定上缴财政拨款结余资金或注销财政拨款结余资金额度时，学校按照实际上缴资金数额或注销的资金额度数额，财务会计借记"累计盈余"科目，贷记"零余额账户用款额度"等科目。预算会计借记"财政拨款结余/归集上缴"科目，贷记"资金结存/财政应返还额度""资金结存/零余额账户用款额度""资金结存/货币资金"等明细科目。

3. 与年末财政拨款结账结转和结余业务相关的账务处理

（1）年末，学校对财政拨款结转各明细项目执行情况进行分析，将符合财政拨款结余性质的项目余额转入财政拨款结余，预算会计借记"财政拨款结转/累计结转"科目，贷记"财政拨款结余/结转转入"科目。财务会计不处理。

备注：学校内部每年年末须将未执行完的项目余额注销或调减收回，也可以参考该处理进行核算。

（2）年末，学校冲销"财政拨款结余"有关明细科目余额，将"财政拨款结余/年初余额调整""财政拨款结余/归集上缴""财政拨款结余/单位内部调剂""财政拨款结转/结转转入"等明细科目余额转入"财政拨款结余/累计结转"科目，预算会计借记"财政拨款结余/年初余额调整"等科目，贷记"财政拨款结余/累计结转"科目。财务会计不处理。

结转后,"财政拨款结余"科目除"累计结余"明细科目外,其他明细科目应无余额。财务会计不处理。

提示:按照学校现行会计核算的"项目核算"规则,对于财政拨款结转结余核算,先全部进行结转核算,再根据"项目属性"判断确认结余数额。

(四) 主要业务会计核算实务举例

【例7-24】 20××年,学校核查上年账务处理发现,上年度应计入财政拨款支出并已从零余额账户用款额度列支的5 000元材料款未进行账务处理,导致应付账款未冲销。(入账单据:往来款清查单等)

摘要	财务会计	预算会计
调整补记冲销应付账款	借:应付账款 5 000 　　贷:零余额账户用款额度 5 000	借:财政拨款结余/年初余额调整 5 000 　　贷:资金结存/零余额账户用款额度 5 000

【例7-25】 20××年,学校收到上年度财政授权支付的预付账款退回5 000元,该预付账款按原方式从零余额账户用款额度退回,额度已到账,为学校财政拨款结余资金。(入账单据:国库退回入账单等)

摘要	财务会计	预算会计
补记上年预付账款退回	借:零余额账户用款额度 5 000 　　贷:预付账款 5 000	借:资金结存/零余额账户用款额度 5 000 　　贷:财政拨款结余/年初余额调整 5 000

【例7-26】 20××年底,根据上级主管批复,学校上缴财政拨款项目资金5 000元,该部分资金为财政应返还额度款额度。(入账单据:上缴批文、零余额账户用款额度支付入账单等)

摘要	财务会计	预算会计
上缴××财政专项资金	借:累计盈余 5 000 　　贷:财政应返还额度 5 000	借:财政拨款结余/归集上缴 5 000 　　贷:资金结存/财政应返还额度 5 000

四、8201#非财政拨款结转业务核算

(一) 业务界定

非财政拨款结转是指高校除财政拨款收支、经营收支外各非同级财政拨款专项资金的调整、结转和滚存情况。

提示:财政拨款结转是指财政拨款的所有资金的调整、结转和滚存,而非财政拨款结转仅指非财政拨款中的专项资金的调整、结转和滚存。

(二) 科目设置

根据《政府会计制度》有关明细核算要求,高校应设置"8201#非财政拨款结转"科目及明细科目,核算除财政拨款收支、经营收支外各非同级财政拨款专项资金的调整、结转和滚存情况。"非财政拨款结转"科目借方反映非财政拨款结转资金的减少,贷方反映

非财政拨款结转资金的增加，年末贷方余额反映非财政拨款结转资金的年末累计余额。

1. "8201.01#非财政拨款结转/年初余额调整"明细科目

该科目主要核算高校因发生会计差错更正、以前年度支出收回等，需要调整非财政拨款结转的资金。年末结账后，本明细科目应无余额。

2. "8201.02#非财政拨款结转/缴回资金"明细科目

该科目主要核算高校按照规定缴回非财政拨款结转资金时，实际缴回的资金数额。年末结账后，本明细科目应无余额。

3. "8201.03#非财政拨款结转/项目间接费用或管理费"明细科目

该科目主要核算高校取得的科研项目预算收入中，按照规定计提项目间接费用或管理费的数额。年末结账后，本明细科目应无余额。

4. "8201.04#非财政拨款结转/本年收支结转"明细科目

该科目主要核算高校本年度非同级财政拨款专项收支相抵后的余额。年末结账后，本明细科目应无余额。

5. "8201.05#非财政拨款结转/累计结转"明细科目

该科目主要核算高校滚存的非同级财政拨款专项结转资金。本明细科目年末贷方余额，反映学校非同级财政拨款滚存的专项结转资金数额。

根据年度部门预算决算报表编报及管理要求，"非财政拨款结转"科目还应按照《政府收支分类科目》中支出功能"项"级分类科目进行明细核算，如涉及具体项目的还应按照具体项目进行细化核算。

学校非财政拨款结转明细科目设置见表7-5。

表7-5　学校非财政拨款结转明细科目设置表

一级科目	二级科目	三级科目	四级科目
非财政拨款结转	年初余额调整	支出功能分类明细科目	具体项目
	缴回资金	支出功能分类明细科目	具体项目
	项目间接费用或管理费	支出功能分类明细科目	具体项目
	本年收支结转	支出功能分类明细科目	具体项目
	累计结转	支出功能分类明细科目	具体项目

备注：学校实际业务核算过程中并未严格按此进行明细科目设置，一般都是通过明细科目设置与项目设置反映有关明细信息。

（三）主要业务账务处理实践解读

1. 按照规定从科研项目预算收入中提取项目间接费用或管理费时的账务处理

学校按照提取金额，财务会计借记"业务活动费用/科研费用"科目，贷记"预提费用/项目间接费用或管理费"科目。同时，根据实际提取额度，预算会计借记"非财政拨款结转/项目间接费用或管理费"科目，贷记"非财政拨款结余/项目间接费用或管理费"科目。

2. 因会计差错更正收到或支出非同级财政拨款货币资金，属于非财政拨款结转资金时的账务处理

学校按照收到或支出的金额，财务会计借记"银行存款"等科目，贷记"累计盈余"等科目。预算会计借记或贷记"资金结存/货币资金"科目，贷记或借记"非财政拨款结转/年初余额调整"科目。

因收回以前年度支出等收到非同级财政拨款货币资金，属于非财政拨款结转资金时，学校按照收到的金额，预算会计借记"资金结存/货币资金"科目，贷记"非财政拨款结转/年初余额调整"科目。同时，财务会计借记"银行存款"等科目，贷记"累计盈余"科目。

3. 按照规定缴回非财政拨款结转资金时的账务处理

学校按照实际缴回资金数额，预算会计借记"非财政拨款结转/缴回资金"科目，贷记"资金结存/货币资金"科目。同时，财务会计借记"累计盈余"等科目，贷记"银行存款"等科目。

4. 年末相关财务处理

（1）学校将事业预算收入、上级补助预算收入、附属单位上缴预算收入、非同级财政拨款预算收入、债务预算收入、其他预算收入本年发生额中的专项资金收入转入"非财政拨款结转"科目，预算会计借记"事业预算收入""上级补助预算收入""附属单位上缴预算收入""非同级财政拨款预算收入""债务预算收入""其他预算收入"科目下各专项资金收入明细科目，贷记"非财政拨款结转/本年收支结转"；将事业支出、其他支出本年发生额中的非财政拨款专项资金支出转入本科目，预算会计借记"非财政拨款结转/本年收支结转"科目，贷记"事业支出""其他支出"等科目下各非财政拨款专项资金支出明细科目。

（2）年末，学校冲销"非财政拨款结转"有关明细科目余额，将"非财政拨款结转"相关明细科目（年初余额调整、项目间接费用或管理费、缴回资金、本年收支结转）余额转入"非财政拨款结转"科目（累计结转），预算会计借记"非财政拨款结转/年初余额调整""非财政拨款结转/项目间接费用或管理费""非财政拨款结转/缴回资金""非财政拨款结转/本年收支结转"等科目贷方发生额，贷记"非财政拨款结转/累计结转"科目。结转后，非财政拨款结转科目除"累计结转"明细科目外，其他明细科目应无余额。财务会计不处理。

（3）年末，完成上述结转后，学校对非财政拨款专项结转资金各项目情况进行分析，对于项目已完成或不需要继续完成的结转资金，按照规定将留归本单位使用的非财政拨款专项（项目已完成）剩余资金转入非财政拨款结余，预算会计借记"非财政拨款结转/累计结转"科目，贷记"非财政拨款结余/结转转入"科目。对于需要继续留归原项目使用的结转资金，不需要办理结转结余核算。财务会计不处理。

提示：①学校现行会计核算规则中，是通过"项目核算"的"基本支出和项目支出"属性进行"结转"和"结余"划分。②为严格区分财政与非财政，减少资金来源控制上的难度和年末结账复杂性，项目属性上需要标识清楚，防止出现一个项目多种资金来源。③目前，学校关于结转结余核算，一般是先全部转入"非财政拨款结转"，再根据国库结

存指标数额,从"非财政拨款结转"中转出相应数额到"财政拨款结转"科目贷方,即"财政拨款结转"无项目核算。

(四)主要业务会计核算实务举例

【例 7-27】 20××年,学校核查上年账务处理发现,上年度应从横向科研 542#项目中支付××单位 5 000 元材料款(已直接列入费用科目核算),但实际支付了 50 000 元并已完成账务处理。现学校已收到对方单位退款 45 000 元。(入账单据:原入账凭证、银行入账单等)

摘要	财务会计	预算会计
收到××单位退款	借:银行存款 45 000 　　贷:以前年度盈余调整[542#项目] 45 000	借:资金结存/货币资金 45 000 　　贷:非财政拨款结转/年初余额调整[542#项目] 45 000

【例 7-28】 20××年,学校从纵向科研 506#项目中提取间接费用 5 000 元,经确认入间接经费 501#项目核算。(入账单据:科研间接费用提取单等)

摘要	财务会计	预算会计
提取××项目间接费	借:业务活动费用/科研费用/特设经济科目/计提项目间接费用或管理费[506#项目] 5 000 　　贷:预提费用/间接费用/特设经济科目/计提项目间接费或管理费[501#项目] 5 000	借:非财政拨款结转/项目间接费用或管理费[506#项目] 5 000 　　贷:非财政拨款结余/项目间接费用或管理费[501#项目] 5 000

五、8202#非财政拨款结余业务核算

(一)业务界定

非财政拨款结余是指高校历年滚存的非限定用途的非同级财政拨款结余资金,主要为非财政拨款结余扣除结余分配后滚存的金额。

(二)科目设置

根据《政府会计制度》相关明细核算要求,高校应设置"8202#非财政拨款结余"科目及明细科目,核算高校历年滚存的非限定用途的非同级财政拨款结余资金。

1. "8202.01#非财政拨款结余/年初余额调整"明细科目

该科目主要核算高校因发生会计差错更正、以前年度支出收回等,需要调整非财政拨款结余的资金。年末结账后,本明细科目应无余额。

2. "8202.02#非财政拨款结余/项目间接费用或管理费"明细科目

该科目主要核算高校取得的科研项目预算收入中,按照规定计提的项目间接费用或管理费数额。年末结账后,本明细科目应无余额。

3. "8202.03#非财政拨款结余/结转转入"明细科目

该科目主要核算高校按照规定留归单位使用、由高校统筹调配的非同级财政拨款专项

剩余资金。年末结账后,本明细科目应无余额。

4. "8202.04#非财政拨款结余/累计结余"明细科目

该科目主要核算高校历年滚存的非同级财政拨款、非专项结余资金。"累计结余"明细科目年末贷方余额,反映高校非同级财政拨款滚存的非专项结余资金数额。

"非财政拨款结余"科目还应当按照《政府收支分类科目》中支出功能分类科目的相关科目设置明细科目并进行核算。

学校非财政拨款结余明细科目设置见表7-6。

表7-6 学校非财政拨款结余明细科目设置表

一级科目	二级科目	三级科目	四级科目
非财政拨款结余	年初余额调整	支出功能分类明细科目	具体项目
	项目间接费用或管理费	支出功能分类明细科目	具体项目
	结转转入	支出功能分类明细科目	具体项目
	累计结余	支出功能分类明细科目	具体项目

备注:学校实际业务核算过程中并未严格按此进行明细科目设置,一般都是通过明细科目设置与项目设置反映有关明细信息。

(三)主要业务账务处理实践解读

1. 按照规定从科研项目预算收入中提取项目间接费用或管理费时的账务处理

学校按照提取金额,财务会计借记"业务活动费用"科目,贷记"预提费用/项目间接费用或管理费"等科目。同时,根据实际提取金额,预算会计借记"非财政拨款结转/项目间接费用或管理费"科目,贷记"非财政拨款结余/项目间接费用或管理费"科目。

2. 按照企业所得税缴纳有关规定缴纳企业所得税时的账务处理

学校按照实际缴纳金额,财务会计借记"所得税费用"科目,贷记"银行存款"科目。预算会计借记"非财政拨款结余/累计结余"科目,贷记"资金结存/货币资金"科目。

3. 因会计差错更正收到或支出非同级财政拨款货币资金时的账务处理

属于非财政拨款结余资金列支时,学校按照收到或支出的金额,财务会计借记"银行存款"科目,贷记"库存物品""累计盈余"等科目。预算会计借记或贷记"资金结存/货币资金"科目,贷记或借记"非财政拨款结余/年初余额调整"科目。因收回以前年度支出等而收到非同级财政拨款货币资金,属于应归于非财政拨款结余资金时,学校按照实际收到的金额,财务会计借记"银行存款"科目,贷记"库存物品""累计盈余"等科目。预算会计借记"资金结存/货币资金"科目,贷记"非财政拨款结余/年初余额调整"科目。

4. 年末相关账务处理

(1)学校将留归学校使用的非财政拨款专项(项目已完成)剩余资金转入非财政拨款结余科目,预算会计借记"非财政拨款结转/累计结转"科目,贷记"非财政拨款结余/结转转入"科目。财务会计不处理。

(2)年末,学校将"非财政拨款结余分配"科目余额转入非财政拨款结余,"非财政拨款结余分配"科目为借方余额时,预算会计借记"非财政拨款结余/累计结余"科目,贷记"非财政拨款结余分配"科目;"非财政拨款结余分配"科目为贷方余额时,预算会计借记"非财政拨款结余分配"科目,贷记"非财政拨款结余/累计结余"科目。财务会计不处理。

(3) 年末,学校冲销"非财政拨款结余"有关明细科目余额,将非财政拨款结余(年初余额调整、项目间接费用或管理费、结转转入)余额结转入非财政拨款结余(累计结余)科目,预算会计借记"非财政拨款结余/年初余额调整""非财政拨款结余/项目间接费用或管理费""非财政拨款结余/结转转入"等科目,贷记"非财政拨款结余/累计结余"科目。结转后,非财政拨款结余科目除"累计结余"明细科目外,其他明细科目应无余额。财务会计不处理。

(四) 主要业务会计核算实务举例

【例 7-29】 20××年,学校按照规定从横向科研 542#项目提取 5 000 元项目间接费用,经确认入间接经费 501#项目核算。(入账单据:项目间接费用提取单等)

摘要	财务会计	预算会计
××学校提取项目间接费用	借:业务活动费用/科研费用/特设经济科目/计提项目间接费用或管理费 [542#项目] 5 000 　　贷:预提费用/项目间接费用或管理费 [501#项目] 5 000	借:非财政拨款结转/项目间接费用或管理费 [542#项目] 5 000 　　贷:非财政拨款结余/项目间接费用或管理费 [501#项目] 5 000

【例 7-30】 20××年初,学校审查票据及账务处理,发现上年一笔银行存款 5 000 元,该款项为其他收入且票据已开出但尚未入账。(入账单据:银行到款回单、其他收入相关票据等)

摘要	财务会计	预算会计
补记 20××年未入账其他收入	借:银行存款 5 000 　　贷:以前年度盈余调整 5 000	借:资金结存 5 000 　　贷:非财政拨款结余/年初余额调整 5 000

【例 7-31】 20××年末,学校对各科研项目余额进行审核,其中纵向科研 506#项目已完成,根据规定,该项目剩余金额 5 000 元可留归学校继续使用,继续用于科学研究活动。(入账单据:506#项目余额汇总单、项目余额结转审批单等)

摘要	财务会计	预算会计
结转××科研项目余额	借:累计盈余/项目盈余 [506#项目] 5 000 　　贷:累计盈余/基本盈余 5 000	借:非财政拨款结转/累计结转 [506#项目] 5 000 　　贷:非财政拨款结余/结转转入 5 000

【例 7-32】 20××年末,学校非财政拨款结余相关明细科目贷方余额:年初余额调整 10 000 元,项目间接费用或管理费 5 000 元,结转转入 20 000 元,根据规定进行年末处理。(入账单位:科目余额汇总表)

摘要	财务会计	预算会计
20××年末结转非财政拨款结余	不处理（备注：财务会计和预算会计年末结转业务不同时进行账务处理）	借：非财政拨款结余/年初余额调整 10 000 　　非财政拨款结余/项目间接费用或管理费 5 000 　　非财政拨款结余/结转转入 20 000 　贷：非财政拨款结余/累计结余 35 000

六、8301#专用结余业务核算

（一）业务界定

专用结余是指高校按照规定从非财政拨款结余中提取的具有专门用途资金的变动和滚存情况。

（二）科目设置

根据《政府会计制度》有关明细核算要求，专用结余按照专用类别进行明细核算，如"职工福利基金"等。"专用结余"科目借方反映专用结余的使用发生额，贷方反映专用结余的提取发生额，期末贷方余额反映专用结余的累计滚存额。

（三）主要业务账务处理实践解读

1. 根据有关规定从本年度非财政拨款结余或经营结余中提取专用基金时的账务处理

学校按照实际提取金额，预算会计借记"非财政拨款结余分配"科目，贷记"专用结余"科目。同时，财务会计借记"本年盈余分配"科目，贷记"专用基金"科目。

2. 根据规定使用从非财政拨款结余或经营结余中提取的专用结余时的账务处理

学校按照实际使用金额，预算会计借记"专用结余"科目，贷记"资金结存/货币资金"科目。同时，财务会计借记"专用基金"科目，贷记"银行存款"等科目。

（四）主要业务会计核算实务举例

【例7-33】 20××年，学校根据后勤管理规定，从其经营结余中提取职工福利基金5 000元，经确认入后勤职工福利基金849#项目核算。（入账单据：后勤职工福利提取单）

摘要	财务会计	预算会计
提取后勤部门职工福利基金	借：本年盈余分配 5 000 　贷：专用基金/职工福利基金［849#项目］5 000	借：非财政拨款结余分配 5 000 　贷：专用结余［849#项目］5 000

七、8401#经营结余业务核算

（一）业务界定

经营结余是指高校本年度经营活动收支相抵且弥补以前年度经营亏损后的余额。

（二）科目设置

高校应设置"8401#经营结余"科目，主要核算高校本年经营收支相抵后及弥补以前年度经营亏损后的余额。"经营结余"按照经营活动类别进行明细核算。

"经营结余"科目借方反映经营支出的年度结转数，贷方反映经营预算收入的年度结转数。经营预算收支结转后，如果经营结余科目余额为借方余额，则保留在经营结余科目内，不结转到"非财政拨款结余分配"科目；如果经营结余科目余额为贷方余额，则将其转入"非财政拨款结余分配"科目。结转完成后，经营结余年末只可能有借方余额。

备注：学校准确划分经营（预算）收入与事业（预算）收入是准确核算经营收支的关键，特别是具有产品中试生产性的横向科研服务。

（三）主要业务账务处理实践解读

1. 年末，学校将经营预算收入本年发生额转入"经营结余"科目的账务处理

预算会计借记"经营预算收入"科目，贷记"经营结余"科目；将经营支出本年发生额转入"经营结余"科目，预算会计借记"经营结余"科目，贷记"经营支出"科目。财务会计不处理。

2. 年末，完成上述结转后的账务处理

如"经营结余"科目为贷方余额，将"经营结余"科目贷方余额转入"非财政拨款结余分配"科目，预算会计借记"经营结余"科目，贷记"非财政拨款结余分配"科目；如"经营结余"科目为借方余额，为经营亏损，不予结转。财务会计不处理。

（四）主要业务会计核算实务举例

【例7-34】 20××年末，学校经营结余科目贷方余额为5 000元，按规定转入非财政拨款结余分配。（入账单据：经营结余转入非财政拨款结余表等）

摘要	财务会计	预算会计
结转经营结余	不处理	借：经营结余 5 000 　　贷：非财政拨款结余分配 5 000

八、8501#其他结余业务核算

（一）业务界定

其他结余是指高校本年度除财政拨款收支、非同级财政专项资金收支和经营收支外其他各项收支相抵后的余额。

（二）科目设置

高校应设置"8501#其他结余"科目，主要核算高校其他结余资金的变动情况。

"其他结余"科目借方反映年度非财政、非专项资金预算支出（不含经营支出）合计结转数，贷方反映年度非财政、非专项资金预算收入（不含经营预算收入）合计结转数，贷方余额反映其他结余年度结转余额。

（三）主要业务账务处理实践解读

1. 年末相关账务处理之一

学校将事业预算收入、上级补助预算收入、附属单位上缴预算收入、非同级财政拨款预算收入、债务预算收入、其他预算收入本年发生额中的非专项资金收入及投资预算收益本年发生额转入"其他结余"科目,预算会计借记"事业预算收入""上级补助预算收入""附属单位上缴预算收入""非同级财政拨款预算收入""债务预算收入""其他预算收入"等科目下各非专项资金收入明细科目和"投资预算收益"科目,贷记"其他结余"科目(如"投资预算收益"科目本年发生额为借方净额时,借记"其他结余"科目,贷记"投资预算收益"科目)。财务会计不处理。

学校将事业支出、其他支出本年发生额中的非同级财政支出、非专项资金支出,以及上缴上级支出、对附属单位补助支出、投资支出、债务还本支出本年发生额转入本科目,预算会计借记"其他结余"科目,贷记"事业支出""其他支出"科目下各非同级财政、非专项资金支出明细科目和"上缴上级支出""对附属单位补助支出""投资支出""债务还本支出"科目。财务会计不处理。

2. 年末相关账务处理之二

完成上述结转后,学校将"其他结余"科目余额转入"非财政拨款结余分配"科目。当"其他结余"为贷方余额时,预算会计借记"其他结余"科目,贷记"非财政拨款结余分配"(事业单位)科目;当"其他结余"为借方余额时,预算会计借记"非财政拨款结余分配"(事业单位)科目,贷记"其他结余"科目。

(四)主要业务会计核算实务举例

【例7-35】 20××年末,学校其他结余科目贷方余额为5 000元,按规定转入非财政拨款结余分配(入账单据:经营结余转入非财政拨款结余表等)

摘要	财务会计	预算会计
结转其他结余	不处理	借:其他结余 5 000 　　贷:非财政拨款结余分配 5 000

九、8701#非财政拨款结余分配业务核算

(一)业务界定

非财政拨款结余分配是指高校本年度非财政拨款结余分配的情况和结果。

(二)科目设置

高校应设置"8701#非财政拨款结余分配"科目,核算高校本年度非财政拨款结余分配的情况和结果。

"非财政拨款结余分配"科目借方反映"其他结余"(借方余额时)的转入数和提取专用结余数,贷方反映"其他结余"(贷方余额时)、"经营结余"(贷方余额时)的转入数。非财政拨款结余分配科目年末无余额。

(三)主要业务账务处理实践解读

1. 年末,学校将"其他结余"科目余额转入"非财政拨款结余分配"科目的账务处理

当"其他结余"科目为贷方余额时,预算会计借记"其他结余"科目,贷记"非财

政拨款结余分配"科目；当"其他结余"科目为借方余额时，预算会计借记"非财政拨款结余分配"科目，贷记"其他结余"科目。财务会计不处理。

2. 年末，学校将"经营结余"科目贷方余额转入"非财政拨款结余分配"科目的账务处理

当且仅当"经营结余"有贷方余额时才转入"非财政拨款结余分配"科目，预算会计借记"经营结余"科目，贷记"非财政拨款结余分配"科目。财务会计不处理。

3. 根据有关规定提取专用基金时的账务处理

学校按照提取金额，预算会计借记"非财政拨款结余分配"科目，贷记"专用结余"科目。同时，财务会计借记"本年盈余分配"科目，贷记"专用基金"科目。

提示：财务会计专用基金和预算会计专用结余只在从非财政拨款结转结余分配中提取时才是一致的，从收入中提取专用基金或单设专用基金，都不形成"专用结余"。

4. 年末，按照规定完成上述结转后的账务处理

学校将"非财政拨款结余分配"科目余额转入"非财政拨款结余"。当"非财政拨款结余分配"科目为借方余额时，预算会计借记"非财政拨款结余/累计结余"科目，贷记"非财政拨款结余分配"科目；当"非财政拨款结余分配"科目为贷方余额时，预算会计借记"非财政拨款结余分配"科目，贷记"非财政拨款结余/累计结余"科目。财务会计不处理。

（四）主要业务会计核算实务举例

【例 7-36】 20××年末，学校非财政拨款结余分配科目贷方余额为 500 000 元，按规定转入非财政拨款结余科目。（入账单据：非财政拨款结余分配科目余额表）

摘要	财务会计	预算会计
年末结转非财政拨款结余分配	不处理	借：非财政拨款结余分配 500 000 贷：非财政拨款结余/累计结余 500 000

第四节 年终结账工作

做好年终结账是准确、及时、全面、完整编制年度部门决算报表和部门财务报告的基础。年终结账时，应当妥善处理好资产盘点、往来款项清理、项目账核对、国库指标及计划使用情况核对、银行对账及未达账款清理、年终审核报销工作完成等事项。年终结账期间，高校财务部门一般暂停对外报销服务，集中进行账务处理、账实核对、账账核对、科目项目核对、财务会计和预算会计平行记账核查、科目借贷发生额核查、国库指标下达与支出核对、预算指标下达与使用核对、应收应付往来账核对催缴等工作。

备注：本节的年终结账工作内容及程序是基于案例学校的实践整理所得。

一、年终结账前的工作

（一）存货清查盘点

主要完成学校校医院药品库对账、盘点工作，提供对账盘点表并存档。校医院负责各类药品和器材的盘点与结账工作，将清查盘点情况报财务部门。提前定好盘点计划，确定盘点时间，并提前通知财务部门，会同相关部门参与盘点，根据盘点对账结果调整财务账目。

提示：① 医院药品库系统计价模式和财务记账模式不一致，导致库存药品金额发生变化。医院药品库是按照最后入库的药品单价自动调整以前库存药品单价，而财务入账单价是分开入账。建议医院药品库系统调整计价模式，保持与财务一致。② 盘点时应抽查部分药品和器材的采购、入库、使用和库存情况，了解医院药品管理情况。③ 盘点后如医院药品库存金额与财务账面金额有差异，应查找原因，及时调整账务处理或药品系统数据。

（二）固定资产核对

固定资产核对主要核对固定资产财务总账和实物明细账，确保财务账和实物账在总额、分类上一致，确保当年计入资产管理系统的待记账固定资产都核对完整，形成固定资产账面清查表，确保当年实物账和财务账在数量、金额上一致。

对于固定资产清查盘点，因为固定资产数量较多，年底无法对固定资产进行全面清查盘点，一般采取抽查盘点方式，选择一到两个单位进行现场抽查，其余单位按照年终决算通知要求，进行自查并上报自查表。

（三）往来账目核对

首先，严格执行往来款项管理规范，实施每个项目或项目负责人的往来款项不得超过三笔或一定金额和期限等管理制度。其次，建立定期催缴制度，每季度都要进行核对、催缴。最后，在年终决算前，一般在11—12月份完成年终集中催缴工作。

往来账清理工作，应以所有的往来科目期初余额、期末余额为基点，通过前后年度对比，分析本年已核销、本年新增情况，以及未核销往来账。通过科目及往来单位间对应核对，保证科目余额与往来项目明细账、往来单位明细账之间完全对应，查清每笔往来账的往来单位以及发生原因、往来时间等基本信息。

1. 事业财务与后勤财务之间的往来款项核对

编制往来核对表并存档。特别要注意应收与应付之间的对冲关系，为年终决算报表编报内部核销提供准备。

2. 应收账款、其他应收款等应收款项清理

编制核对清单，一年期以上的要清理到具体经办人和对应项目负责人并分析原因，完成清理结果统计表。

3. 应付账款、其他应付款、受托代理负债等应付款项清理

编制清理清单，明确具体应付单位，完成清理结果统计表。

4. 对于应收款类催缴

按照设备采购预付类、个人借款类、内部往来类进行核对催缴。对于特殊原因造成的长期往来款，应由相关经办人和负责人说明原因及未来处理方式。

5. 完成未认领到款的认领工作

确保当年该下达的预算全部下达到位，包括银行对账后未达款项的认领和开票工作。对于未开票到款的认领，主要和科研管理部门核对沟通。

6. 往来款项清理核对

一是通过清理核对，清楚每笔往来款项的对应单位或个人、发生原因、发生时间；二是通过清理核对，清楚每笔往来款项未能在年底清理的原因，及时催缴，防止个人通过往来款占用、挪用款项或发生坏账损失；三是在12月中旬完成首轮清理，12月20日完成第二轮催缴；四是形成往来账清理总表（科目、项目、往来单位）和明细账，打印出账表进行归档。

提示：往来账目清理工作步骤：首先，应明确具体负责人，分学院部门开展催缴工作；其次，以所有往来科目期初余额、期末余额为基点，通过对比前后年度往来明细账，分析本年已核销、本年新增以及未核销往来账等情况；再次，通过科目及往来单位间核对，保证科目余额与往来项目明细账、往来单位明细账之间完全对应，查清每笔往来账的往来单位以及发生原因、时间等信息；最后，重点对超过一年且往来项目超过三项的经办人进行催缴。

（四）项目账核对

学校经费预算实行全项目核算控制，项目账核算是高校会计核算的特色，加强项目账的核对是年终结账的重要工作内容。

1. 项目余额核对

应对赤字项目进行清理（包括赤字项目的赤字额度及原因），编制赤字项目及余额汇总表，分别提交分管领导和主要领导审批。赤字项目一般是未实施经费（预算）支出限额控制的项目，该类项目逐步变更为经费（预算）支出限额控制项目。

2. 结转清零项目核对

明确哪些项目账年终按规定应清零不再结转下年继续使用，哪些项目可以结转下年继续使用，编制清零项目余额表并存档，清零项目余额清理一般在结账前通过会计凭证处理。

提示：所有清零项目必须由财务部门负责人签字，不论是预算下达类项目，还是收支对应类项目，建议通过凭证核销项目结存余额，以留下完整的会计核算记录痕迹。

3. 完成与后勤部门等非法人独立核算单位相关财务结算工作

该项工作包括预算下达、内部转账、费用结算、承包协议履行、事业编制人员工资补差结算等，尽量在12月15日前完成相关结算清理工作。非独立法人后勤服务集团财务收支需要以"营业收支"形式并入学校年度决算报表或财务报告中。

（五）国库指标核对

国库指标核对与指标计划申请、下达、使用是年终结账前的重要工作，特别是基本支出指标和结转两年期限以上的国库指标，必须在当年使用完。所以对于国库指标计划的申请、下达与使用应从年初就要重视，要和预算下达、项目管理相挂钩，增强国库指标与预算、核算、决算等之间的沟通，增强经费（预算）项目账支出资金来源的统筹性，提高国库指标使用的均衡性和时效性，减轻年底的压力。

（1）核对上年预算内、预算外暂存指标下达及计划使用情况，包括与上年结转、上年决算报表、期初零余额账户用款额度科目余额等核对，防止出现国库结存指标年初不一致和年终下达不全或计划申请、计划使用出现误差等，要确保所有未下达指标计划全部申请下达。

（2）核对当年预算内、预算外指标下达及计划申请、计划使用情况，包括与部门预算批复数、专项追加预算数核对等，防止出现指标下达不全、计划申请不全、计划使用与项目规定范围不一致等情况，特别是要核对基本支出进度，保证当年基本支出全部使用完，项目支出要按照项目支出范围使用。对于代垫的基本支出或项目支出，要按照国库支出对应科目整理，按项目或支出经济分类科目从国库资金转回代垫资金。

（3）核对预算内国库资金与相关科目项目账务处理的一致性，特别要与"财政拨款收入"科目核对一致；要重点核对国库指标中科研经费拨款，确保"财政拨款收入"科目下的功能分类数一致。

（4）核对国库指标及其对应校内预算下达情况，清理国库指标中预算未下达项目清单，包括文件，并及时向相关部门催办。

（5）核对国库项目资金结转数与对应的财务账面项目预算执行数是否一致，防止不同项目资金间的串用。

（6）形成"应缴财政款"核对表，对应上缴、已上缴等科目进行核对确定。

提示：本部分核对是年终结账的关键基础工作之一，一是要核对基本支出是否能按期使用完；二是要核对国库指标是否全部申请用款计划；三是要核对项目资金使用进度与财务账面项目余额的进度是否一致，如存在账面余额小于国库项目余额的情况，应核对是否存在垫付情况；四是通过核对，及时将学校垫付的国库资金按照原垫付渠道转回；五是在实际过程中，先核对国库资金后核对自有银行存款，金额较大的财政专项要严格按专项管理要求执行，金额较小的财政专项要分类统筹执行。

（六）银行存款对账

银行存款对账包括国库资金对账和银行存款账户对账，是确保学校资金收付真实、完整的重要管控措施，直接影响学校年终结账进程和质量。本项工作由财务部门稽核岗位人员等完成。

（1）12月中旬完成11月底前各银行账户核对及未达账项进行清理，确保能够清理的及时清理，编制11月底各银行账户余额调节表。

（2）协助银行出纳及时完成银行回单整理工作，确保回单完整、不积压，凭证粘贴及时。

（3）逐步完成全年银行对账工作，包括未达账项的处理，打印整理对账单。

提示：银行对账结束后，所有的未达账项都应确定未达原因和具体处理责任人，并形成相应的"××年度银行存款对账单及银行明细账"账册归档。

（七）审核报销工作安排

年终审核报销量大，应合理安排审核报销工作，确保年终报账服务平稳有序。

（1）除复核人员外，现场报销审核人员优先完成现场报销处理，对于网约报账单尽量在空闲时或加班时处理。部分非网约单，也可根据判断，先进行预审，再于加班时办理审核记账。

（2）负责网约报账单接单初审人员在完成网约报账单初审工作的同时加强财务报销解释与宣传工作，宣传对象包括现场报销的教师和学生。

（3）12月1日至12月20日是财务账务处理较忙的时期，为提高年终财务报销审核制单效率和服务便捷性，一是动用其他科室人员参与年终报销审核；二是适当加班，对非预约报账单，也可以先审核所报销费用的列支项目余额、开支范围是否一致以及审批手续是否完备，然后等同网上预约报账一样处理；三是尽量通过现场报销咨询窗口进行宣传和指导来引导教师采用预约报账。

（八）凭证审核记账与装订核对

为确保年终结账前账务处理的准确性，复核人员应从会计科目核算角度和项目核算角度，按照不同经济科目核对全年记账凭证的账务处理情况。

（1）完成各类凭证整理工作，确保审核人员手中无未审核填制记账凭证或已记账未复核凭证。

（2）所有审核入账的凭证审核人员都应及时交复核人员复核。凡发现已审核记账的凭证出现需要更改的问题，应及时更改，否则，建议删除，确保到复核人员手中的凭证都是连号的。

（3）复核人员在结账前应加快凭证复核，确保无积压，确保出纳能及时付款。复核人员在完成复核移交出纳付款前，应按顺序整理好已复核凭证。

提示：会计核算科每学期对上学期已装订凭证全面核查一次，谁核查谁负责并签名确认，确保已装订凭证要素齐全，审核、复核手续完备，回单粘贴完整。

二、年终结账时的工作

该阶段主要是学校财务部门停止对外报销服务后，继续集中进行内部账务处理和办理结账工作。

（一）财政专户款的解缴工作

确保每年应缴财政款的应缴尽缴，以及确保已缴未下达专户款核对一致。

1. 核对年度应缴财政专户款计划和"应缴财政专户款"科目项目余额

统计总余额及各项目（各收入分类项目）收入情况，将科目余额全部上缴财政专户。该项工作由财务部门预算管理和资金管理岗位人员等共同完成。

2. 完成"应缴财政专户款"各项收入核对与统计分析工作

完成统计分析说明书。核对应缴财政专户款已上缴数、预算安排数、结存数。

提示：年终结账前，在12月25日前后，财务处应完成应缴财政专户款的上缴工作，确保该科目无余额。如果在12月25日后又发生新的应缴财政专户款,考虑到财政国库已停止收缴,可暂待下年上缴。重点是学校当年已缴专户款、应缴专户款、已缴未下达计划款,特别是已缴未下达计划款(可安排专户核拨预算部分)。

(二)国库资金使用进度

国库资金包括一般公共预算拨款资金(俗称预算内)和财政专户核拨资金(俗称预算外),其资金支付方式分为直接支付和授权支付两种,按照相关使用管理规定,基本支出当年必须使用完,项目资金必须在两个结转年度内使用完。

(1)进一步核对确认国库所有下达指标是否都已申请用款计划。申请用款计划是确保财政拨款真正到账的关键之一(国库出纳一定要掌握国库系统中"科目编码""预算单位""预算科目""预算指标数""用款计划批复数""用款计划实际已使用数""用款计划结余数""未下达用款计划指标数""授权支付和直接支付"等相关概念),否则财政拨款收入会减少,下年需要可以申请增加。

(2)对于基本支出计划,在年底结账前一段时间的集中使用后,本阶段主要关注零星支出,防止出现退款造成基本支出结余情况发生。

(3)项目支出中主要关注以前年度结转项目的结转资金使用情况,对于将超过两个结转年度的项目结转资金必须当年使用完。

(4)完成国库资金对应支出的"类款项"统计,特别是支出经济分类科目统计。

提示:国库指标支出的"类款项"统计,特别是支出经济分类科目统计,有助于及时掌握每项国库资金支付的经济科目,为后续的决算报表编制做准备。但在统计支出经济分类科目时,如发生往来支出,尽量找到后续的、冲账支出的支出经济分类科目,否则,按照往来支出发生原因综合判断支出科目。

(三)在建工程账务核对工作

1. 核对范围

重点核对基建工程和维修工程的投资进度情况,分为491#基建工程项目和461#维修工程项目,以及预付账款/预付工程款、预付备料款等支付进度。

2. 核对内容

① 核对工程进度及工程款、备料款支付情况,核对是否存在超付情况。② 核对工程预算、合同总金额以及投资支付情况,审查工程预算控制情况,防止工程投资出现超预算情况。③ 核对预付工程款、预付备料款对应单位与项目是否一致。④ 核对工程项目投资对应的"化债与建设资金""专项债券资金"使用情况。⑤ 核对维修工程计划实施情况,包括开工、竣工、在建状态情况。⑥ 核对已竣工工程项目的审计及财务结算情况。

(四)代发工资返还催收工作

1. 返还人员范围

目前学校工资返还人员主要包括离岗创业事业编制人员,学校所聘用的自筹经费科研编制人员以及其他代发工资人员等。

2. 返还额度确定

工资返还额度计算:一是根据相应人员工资发放额度,二是根据人事部门确定,三是考虑医疗报销支付等情况。

提示：该项工作由财务部门会同人事部门开展，每半年度形成"××年代发工资返还明细汇总表"。

（五）国库指标与项目预算核对工作

为确保年终结账和结算工作的顺利、完整，须及时对国库指标进行核对。

1. 核对范围

核对国库指标中的基本支出和项目支出情况，包括入账情况，确认财政拨款收入入账是否完整、准确。

2. 核对内容

核对国库指标中的支出经济分类科目支出情况。重点整理国库资金对应支出的"项"级科目，包括往来支出情况。通过国库支出对应科目明细账，全面了解国库支出经济分类科目的实际情况，如国库部门预算中的化债资金，国库支出对应支出是否用于基建或化债，是否存在其他用途，是否存在不一致之处。又如，国库支出经济科分类目为差旅费，实际是否也是用于差旅费支出。

提示：① 对国库系统支付经济分类科目的整理，可为年度部门决算编制提供基础资料。该项工作建议每月完成。② 国库系统支付经济分类科目的整理工作由会计核算、预算管理等岗位人员负责核对。

三、结账前后的核对工作

（一）设置自动结账凭证且进行自动结账前

设置自动结账凭证且进行自动结账前，应全额导出科目余额和项目余额。在导出科目余额和项目余额后，会计核算系统不能再进行任何账务处理和数据变动。

（二）完成自动结账后

完成自动结账后，及时导出结账后的科目余额和项目余额，一是核对收支科目余额是否全部结转清，不再有余额；二是核对项目余额是否与结账前导出的项目余额完全一致，不一致时就需要检查自动结账凭证设置是否有问题。

（三）关注自动清零的项目余额

该类项目余额不再结转下年继续使用。在办理自动结转清零前，必须整理该类项目余额清册和办理清零手续，完成账务处理。

（四）结账前整理经济科目年度发生额

为正确编报收支决算报表，在结账前，应按照政府收支分类科目汇总各科目对应的经济科目发生额。

附　录

附录一　政府会计准则制度大事记

序号	时间	政府会计准则制度
1	2013 年 11 月	十八届三中全会《中共中央关于全面深化改革若干重大问题的决定》
2	2014 年 8 月	2014 年新修订的《中华人民共和国预算法》
3	2014 年 10 月	《国务院关于深化预算管理制度改革的决定》（国发〔2014〕45 号）
4	2014 年 12 月	国务院批转财政部《权责发生制政府综合财务报告制度改革方案》（国发〔2014〕63 号）
5	2015 年 10 月	《政府会计准则——基本准则》（财政部令〔2015〕年 78 号）
6	2015 年 11 月	《政府财务报告编制方法（试行）》（财库〔2015〕212 号）
7	2015 年 12 月	《政府部门财务报告编制操作指南（试行）》（财库〔2015〕223 号）
8	2015 年 12 月	《政府综合财务报告编制操作指南（试行）》（财库〔2015〕224 号）
9	2016 年 7 月	《政府会计准则第 1 号——存货》（财会〔2016〕12 号）
9	2016 年 7 月	《政府会计准则第 2 号——固定资产》（财会〔2016〕12 号）
9	2016 年 7 月	《政府会计准则第 3 号——无形资产》（财会〔2016〕12 号）
9	2016 年 7 月	《政府会计准则第 4 号——投资》（财会〔2016〕12 号）
10	2017 年 1 月	《行政事业单位国有资产年度报告管理办法》（财资〔2017〕3 号）
11	2017 年 2 月	《政府会计准则第 3 号——固定资产》应用指南（财会〔2017〕4 号）
12	2017 年 4 月	《政府会计准则第 5 号——公共基础设施》（财会〔2017〕11 号）
13	2017 年 7 月	《政府会计准则第 6 号——政府储备物资》（财会〔2017〕23 号）
14	2017 年 10 月	《政府会计制度——行政事业单位会计科目和报表》（财会〔2017〕25 号）
15	2018 年 2 月	《政府会计制度——行政事业单位会计科目和报表》与《行政单位会计制度》、《事业单位会计制度》有关衔接问题的处理规定（财会〔2018〕3 号）
16	2018 年 3 月	关于修订印发《政府部门财务报告编制操作指南（试行）》的通知（财库〔2018〕29 号）
17	2018 年 3 月	关于修订印发《政府综合财务报告编制操作指南（试行）》的通知（财库〔2018〕30 号）
18	2018 年 7 月	关于测绘事业单位执行《政府会计制度——行政事业单位会计科目和报表》的衔接规定的通知（财会〔2018〕16 号）
19	2018 年 7 月	关于地质勘查事业单位执行《政府会计制度——行政事业单位会计科目和报表》的衔接规定的通知（财会〔2018〕17 号）

续表

序号	时间	政府会计准则制度
20	2018年7月	关于印发国有林场和苗圃执行《政府会计制度——行政事业单位会计科目和报表》的补充规定和衔接规定（财会〔2018〕11号）
21	2018年8月	关于印发高等学校执行《政府会计制度——行政事业单位会计科目和报表》的补充规定和衔接规定的通知（财会〔2018〕17号）
22	2018年8月	关于印发中小学校执行《政府会计制度——行政事业单位会计科目和报表》的补充规定和衔接规定的通知（财会〔2018〕20号）
23	2018年8月	财政部《关于贯彻实施政府会计准则制度的通知》（财会〔2018〕21号）
24	2018年8月	关于印发科学事业单位执行《政府会计制度——行政事业单位会计科目和报表》的补充规定和衔接规定的通知（财会〔2018〕23号）
25	2018年8月	关于印发医院执行《政府会计制度——行政事业单位会计科目和报表》的补充规定和衔接规定的通知（财会〔2018〕24号）
26	2018年8月	关于印发基层医疗卫生机构执行《政府会计制度——行政事业单位会计科目和报表》的补充规定和衔接规定的通知（财会〔2018〕25号）
27	2018年8月	关于印发彩票机构执行《政府会计制度——行政事业单位会计科目和报表》的补充规定和衔接规定的通知（财会〔2018〕26号）
28	2018年11月	关于印发《政府会计准则第7号——会计调整》的通知（财会〔2018〕28号）
29	2018年11月	关于印发《政府会计准则第8号——负债》的通知（财会〔2018〕31号）
30	2018年12月	《关于进一步做好政府会计准则制度新旧衔接和加强行政事业单位资产核算的通知》（财会〔2018〕34号）
31	2018年12月	关于印发《政府会计准则第9号——财务报表编制和列报》的通知（财会〔2018〕37号）
32	2019年7月	关于印发《政府会计准则制度解释第1号》的通知（财会〔2019〕7号）
33	2019年7月	《行政事业单位成本核算基本指引（征求意见稿）》（财办会〔2019〕23号）
34	2019年7月	《政府会计准则第10号——政府和社会资本合作安排》（征求意见稿）
35	2019年7月	《政府会计准则第10号——政府和社会资本合作安排》应用指南（征求意见稿）
36	2019年9月	关于印发《政府会计准则制度解释第2号（征求意见稿）》的通知（财办会〔2019〕32号）
37	2019年10月	《关于加强国家统一的会计制度贯彻实施工作的指导意见》（财会〔2019〕17号）
38	2019年12月	关于印发《政府会计准则制度解释第2号》的通知（财会〔2019〕24号）
39	2019年12月	关于印发《政府会计准则第10号——政府和社会资本合作项目合同》的通知（财会〔2019〕23号）
40	2019年12月	关于印发《事业单位成本核算基本指引》的通知（财会〔2019〕25号）
41	2020年10月	关于印发《政府会计准则制度解释第3号》的通知（财会〔2020〕15号）
42	2020年12月	关于印发《〈政府会计准则第10号——政府和社会资本合作项目合同〉应用指南》的通知（财会〔2020〕19号）
43	2020年12月	《关于进一步加强公路水路公共基础设施政府会计核算的通知》（财会〔2020〕23号）
44	2021年12月	关于印发《政府会计准则制度解释第4号》的通知（财会〔2021〕33号）
45	2022年9月	关于印发《政府会计准则制度解释第5号》的通知（财会〔2022〕5号）
46	2022年9月	关于印发《事业单位成本核算具体指引——高等学校》的通知（财会〔2022〕26号）

附录二 学校会计科目设置

序号	科目代码	科目名称	备注
1	1001	库存现金	
2	1001.01	自用现金	
3	1001.02	受托代理资产	
4	1002	银行存款	
5	1002.01	一般存款账户	
6	1002.02	定期存款账户	含七天通知存款核算
7	1002.03	受托代理存款账户	
8	1011	零余额账户用款额度	
9	1011.01	直接支付	
10	1011.01.01	预算内额度	核算一般公共预算拨款资金
11	1011.01.02	预算外额度	核算财政专户核拨资金
12	1011.02	授权支付	
13	1011.02.01	预算内额度	
14	1011.02.02	预算外额度	
15	1021	其他货币资金	
16	1021.01	外埠存款	
17	1021.02	银行本票存款	
18	1021.03	银行汇票存款	
19	1021.04	微信支付宝存款	
20	1101	短期投资	
21	1201	财政应返还额度	
22	1201.01	财政直接支付	
23	1201.01.01	预算内额度	
24	1201.01.02	预算外额度	
25	1201.02	财政授权支付	
26	1201.02.01	预算内额度	
27	1201.02.02	预算外额度	
28	1211	应收票据	
29	1212	应收账款	
30	1212.01	应收学费住宿费	
31	1212.02	应收学生代办费	
32	1212.03	应收科研收入	

续表

序号	科目代码	科目名称	备注
33	1212.04	其他应收账款	
34	1214	预付账款	
35	1214.01	采购预付款	主要核算签订合同的商品和服务等采购预付款
36	1214.02	维修工程预付款	
37	1214.02.01	预付备料款	
38	1214.02.02	预付工程款	
39	1214.03	基建工程预付款	
40	1214.03.01	预付备料款	
41	1214.03.02	预付工程款	
42	1214.09	其他预付款	
43	1215	应收股利	
44	1216	应收利息	
45	1218	其他应收款	
46	1218.01	其他暂付	
47	1218.02	医疗暂付	
48	1218.09	其他应收	
49	1219	坏账准备	
50	1301	在途物品	
51	1302	库存物品	
52	1302.01	库存药品	
53	1302.02	库存药品差价	
54	1302.03	维修材料	
55	1302.04	基建材料	
56	1302.05	实验材料	
57	1302.09	其他物品	
58	1303	加工物品	
59	1303.01	自制加工物品	
60	1303.01.01	直接材料	
61	1303.01.02	直接人工	
62	1303.01.03	其他直接费用	
63	1303.02	委托加工物品	
64	1303.03	受托加工物品	

续表

序号	科目代码	科目名称	备注
65	1401	待摊费用	
66	1501	长期股权投资	
67	1501.01	投资成本	
68	1501.02	损益调整	
69	1501.03	其他权益变动	
70	1502	长期债券投资	
71	1502.01	投资成本	
72	1502.02	应计利息	
73	1601	固定资产	
74	1601.01	房屋及构筑物	
75	1601.02	通用设备	
76	1601.03	专用设备	
77	1601.04	文物及陈列品	
78	1601.05	图书档案	
79	1601.06	家具用具装具	
80	1601.07	动植物	
81	1601.08	融资租入固定资产	
82	1602	固定资产累计折旧	
83	1602.01	房屋及构筑物	
84	1602.02	通用设备	
85	1602.03	专用设备	
86	1602.06	家具用具装具	
87	1602.08	融资租入固定资产	
88	1611	工程物资	
89	1611.01	库存材料	
90	1611.02	库存设备	
91	1613	在建工程	
92	1613.01	基建工程	
93	1613.01.01	建筑安装工程投资	
94	1613.01.01.01	建筑工程	
95	1613.01.01.02	安装工程	
96	1613.01.02	设备投资	
97	1613.01.03	待摊投资	

续表

序号	科目代码	科目名称	备注
98	1613.01.04	其他投资	
99	1613.01.04.01	房屋购置支出	
100	1613.01.04.02	基本畜禽支出	
101	1613.01.04.03	林木绿化支出	
102	1613.01.04.04	办公生活用家具、器具购置	
103	1613.01.04.05	可行性研究固定资产购置	
104	1613.01.04.06	无形资产	
105	1613.01.05	待核销基建支出	
106	1613.01.06	基建转出投资	
107	1613.01.07	工程进度款	
108	1613.01.08	工程备料款	
109	1613.01.09	竣工暂估交付	
110	1613.02	维修工程	
111	1613.02.01	维修（护）费	
112	1613.02.02	工程进度款	
113	1613.02.09	竣工暂估冲销	
114	1701	无形资产	
115	1701.01	专利权	
116	1701.02	专有技术	
117	1701.03	著作权	
118	1701.04	商标权	
119	1701.05	土地使用权	
120	1701.09	其他	
121	1702	无形资产累计摊销	
122	1702.01	专利权摊销	
123	1702.02	专有技术摊销	
124	1702.03	著作权摊销	
125	1702.04	商标权摊销	
126	1702.05	土地使用权摊销	
127	1702.09	其他摊销	
128	1703	研发支出	
129	1703.01	研究支出	
130	1703.02	开发支出	

续表

序号	科目代码	科目名称	备注
131	1821	文物文化资产	
132	1821.01	文物资产	
133	1821.02	文化资产	
134	1891	受托代理资产	
135	1891.01	应收及暂付款	
136	1891.02	固定资产	
137	1891.03	无形资产	
138	1891.09	其他资产	
139	1901	长期待摊费用	
140	1902	待处理资产损溢	
141	1902.01	待处理流动资产损溢	
142	1902.01.01	待处理资产价值	
143	1902.01.02	处理净收入	
144	1902.02	待处理非流动资产损溢	
145	1902.02.01	待处理资产价值	
146	1902.02.02	处理净收入	
147	2001	短期借款	
148	2101	应交增值税	
149	2101.01	应交税金	
150	2101.01.01	进项税额	
151	2101.01.02	已交税金	
152	2101.01.03	转出未交增值税	
153	2101.01.04	减免税款	
154	2101.01.05	销项税额	
155	2101.01.06	进项税额转出	
156	2101.01.07	转出多交增值税	
157	2101.02	未交税金	
158	2101.03	预交税金	
159	2101.04	待抵扣进项税额	
160	2101.05	待认证进项税额	
161	2101.06	待转销项税额	
162	2101.07	简易计税	
163	2101.07.01	简易计税3%	

续表

序号	科目代码	科目名称	备注
164	2101.07.02	简易计税5%	
165	2101.08	转让金融商品应交增值税	
166	2101.09	代扣代交增值税	
167	2102	其他应交税费	
168	2102.01	应交城市维护建设税	
169	2102.02	应交教育费附加	
170	2102.03	应交地方教育附加	
171	2102.04	应交房产税	
172	2102.07	应交个人所得税	
173	2102.07.01	校内工薪	
174	2102.07.02	校外劳务	
175	2102.08	单位应交所得税	
176	2102.09	应交其他税费	
177	2103	应缴财政款	
178	2103.01	应缴国库款	
179	2103.01.01	国有资产处置收入	
180	2103.01.02	国有资产出租收入	
181	2103.02	应缴财政专户款	
182	2103.02.01	非税事业收入	
183	2103.02.01.01	应收	
184	2103.02.01.02	已收	
185	2103.02.09	非税其他收入	
186	2201	应付职工薪酬	
187	2201.01	基本工资	
188	2201.01.01	在职人员	
189	2201.01.02	离休人员	
190	2201.01.03	退休人员	
191	2201.02	津贴补贴	
192	2201.03	绩效工资	
193	2201.04	改革性补贴	
194	2201.05	社会保险费	
195	2201.05.01	失业保险	
196	2201.05.02	养老保险	

续表

序号	科目代码	科目名称	备注
197	2201.05.03	医疗保险	
198	2201.05.04	工伤保险	
199	2201.05.05	生育保险	
200	2201.05.06	职业年金	
201	2201.06	住房公积金	
202	2201.07	科研绩效	
203	2201.09	其他个人收入	
204	2301	应付票据	
205	2302	应付账款	
206	2302.01	应付采购款	
207	2302.02	应付维修工程款	
208	2302.03	应付基建工程款	
209	2302.03.01	应付器材款	
210	2302.03.02	应付工程款	
211	2304	应付利息	
212	2305	预收账款	
213	2305.01	科研预收账款	
214	2305.02	其他预收账款	
215	2307	其他应付款	
216	2307.01	内部往来结算	
217	2307.02	工资代扣款项	
218	2307.03	押金暂存	
219	2307.04	代收款项	
220	2307.05	科研外拨款	
221	2307.05.01	直接经费	
222	2307.05.02	间接经费	
223	2307.06	校园卡	
224	2307.06.01	校园卡充值款	
225	2307.06.02	校园卡营业款	
226	2307.07	各种代管款	
227	2307.08	未确认到款	
228	2307.09	预收及转拨款	
229	2307.10	质保金	

续表

序号	科目代码	科目名称	备注
230	2307.99	其他应付款	
231	2401	预提费用	
232	2401.01	项目间接费用或管理费	
233	2401.02	其他预提费用	
234	2501	长期借款	
235	2501.01	借款本金	
236	2501.02	应计利息	
237	2502	长期应付款	
238	2601	预计负债	
239	2901	受托代理负债	
240	2901.01	党费	
241	2901.02	团费	
242	2901.03	个人维修基金	
243	2901.09	其他	
244	3001	累计盈余	
245	3001.01	基本盈余	
246	3001.02	项目盈余	
247	3101	专用基金	
248	3101.01	职工福利基金	
249	3101.02	学生奖助基金	
250	3101.03	职工医疗互助基金	
251	3101.04	科技成果转化基金	
252	3101.05	单位住宅维修基金	
253	3101.06	留本基金	
254	3101.09	其他专用基金	
255	3201	权益法调整	
256	3301	本期盈余	
257	3301.01	基本盈余	
258	3301.02	项目盈余	
259	3302	本年盈余分配	
260	3401	无偿调拨净资产	
261	3501	以前年度盈余调整	
262	4001	财政拨款收入	

续表

序号	科目代码	科目名称	备注
263	4001.01	一般公共预算拨款	
264	4001.01.01	基本支出拨款	
265	4001.01.02	项目支出拨款	
266	4001.01.02.01	教育事业拨款	
267	4001.01.02.02	科研事业拨款	
268	4001.01.02.03	其他事业拨款	
269	4001.02	地方政府专项债券拨款	
270	4101	事业收入	
271	4101.01	教育事业收入	
272	4101.01.01	专户核拨教育事业收入	
273	4101.01.01.01	基本	
274	4101.01.01.02	项目	
275	4101.01.02	其他教育事业收入	
276	4101.01.02.01	培训费收入	
277	4101.01.02.02	其他收入	
278	4101.02	科研事业收入	
279	4101.02.01	纵向科研经费	
280	4101.02.01.01	中央科研经费	
281	4101.02.01.02	地方科研经费	
282	4101.02.01.09	其他科研经费	
283	4101.02.02	横向科研经费	
284	4101.02.02.01	科研增值税收入	
285	4101.02.02.02	科研增值税零税率收入	
286	4101.02.02.09	其他增值税收入	
287	4101.02.03	未开票收入	
288	4201	上级补助收入	
289	4301	附属单位上缴收入	
290	4401	经营收入	
291	4601	非同级财政拨款收入	
292	4602	投资收益	
293	4603	捐赠收入	
294	4604	利息收入	
295	4605	租金收入	

续表

序号	科目代码	科目名称	备注
296	4605.01	房租收入	
297	4605.02	场租收入	
298	4609	其他收入	
299	4609.01	内部服务收入	
300	4609.02	现金盘盈收入	
301	4609.03	科技成果转化收入	
302	4609.04	收回已核销的其他应收款	
303	4609.05	无法偿还的应付预收款项	
304	4609.06	置换捐出资产评估增值	
305	4609.09	其他收入	
306	5001	业务活动费用	
307	5001.01	教育费用	
308	5001.02	科研费用	
309	5101	单位管理费用	
310	5101.01	行政管理费用	
311	5101.02	后勤保障费用	
312	5101.03	离退休费用	
313	5101.09	其他管理费用	
314	5201	经营费用	
315	5301	资产处置费用	
316	5401	上缴上级费用	
317	5501	对附属单位补助费用	
318	5801	所得税费用	
319	5901	其他费用	
320	5901.01	利息费用	
321	5901.02	坏账损失	
322	5901.03	罚没支出	
323	5901.04	现金资产捐赠	
324	5901.09	其他费用	
325	6001	财政拨款预算收入	
326	6001.01	一般公共预算拨款	
327	6001.01.01	基本支出拨款	
328	6001.01.02	项目支出拨款	

续表

序号	科目代码	科目名称	备注
329	6001.01.02.01	教育事业拨款	
330	6001.01.02.02	科研事业拨款	
331	6001.01.02.03	其他事业拨款	
332	6001.02	地方政府专项债券拨款	
333	6101	事业预算收入	
334	6101.01	教育事业预算收入	
335	6101.01.01	专户核拨教育事业收入	
336	6101.01.01.01	基本	
337	6101.01.01.02	项目	
338	6101.01.02	其他教育事业收入	
339	6101.01.02.01	培训费收入	
340	6101.01.02.02	其他收入	
341	6101.02	科研事业预算收入	
342	6101.02.01	纵向科研经费	
343	6101.02.01.01	中央科研经费	
344	6101.02.01.02	地方科研经费	
345	6101.02.01.03	其他科研经费	
346	6101.02.02	横向科研经费	
347	6101.02.02.01	科研增值税收入	
348	6101.02.02.02	科研增值税零税率收入	
349	6101.02.02.09	其他增值税收入	
350	6101.02.03	未开票收入	
351	6201	上级补助预算收入	
352	6301	附属单位上缴预算收入	
353	6401	经营预算收入	
354	6501	债务预算收入	
355	6601	非同级财政拨款预算收入	
356	6602	投资预算收益	
357	6603	捐赠预算收入	
358	6604	利息预算收入	
359	6605	租金预算收入	
360	6605.01	房租预算收入	
361	6609	其他预算收入	

续表

序号	科目代码	科目名称	备注
362	6609.01	内部服务收入	
363	6609.02	现金盘盈收入	
364	6609.03	科技成果转化收入	
365	6609.04	收回已核销的其他应收款	
366	6609.09	其他收入	
367	7201	事业支出	
368	7201.01	教育事业支出	
369	7201.02	科研事业支出	
370	7201.03	行政管理支出	
371	7201.04	后勤保障支出	
372	7201.05	离退休支出	
373	7201.09	其他事业支出	
374	7301	经营支出	
375	7401	上缴上级支出	
376	7501	对附属单位补助支出	
377	7601	投资支出	
378	7701	债务还本支出	
379	7901	其他支出	
380	7901.01	利息支出	
381	7901.02	现金盘亏损失	
382	7901.03	罚没支出	
383	7901.04	现金资产捐赠	
384	7901.09	其他支出	
385	8001	资金结存	
386	8001.01	零余额账户用款额度	
387	8001.02	货币资金	
388	8001.03	财政应返还额度	
389	8101	财政拨款结转	
390	8101.01	年初余额调整	
391	8101.02	归集调入	
392	8101.03	归集调出	
393	8101.04	归集上缴	
394	8101.05	单位内部调剂	

续表

序号	科目代码	科目名称	备注
395	8101.06	本年收支结转	
396	8101.06.01	本年基本支出结转	
397	8101.06.02	本年项目支出结转	
398	8101.07	累计结转	
399	8101.07.01	基本支出结转	
400	8101.07.02	项目支出结转	
401	8102	财政拨款结余	
402	8102.01	年初余额调整	
403	8102.02	归集上缴	
404	8102.03	单位内部调剂	
405	8102.04	结转转入	
406	8102.05	累计结余	
407	8201	非财政拨款结转	
408	8201.01	年初余额调整	
409	8201.02	缴回资金	
410	8201.03	项目间接费用或管理费	
411	8201.04	本年收支结转	
412	8201.05	累计结转	
413	8202	非财政拨款结余	
414	8202.01	年初余额调整	
415	8202.02	项目间接费用或管理费	
416	8202.03	结转转入	
417	8202.04	累计结余	
418	8301	专用结余	
419	8401	经营结余	
420	8501	其他结余	
421	8701	非财政拨款结余分配	
422	9001	本年预算收入及分配	
423	9001.01	本年预算收入	
424	9001.02	本年预算分配	
425	9003	预算节余	
426	9003.01	上年预算指标结余	
427	9003.02	上年预算总结余	

附录三 学校支出经济分类明细科目设置

序号	经济科目代码	经济科目名称	备注
1	301	工资福利支出	
2	301.01	基本工资	
3	301.01.01	固定工资	
4	301.01.02	薪级工资	
5	301.02	津贴补贴	
6	301.02.01	特岗补贴	
7	301.02.02	交通补贴	
8	301.02.99	其他津贴	
9	301.06	伙食补助费	
10	301.07	绩效工资	
11	301.07.01	基础绩效	
12	301.07.02	奖励绩效	
13	301.07.09	其他绩效	
14	301.08	基本养老保险缴费	
15	301.09	职业年金缴费	
16	301.10	基本医疗保险缴费	
17	301.12	其他社会保障缴费	
18	301.12.01	失业保险	
19	301.12.02	工伤保险	
20	301.12.03	生育保险	
21	301.13	住房公积金	
22	301.14	医疗费	
23	301.14.01	在职人员医疗费	
24	301.14.02	在职体检费	
25	301.99	其他工资福利支出	
26	301.99.01	临工工资	
27	301.99.02	外聘人员工资	
28	301.99.03	返聘人员工资	
29	301.99.09	其他工资福利	
30	302	商品和服务支出	
31	302.01	办公费	
32	302.01.01	办公用品	

续表

序号	经济科目代码	经济科目名称	备注
33	302.01.09	其他办公费	
34	302.02	印刷费	
35	302.02.01	文印费	
36	302.02.02	版面费	
37	302.02.09	其他印刷费	
38	302.03	咨询费	
39	302.03.01	业务咨询费	
40	302.03.02	专家咨询费	
41	302.04	手续费	
42	302.05	水费	
43	302.06	电费	
44	302.07	邮电通迅费	
45	302.07.01	邮寄费	
46	302.07.02	电话费	
47	302.07.03	网络费	
48	302.08	取暖费	
49	302.09	物业管理费	
50	302.09.01	自营物业管理费	
51	302.09.01.01	工资及劳务费	
52	302.09.01.02	材料消耗费	
53	302.09.01.09	其他费用	
54	302.09.02	外包物业管理费	
55	302.09.03	安保物业管理费	
56	302.11	差旅费	
57	302.11.01	国(境)内差旅费	
58	302.11.02	国(境)外差旅费	
59	302.12	因公出国(境)费	
60	302.13	维修(护)费	
61	302.13.01	仪器设备维护费	
62	302.13.02	房屋及设施维护费	
63	302.13.03	网络信息维护费	
64	302.13.09	其他零星维护费	
65	302.14	租赁费	

续表

序号	经济科目代码	经济科目名称	备注
66	302.14.01	场地租赁费	
67	302.14.02	房屋租赁费	
68	302.14.03	设备租赁费	
69	302.14.09	其他租赁费	
70	302.15	会议费	
71	302.15.01	业务类会议费	
72	302.15.02	管理类会议费	
73	302.16	培训费	
74	302.17	接待费	
75	302.17.01	公务接待费	
76	302.17.02	业务接待费	
77	302.17.03	外事接待费	
78	302.18	专用材料费	
79	302.18.01	实验材料费	
80	302.18.02	低值易耗品	
81	302.18.03	其他材料费	
82	302.25	专用燃料费	
83	302.26	劳务费	
84	302.26.01	在职人员劳务费	
85	302.26.02	离退休人员劳务费	
86	302.26.03	临时工劳务费	
87	302.26.04	学生劳务费	
88	302.26.05	校外人员劳务费	
89	302.27	委托业务费	
90	302.27.01	测试分析费	
91	302.27.02	科研协作费	
92	302.27.03	数据采集费	
93	302.27.04	委托试验费	
94	302.27.05	其他委托费	
95	302.28	工会经费	
96	302.29	福利费	
97	302.31	公车运行维护费	
98	302.31.01	燃料费	

续表

序号	经济科目代码	经济科目名称	备注
99	302.31.02	检修费	
100	302.31.03	过路过桥停车费	
101	302.31.04	税费保险费	
102	302.31.09	其他费用	
103	302.39	交通费	
104	302.39.01	租车费	
105	302.39.02	维修费	
106	302.39.03	过路过桥停车费	
107	302.39.04	保险费	
108	302.39.05	燃料费	
109	302.39.09	其他费用	
110	302.40	税金及附加费用	
111	302.99	其他商品和服务支出	
112	302.99.01	文献信息资料费	
113	302.99.02	知识产权费	
114	302.99.03	外籍专家费	
115	302.99.04	工作餐费	
116	302.99.05	项目间接费用和管理费	
117	302.99.09	其他支出	
118	303	对个人和家庭的补助	
119	303.01	离休费	
120	303.01.01	离休金	
121	303.01.02	离休政策补贴	
122	303.01.03	离休生活补贴	
123	303.01.04	离休单位补贴	
124	303.02	退休费	
125	303.02.01	退休金	
126	303.02.02	退休政策补贴	
127	303.02.03	退休生活补贴	
128	303.02.04	退休单位补贴	
129	303.03	退职（役）费	
130	303.04	抚恤金	
131	303.04.01	抚恤金	

续表

序号	经济科目代码	经济科目名称	备注
132	303.04.02	丧葬费	
133	303.05	生活补助	
134	303.05.01	遗属补助	
135	303.05.02	伤残补助	
136	303.05.03	离退休困难补助	
137	303.07	医疗费补助	
138	303.07.01	离休医疗费	
139	303.07.02	退休医疗费	
140	303.07.03	儿童医疗费	
141	303.07.04	学生医疗费	
142	303.07.05	公共医耗费	
143	303.07.06	离退休体检费	
144	303.07.09	其他医疗补助费	
145	303.08	奖助学金	
146	303.08.01	学校奖学金	
147	303.08.02	学校助学金	
148	303.08.03	学校特困补助	
149	303.08.04	学校勤工助学金	
150	303.08.05	政府奖学金	
151	303.08.06	政府助学金	
152	303.08.07	社会奖学金	
153	303.08.08	社会助学金	
154	303.08.09	学校助研金	
155	303.08.99	其他奖助金	
156	303.12	提租补贴	
157	303.13	购房补贴	
158	303.13.01	职工住房补贴	
159	303.13.02	新职工购房补贴	
160	303.99	其他补助	
161	303.99.01	职工探亲费	
162	303.99.02	职工子女入托费	
163	303.99.03	职工子女入学费	
164	303.99.99	其他补助费	

续表

序号	经济科目代码	经济科目名称	备注
165	307	债务利息及费用支出	
166	307.01	国内债务付息	
167	307.02	国内债务发行费用	
168	309	资本性支出（基本建设）	
169	309.01	房屋建筑物购建	
170	309.02	办公设备购置	
171	309.03	专用设备购置	
172	309.05	基础设施建设	
173	309.06	大型修缮	
174	309.07	信息网络及软件购置更新	
175	309.13	公务用车购置	
176	309.19	其他交通工具购置	
177	309.99	其他基本建设支出	
178	310	其他资本性支出	
179	310.01	房屋建筑物购建	
180	310.02	办公设备购置	
181	310.02.01	办公设备	
182	310.02.02	办公家具	
183	310.03	专用设备购置	
184	310.05	基础设施建设	
185	310.06	大型修缮	
186	310.07	信息网络及软件购置更新	
187	310.13	公务用车购置	
188	310.19	其他交通工具购置	
189	310.21	文物及陈列品购置	
190	310.22	无形资产购置	
191	310.99	其他资本性支出	
192	310.99.01	图书资料购置	
193	310.99.09	其他资产购置	
194	399	其他支出	
195	999	特设经济科目	
196	999.01	固定资产折旧费	
197	999.02	无形资产摊销费	

续表

序号	经济科目代码	经济科目名称	备注
198	999.03	计提专用基金费	
199	999.04	计提项目间接费用或管理费	
200	999.05	计提坏账准备	
201	999.06	长期借款收入	
202	999.98	资产处置转移与直接入账	
203	999.99	通用经济科目	